상담자의 지혜

노안영 저

학지사

서 문

모든 사람이 삶의 지혜를 추구하며 지금보다 좀 더 현명한 삶을 영위했으면 하는 것이 나의 바람이다. 산다는 것은 그 자체로 의미가 있다. 우리는 각자 의미 있는 삶이라는 여행을 시작했다. 어떤 이는 삶을 '고해(苦海)'라고 했고, 또 어떤 이는 삶을 '일장춘몽(一場春夢)'이라고 했다. 또 삶의 시작을 '비극의 시작'이라고도 하고, 삶을 '비극으로 끝나는 긴 희극'이라고도 했다. 우리는 이러한 삶의 여정에 있다. 각자 나름대로 삶에 대한 입장을 취하고 그러한 태도를 가지고 삶의 여행을 하고 있는 것이다. 당신이 바라보는 삶의 모습은 어떠한가?

상담은 문제를 가진 내담자가 스스로 자신의 문제를 해결할 수 있도록 조력하는 촉진적 과정이다. 상담자는 내담자의 경험에서 비롯된 현재의 생각, 행동, 감정을 이해하여 그가 가진 문제를 보다 슬기롭게 치리히도록 조력한다. 상담자는 많은 경우에 내담자가 문제와 삶을 보는 관점을 바꾸도록 요구한다. 상담자는 우유부단한 내담자에게 때론 행동할 것을 요구하고, 때론 내담자의 잘못된 습관을 바꾸도록 요구한다. 상담자들은 내담자가 지금보다 좀 더 나은 삶을 영위하도록 변화와 성숙을 위한 다양한 방법을 모색해 왔다.

이 책에서는 상담자들이 제창한 상담이론을 바탕으로 인간에 대한 이해, 문제에 대한 이해, 상담자의 지혜 그리고 문제해결을 위한 상담에 대해서 조명해 보려고 하였다. 우리의 눈으로 바라보는 세상은 우리의 경험에 근거한다. 당신은 당신이 경험하여 체득한 관점으로 세상을 바라보며 나 또한 내 삶의 여정에서 겪어온 경험과 터득한 지식을 바탕으로 세상을 바라본다. 이 책에 나타난 상담자들은 자신이 겪은 삶의 경험과 문제를 가진 내담자들과의 상담 경험을 바탕으로 변화를 위한 지혜를 제시하였다.

프로이트는 정신분석을 통해 개인이 과거에 억압되어 무의식 속에 숨겨진 갈등의 경험을 해결하기 위해 전이를 유도하고 그것을 해결하려고 하였다.

아들러는 개인심리학을 통해 개인이 자신의 열등감 극복과 자기완성을 이루기 위해 나름대로 독특하게 형성한 생활양식을 파악하여 지금보다 바람직한 방향으로 그의 생활양식을 재정향하도록 조력하였다.

융은 분석심리학을 통해 개인이 인간으로서 물려받은 집단무의식을 구성하는 정신적 소인인 원형에 대한 이해와 실현을 바탕으로 자기실현 혹은 개성화를 이룰 것을 강조하였다.

모레노는 심리극을 통해 개인이 과거의 역할과 역할연기에 의해 형성한 자아를 탐색하고 이해하여 이전보다 자발성과 창조성을 갖고 그 자신의 역할을 수행하도록 조력하였다.

펄스는 게슈탈트치료를 통해 개인이 유기체의 지혜에 따라 자기조절을 하면서 삶을 영위하도록 그가 지금-여기에서의 경험을 자각해서 양극성을 통합할 것을 강조하였다.

로저스는 인간중심치료를 통해 개인이 경험으로써 유기체적 가치화 과정을 이룰 수 있도록 상담자가 일치성, 무조건적 · 긍정적 존중 그리고 공감적 이해의 태도로 그를 조력할 것을 주장하였다.

스키너는 행동치료를 통해 개인이 학습한 부적절한 행동이나 새롭게 조성할 행동을 강화와 처벌에 의해 형성할 수 있다고 주장하였다.

글래서는 현실치료를 통해 개인이 정말 원하는 자신의 기본욕구를 바람직한 방법으로 달성할 수 있도록 자신의 지각을 통제해서 현명한 선택을 할 수 있도록 조력하였다.

버언은 교류분석을 통해 개인이 자신의 부모자아, 성인자아, 아동자아 상태를 이해해서 그가 관계하는 사람과 바람직한 보완적 교류를 통해 친밀감을 갖고 삶을 영위하도록 조력하였다.

얄롬은 실존주의적 상담을 통해 개인이 실존적 존재로서 궁극적 관심사인 죽음, 자유, 고립 그리고 무의미성에 대한 자각과 이해를 바탕으로 실존적 불안을 건설적으로 처리하여 현명한 삶을 영위하도록 조력하였다.

프랭클은 의미치료를 통해 개인이 삶의 의미를 추구하는 강한 의지와 함께 자기초월과 자기분리 능력을 갖고 자신의 한계를 극복하며 현명한 삶을 영위할 것을 강조하였다.

엘리스는 인지 · 정서 · 행동치료를 통해 개인이 부적절한 정서나 행동을 초래하는 비합리적 신념을 날카로운 이성으로 반박하면서, 이를 합리적 신념으로 변경하여 불완전한 존재로서 자신을 수용하며 살 것을 강조하였다.

벡은 인지치료를 통해 개인에게 부정적 정서나 행동을 야기하게 하는 그가 형성한 부정적 · 자동적 사고인 인지왜곡을 바꾸어서 올바른 신념을 바탕으로 한 정보처리에 의해 삶을 영위할 것을 강조하였다.

이렇게 상담자들은 개인의 문제해결을 위한 상담을 바라보는 입장이 서로 다르다. 삶의 주체자로서 당신의 관점을 생각해 보라. 그러고 나서 이 책에서 제시한 것과 당신의 문제해결을 위한 상담을 보는 입장을 비교해 봄으로써 당신의 경험과 지식의 수평선을 확장할 수 있기를 기대한다.

'삶이 개똥밭이라도 저승보다 이승이 낫다' 고 한다. 당신이 쓰는 삶이라는 소설이 다양한 희극과 비극으로 얼룩진 경험일 수 있지만, 그것은 당신만이 쓸 수 있는 독특한 것이다. 그렇기 때문에 각자가 부대껴 온 삶은 나름대로의 가치가 있고 의미를 부여할 만큼 소중하다고 본다.

지금까지 나에게 크고 작은 삶의 의미를 발견하도록 한 많은 만남이 있어 왔다. 개인상담과 집단상담에서 자신의 귀중한 이야기를 털어놓았던 많은 내담자들은 내게 소중한 만남들이었다. 내가 상담심리학을 접해서 보다 넓은 세계를 볼 수 있도록 지도해 주신 홍경자, 이장호 교수님께 이 책이 조그마한 선물이 되었으면 한다. 또한 동료교수로서 지지와 격려 속에서 삶의 질곡을 함께한 전남대학교 심리학과 송대현, 이종목 명예교수, 오수성, 박태진, 한규석, 윤가현, 김문수, 신현균 교수께도 감사의 마음을 전한다. 더불어 이 책이 나오도록 항상 가까이서 격려해 준 목포대학교 강만철 교수, 광주교육대학교 오익수 교수, 광주보건대학 김광운 교수, 전남대학교 송현종 교수에게 고마움을 느낀다. 그리고 그동안 상담 전문성과 관련해 나와 많은 시간을 함께하면서 상담자의 지혜를 탐구해 온 정민, 정은의, 임수진, 강영신 박사와 전남대학교 심리학과 상담교실 대학원생들에게 고마움을 전한다.

나에게 단 한 번뿐인 귀중한 삶을 경험하도록 기회를 주신 부모님께 깊은 감사를 드린다. 그리고 삶의 동반자로 옆에서 내가 하는 일에 지지를 아끼지 않는 아내 고진명, 그래픽디자이너로서 자신의 전문성을 위해 열심히 살아가고 있는 딸 다예, 미국에서 새로운 환경에 적응하며 성실하게 자신이 원하는 진로를 위해 매진하고 있는 아들 병우에게도 고마움과 격려의 메시지를 전한다. 마지막으로, 제자로서 그동안 학지사에서 성실하게 일하면서 나에게 새로운 도전에 대한 동기를 부여하고 한없는 지지와 격려를 해 준 정승철 부장, 이 책의 편집 책임을 맡아 좋은 책이 되도록 수고해 준 백소현 님, 그리고 마음을 전달하는 좋은 책을 출판하기 위해 노심초사하며 지혜롭게 삶을 영위하고 있는 학지사 김진환 사장님께도 감사의 마음이 전달되었으면 한다.

2011년 5월
등위가 없는 자태를 뽐내는
無等山을 바라보면서
저자 노안영

차 례

01 상담자의 지혜

현명한 상담자는 훌륭한 경청자다.
현명한 상담자는 윤리적 책임감을 갖고 실천하는 사람이다. 특히 내담자를 보호하기 위해 비밀보장을 지키는 사람이다.
현명한 상담자는 공감적 이해를 실천하는 사람이다.
현명한 상담자는 신뢰감, 신용성 그리고 정직성을 실천하는 사람이다.
현명한 상담자는 훌륭한 관찰자다. 특히 인간관계의 훌륭한 관찰자다.
현명한 상담자는 의사소통 기술을 능수능란하게 사용하는 사람이다.
현명한 상담자는 자신에 대한 이해, 자신의 한계에 대한 이해 그리고 인간 독특성에 대한 이해를 바탕으로 실천하는 사람이다.
현명한 상담자는 삶에 대한 긍정적 태도를 갖고 실천하는 사람이다.

사람은 누구나 나름대로의 행복을 추구하며 삶을 영위한다. 그리고 인류역사가 그래왔던 것처럼 삶 자체는 개인에게 도전과 응전을 요구한다. 우리는 끊임없이 도전과 응전을 요구하는 삶에 슬기롭게 대처하는 자세가 필요하다. 역사를 통해 교훈을 터득하는 것처럼, 개인은 자신보다 지식과 경험이 많은 사람, 즉 식견(mental horizon)이 높은 사람으로부터 삶의 지혜를 배운다. 수많은 내담자들에게 도움을 주고 있는 상담이론을 개발한 상담자들은 나름대로 인간에 대한 이해를 바탕으로 인간이 갖게 되는 문제해결을 위한 삶의 지혜를 발견해 왔다. 우리는 잘 알려진 상담자들이 다양한 관점에서 발견한 지혜를 적용하여 우리의 문제해결을 도모하는 것이 필요하다. 상담은 전문적 훈련을 받는 상담자와 조력을 필요로 하는 내담자가 상담활동의 공동주체가 되어, 내담자의 자각확장을 통해 문제예방, 발달과 성장, 문제해결을 달성함으로써 그의 삶의 질을 향상하기 위해 함께 노력하는 조력과정이다. 전문적 훈련을 받은 경험 많은 상담자들은 현명한 상담자가 다음과 같은 특성을 갖는 것이 필요하다고 한다(No, 2011).

- 첫째, 현명한 상담자는 훌륭한 경청자다.
- 둘째, 현명한 상담자는 윤리적 책임감을 갖고 실천하는 사람이다. 특히 내담자를 보호하기 위해 비밀보장을 지키는 사람이다.
- 셋째, 현명한 상담자는 공감적 이해를 실천하는 사람이다.
- 넷째, 현명한 상담자는 신뢰감, 신용성 그리고 정직성을 실천하는 사람이다.
- 다섯째, 현명한 상담자는 훌륭한 관찰자다. 특히 인간관계의

훌륭한 관찰자다.

- 여섯째, 현명한 상담자는 의사소통 기술을 능수능란하게 사용하는 사람이다.
- 일곱째, 현명한 상담자는 자신에 대한 이해, 자신의 한계에 대한 이해 그리고 인간 독특성에 대한 이해를 바탕으로 실천하는 사람이다.
- 여덟째, 현명한 상담자는 삶에 대한 긍정적 태도를 갖고 실천하는 사람이다.

따라서 전문조력자로서의 역할을 효과적으로 수행하기 위해서는 현명한 상담자의 이러한 여덟 가지 특성을 배워서 실천해야 한다.

1. 상담자의 특성

상담의 주체로서 상담자가 어떤 자질이나 특성을 갖추어야 하는가에 대한 이해는 상담을 공부하는 사람들에게 매우 중요하다. 기본적으로 상담은 상담자와 내담자의 상담관계를 바탕으로 서로가 주고받는 사회적 영향이라 할 수 있다. 이러한 관점에서 스트롱(Strong, 1968)은 상담의 사회적 영향이론을 제안하였다. 사회적 영향이론은 인간이 신념이 아주 강할 때 외부 상황과 신념이 맞지 않으면 갈등을 없애는 쪽으로 행동한다는 사회심리학자 페스팅거(Leon Festinger)가 제안한 인지부조화이론을 상담에 적용시킨 것으로, 상담진행 과정에서 상담자가 내담자에게 사회적 영향을 끼친다는 이론이다.

스트롱의 사회적 영향이론은 내담자가 상담의 효과에 대해 긍정적인 기대를 갖도록 돕는 것에 관한 것이다. 스트롱은 상담은 상담자가 내담자의 태도, 행동의 변화에 영향을 주는 것을 추구하는 사회적 영향 과정이라고 제안하였다. 내담자의 변화를 유발시키려는 상담자의 시도는 인지부조화 상태를 일으킨다. 내담자는 다양한 방법을 사용하여 이러한 부조화를 감소시키려고 노력한다. 기본적으로 내담자는 상담자의 제안을 따라서 변화를 시도하거나, 상담자를 믿지 못해서 변화를 시도하지 않을 수 있다. 스트롱은 내담자가 상담자를 높은 수준의 전문성(Expertness: E), 사람을 끄는 친근감(Attractiveness: A), 믿음을 주는 신뢰감(Trustworthiness: T), 즉 EAT를 가지고 있는 존재로 볼 때 결과가 가장 좋을 것이라고 가성하였다.

효과적인 상담자의 특성은 오랫동안 가장 인기 있는 연구주제가 되어 왔다. 대부분의 연구가 상담자 효과로서 이론적 입장이나 전문적 경험과 같은 상담자의 특별한 특성과 관련하여 시도되어 왔다. 그리고 시도되었던 각각의 연구는 나름대로 효과적인 상담자가 되는 데 무엇이 필요한가에 대한 전체적 조망의 일부에 기여하였다. 상담이론가와 실천가들 역시 임상적인 관찰을 통해 효과적인 조력자의 특성에 대한 이해를 확장해 왔다. 지금까지 일반적으로 밝혀진 효과적인 조력자의 주요한 특성은 다음과 같다(Patterson & Welfel, 2000, pp. 10-14; Welfel & Patterson, 2005, pp. 13-18).

- 효과적인 상담자는 내담자에게 다가갈 수 있는 능숙한 대인관계기술을 가진다.
- 효과적인 상담자는 내담자로 하여금 신실감, 신뢰김, 자신감을 갖게 한다.

- 효과적인 상담자는 내담자를 돌보고 존경한다.
- 효과적인 상담자는 타인이해뿐만 아니라 자기이해를 바탕으로 성숙된 삶을 영위한다.
- 효과적인 상담자는 내담자와의 갈등을 효과적으로 처리한다.
- 효과적인 상담자는 가치 판단을 강요하지 않고 내담자의 행동을 이해하려 한다.
- 효과적인 상담자는 내담자의 자기파괴 행동패턴을 확인할 수 있고, 그러한 자기파괴 행동을 보다 보상적인 행동패턴으로 변화하도록 조력할 수 있다.
- 효과적인 상담자는 내담자에게 특별한 가치가 있을 어떤 영역에서 전문적인 지식과 경험을 갖는다.
- 효과적인 상담자는 체계적으로 추리하고 체계에 따라 생각할 수 있다.
- 효과적인 상담자는 문화에 대한 능숙한 지식을 가진다. 즉, 그는 사람들이 생활하는 사회적 · 문화적 · 정치적 맥락을 이해할 수 있다.
- 효과적인 상담자는 자신을 좋아하고 존중하며, 자신의 욕구를 만족시키기 위해 내담자를 이용하지 않는다.
- 효과적인 상담자는 인간행동의 심층적 이해를 발달시킨다.
- 효과적인 상담자는 바람직한 인간 모델을 가진다. 이러한 인간은 건강하고 효과적이며 충분히 기능하는 자질과 행동패턴을 가진다.

2. 상담자의 돌봄

상담자는 상담을 통해 내담자를 돌본다. 따라서 상담자는 진정한 '돌봄(caring)'의 의미가 무엇인지를 분명하게 이해할 수 있어야 한다. 상담은 성숙을 위한 돌봄의 관계라고 할 수 있다. 인간은 태어날 때부터 돌봄을 필요로 하는 존재다. 자신과 누군가를 돌보는 일이 날마다의 삶과 만남에서 일어나고 있다. 중요한 것은 어떻게 돌보느냐다. 상담자가 내담자를 돌본다고 할 때, 그것은 내담자의 현재 입장을 바탕으로 성장과 성숙이 이루어지도록 행해져야 한다. 상담자로서 당신은 내담자를 어떻게 돌보고 있는가? 당신이 누군가에게 돌봄을 받을 때 그가 어떻게 해 주기를 바라는가? 상담자가 항상 먼저 고려해야 할 것은 돌봄이 필요한 내담자의 성숙과 함께 그가 정말 원하는 게 뭔지를 파악하는 것이다.

사람들은 서로 돌봄을 주고받으며 살아간다. 일반적으로 돌봄의 주고받음은 당사자와 밀접하게 관련된 관계에서 일어난다. 서로의 관계는 혈연, 지연, 학연, 친구관계, 사업관계 등 다양하게 맺어진 상태에서 이루어진다. 우리는 당연히 주고받아야 할 관계에서 일어나는 돌봄에 매일 참여하고 있다. 부모는 자신을 희생하며 자녀의 성숙을 위해 부모로서 도리를 다하려고 노력한다. 교사는 학생의 성숙을 위해 최선의 노력을 다한다. 그러한 노력의 결실을 맺는 것을 보며 우리는 흐뭇하게 생각한다. 자신과 관계를 맺고 있는 누군가를 성숙시키기 위해 도움을 주는 것은 분명 아름다운 일이다.

상담이라는 활동은 매일 일어나고 있다. 당신이 전문적 훈련을 받은 상담자가 아니라 하더라도 고통받는 친구의 이야기를 열심히 들어준다면 그 자체가 훌륭한 상담활동이라 볼 수 있다. 우리에게 관심을 가져준 사람이 있다는 자체는 대중 속의 고독을 느끼며 살아가는 우리에게 큰 의미가 있다. 우리는 자신을 돌보는 것을 시작으로 다양한 돌봄의 관계에 참여하고 있다. 상담자라면 진정으로 누군가를 돌본다는 의미를 파악해 봄으로써 막연히 생각해 왔던 입장을 정리하는 것이 필요하다. 상담자는 내담자를 조력하고 돌본다는 의미가 무엇인지를 고려해 볼 시간을 동료들과 함께 자주 갖는 것이 필요하다.

메이어오프(Mayeroff, 1990)는 돌봄을 '돌보는 대상이 성숙하고 자기실현을 하도록 돕는 것' 이라고 정의하였다. 그가 제안한 다른 사람의 성숙과 실현을 돕기 위한 돌봄의 주요한 구성요소는 지식, 리듬의 변화, 인내, 정직성, 신뢰, 겸손, 희망, 용기다. 이러한 돌봄의 구성요소를 바탕으로 상담자의 돌봄에 대해 간략하게 설명해 보고자 한다.

지 식 상담자는 조력이 필요한 내담자에 대한 충분한 이해가 필요하다. 당신이 진정 자신을 돌보는 사람이라고 한다면 자신의 장단점을 포함한 자신의 이해가 필요하다. 어떤 사람을 돌보기 위해서는 많을 것들을 알아야 한다. 돌봄이 필요한 사람이 누구인지, 힘과 제한점은 무엇이고, 욕구는 어떤 것이고, 무엇이 그의 성장에 도움이 되는지를 알아야만 한다. 상담자는 내담자의 욕구에 반응하는 방법과 자신의 힘과 제한점은 무엇인가에 대해서도 알아야 한다. 이러한 지식은 일반적이기도 하고 특정한 것이기도 하다.

리듬의 변화 이것은 상담자가 가져야 할 유연성과 관련이 있다. 내담자에게 전적으로 많은 시간을 투자하여 돌보는 경우도 있지만, 멀리서 관심을 가지고 지켜보는 것도 훌륭한 돌봄일 수 있다. 또한 돌봄에서 중요한 다른 리듬은 보다 협의의 틀과 보다 광의의 틀 사이에서 유연하게 상호 이동해 가는 리듬이다. 아동을 돌보는 데 있어서 이전에 했던 것과 앞으로 일어날 것과 독립된 일화를 관련시키지 않고 아동의 행위를 고찰해야 할 때가 있다. 그리고 보다 커다란 틀 내에서와 보다 폭넓은 연관성 속에서 특정한 행위를 살피고, 방향, 장기적인 효과와 경향을 확인해야 할 때가 있다.

인 내 돌보는 사람으로서 상담자 자신에게 부딪히는 어려움을 참고 견디는 것이다. 예를 들면, 헬렌 켈러를 돌본 사회사업가인 설리반(Sullivan) 선생의 인내를 들 수 있다. 인내는 돌봄의 중요한 구성요소다. 인내는 어떤 것이 일어나기를 바라는 수동적인 기다림이 아니라 우리 자신을 헌신적으로 바쳐서 다른 사람과 함께 하는 것이다. 마음이 심란한 사람에게 인내하면서 관심을 갖고 경청을 잘해 주는 것이 무엇보다 중요하다. 상담자는 내담자뿐만 아니라 자신에 대한 인내를 가져야 한다.

정직성 상담자가 위선이나 가식을 버리고 내담자를 솔직하게 대하는 것을 말한다. 상담자가 지속적인 정직함으로 모범을 보일 때 그러한 노력은 내담자에게 진솔하게 전달되기 마련이다. 돌봄이 없는 정직성은 잔인하다. 정직성의 의미는 '자신에게 정직하라' 는 구절에서 시사되는 것처럼, 능동적으로 자신과 직면하고 자신에게 개방적이게 되는 것을 포함한다. 상담자는 내담자를 돌보기 위해서 그를 있는 그대로 보려고 해야 한다. 상담자가 보고자 하는 것만을 보거나 그래야만 한다고 느끼는 것으로 보아서는 안 된다. 내담자가 성장하는 것을 돕고자 한다면, 그의 변화하는 욕구에 정직하게 반응해야 한다. 상담자가 내담자를 자기가 원하는 어떤 방식으로 보려고 한다면, 그의 진정한 모습을 볼 수 없다.

신 뢰 인간관계에서 가장 중요한, 서로를 믿는 마음이 신뢰다. 상담자가 신뢰를 갖고 내담자를 대할 때 내담자도 마찬가지로 인간에 대한 신뢰를 터득할 수 있다. 상담자는 내담자가 적절한 시기에 그 자신의 방식대로 성장할 것이라는 믿음을 갖는 것이 중요하다. 상담자는 내담자를 돌봄에 있어서 그가 실수를 하고 그 실수를 통해 배울 수 있음을 믿어야만 한다. 상담자는 내담자를 믿는 것 외에도 자신의 능력을 믿어야 한다. 자신의 판단과 실수로부터 배울 수 있는 능력에 대해 믿어야 한다.

겸 손 돌보는 사람으로서 상담자가 자기를 낮추는 것이 겸손이다. 일반적으로 돌봄을 받는 것보다는 주는 것이 더 편하다. 돌봄을 받는 내담자의 입장에서 생각하면 상담자의 겸손함이 얼마나 중요한지가 이해될 것이다. 겸손은 여러 가지 방법으로 돌보는 데 존재하게 된다. 겸손은 또한 자신의 특정한 돌봄이 특권을 가지고 있는 것이 아님을 인식하는 것과 관련된다. 궁극적으로 중요한 것은 나의 돌봄이 당신의 돌봄보다 더 중요한지 여부가 아니라, 한 사람이 돌볼 수 있고 돌볼 어떤 것이 있느냐는 것이다.

희 망 아무리 어렵고 무기력한 상태라 할지라도 그 상태를 벗어날 수 있다는 하나의 믿음이 희망이다. 상담자는 이러한 희망의 믿음을 갖고 어려움에 처한 내담자에게 희망을 심어 주는 노력이 필요하다. 상담자는 특정한 기대로서의 희망이기보다는 내담자가 돌봄을 통해 성장할 것이라는 보다 일반적인 희망을 갖는 것이 중요하다. 그것은 희망이 이루어진 미래의 충족성과 비교된 현재의 불충족성의 표현이 아니다. 오히려 현재의 풍부성의 표현이다. 즉 가능할 것이라는 느낌이 살아 있는 현재의 표현이다. 돌봄에서 미래에 대한 희망의 언급은 현재의 중요성을 증대시킨다. 가능성으로 살고 있는 현재의 표현으로서의 희망은 에너지를 되찾고 우리의 힘을 활성화시킨다. 희망은 외부로부터 일어날 어떤 것을 수동적으로 기다리는 것이 아니다. 내담자가 좋아질 거라는 단순한 희망이 아니라 상담자의 돌봄을 통한 내담자의 자기실현에 대한 희망이다. 그러므로 희망의 중요한 측면은 용기가 된다.

용 기 자신감 혹은 우리말로 어려운 상황에서 기(氣)를 잃지 않는 것이 용기다. 상담자는 뜻대로 일이 잘 되지 않을 때 좌절감에 빠질 수 있다. 상담자는 아무리 어려운 상황이라 하더라도 마음속에 자신감을 갖고 부딪칠 수 있는 용기가 필요하다. 용기는 미지의 세계로 들어갈 때 나타난다. 그런 용기는 맹목적이 아니다. 용기 있는 사람은 어려움을 참아내는 인내를 가진 반면, 낙담한 사람은 용기를 잃고 포기한, 인내심을 상실한 사람이다. 내담자가 성장할 것이라는 확신과 돌보는 자신에 대한 믿음이 미지의 세계로 나아가게 하는 용기를 준다.

이러한 돌봄의 요소를 생각해 볼 때, 상담자가 자기 자신과 내담자를 진정으로 돌본다는 것이 마냥 쉽지는 않을 것이다. 상담자가 자신과 내담자를 돌보기 위해 먼저 이러한 돌봄에 대한 의미를 사색해 보는 시간을 갖는 것은 자신에게 많은 도움이 되리라 본다.

3. 상담자의 지혜

모든 사람은 행복한 삶을 원하고 자신의 행복과 안녕을 위한 삶의 지혜를 추구한다. 상담자는 내담자가 그들의 안녕을 성취할 수 있도록 전문적 서비스를 제공한다. 효과적 조력을 위해 상담자는 상담의 궁극적 목적인 내담자의 문제해결을 돕는 조력사로서 자신의 역할을 철저히 이해하는 것이 필요하다. 상담자는 내담자의 안녕을 위해 효과적 조력을 제공할 수 있는 현명한 상담자가 되는 것이 필요하다.

상담자에게 필요한 지혜와 예술가나 철학자에게 필요한 지혜는 분명 다르다. 그렇다면 조력전문가인 상담자에게 필요한 지혜는 무엇일까? 다른 사람의 관점에서 문제를 보고 해결을 시도할 수 있는 사람이 현명한 사람이다. 사람들은 암묵적으로 성인(聖人)의 지혜를 배우고 지혜로운 삶을 영위하려고 노력한다. 그런 점에서 소크라테스, 플라톤, 아리스토텔레스, 예수, 석가모니, 마호메트, 노자, 공자 등은 많은 사람들에게 영향을 준 지혜로운 상담자라고 할 수 있다. 상담자는 내담자가 자신의 삶의 질을 높일 수 있도록 지혜로운 삶을 강조한다. 마찬가지로 내담자는 자신의 상담자가 지혜를 가진 조력전문가이길 원한다.

사람들은 현명한 사람은 다른 사람의 관점에서 문제를 해결한다고 말한다. 상담자는 다른 관점에서 자신과 세계를 이해하는 방법을 배우는 것이 필요하다. 그러므로 초보상담자들은 경험이 많은 상담자들과 잠재적 내담자들이 현명한 상담자가 되기 위해 무엇을 강조하는가를 경청함으로써 상담전문성에서 필요한 지혜를 터득하는 것이 필요하다. 여기에서는 상담자의 지혜에 대해 발견된 결과를 바탕으로 현명한 상담자가 되기 위해 필요한 몇 가지 특성을 살펴보고자 한다(No, 2011).

첫째, 현명한 상담자는 훌륭한 경청자다.

경험이 많은 상담자들은 단지 상담자의 훌륭한 경청이 내담자들로 하여금 그들의 문제를 해결하도록 한다고 자주 말한다. 게슈탈트치료의 창시자인 펄스(Fritz Perls)는 경청의 반대는 싸움이라고 했다. 왜냐하면 경청하는 사람은 경청으로부터 타인을 이해하지만 싸우는 사람은 경청하지 않음으로써 타인을 이해하지 못하고 그들과 싸우기 때문이다. 현명한 상담자가 되기 위해, 초보상담자는 경청이 현명한 상담자의 가장 중요한 구성요인이라는 것을 명심해야 한다. 현명한 상담자는 상담자의 훌륭한 경청이 효과적 조력을 위해 대부분의 상담기술에 선행한다는 것을 믿고 강조한다.

둘째, 현명한 상담자는 윤리적 책임감을 갖고 실천하는 사람이다. 특히 내담자를 보호하기 위해 비밀보장을 지키는 사람이다.

비밀보장을 포함한 윤리적 책임감은 상담전문성의 정체성과 관련된 상담의 핵심 구성요인들 중 하나다. 상담자는 기본적으로 내담자의 이익을 위해 일하는 전문가다. 즉, 상담자의 주요한 역할은 단지 바람직한 변화가 아니라 내담자가 원하는 변화를 위해 일하는 것이다. 윤리적으로 상담자가 내담자에게 자신의 가치를 강요하는 것은 그의 의도가 내담자의 이익을 위한다 할지라도 적절하지 않다. 상담자는 내담자와 더불어 있으면서 그들의 이익을 위해 상담관계에 참여함으로써 그들을 위해 존재한다. 그러므로 상담자의 윤리적 책임감은 내담자의 변화를 위한 그의 상담기법 적용에 선행한다.

신뢰를 주고 생산적인 상담관계 형성에 중요한 비밀보장은 법적 그리고 윤리적인 주제다. 대부분의 상담자들이 비밀보장의 핵심적 가치를 인정하지만, 그들은 그것이 절대적인 것으로 고려될 수 없다는 것을 인식한다(Corey, 2005, p. 41). 상담에 있어 비밀보장의 근원으로서 흔히 기독교 신자들이 성직자에게 하는 고백성서가 언급되어 왔다. 만약 상담관계에 참여한 내담자가 그의 상담자가 상담회기에서 언급된 사적 비밀을 누설한다고 생각한다면, 그는 아마도 상담을 찾지 않거나 상담자에게 자신의 중요한 비밀을 이야기하지 않을 것이다. 현명한 상담자는 비밀보장이 상담전문직의 주요한 주축이라고 생각한다.

셋째, 현명한 상담자는 공감적 이해를 실천하는 사람이다.

공감은 내담자가 자신의 생활사건과 관련한 정서, 행동 그리고 인지를 주관적으로 경험하고 해석한 것을 파악하여 반영해 주는 상담자의 능력이다. 로저스(Carl Rogers)에 의해 상담자의 중요한 태도로서 강조된 정확한 공감은 인간중심치료의 핵심요인이다. 로저스는 두 가지 개념인 '마치 ~처럼'과 '내적 참조 틀'을 사용하여 다음과 같이 공감을 정의하였다. 공감은 상담자가 '마치 내담자가 ~인 것처럼'이라는 가정을 결코 잃지 않으면서 상담자가 내담자의 내적 참조 틀에 의해 파악한 그의 경험하기의 의미와 감정을 내담자에게 반영하는 것을 의미한다. 공감적 이해는 상담자가 마치 내담자의 감정이 자신의 감정인 것처럼 내담자의 감정을 감지한다는 것을 함축한다. 상담자의 공감은 내담자로 하여금 자기이해와 자신의 신념과 세계관에 대한 명료화를 초래한다(Corey, 2005, p. 173). 개인심리학의 창시자인 아들러(Alfred Adler)는 공감을 통해 표현된 가치로서 사회적 관심은 "상대방의 눈으로 보고, 상대방의 귀로 듣고, 그리고 상대방의 마음으로 느끼는 것"을 의미한다고 설명하였다(Ansbacher & Ansbacher, 1956, p. 135). 공감은 훌륭한 경청에서 비롯된 내담자의 주관적 경험하기에 대한 이해인 반면, 동정은 단지 관찰에서 비롯된 내담자의 객관적 사실에 대한 연민이다. 현명한 상담자는 공감이 내담자의 자기이해와 진전에 가장 영향력 있는 결정요인이라는 것을 굳게 믿고 있다.

넷째, 현명한 상담자는 신뢰감, 신용성 그리고 정직성을 실천하는 사람이다.

내담자가 갖는 상담자의 신뢰감, 신용성, 정직성에 대한 지각은 상담관계 유지뿐만 아니라 그들에게 자신의 사적 비밀을 털어 놓은 것에 영향을 준다. 스트롱(Strong, 1968)은 그의 사회적 영향이론을 근거로 신뢰감은 내담자가 지각하는 상담자의 중요한 특성 중의 하나라는 것을 제안하였다. 신뢰감은 상담자가 윤리적인 방식으로 행동하고, 효과적 치료를 제공하는 데 필요한 지식과 기술을 소유하고, 치료 중에 해를 끼치거나 수치를 주는 것으로부터 내담자를 보호하고, 내담자에게 존경을 보여 주고, 그리고 내담자를 위해 무엇이 최선인가에 대한 주장을 한다는 점에서 그가 신뢰할 수 있는 사람이라는 것을 내담자에게 전달해 준다(Seligman, 2006, p. 23).

효과적인 상담자는 역시 신용이 있고 정직하다. 상담관계에서 내담자는 상담자의 언어적 · 신체적 표현에 의해 계속해서 그들의 신용성과 정직성을 지각하고 평가한다. 신용적인 상담자의 표현은 믿을 만하고 정직한 것으로 그리고 감추어진 주제나 이면의 동기에 자유로운 것으로 지각된다. 신용성을 가진 상담자는 정직하고, 솔직하고, 조작적이지 않고, 그를 믿을 수 있다는 일반적 신념을 지지하는 것으로서 여겨진다(Welfel & Patterson, 2005, p. 14).

정직한 사람은 위선적인 행동을 하지 않는다. 상담자는 정직성을 가지고 내담자에게 조력을 제공하는 전문가다. 상담자는 정직성 없이 자신의 진솔한 태도를 나타낼 수 없다. 효과적인 상담자는 배려 없는 정직성이 잔인하다는 것을 안다. 정직성은 긍정적인 어떤 것으로서 돌봄에서 나타난다. 상담자는 진실로 보려고 노력한다는 점에서 정직하다. 내담자를 조력하기 위해, 상담자는 자신이 원하는 어떤 방식이 아니라 내담자를 있는 그대로 이해해야 한다(Mayoff, 1990, p. 25).

로저스는 세 가지 상담자의 필요충분조건으로 진솔성 혹은 일치성, 무조건적 긍정적 존중, 그리고 공감적 이해를 상담기법으로서가 아니라 태도로서 강조하였다. 효과적인 상담자가 되기 위해,

상담자는 인간으로서 그리고 전문가로서 인간성과 관련한 자신의 태도를 이해하고 변화시켜야 한다. 현명한 상담자는 신뢰감, 신용성 그리고 정직성이 효과적인 상담자가 되기 위한 상담자의 중요한 태도라고 믿는다.

다섯째, 현명한 상담자는 훌륭한 관찰자다. 특히 인간관계의 훌륭한 관찰자다.

내담자 문제의 대부분은 인간관계에서 비롯된다. 그러므로 효과적인 조력자가 되기 위해, 상담자는 인간관계의 훌륭한 관찰자가 되는 것이 필요하다. 훌륭한 관찰은 변화를 위한 핵심적 결정요인이라고 말할 수 있다. '과학자로서 인간' 을 강조한 켈리(George Kelly)는 "모든 사람은 자신의 특별한 방식으로 과학자다."라고 주장하였다(Kelly, 1955, p. 5). 개인이 훌륭한 과학자가 되기 위해 예리한 관찰이 필요한 것처럼, 상담자는 효과적인 상담자가 되기 위해 인간관계의 훌륭한 관찰자가 되는 것이 필요하다. 현재 가장 영향력 있는 심리학자로 평판되는 반두라(Albert Bandura)는 그의 관찰 혹은 대리적 학습을 근거로 개인이 갖는 자기효능감의 중요성을 강조하였다. 사람들의 자기효능감에 대한 신념은 자신들의 지식의 주요한 측면을 구성한다. 자기효능감 신념은 네 가지 주요한 정보원천, 즉 자신의 성취경험, 대리적 경험, 언어적 설득 그리고 생리적·정서적 상태로부터 구성된다(Bandura, 1997, p. 79). 현명한 상담자는 높은 자기효능감을 가진 효과적 상담자가 되기 위해 인간관계의 훌륭한 관찰자가 되려는 강한 의도를 가진다고 믿는다.

여섯째, 현명한 상담자는 의사소통 기술을 능수능란하게 사용하는 사람이다.

상담을 내담자에게 최선의 립서비스(lip service)를 제공하는 전문직이라고 말하곤 한다. 왜냐하면 상담자가 자신의 립서비스에 의해 내담자에게 이익이 되도록 그들을 바람직한 방향으로 변화시키기 위해 자신의 역할을 수행하기 때문이다. 상담심리학이 과학으로서뿐만 아니라 예술로도 여겨지는 이유는 상담자가 과학적 연구에 의해 의사소통기술을 개발하고, 개발된 의사소통기술을 내담자의 이익을 위해 적절하게 그들의 지혜로 적용하기 때문이다. 효과적인 상담자는 적절한 시점에서 자신의 언어적 · 신체적 반응을 사용함으로써 내담자의 이익을 위한 바람직한 결과를 도출한다. 그러므로 현명한 상담자는 상담자들이 효과적 조력자가 되기 위해 자신의 의사소통기술을 사용할 능력을 향상시켜야 한다고 강조한다.

일곱째, 현명한 상담자는 자신에 대한 이해, 자신의 한계에 대한 이해 그리고 인간 독특성에 대한 이해를 바탕으로 실천하는 사람이다.

소크라테스는 "조사되지 않는 삶은 살 가치가 없다."라고 하였다. 경험이 많은 상담자들은 자주 "상담자여, 너 자신을 알라."라고 언급한다. 현명한 상담자가 되기 위해서 상담자는 자기이해 및 자신의 한계에 대한 이해를 위해 자신을 조사하는 것이 필요하다. 왜냐하면 상담자는 자신에 대한 철저한 이해 없이는 조력활동을 적절히 수행할 수 없기 때문이다. 효과적인 상담자는 자신의 한계와 인간 독특성에 대한 이해를 포함한 자기이해에 의해 상담에 대한 자신의 지식과 경험의 식견을 확장하려고 최선의 노력을 기울인다. 효과적인 상담자는 자신의 강점과 약점을 자각하고, 또한 그가 자신의 한계를 이해하지 못하면 내담자에게 해를 끼칠 수 있음을 자각한다. 그러므로 현명한 상담자는 상담자가 효과적인 조력자가 되도록 자기자각의 확장 및 인간 독특성의 이해를 위해 최선의 노력을 기울여야 한다고 믿는다.

여덟째, 현명한 상담자는 삶에 대한 긍정적 태도를 가지고 실천하는 사람이다.

우리는 대부분의 내담자들 문제가 그들의 삶에 대한 부정적 태도에서 비롯된다고 가정한다. 또한 주요한 상담이론의 창시자들이 내담자의 부정적인 삶의 태도를 긍정적인 삶의 태도로 변화시킬 것을 강조한다는 것을 가정한다. 프로이트(Sigmund Freud)는 자신의 환자들이 정신분석을 통해 일과 사랑을 할 능력을 회복할 수 있다고 믿었다. 융(Carl Jung)은 우리의 삶이 자기실현 혹은 개성화의 여정이라는 것을 강조하였다. 그는 "나의 인생은 무의식의 자기실현의 이야기다."라고 언급하였다(Jung, 1961, p. 3). 아들러(Alfred Adler)는 그의 주요한 개념인 '허구적 최종목적론'과 '창조적 자기'에 의해 모든 개인이 각자 자신의 삶의 여정에 대한 소설을 쓰고 있다는 것을 강조하였다. 그는 개인이 열등감 극복과 우월성 추구를 위한 독특한 존재라고 믿었다. 또한 아들러는 모든 사람이 격려에 의해 자신감과 책임감을 회복할 수 있다는 것을 믿었다. 그는 인간을 우월성 혹은 자기실현 추구를 위한 존재로 이해함으로써 삶의 긍정적 태도를 보여 주었다. 그는 "사람이 된다는 것은 자신이 열등하다는 것을 느끼는 것을 의미한다."고 언급하였다.

로저스는 개인은 누구나 타고난 자기실현성을 가지며 유기체의 지혜와 가치화 과정에 의해 자기실현을 성취할 수 있다고 믿었다. 그는 또한 "경험은 나에게 최고의 권위다."라고 언급하였다. 로저스의 삶에 대한 긍정적 태도는 그의 인간 성격에 대한 명제인 "유기체는 하나의 기본적 경향성과 추구를 가진다. 그것은 경험하는 유기체를 실현하고, 유지하고 향상시키는 것이다."(Rogers, 1951, p. 487)에 잘 나타나 있다. 모레노(Jacob L. Moreno)는 그의 심리극에 의해 개인이 자신의 자발성과 유연성을 회복할 수 있다고 믿었다.

프랭클(Victor Frankl)은 자신의 개인적 경험에서 비롯된 의미치료에 의해 개인은 삶의 의미를 찾는 존재라고 믿었다. 글래서(William Glasser)는 개인이 자신의 현명한 선택과 행동하기에 의해 성공정체감과 자신이 정말 원하는 것을 성취할 수 있다고 믿었다. 그리고 엘리스(Albert Ellis)와 벡(Aron Beck)은 개인이 자신의 합리적 신념체계와 긍정적 자동적 사고에 의해 행복한 삶을 영위할 수 있다는 것을 강조하였다.

상담자들은 기본적으로 삶에 대한 긍정적·낙관적 태도를 가진다. 그들은 개인의 긍정적 삶의 태도는 그의 자기존중감과 밀접한 관계를 가진다고 믿는다. 만약 어떤 상담자가 삶에 대한 부정적 태도를 가진다면, 그는 내담자에게 적절한 도움을 줄 수 없다는 것을 기억해야 하며, 더 나아가 그의 부정적 태도를 긍정적으로 변화시켜야 한다. 많은 상담사례들에서 상담자의 역할은 내담자의 부정적인 삶의 태도를 긍정적인 태도로 변화시키도록 내담자를 조력하는 것이다. 현명한 상담자는 효과적인 조력자가 되기 위해 상담자가 내담자의 조력을 위해 그들의 긍정적 삶의 태도를 보여 줄 수 있어야 한다는 것을 강조한다.

상담자로서 내담자의 문제해결을 위해 조력의 일에 참여한 상담자들이 강조하는 지혜와 잠재적 내담자들이 상담자가 가져야 할 지혜라고 보는 것을 생각해 볼 필요가 있다. 여기서는 저자(No, 1993)가 미국의 상담심리학 교수 및 상담심리학자들이 정의하고 강조하는 상담심리학자의 지혜가 무엇인가를 밝힌 것을 소개하고자 한다.

상담자의 지혜는 아홉 가지 다중 차원적인 영역으로 구성되어 있다. 아홉 가지 영역은 성격, 윤리적 책임감, 태도, 경험에 근거한 지식, 인지적 지식과 지적 기술, 훈련, 인간관계 스타일, 인간 차이에 대한 이해 그리고 인간성에 대한 이해다. 좀 더 구체적으로 살펴보면 다음과 같다.

성 격 상담자는 내담자에게 호감을 주는 성격이어야 한다. 경직되지 않는 유연성과 안정성을 보여 줄 수 있어야 하고, 높은 호기심과 창의성도 갖추어야 한다. 유머감각이 있어야 하며, 상황파악을 잘 할 수 있는 민감성이 있어야 한다. 또한 자발성과 인내성이 중요하다.

윤리적 책임감 상담 전문성에서 상담자의 윤리적 책임감은 매우 중요하다. 상담자는 특별한 경우를 제외하고는 비밀유지를 꼭 지켜야 한다. 상담자는 정직하며 편견이 없는 객관성을 유지하고, 내담자를 위해 다른 전문가에게 도움을 기꺼이 의뢰할 수 있어야 한다. 또한 내담자를 기꺼이 도우려는 의지가 있어야 하며, 내담자의 도움 요청에 따른 접근이 용이해야 한다.

태 도 상담자는 매사에 진지한 태도를 보이고 내담자에게 신뢰감을 심어 줄 수 있어야 한다. 삶에 대한 긍정적 태도와 편협하지 않는 폭넓은 견해를 갖는 것이 중요하다. 돌봄에 대한 높은 관심과 함께 겸손한 태도를 갖는 것이 필요하다. 덕의 추구와 실현에 관심을 갖고 자기실현을 위해 노력하는 사람이어야 한다. 상담자는 훌륭한 관찰자의 태도를 가져야 한다. 또한 자신을 긍정적으로 평가하는 태도를 보인다.

경험에 근거한 지식 상담자는 현실 감각을 가져야 하며, 언제 상담기법을 사용해야 할지를 알고, 어떻게 사용해야 하는가를 알아야 한다. 상담자는 경험을 통해 얻는 보편적 지식을 가지며, 지식과 경험을 통합할 능력을 가진다. 내담자의 이해를 위해 상담자가 내담자로서의 경험을 갖는 것도 중요하다. 상담자는 풍부한 인생

경험을 갖는 것이 필요하며, 일반적으로 내담자보다 나이가 많을 필요가 있다. 상담자의 직관과 통찰력도 중요하다.

인지적 지식과 지적 기술 상담자는 지적 능력과 기술을 갖고 논리적 사고를 할 수 있어야 한다. 폭넓은 제반 지식이 필요하며, 다양한 상담기술이나 기법을 능숙하게 활용할 수 있어야 한다. 폭넓은 독서를 하여 모든 측면을 이해할 수 있는 능력을 갖는 것이 중요하다. 상담자는 전문적 지식을 바탕으로 적절한 질문을 할 줄 알아야 한다. 상담자는 훌륭한 판단력을 갖는 것이 중요하며, 평가와 진단에 대한 지식을 갖는 것이 필요하다.

훈 련 상담자는 전문적 훈련을 받고 전문적 활동에 적극적으로 참여하는 것이 필요하다. 상담자는 필요한 전문적인 훈련의 자격증을 따는 것이 중요하다. 또한 전문적 지식과 경험을 갖춘 훌륭한 스승에게 훈련을 받고, 자신이 훌륭한 슈퍼바이저 능력을 갖춘다.

인간관계 스타일 상담자의 인간관계는 신용성이 있어야 한다. 상담자는 훌륭한 경청자이며 인간관계의 훌륭한 관찰자다. 상담자는 의사소통 기술이 좋아야 하며 특히 내담자를 공감해 주는 것이 중요하다. 상담자는 인간관계에서 개방적이며 내담자에게 본보기가 될 수 있어야 한다. 상담자는 다양한 사람들뿐만 아니라 동료들과 원만한 인간관계를 유지하는 것이 중요하다.

인간 차이에 대한 이해 상담자는 사람들이 가지는 가치관의 차이에 대해 이해할 수 있어야 한다. 더불어 성과 인종, 문화의 차이에 대한 이해가 필요하다. 상담자는 다른 관점에 대한 이해가 필요하며 내담자에게 자신의 가치관을 강요하지 않아야 한다.

인간성에 대한 이해 상담자는 인간의 고통에 대해 이해할 수 있어야 한다. 상담자는 내담자의 한계와 자신의 한계를 이해하는 것이 중요하다. 상담자는 철학적 지식이 필요하며 철저한 자기이해가 요구되고, 인간의 독특성을 이해하는 것이 중요하다.

이처럼 지혜로운 상담자가 되기 위해서는 스스로 각 영역에 따라 자신을 평가해 보는 것이 필요하다. 더불어 상담자는 이러한 영역에 대해 자문해 보면서 자각을 확장하는 것이 필요하다.

상담자의 관점은 인간에 대한 이해를 바탕으로 한 인간관이며 철학적 관점이다. 상담자는 지식과 경험을 바탕으로 인간관을 형성하며 자신의 인간관에 입각하여 어떻게 내담자를 조력할 것인가에 대한 변화모델을 개발한다. 이러한 변화모델이 상담 접근방식이며, 보다 체계적으로 확립된 접근방식은 상담이론이 된다.

상담자가 어떤 상담이론의 입장을 취하는가에 따라 변화를 위한 상담활동은 달라진다. 다시 말하면, 상담자의 관점은 내담자에게 막대한 영향을 미친다. 모든 상담자가 내담자를 만날 때마다 공통적으로 흔히 묻는 질문은 다음 두 가지로 압축된다.

- 내담자의 문제가 무엇인가?
- 내담자를 어떻게 조력할 것인가?

이 두 가지 질문은 많은 내용을 함축하고 있다. 하지만 첫 번째 질문의 핵심은 최대한의 모든 자료를 바탕으로 심리평가를 하여 내담자의 문제를 정확하게 파악하고 이해해야 함을 강조한 것이다. 두 번째 질문은 내담자의 문제해결인 상담목표 달성을 위해 어떤 전략과 기법을 사용할 것인가에 초점이 맞춰져 있다. 신체적인 병을 다루는 의사나 약사의 입장에서 이해하면 처음은 정확한 진단에 해당하고, 두 번째 질문은 진단에 따른 처방에 해당한다. 이런 점에서 두 질문은 별개가 아니라 서로 밀접하게 관련되어 상담목표 달성에 영향을 주고 있음을 알 수 있다. 따라서 상담자가 인간을 어떻게 보고, 내담자의 문제를 어떻게 이해하고, 내담자를 어떻게 상담할 것인가에 대한 관점에서 비롯된 상담자의 지혜를 아는 것이 중요하다.

4. 상담이론 창시자의 지혜

여기서는 다양한 인간 이해의 관점에서 비롯된 주요한 상담이론들을 개발한 상담자들의 지혜를 간략하게 소개하고자 한다. 여기에 제시한 상담자들은 자신이 겪은 삶의 경험과 문제를 가진 내담자들과의 상담경험을 바탕으로 변화를 위한 모델을 개발하였다.

우리는 각자 크고 작은 문제를 가지고 있다. 쉽게 해결할 수 있는 문제도 있지만, 애써 노력해도 해결하기 어려운 문제도 있다. 우리는 삶의 여정에서 다양한 사건에 접한다. 사건에 대한 경험은 우리에게 희로애락을 느끼게 한다. 당신은 삶의 주체이며, 당신에게 일어나는 모든 사건이나 가지고 있는 문제를 해결할 책임이 있다. 당신이 문제를 해결하려는 노력은 많은 경우에 당신이 삶을 보는 관점에서 비롯된다. 우리는 타인이나 객관적 관점에서보다는 자신의 관점에서 자기중심적으로 생각하고 행동하는 경향이 있다. 그렇기 때문에 당신이 보는 문제의 원인이나 해결의 노력이 제한적일 수 있다.

모든 상담이론은 내담자를 조력한다는 대전제하에 개발되었다. 하지만 주요한 상담이론을 개발한 상담자들은 내담자의 문제에 대해 관점과 해결방법을 각각 다르게 주장한다. 여기서는 주요한 상담이론을 개발한 상담자의 지혜와 주요 개념 및 기법을 살펴보고자 한다.

프로이트의 지혜 내담자의 문제는 인생 초기의 경험에서 비롯되었다. 과거에 내담자가 억압해서 무의식의 심연에 숨겨 버린 갈등의 경험을 이해해야 한다. 내담자의 문제를 이해하고 해결하기 위해 내담자가 정신의 층 깊숙이 숨겨버린 보물을 찾아 이해하는 것이 필요하다.

■ 정신분석의 주요 개념 및 기법: 의식의 수준(무의식 전의식, 의식), 성격의 구조(원초아, 자아, 초자아), 심리성적 발달단계, 불안, 방어기제, 자유연상, 꿈의 해석, 정화, 전이 및 역전이, 저항, 해석 등

아들러의 지혜 내담자의 문제는 인생 초기에 형성한 생활양식에 의해 크게 영향을 받는다. 하지만 내담자가 가진 긍정적 자질을 개발하고 뚜렷한 목적의식과 노력을 통해 새로운 방향으로 자신을 변화시킬 수 있다. 내담자가 느끼는 열등감은 성취를 위한 초석이 된다.

■ 개인심리학의 주요 개념 및 기법: 열등감과 보상, 우월성 추구, 사회적 관심, 생활양식조사(초기기억, 가족구도, 기본적 오류, 자질), 인생과제(사회적 관심, 사랑과 결혼, 일과 직업, 자기지향, 영성), 증상처방, 단추 누르기 기법, 마치 ~처럼 행동하기, 격려하기, 재정향 등

융의 지혜 내담자의 문제는 정신적인 내적 갈등에서 비롯되었다. 인간으로서 내담자가 타고난 본성의 소리에 귀를 기울이도록 하는 것이 중요하다. 정신병리학은 내담자가 정신적으로 겪고 있는

고통의 의미를 밝히는 것이다. 내담자는 자신이 겪는 정신의 고통을 해결하기 위해 정신에 대한 끊임없는 자기분석이 필요하다.

■ 분석심리학의 주요 개념 및 기법: 집단무의식, 개성화, 원형(페르조나, 아니마와 아니무스, 그림자, 자기 등), 단어연상법, 증상분석법, 꿈 분석, 심리적 유형(융의 심리적 태도와 기능: 외향성 대 내향성, 사고–감정, 감각–직관에 근거함) 등

모레노의 지혜 당신이 삶 속에서 행하는 역할과 역할연기가 당신의 자아를 형성한다. 창조자인 신에 의해 그리고 우리의 부모에 의해 주어진 타고난 아름다움과 용기를 가진 당신의 지혜를 신뢰하라. 새로운 자기를 형성하기 위해 지금의 역할이 중요하다. 과거에 어수룩하게 수행된 당신의 역할에서 비롯된, 훼손된 자발성과 창조성을 회복하라.

■ 심리극의 주요 개념 및 기법: 지금의 철학, 창조성, 자발성, 역할과 역할연기, 텔레와 참만남, 심리극의 구성요소(주인공, 연출자로서 상담자, 보조자아, 관객, 무대), 심리극의 단계(워밍업단계, 실연단계, 종결단계), 실연, 이중자아, 역할교대, 거울기법, 빈 의자 기법 등

펄스의 지혜 내담자의 문제는 그가 유기체의 지혜를 무시한 것에서 비롯되었다. 내담자로 하여금 그의 오관을 통해 현재 그가 경험하는 것을 자각하도록 한다. 민감한 자각을 통해 게슈탈트의 순환을 원활히 하도록 한다. 내담자로 하여금 둘로 나누어진 상반된 자기 간의 끊임없는 자기고문 게임을 끝마치고 자신을 통합하도록 한다.

■ 게슈탈트치료의 주요 개념 및 기법: 자각, 미해결된 일, 접촉경계장애(내사, 투사, 반전, 편향, 합류), 강자–약자, 자기고문 게임, 과

장하기, 빈 의자 기법 등

로저스의 지혜 내담자의 문제는 긍정적 존중의 욕구를 충족시키려는 노력으로 유기체의 자기조절인 가치화 과정에 어긋나게 가치를 조건화하는 것에서 비롯되었다. 만약 내담자가 상담자로부터 진솔하고 공감적이고 무조건적인 긍정적 존중을 받는다면, 내담자는 변화될 수 있다.

■ 인간중심치료의 주요 개념 및 기법: 경험 강조, 가치의 조건화, 상담자의 세 가지 중요한 태도인 진솔성 혹은 일치성, 공감적 이해, 무조건적 긍정적 존중 등

스키너의 지혜 내담자의 문제는 잘못된 학습에서 비롯된 습관 때문이다. 내담자가 원하는 어떤 행동을 형성하려면 그가 원하는 반응을 강화한다. 상담자는 내담자에게 문제가 되는 구체적인 행동을 파악하고 평가하여 체계적인 조작적 조건형성 절차를 적용하여 그의 부적절한 행동을 바꿀 수 있다.

■ 행동치료의 주요 개념 및 기법: 강화, 강화계획, ABC 분석, 토큰경제법, 타임아웃, 처벌 등

글래서의 지혜 내담자의 문제는 자신을 불행하게 하는 행동을 선택한 것에서 비롯되었다. 내담자의 욕구에 따라 정말 그가 원하는 것이 무엇인가를 확인하는 것이 중요하다. 그리고 내담자의 그러한 바람을 달성하도록 계획하고 실천하라. 내담자를 행복하게 하는 현실적인 행동을 선택하여 실천하는 것은 전적으로 내담자의 통제 하에 있고 내담자의 책임이다.

■ 현실치료의 주요 개념 및 기법: 기본적 욕구(소속감, 힘, 자유, 흥

미, 생존), 전체행동(행동하기, 생각하기, 느끼기, 생리적 행동), 현실치료 과정(WDEP), 상담자 태도(변명 불수용, 처벌금지, 포기하지 않음), 선택이론 등

번언의 지혜 내담자의 문제는 그가 과거에 받았던 어루만짐에서 비롯되었다. 내담자의 문제해결을 위해 먼저 그가 자신의 성격을 이해하고 대인관계에서 주고받은 의사소통의 유형과 게임을 분석하도록 하라. 타인과 의사소통을 하는 데에서 '나도 당신도 이만하면 괜찮다.'는 자세를 갖는 것이 필요하다.

■ 교류분석의 주요 개념과 기법: 세 가지 자아상태(부모 · 성인 · 아동 자아), 기본적 심리적 욕구(자극 · 인정 · 구조 · 입장 갈망), 인생각본, 네 가지 분석방법(구조 · 교류 · 게임 · 각본 분석), 이고그램 분석 등

얄롬의 지혜 내담자의 문제는 삶의 궁극적 관심사인 죽음, 무의미성, 고립, 자유와 관련되어 있다. 내담자가 이러한 궁극적 관심사에서 비롯된 불안을 어떻게 처리하느냐가 중요하다. 내담자가 실존적 존재로서 자신의 궁극적 관심사를 자각하고 직면하여 삶의 원동력으로 삼는 것이 필요하다.

■ 실존주의 상담의 주요 개념 및 기법: 궁극적 관심사(죽음, 무의미성, 자유, 고립), 실존주의 상담에서 보는 네 가지 세계(주변 · 공존 · 고유 · 영적 세계)

프랭클의 지혜 내담자의 문제는 삶의 의미를 추구하는 의지를 상실한 것에서 비롯되었다. 인간은 자기분리와 자기초월을 할 수 있는 능력이 있다. 이러한 능력에 근거한 역설적 의도와 탈숙고를

통해 불안과 공포의 악순환의 고리를 끊으면 심리적 문제를 해결할 수 있다. 그리고 삶의 의미를 추구하는 것이 중요하다.

- 의미치료의 주요 개념 및 기법: 의미의 원천(일, 사랑, 고통, 과거, 최상의 의미), 역설적 의도, 탈숙고 등

엘리스의 지혜 내담자의 문제는 일어난 사건이 아니라 그의 비합리적 신념에서 비롯되었다. 인간은 불완전한 존재인데, 자신, 타인, 조건에 대해 당위적으로 기대하고 요구하는 생각이나 신념이 문제다. 내담자가 느끼는 정서적 장애를 해결하기 위해서는 냉철한 이성에 입각한 반박을 통해 이러한 비합리적 신념을 합리적 신념으로 바꾸어야 한다. 우리의 신념은 우리의 감정에 영향을 미친다.

- 인지 · 정서 · 행동치료의 주요 개념과 기법: 비합리적 신념, 성격의 ABC 이론, ABCDEF 치료적 접근, 다양한 인지 · 정서 · 행동 기법들.

벡의 지혜 내담자의 문제는 그의 부정적인 자동적 사고와 인지적 왜곡에서 비롯되었다. 개인의 생각이 그의 감정과 행동을 결정한다. 따라서 개인은 자신, 타인, 세계를 올바른 가정에 기초한 견해를 갖는 것이 중요하다. 우울과 같은 부정적 정서를 효과적으로 다루기 위해서 우리의 편견이나 인지왜곡을 제거하는 것이 필요하다.

- 인지치료의 주요 개념과 기법: 스키마, 중재적 신념, 핵심신념, 자동적 사고, 인지적 왜곡, 특별한 의미 이해하기, 절대성에 도전하기, 재귀인하기, 인지왜곡 명명하기, 흑백논리 도전하기, 파국에서 벗어나기, 장점과 단점 열거하기, 인지적 예행연습 등

이와 같이 상담자들은 인간 및 문제에 대한 이해에 대한 그들의 지혜를 바탕으로 내담자들을 조력하는 상담이론 및 기법을 개발하였다. 삶의 주체자로서 문제해결을 위한 당신의 지혜를 생각해 보라. 그러고 나서 여기서 제시한 상담자들의 지혜와 당신의 지혜를 비교해 봄으로써 당신의 경험과 지식의 수평선을 확장할 수 있으리라 본다.

02 상담의 원리

내담자의 변화를 위해 공감적 이해를 바탕으로
격려하고, 격려하고, 또 격려해서
그의 가슴에 용기를 불어넣어라.

1. 상담자의 신념과 태도
2. 내담자의 이해와 문제파악
3. 내담자의 변화를 위한 조력활동

상담자들은 내담자가 자신의 삶의 질을 향상시키는 방향으로 변화하도록 연구와 경험을 통해 다양한 상담 원리와 방법을 개발해 왔다. 상담자들이 다양하게 사용하는 상담기법들은 각자가 갖는 상담이론에 근거한다. 상담이론을 개발한 상담자들은 내담자의 변화를 위한 조력에 자신의 이론에 입각한 적용이 효과가 있다는 것을 입증하였다. 초보상담자는 많은 상담이론과 생소한 용어들로 어려움을 느낀다. 이들은 상담을 효과적으로 이끌기 위해서 모든 상담이론들에 통달해야 하는지, 특별히 어떤 상담이론과 방법을 잘 알아야 하는지 혼란스러워 한다.

최근 많은 상담전문가들은 자신의 상담 접근방식이 통합적이거나 절충적이라고 말한다. 이러한 추세는 상담전문가들이 다양한 상담이론이 갖는 장점들을 두루 받아들여 내담자를 조력하는 데 사용하고 있다는 것을 반영한다. 상담을 처음 공부하는 사람은 먼저 다양한 상담이론을 섭렵하는 것이 필요하다. 초보상담자는 어떤 상담 접근방식 하나에 매이는 것보다는 다양한 상담이론을 공부한 후 자신의 성격이나 인생관에 부합한 상담이론을 개발할 것을 권장한다. 초보상담자가 이러한 노력을 하면서 많은 상담경험을 한 다음 상담전문가가 된다면 자신의 입장이 절충적이라고 말하리라 생각된다.

상담자로서의 경험과 연구결과를 바탕으로 웰펠과 패터슨(Welfel & Patterson, 2005, pp. 4-10)은 여섯 가지 효과적 상담의 기본원리를 제안하였다.

• 기본원리 1: 사회적 · 문화적 맥락에서 인간 행동을 이해하기

이 지침은 상담자가 사회적 · 문화적 맥락에서 인간 행동을

철저히 이해해서 내담자의 특별한 문제와 환경에 그러한 지식을 적용할 수 있어야 함을 의미한다.

- 기본원리 2: 성공적 상담의 정의로서 내담자가 원하는 성숙
  이 지침은 상담경험의 궁극적 목적은 내담자가 만족하게 여기는 것으로 생각하는 어떤 변화를 달성하도록 그를 조력하는 것을 의미한다.
- 기본원리 3: 내담자 변화의 근간으로서 상담자와 내담자의 긍정적 관계
  이 지침은 조력관계의 질이 내담자의 성숙을 위한 분위기를 제공하는 가장 의미 있는 단일 요인이라는 것을 강조한다.
- 기본원리 4: 강렬한 경험으로서의 상담
  이 지침은 상담경험이 상담자와 내담자 모두에게 정서적으로 강렬한 영향을 준다는 것을 의미한다.
- 기본원리 5: 상담 과정에서 적극적 파트너로서의 내담자
  이 원리는 내담자가 상담자와의 상호작용에 촉진됨으로써 자기노출, 자기직면, 모험하기 등에 적극적으로 참여하겠다는 그의 다짐에 기반을 두고 있음을 의미한다.
- 기본원리 6: 기본적인 전문적 책임감으로의 윤리적 행위
  이 원리는 상담 전문직의 윤리강령은 상담자가 내담자의 최선의 이익을 가장 높은 우선순위에 둘 것과 전문직을 위한 행동강령의 모든 다른 절차를 따를 것을 요구함을 지적한다.

상담은 인간의 변화를 위한 활동이다. 내담자의 변화를 위해 상담자는 온 몸과 정신으로 전력해야 한다. 상담자는 자신의 모든 생각, 감정, 행동이 내담자에게 영향을 준다는 것을 명심하며 상담 활동에 임해야 한다. 여기서는 이런 점을 고려하여 저자의 상

담 관련 지식과 경험을 바탕으로 세 가지 영역, 즉 '상담자의 신념과 태도' '내담자의 이해와 문제파악' 그리고 '변화를 위한 내담자 조력활동'의 원리를 소개하고자 한다. 특히 각 영역들의 하위로 소개되는 23가지 내용은 상담 접근방식의 입장에서 볼 때 통합적이고 절충적이라 할 수 있다.

1. 상담자의 신념과 태도

상담자는 내담자와 함께하는 참여적 관찰자이며 촉진자다. 상담자가 갖는 신념과 상담에 임하는 태도는 내담자에게 영향을 준다. 이런 점에서 상담의 원리로서 상담자가 상담에 임하는 신념과 태도에 관련한 여섯 가지 내용을 알아보고자 한다.

변화에 대한 확신을 가져라

지금까지 상담자들은 상담에 대한 많은 연구결과를 통해 내담자의 변화와 상담의 효과를 입증해 왔다. 상담자는 내담자의 변화를 위한 조력자다. 변화의 조력자가 변화가 일어날까 하는 의구심을 갖고 상담에 임한다면 그것은 상담자의 자기기만이다. 그리고 변화에 대한 의구심 태도는 상담자가 자신의 책무인 상담자의 역할을 소홀히 하거나 포기하게 하는 동인이다. 상담자가 상담활동을 통한 변화에 확신이 없다면 다른 직종으로 전문성을 바꾸어야 한다. 상담자는 변화에 대한 확고한 믿음을 바탕으로 변화모델을 개발하여 내담자의 성장을 위해 적용할 수 있어야 한다.

윤리적 책임감을 인식하라

상담 전문직을 유지하는 기둥의 하나는 비밀유지라고 할 수 있다. 상담자가 특별한 경우를 제외하고 내담자를 위해 비밀유지를 지키는 것은 중요한 윤리적 책임감이다. 상담자는 내담자에게 피해를 줄 수 있는 자신의 언행에 대한 책임감을 인식하는 것이 중요하다. 상담자는 상담이 진행되는 중에 내담자와의 이중관계(예, 성관계, 금전거래 등)를 맺어서는 안 된다. 상담자가 내담자에게 제대로 도움을 주지 못하고 있다면 상담관계를 종결하거나 다른 상담자에게 기꺼이 의뢰하는 것이 요구된다. 또한 내담자에게 자신의 가치를 받아들이도록 강요해서도 안 된다.

자기자각을 확장하라

상담자는 끊임없이 자신의 이해를 위한 노력을 해야 한다. 상담과정에서 제기되는 많은 주제는 가치와 관련되어 있다. 때문에 상담자는 내담자와 가치갈등을 가질 경우가 있다. 상담자는 이런 가치갈등을 슬기롭게 처리하기 위해 자신의 가치를 확인하는 것이 필요하며, 자신의 장점과 약점을 인식하는 것이 중요하다. 내담자가 제기하는 어떤 문제에 대해 자신도 모르게 민감하게 반응하는지 아니면 반응을 회피하는지 알아차려야 한다.

정신분석적 상담 접근을 사용하는 상담자는 역전이가 상담에 부정적으로 영향을 미칠 수 있다고 지적한다. 따라서 상담자는 자기자각 확장을 통해 자신의 역전이가 상담에 부정적 영향을 미치지 않도록 해야 한다. 소크라테스가 지적한 것처럼, 상담자는 "너 자신을 알라"라는 말을 자문하며 부단히 자신의 자기자각 확장을 이루어야 한다.

본보기를 보여라

상담 활동은 학습과 재학습을 위한 활동이라고도 한다. 상담자가 내담자에게 하는 수많은 말보다 행동이 그들의 변화를 위해 훨씬 강력하다. 사회적 인지이론을 제안한 반두라(Albert Bandura)가 많은 연구를 통해 관찰학습의 효과를 보인 것처럼, 상담자는 내담자에게 모든 면에서 직간접적으로 영향을 미치는 본보기 역할을 하는 모델이다. 백문이 불여일견이다. 또한 상담자는 상담회기 이외에서 책임 있는 생활인으로서 활동하는 것이 요구된다. 상담회기 중에는 필요한 경우, 상담자는 역할연기를 통해 내담자에게 본보기 역할을 할 수 있어야 한다.

내담자를 위해 함께함을 보여라

상담자는 내담자가 자기실현을 이룰 수 있도록 진정한 돌봄을 제공할 수 있어야 한다. 메이어오프(Mayeroff, 1990)는 돌봄의 정의를 "돌보는 대상이 성숙하고 자기실현하도록 돕는 것"이라고 하였다. 그가 제안한 다른 사람의 성숙과 실현을 돕기 위한 돌봄의 주요 구성요소는 지식, 리듬의 변화, 인내, 정직성, 신뢰, 겸손, 희망, 용기다. 저자가 상담을 가르치면서 상담자가 가져야 할 태도로서 자주 언급한 것은 "나는 당신과 더불어 있고 당신을 위해 존재한다(I am with you, and I am for you)."라는 말이다. 내담자는 상담자가 자기를 어떻게 대하는가를 관찰하며 상담자에게 반응한다. 상담회기

중에 상담자는 신체언어와 태도를 통해 정말 내담자를 위해 존재함을 보여 줄 수 있어야 한다. 내담자에게 전적으로 관심을 기울이며 상담에 임하는 태도를 습관화하라. 상담자는 자연스럽게 이러한 태도가 몸에 밸 수 있도록 노력해야 한다. 상담자는 온몸과 마음으로 내담자에게 집중해서 관찰하고 경청하는 습관이 필요하다.

내담자는 문제해결을 위한 자질을 가지고 있다

인간은 누구나 바람직한 방향으로 자신을 변화시킬 수 있는 자질을 갖고 있다. 지혜로운 상담자는 삶에 대한 긍정적 태도를 가진다(No, 2011). 상담자가 갖는 삶에 대한 태도는 자신의 문제해결을 위해 상담에 참여한 내담자의 변화에 중요한 요인으로 작용한다. 상담자는 내담자의 문제를 해결해 주는 문제해결사가 아니라 그들이 스스로 자신의 문제를 해결할 수 있도록 조력하는 '참여적 촉진자(participant-facilitator)' 다. 참여적 촉진자로서 상담자의 역할에 대한 믿음은 그가 갖는 인간에 대한 긍정적 태도에서 비롯된다. 개인심리학을 개발한 아들러(Adler)는 내담자의 생활양식을 파악하는 데 중요한 요인으로 내담자의 자질을 제안하였다. 그는 또한 상담자의 역할은 내담자가 열등감을 극복하고 자기실현 혹은 우월성 추구를 통해 성장하도록 돕는 것이라고 하였다.

2. 내담자의 이해와 문제파악

상담자가 묻는 핵심 질문 중 하나인 "내담자의 문제가 무엇인가?" 에 대한 내용을 살펴보자. 이미 지적한 것처럼, 상담자가 내담자의 문제파악을 정확히 하는 것은 상담의 목표달성과 관련하여 매우 중요하다. 여기서는 내담자의 문제를 잘 이해하기 위해 필요한 여덟 가지 상담의 원리를 살펴보고자 한다.

1 적극적 경청을 하라

상담에서 무엇보다 중요한 것은 상담자의 경청이다. 경청만 잘해 주어도 내담자의 문제가 해결된다고 말한다. 사람의 문제는 대체로 가까운 사람과의 갈등이나 싸움에서 비롯되는 경우가 많다. 내담자들은 자주 "자신을 진정으로 이해해 주는 사람이 없다."고 말한다. 이런 이유로 상담자가 내담자를 잘 경청해 주면 그는 자각의 확장을 통해 스스로 문제를 해결한다. 펄스(Perls)는 언뜻 보기에 이상한 대립이지만 대인관계에서 진실인 '경청 대 싸움'을 제안하였다. 누군가를 잘 경청하면 그를 이해하고 싸우지 않게 된다. 잘 싸우는 사람은 상대방을 잘 경청하지 않기 때문에 그를 이해하지 못하는 것이다. 결국 경청 대 싸움의 양극성의 핵심은 이해라는 것을 알 수 있다.

잘 경청한다는 것의 진정한 의미는 이해다. 경청의 의미를 물으면 사람들은 흔히 잘 듣는 것이라고 대답한다. 이 대답은 내용적으로 맞지 않다. 우리가 사용하는 언어에는 음성언어와 신체언어가 있다. 귀로 음성언어만을 잘 듣는 것은 부분적 경청이다. 왜냐하면 눈으로 상대방의 신체언어를 관찰하여 이해하는 것을 고려하지 않았기 때문이다.

저자가 여기서 적극적 경청이라고 말하는 것은 귀와 눈을 가지고 내담자의 음성언어와 신체언어를 이해하는 것을 의미한다. 상담자는 음성언어보다 신체언어를 훨씬 신뢰한다. 사람들은 언어를 통해 사실을 그대로 기술하기보다 '정신적 조작(mental manipulation)'을 하곤 한다. 집단회기 중에 내담자가 "화가 나지 않았다."고 말하는데 그의 눈과 얼굴 표현은 정반대인 경우가 있다. 눈과 귀로 잘 경청하여 이러한 내담자의 불일치를 지적하는 것이 직면시키기다.

상담자의 중요한 반응기법인 공감은 경청에서 비롯된다. 지적한 것처럼, 경청의 핵심은 이해다. 상담자가 적극적 경청을 통해 내담자를 잘 이해하여 반영해 주는 것이 공감이다.

내담자의 시간관리를 잘 살펴라

'정말 시간은 무엇인가?(What is really time?)' 우리는 살아온 시간을 과거라 하고 앞으로 살 시간을 미래라 한다. 그리고 우리가 지금 경험하고 있는 이 순간을 현재라 한다. 개개인에게 분명하고 중요한 사실은 현재 살아 있고 살 시간을 갖고 있다는 점이다. 인간에게 시간은 실존을 가능하게 하는 가장 중요한 요인이다. 내담자가 시간을 어떻게 사용하고 있는가를 확인하는 것은 그를 이해하는 데 매우 중요하다. 부적응적인 대부분의 사람들은 자신의 인생인 시간을 부적절하게 사용하고 있다고 할 수 있다. 자신의 시간을 통제하지 못하는 것은 자신의 인생을 제대로 통제하고 관리하지 못하고 있다는 것을 의미한다. 내담자가 시간 약속을 제대로 지키지 못하거나, 게임중독에 빠져 밤새워 게임을 하고 다음날 해야 할 일들을 하지 못하거나, '어떻게 시간을 죽이지?(How to kill the time?)' 하며 할 일 없이 방황하거나, 자기를 파괴시키는 활동에 참여하고 있는지를 파악하는 것은 그를 이해하는 데 매우 중요하다.

교류분석 접근을 사용하는 상담자는 개인이 시간을 구조화하는 구조갈망을 중요하게 다룬다. 구조갈망은 우리의 삶에 필요한 어루만짐을 최대로 받기 위해 시간을 사용하는 수단이다. 사람들이 자신의 시간을 구조화하는 여섯 가지 방법은 철회(withdrawal), 의례적 행동(rituals), 여흥(pastimes), 활동(activities), 게임(games) 그리고 친밀성(intimacy)이다. 내담자가 최근 일주일의 생활, 더 나아가 최근 한 달의 생활을 어떻게 시간을 보내며 지냈는지 확인해 보라. 상담자는 내담자들이 하는 시간관리 행동패턴을 확인하여 바람직한 방향으로 시간관리를 하면서 생활하도록 조력하는 것이 필요하다.

11 내담자의 분노관리를 잘 살펴라

상담자는 내담자가 자신의 분노관리를 어떻게 하는가를 파악해야 한다. 일반적으로 심리학자들은 분노를 좌절-공격성 이론으로 설명한다. "지적지능보다 감성지능이 높으면 성공한다."는 말은 개인이 자신의 정서관리를 잘할 뿐 아니라 타인의 감정을 잘 이해할 수 있는 공감 능력을 갖추는 것이 필요하다는 것을 의미한다. 골만(Goleman, 1995)은 1995년에 『감성지능』이라는 책을 출판하여 선풍을 일으켰다. 그는 '아리스토텔레스의 도전' 이라는 제목하에 "누구나 화를 낼 수 있다—그것은 쉬운 일이다. 그러나 적절한 사람에게, 적절한 정도로, 적절한 시간에, 적절한 목적을 위해, 그리고 적절한 방식으로 화를 내는 것—이것은 쉬운 일이 아니다." (Aristotle, The Nicomachean Ethics) (p. ix)라는 글귀를 인용하며 책을 시작하였다. 사람은 자신이나 타인에게 분노 혹은 화를 내며 살아간다. 그리고 대체로 자신이 화를 냈던 것에 대해 후회를 한다. 그리고 또 화를 낸다. 그래서인지 미국정신의학회(APA, 1994)에서 발간한 『정신장애의 진단 및 통계적 매뉴얼 IV』에는 우리나라 사람들의 문화적 근거에서 비롯된 신드롬으로 화병(hwa-byung) 혹은 울화병(wool-hwa-byung)을 억제된 화에서 야기된 정신장애로 언급하였다(p. 846).

내담자의 이해를 위해 '반복'을 명심하라

반복되는 행동이 습관이다. 개인의 습관 중에는 좋은 습관도 있고 나쁜 습관도 있다. 좋은 습관은 개인을 성장하게 하는 행동이다. 나쁜 습관은 개인을 파괴시키는 행동이다. 우리는 어떤 행동을 반복하는 것처럼 어떤 감정과 생각을 반복하며 살아간다. 따라서 상담자는 내담자의 문제파악을 위해 인간의 세 가지 체계인 감정, 행동, 인지의 반복을 이해하는 것이 중요하다.

먼저 감정의 반복에 대해 살펴보자. 내담자가 호소하는 문제 중에서 반복적으로 나타나는 부적절한 감정을 확인하라. 누구나 느끼는 인간의 대표적인 감정이 불안이다. 건강한 사람에게 불안은 건설적이고 촉진적인 기능을 하지만, 건강하지 못한 사람에게는 원만한 인간관계와 수행에 역기능적으로 작용한다. 사람이라면 누구나 시험불안이 있다. 시험불안 때문에 대부분의 학생들은 열심히 공부한다. 시험불안을 전혀 느끼지 않는 학생은 무사안일하게 행동할 수 있다. 어떤 학생들은 심한 시험불안 때문에 노력한 것만큼 결과를 얻지 못하기도 한다.

다음으로 행동의 반복을 알아보자. 내담자가 반복하는 자기파괴의 역기능적 행동을 파악하라. 행동치료 상담자들은 내담자의 부적절한 행동이나 습관을 제거하는 것에 관심을 둔다. 상담자는 학습된 좋은 행동이 반복해서 다시 나타나도록 바람직한 행동을 강화해 준다. 또한 나쁜 행동의 반복을 없애기 위해 처벌을 한다.

마지막으로 인지/생각의 반복을 살펴보자. 엘리스(Ellis)가 지적한 것처럼, 합리적 생각의 반복은 합리적 정서와 행동을 야기한다. 비합리적 생각의 반복은 비합리적인 정서적 · 행동적 결과를 초래한다. 부적절한 생각의 반복도 습관이다. 글래서(Glasser)가 제안한 성공정체감과 실패정체감도 개인이 겪는 경험에서 비롯된 자신에 대한 생각이다. 성공정체감을 가진 사람은 습관적으로 긍정적이고 건설적인 생각을 한다. 반대로 실패정체감을 가진 사람은 습관적으로 부정적이고 파괴적인 생각을 한다.

상담자는 내담자가 갖는 부적절하고 자기파괴적 · 부정적인 감정, 행동 및 생각을 파악하여 적절하고 건설적 · 긍정적인 감정, 행동, 생각으로 바꾸기 위해 노력해야 한다.

상담경험을 통한 육감을 발달시켜라

상담은 경험을 강조하는 학문이다. 상담자는 내담자의 문제를 파악하는 데 끊임없이 "정말 이것이 내담자의 문제인가?"라는 것을 자문해야 한다. 상담자는 다양한 접근방식을 통해 내담자를 정확히 평가하고 진단해야 한다. 상담자는 내담자와의 많은 상담경험을 통해 실천적 전문가가 된다. 구체적인 어떤 문제 영역에서 내담자들과의 많은 경험은 상담자의 육감(hunch)을 발달시킨다. 전문가의 육감은 추측이 아니다. 경험을 통해 터득한 상담자의 육감은 내담자의 문제를 정확히 파악하기 위한 일종의 가설이다. 경험이 많은 상담자는 육감을 바탕으로 육감을 입증할 준거들을 찾는다. 내담자가 보이는 감정, 행동, 생각을 바탕으로 충분한 준거들이 수집되었을 때 상담자의 육감은 지지된다. 육감을 지지할 준거들이 불충분할 때 가설은 폐기된다.

가족에 대한 내담자의 생각을 확인하라

개인에게 가장 많은 영향을 주는 곳은 가정이다. "이 세상에 가정과 같은 곳은 없다(There is no place like home)."고 한다. 우리 각자에게 가장 많은 영향을 준 사람은 부모다. 내담자의 문제는 대부분 가족구성원과 직간접적으로 관련되어 있다. 따라서 상담자는 내담자가 갖는 가족이나 가족구성원에 대한 생각을 확인하여 그의 문제와의 관련성을 파악해야 한다. 특히 내담자가 지각하는 가족구성원과의 심리적 거리를 확인하는 것은 그를 이해하는 데 매우 중요하다.

아들러학파는 내담자가 이 세상을 살아가는 방식인 생활양식을 파악할 것을 강조한다. 내담자에 대한 평가 및 분석에 사용되는 전형적인 생활양식조사 영역은 초기회상, 가족구도, 기본적 오류, 자질, 꿈의 내용 등이 포함된다. 특히 아들러식 상담자는 이러한 내용 중에 초기기억이나 출생순위와 가족구도 파악을 매우 중요하게 생각한다. 상담자로서 당신이 아들러학파가 아니더라도 내담자의 이해를 위해 이러한 가족과 관련된 내용은 매우 중요하다.

내담자가 표현하는 언어에 함축된 의미를 파악하라

언어는 생각이다. 내담자가 사용하는 언어는 그가 세상을 살아가는 방식을 함축하고 있다. 상담자는 내담자가 표현하는 언어에 내포된 의미를 잘 경청하여 그의 세계관을 파악해야 한다. 최근 상담이론의 주요한 추세인 인지행동치료는 내담자가 사용하는 언어에서 나타나는 비합리적 신념이나 부정적 · 자동적 사고를 파악하여 그것을 변화시키는 데 주력한다. 역시 많은 상담전문가들이 훌륭한 상담 및 심리치료자로 여기는 에릭슨(Erickson), 펄스(Perls), 사티어(Satir)의 상담 축어록의 내용을 바탕으로 밴들러와 그라인더(Bandler & Grinder)가 개발한 '신경언어학적 프로그래밍(Neuro-Linguistic Programming: NLP)' 도 내담자가 사용하는 언어에 초점을 두고 있다.

내담자가 자주 표현하는 언어가 '항상' 이나 '하지 않으면 안 된다.' 라면 그는 완벽주의나 강박적인 문제로 고통받고 있을 가능성이 높다. 또한 '나는 ~할 수 없어.' 나 다른 사람 탓으로 원인을 돌리는 내담자는 자기패배 지향이거나 책임감 결여로 시달리고 있을 가능성이 높다. 상담자는 내담자가 자주 사용하는 언어에 함축된 의미를 파악하여 그들이 강박성보다 유연성을 갖고, 책임회피보다 책임감을 가지며, 자기패배 지향성보다 자기건설 지향성으로 살아갈 수 있도록 조력해야 한다.

내담자의 심리평가를 정확히 하라

내담자의 심리상태를 정확히 파악하는 것은 무엇보다 중요하다. 상담자는 특히 "정말 이것이 내담자의 문제인가?" 를 끊임없이 자문하면서 내담자의 심리평가를 정확하게 해야 한다. 우리는 흔히 '우리 자신이 자신을 가장 잘 알고 있다.' 고 생각한다. 그러나 이러한 생각이 항상 맞은 것은 아니다. 왜냐하면 우리 자신이 모르는 면을 다인이 알고 있는 것도 많기 때문이다. 따라서 상담자는 대부분의 내담자가 자신의 심리상태에 대해 잘 알고 있을 것이라는 가정을 버리고 전문가로서 그들을 정확하게 평가하려고 노력해야 한다. 심리평가의 주요한 세 가지 전략은 면담법, 심리검사법, 행동평가법이다. 상담자는 어떤 한 가지 전략에 너무 의존하여 내담자의 심리상태에 대한 결론을 내려서는 안 된다.

3. 내담자의 변화를 위한 조력활동

상담자는 내담자의 문제파악을 정확히 한 후에 문제해결을 위한 조력활동을 한다. 상담자가 어떻게 내담자를 조력할 것인가는 상담자의 이론적 관점과 그의 지식과 경험 수준에 따라 차이를 보인다. 여기서는 상담자가 어떤 접근방식을 취하는가에 관계없이, 일반적으로 내담자를 효과적으로 조력하기 위해 상담자가 유념해야 할 아홉 가지 내용을 알아보고자 한다.

공감적 이해를 견지하라

대부분의 상담자들은 내담자의 주관적 의미와 감정을 이해해서 반영해 주는 공감적 이해를 조력의 필수조건으로 받아들이고 있다. 로저스의 인간중심치료에서는 진솔성과 무조건적·긍정적 수용 태도를 기반으로 상담자의 공감적 이해를 통해 내담자를 충분히 변화시킬 수 있다는 것을 가정한다. 공감을 상담기법으로 보건 상담자의 태도로 보건 상담자의 공감적 이해는 그 자체로 상담관계 형성뿐만 아니라 내담자가 상담자를 신뢰하고 누구에게도 이야기하지 않았던 자신의 사적 비밀을 털어놓게 하는 상담자의 가장 중요한 반응이라고 할 수 있다.

개인심리학을 개발한 아들러는 개인이 사회적 관심이 낮으면 심리적으로 문제가 있는 것으로 보았다. 그는 사회적 관심을 "상대방의 눈으로 보고, 상대방의 귀로 듣고, 상대방의 마음으로 느끼는 것이다."고 정의하여 사회적 관심이 높은 사람이 대인관계에서 공감적 이해를 잘하는 사람으로 규정하였다. 이런 측면에서 볼 때 상담관계에서 상담자의 공감은 내담자에게 본보기적인 역할을 함으로써 그들에게 공감적 이해를 가르치는 기능을 하고 있다는 것을 유추해 볼 수 있다. 즉, 내담자가 맺고 있는 대인관계에서 공감적 이해를 타인에게 제대로 못해 주기 때문에 그가 문제해결을 적절하게 하지 못한 사람으로 전락해서 자신의 문제를 더 심화시킨 결과를 초래했을 수 있다. 상담자는 내담자가 누구에게도 털어놓지 못한 자신만의 사적 비밀을 털어 놓게 하는 마법적 반응인 공감적 반응을 능숙하게 사용하는 것이 필요하다.

경험을 통해 느끼게 하라

내담자의 문제해결 방법은 그가 문제에 직면함으로써만 해결할 수 있다. 놀랍게도 내담자의 문제는 대부분 주입된 가치, 즉 자신이 가지고 있으면서도 자신의 가치와 괴리된 '내사된 가치(introjected value)'에서 비롯된 경험의 결여와 관련되어 있다. 주입식 교육이 문제인 것처럼 주입된 가치가 문제다. 로저스가 강조한 "경험은 나에게 최고의 권위다."는 말은 우리 모두에게 진실이다. 정신건강 측면에서 보면 "인간은 생각하는 갈대다."는 말보다 "인간은 경험하는 갈대다."는 말이 더 적절하다.

내가 가지고 있는데 내 것이 아니라면 문제다. 내가 먹은 음식물이 소화되지 않고 내 몸 안에 있다면 그것은 내가 아니다. 마찬가지로 내가 가지고 있는 지식을 제대로 이해하지 못한다면 그것은 나의 지식이 아니다. 우리의 감정은 경험에서 비롯된다. 내담자가 겪는 부적절한 감정은 대부분 그가 진실로 경험하지 않고 형성된 것이다. 펄스는 "접촉에서 자각은 강렬하다."고 하였다. 이것은 유기체가 겪는 경험의 중요성을 강조한 말이다.

11 자신의 인간관과 성격에 부합한 상담이론을 개발하여 적용하라

상담자로서 정신역동 접근을 따르건, 행동치료 방식을 따르건, 인본주의적 접근방식을 취하건, 인지치료 접근방식을 취하건 간에 관계없이 당신이 내담자에게 적용하는 방식은 독특하다. 많은 상담자들이 취하는 주요한 상담이론들은 나름대로 인간의 행동변화에 기여해 왔다. 그리고 최근 많은 상담자들은 자신의 상담 접근방식이 다양한 상담이론들을 절충한 입장이라고 한다. 따라서 초보 상담자는 어떤 상담이론을 열심히 배워야 하는지 혼란스러울 수 있다. 이러한 혼란을 피하기 위해 다음과 같은 절차를 따라 자신의 상담이론을 개발하라.

첫째, 주요한 상담이론을 섭렵하라. 주요한 상담이론은 나름대로 내담자의 변화를 위해 효과가 있다고 입증된 이론이다. 따라서 이론이 갖는 인간관, 상담기법, 장단점 등을 철저히 이해하는 것이 중요하다.

둘째, 자신의 인간관과 성격에 대해 이해하라. 상담의 주체로서 상담자는 자신의 이해를 철저히 해야 한다. 주요한 상담이론들은 개발자의 인간관과 내담자와의 경험에서 비롯되었다. 만약 당신이 훌륭한 상담이론을 개발하려 한다면 먼저 자신에 대한 이해가 이루어져야 한다.

셋째, 자신의 인간관과 성격에 부합한 상담이론을 개발하라. 자신의 성격에 부합한 상담이론을 보다 철저하게 학습하여 적용하면서 자신의 상담 방식을 개발하는 것이다. 상담자로서 당신이 로저리안(Rogerian)이라 할지라도 당신은 로저스일 수가 없다. 따라서 당신이 내담자에게 적용하는 상담 방식은 독특하다고 할 수 있다.

상담 면접기법을 숙달하여 사용하라

상담은 과정을 강조하는 학문이다. 상담과정은 상담자가 내담자에게 하는 반응기법에 따라 좌우된다. 상담자는 자신이 적용하는 상담이론과 상관없이 상담과정에서 하는 모든 반응에 대한 철저한 이해와 숙달이 필요하다. 상담자가 상담과정에서 사용하는 반응인 상담자의 면접기법을 적절하게 사용할 수 있도록 철저한 숙달이 필요하다. 상담에 참여한 내담자는 '지금-여기 경험' 에 대한 표현과 그것에 대한 상담자의 진솔한 교정적 피드백(corrective feedback)을 통해 성장한다. 대인관계 심리치료를 제안한 설리반(Sullivan)은 불안의 원천이 대인관계라는 것을 강조하였다. 또한 그는 치료자로서 '참여적 관찰자(participant-observer)' 의 역할을 수행할 것을 지적하였다. 상담자는 내담자들이 성장할 수 있도록 그들에게 바람직한 피드백의 기본적 원리를 가르치는 것이 필요하다. 몇 가지 바람직한 피드백의 원리는 다음과 같다.

첫째, 지금-여기에서 경험하는 내용을 피드백하라. 둘째, 과거의 일을 들추어 내지 말라. 셋째, '나-전달법(I-message)' 을 적용하여 피드백하라. 넷째, 변화 가능성이 있는 행동에 대해 피드백하라. 다섯째, 타고난 성격에 대해서는 피드백하지 말라. 상담자는 이러한 변화를 유도하는 기본적인 피드백 원리를 내담자가 상담회기 중에는 물론이고, 일상생활에서 실천하도록 지도하는 것이 필요하다.

상담기법을 적절한 시점에서 사용하라

상담자가 어떤 반응과 기법을 언제 사용하여 내담자를 조력할 것인가를 결정하는 것은 매우 중요하다. 경험이 많은 상담전문가들은 상담이나 심리치료가 과학이면서 예술임을 강조한다. 상담전문직이 과학이면서 예술임을 강조하는 이유는 기법 적용의 시점(timing)과 관련된다. 효과적인 상담자는 전체적 조망 속에서 조화의 미를 창조해 내는 예술가처럼 상담기법 적용의 적절한 시점을 파악하여 내담자를 조력한다. 예를 들면, 상담자는 일반적으로 충분한 지지하기를 바탕으로 내담자와의 상담관계가 형성된 후에 직면시키기 기법을 사용할 것을 권장한다.

상담자가 어떤 반응기술이나 상담기법 적용의 적절한 시점을 터득하기 위해서는 내담자와의 상담경험을 쌓는 것이 최선이다. 그리고 가끔 상담회기를 녹음하거나 촬영하여 틈틈이 자신의 반응이나 기법이 적절한 시점에서 바람직하게 이루어졌는가를 확인해 보는 것이다. 이러한 노력이 힘들게 느껴질 수 있지만 자신의 상담기술 향상을 위해 가장 좋은 피드백을 제공한다는 것을 명심하라.

현재 진행되는 경험을 다루어라

대부분의 상담자들은 '지금-여기'의 중요성을 강조한다. 즉, 상담과정에 참여한 내담자에게 현재 진행되는 경험을 알아채는 것이 중요하다는 것을 강조한다. 이것은 상담자가 내담자의 모든 문제를 현재로 가져와서 다룬다는 것을 의미한다. 내담자가 과거에 가졌던 중요한 일들이나 미래에 일어날 일들을 현재로 가져와 경험하게 하는 것이다. 과거는 '기억 속의 현재'이며, 미래는 '기대

속의 현재'다. 따라서 우리에게 오직 현재만이 존재한다. 이런 점에서 선사(禪師)들은 "삶은 영원한 현재다."고 말하곤 한다. 우리에게 중요했던 과거 일들은 기억하고 있지만 별로 의미가 없었던 일들은 기억하지 못한다. 그리고 미래에 일어날 중요한 일들을 예견하며 기대불안을 경험한다. 내담자가 기억하고 있는 사건들이 시간적으로 과거에 일어났지만 여전히 그에게 영향을 주고 있다면 그것은 기억 속의 현재다. 마찬가지로 내담자가 기대하는 미래의 일들이 그에게 아직 일어나지 않았지만 그에게 영향을 주고 있다면 그것은 기대 속의 현재다. 따라서 상담자가 초점을 두고 다루어야 할 문제는 그가 현재 경험하고 있는 것이다.

11 대부분의 상담기법이 역설적임을 명심하라

상담의 궁극적 목적은 내담자가 원하고 그의 삶의 질을 높이는 바람직한 방향으로 그를 변화시키는 것이다. 내담자의 비합리적 사고를 합리적 사고로, 부적절한 정서를 적절한 정서로, 자기파괴 행동을 건설적 행동으로 바꾸는 것이다. 이러한 변화는 내담자가 부정적인 것에서 긍정적인 것으로 바꾸는 것을 말한다. 따라서 상담을 통한 내담자의 변화는 부정적인 것 내에서의 정도의 변화를 의미하는 일차적 변화가 아니라 부정적 차원에서 긍정적 차원으로 변화하는 이차적 변화다. 상담자가 문제를 가진 내담자로 하여금 그의 의도에 상반되는 행동을 하게 함으로써 문제해결을 가능하게 하는 것이 변화를 위한 역설(paradox)이다. 예를 들면, 심한 발표불안으로 고통받는 내담자는 발표불안을 느끼지 않으려고 발표상황을 회피하는 행동을 한다. 그의 의도는 발표불안을 줄이거나 느끼지 않는 것이다. 상담자가 내담자의 의도와 상반되는 처방인 발표

불안을 더욱 강하게 체험하도록 하는 것은 내담자의 입장에서 보면 역설이다. 이러한 처방은 내담자를 곤혹스러운 딜레마에 빠지게 한다. 하지만 이러한 처방을 통해 상담자는 발표상황을 도피하는 내담자의 악순환 습관을 바꾸도록 하는 것이다. 즉, 상담자는 내담자가 갖는 문제나 증상을 처방함으로써 그가 의도적으로 회피해 온 상황에 직면하도록 한다.

상담자들이 사용하는 대부분의 기법이 역설적인 이유는 내담자를 카오스(chaos) 상태에 빠지게 하여 새로운 관점에서 자신의 감정, 생각, 행동을 이해하게 하기 때문이다. 상담자가 내담자에게 사용하는 역설적 상담기법은 그가 오관을 통한 경험에 의해 새롭게 문제를 해결하도록 한다.

요약하면, 상담자는 역설을 통해 어떤 행동을 하지 않으려고 하는 내담자에게 그러한 행동을 더욱 하도록, 어떤 감정을 느끼지 않으려고 하는 내담자에게 그러한 감정을 더욱 느끼도록, 어떤 생각을 하지 않으려고 하는 내담자에게 그러한 생각을 더욱 하도록 함으로써 이전과는 다른 새로운 행동과 감정, 생각을 갖도록 하는 것이다.

11 내담자를 끊임없이 격려하라

우리는 누구나 살아가면서 어렵고 힘든 경험을 한다. 그러면서 지금까지 어려운 일에 맞서 참고 헤쳐 온 자신을 생각하며 대견스러워 하고, 앞으로도 어려운 일들을 마주치리라는 것을 예견한다. 부적응을 경험하고 있는 사람들은 대부분 심리적으로 낙담한 상태에 있다. 또한 심리적인 문제를 가진 대부분의 내담자들은 낙담하여 좌절한 상태에서 개인상담이나 집단상담을 찾는다. 자신에게는 더 이상 희망이 없다고 포기한 상태에서 조력을 요청한다. 아들러학파인 드레이커스(Dreikurs)는 "식물에게 물이 필요하듯 인간에게는 격려가 필요하다."고 하였다.

내담자를 조력하는 아들러식 상담 방법으로 '격려치료'가 있다. 격려치료에서 상담자의 주요한 역할은 낙담한 내담자에게 용기를 불어넣는 것이다. 격려치료에서 보면, 심리적으로 문제를 가진 사람은 용기를 잃고 낙담한 사람이다. 우리는 각자 크고 작은 어려움에 부딪히며 삶을 영위한다. 사람들을 크게 두 분류로 나누면, 어려움에 닥쳤을 때 포기하고 용기를 잃고 낙담한 사람들과, 어려운 상황에서도 좌절하지 않고 용기를 가진 사람들로 구분할 수 있다. 정신적으로 건강한 사람이라면 끊임없이 자신을 격려하면서 용기를 잃지 않는 사람이고, 심리적으로 고통을 받고 있는 사람이라면 용기를 잃고 자신감과 책임감을 상실한 낙담한 사람이라고 할 수 있다. 그러므로 우리의 삶에 중요한 것은 용기를 갖게 하는 격려다.

어떤 어려움에도 좌절하지 않는 용기를 가진 사람은 강한 인내심을 가진다. 심리학자 크로츠(Krausz)는 "참아내지 못하고 포기한 사람은 환자가 된다."고 하였다. 상담자는 내담자를 격려하고, 격려하고, 또 격려하면서 그들의 가슴에 용기를 불어넣는 것이 필요하다.

격려는 아무리 힘들어도 용기를 잃지 않도록 내담자를 북돋아 주는 것이다. 격려는 칭찬과 질적으로 다른 개념이다. 칭찬은 인간의 수행의 결과에 초점이 맞추어져 있지만, 격려는 수행의 결과보다는 인간에게 초점이 맞추어져 그의 삶의 추진력을 잃지 않도록 용기를 불어넣는 것이다. 따라서 내담자가 삶이 아무리 힘들어도 포기하지 않고 헤쳐갈 수 있다는 용기를 심어 주는 상담자의 격려는 내담자에게 가장 필요한 것이다. 상담자여, 내담자를 격려하고,

격려하고, 또 격려하라.

구체적인 상담목표를 설정하라

상담자와 내담자는 함께 상담목표를 설정하여 내담자의 문제해결을 위해 노력한다. 상담목표는 회기목표, 단기목표 및 장기목표로 구분해서 설정해야 한다. 상담 매 회기에 달성하고자 하는 목표를 구체적으로 설정하여 회기가 끝났을 때 내담자가 회기를 통해 이번 회기에는 구체적으로 이것을 배웠다는 만족감을 갖게 하는 것이 필요하다. 항해하는 배가 정착할 항구를 찾아가는 것처럼 상담활동을 통해 달성하고자 하는 목표가 설정되어야 한다. 먼저 내담자가 상담을 통해 달성하고자 하는 구체적인 목표가 무엇인지 확인하라. 상담자는 상담에 대한 내담자의 바람을 바탕으로 그들과 함께 달성할 단기목표와 장기목표를 설정해야 한다. 또한 상담자는 상담목표를 달성하는 데 걸리는 시간제한을 설정하여 상담을 수행해야 한다. 내담자와의 계약을 바탕으로 시간제한을 두어 상담을 진행하는 것이 그들의 동기유발을 촉진하여 상담목표를 달성하는 데 보다 효과적이다.

03 신심화와 심신화에 의한 상담이론 이해

건전한 신체에 건전한 정신
건전한 신체에 건전하지 않는 정신
건전하지 않는 신체에 건전한 정신
건전하지 않는 신체에 건전하지 않는 정신
건전한 정신에 건전한 신체
건전한 정신에 건전하지 않는 신체
건전하지 않는 정신에 건전한 신체
건전하지 않는 정신에 건전하지 않는 신체

1. 신체와 정신의 상호작용
2. 신체, 정신, 환경의 삼요인이 주고받는 인과관계 이론
3. 신체의 위상 회복을 위한 신조어의 필요성
4. 신심화와 심신화 현상
5. 다섯 요인이 주고받는 인과관계 모델
6. 신심화와 심신화에 의한 상담이론 이해
7. 신심화와 심신화에 의한 인간행동 파악 및 변화

인간의 모든 행동은 신체, 정신 그리고 환경의 상호작용으로부터 비롯된다. 정신은 존재하는가? 정신은 존재한다. 그러면 정신은 어디에 존재하는가? 정신은 유기체의 부분으로서 신체 내에, 그리고 신체와 함께 있다. 그러므로 유기체로서 인간은 신체와 정신을 가진다. 인간은 신체 없이 단지 정신만 가지고 생각할 수 없고, 정신 없이 신체만 가지고는 느끼고 행동할 수 없다. 인간은 신체와 정신의 상호작용에 의해 생각하고, 느끼고 행동한다. 인간 행동은 전체로서 유기체에서 비롯된 생각하기, 느끼기, 행동하기의 표현이다.

심리학자들은 인간 행동을 연구한다. 인간 행동은 무엇인가? 인간 행동은 사람과 환경 사이의 상호작용에서 비롯된 현상이다. 그리고 인간은 신체와 정신을 가진다. 그러므로 인간 행동은 신체, 정신, 환경이 주고받는 상호작용에서 비롯된 현상이다. 신체, 정신, 환경의 세 요인이 주고받는 상호작용에서 비롯된 두 종류의 현상이 있다. 하나는 신심화(somapsychotization)로서 신체가 정신에 미친 영향에서 도출된 변형된 정신적 현상이며, 다른 하나는 심신화(psychosomatization)로서 정신이 신체에 미친 영향에서 도출된 변형된 신체적 현상이다.

언어학적 관점으로, 명사로서 행동(behavior)은 'be+have(유추에 의해, have: havour, haviour)' 에서 도출되었으며, 그것의 의미는 삶의 외적 관계에서 자신을 표현하는 방식이다. 그리고 동사인 '행동하다(behave: be +have)' 는 '가지다(have)' 의 어떤 자격화된 의미를 표현하기 위해, 특히 구체적 방식으로 처신하거나 행동한다는 의미로 재귀적인 방식으로 사용된다(Oxford university Press, 1978, pp. 771-772). 이런 점에서 볼 때, 인간 행동은 단순히 자극-반응이 아니라 환경 속에서 인간이 이미 가진 것의 신체적 · 정신적 표현이다. 톨만(Tolman, 1960)은 "행동은 기본적으로 행동의 구별된 특징으로서 전체적인 유기체에서 비롯된다."고 지적하였다(p. 18). 그러므로 인간의 모든 행동은 신체, 정신, 환경의 삼요인이 주고받은 상호작용에서 도출된 신심화 및 심신화 현상이다.

대부분의 사람들은 '건전한 신체에 건전한 정신(A sound mind in a sound body)' 라는 말을 수용한다. 이 말은 신체와 정신이 서로 영향을 준다는 것을 함축하는데, 이것은 신체와 정신의 상호작용에서 비롯된 현상이다. 이러한 현상의 논리적 추론에서 다른 일곱 가지 현상이 도출된다. 그러므로 신체와 정신의 상호작용으로부터 다음과 같은 여덟 가지 현상이 도출된다.

- 건전한 신체에 건전한 정신(A sound mind in a sound body)
- 건전한 신체에 건전하지 않은 정신(An unsound mind in a sound body)
- 건전하지 않은 신체에 건전한 정신(A sound mind in an unsound body)
- 건전하지 않은 신체에 건전하지 않은 정신(An unsound mind in an unsound body)
- 건전한 정신에 건전한 신체(A sound body in a sound mind)
- 건전한 정신에 건전하지 않은 신체(An unsound body in a sound mind)
- 건전하지 않은 정신에 건전한 신체(A sound body in an unsound mind)
- 건전하지 않은 정신에 건전하지 않은 신체(An unsound body in an unsound mind)

개인은 신체와 정신의 상호작용에서 비롯된 이와 같은 여덟 가지 현상인 행동을 하며 삶을 영위한다. 조력활동을 하는 상담자는 내담자가 이 여덟 가지 행동 중에서 어떤 행동을 많이 보이는가를 파악하여 내담자의 정신적 · 신체적 건강을 위한 적절한 상담기법을 적용할 수 있다.

1. 신체와 정신의 상호작용

사람들은 흔히 건전한 신체에 건전한 정신이 깃든다고 말한다. 또한 건강(신체적 건강을 함축)을 잃으면 모든 것을 잃는다고 한다. 유기체로서 인간은 신체와 정신으로 구성되어 있다. 정신의 실제는 인간의 신체 없이 가능한가? 정신은 단지 살아 있는 유기체 내에서만 존재하기 때문에 신체 없는 정신을 가정하는 것은 불가능하다. 심신이원론자들은 신체와 그것을 지배하는 정신과의 상호작용 결과로서 경험과 행동을 설명한다(Leahey, 2000, p. 24). 철학자와 심리학자들은 인간의 정신과 신체에 대한 이해를 끊임없이 확장해 왔다. 그들은 두 가지 주요한 서구철학의 토대인 이성론(rationalism)과 경험론(empiricism)을 근거로 그들의 이론적 · 철학적 관점을 발달시켜 왔다. 경험론보다 이성론을 선호했던 심리학자들은 플라톤(Plato), 데카르트(Descartes), 촘스키(Chomsky)의 심신이원론을 토대로 신체보다 정신의 중요성을 강조하였다. 반면에 이성론보다 경험론을 선호했던 심리학자들은 아리스토텔레스(Aristotle)의 심신일원론과 로크(Locke)의 백지설(tabula rasa)을 토대로 경험의 중요성을 강조하였다. 아리스토텔레스는 "정신은 신체 내에 잠재적으로 생명을 가진 자연적 신체 형태의 의미로 존재해야 한다."(Barnes,

1984, p. 656)고 주장하였다. 이렇듯 이성론자와 경험론자들은 모두 신체와 정신의 실체를 믿었다.

심리학자들은 그동안 경험과 관련하여 인간의 신체보다 정신을 더 강조해 왔다. 예외적으로 그리고 아이러니컬하게도, 20세기에 가장 영향력 있었던 심리학자인 스키너(Skinner)는 정신을 인정하지 않았으며 자극에 의해 발생된 신체적 반응인 행동만을 연구하였다. 그러나 왓슨(Watson)에 의해 추방되었던 정신은 국외자인 촘스키에 의해 부활되었으며 심리학에 다시 돌아왔다(Leahey, 2000, p. 499). 심리학 전문성에서 인간의 신체를 무시해 온 주요한 이유는 현대 심리학이 그것의 모태인 철학으로부터 탄생했으며 철학자들의 주요한 관심사는 신체보다 정신을 연구하는 것이었기 때문이다. 즉, 잘 알다시피 분트와 티츠너(Wundt & Titchner)의 구성주의와 제임스(James)의 기능주의처럼 현대 심리학자들의 주요한 관심사는 그동안 철학자들이 형이상학적인 방법으로 정신을 연구해 왔던 것과 다르게 과학적 방법으로 인간의 정신 구조와 기능을 연구하는 것이었다. 특히 미국 최초의 심리학자로 불리는 제임스는 심리학을 "정신생활의 현상 및 현상의 조건들을 다루는, 정신생활의 과학" (James, 2007, p. 1)이라고 정의하였다.

데카르트의 심신이원론 유산을 통해 그동안 다른 학문 분야들, 즉 신체를 설명하기 위해 신경학, 생물학이 출현하였고, 다른 한편으로 정신을 설명하기 위해 심리학, 정신의학이 출현하였다(Peterson, 2006, pp. 227-228). 대표적인 이성론자(rationalist) 및 심신이원론자이며 과학적으로 정신을 연구한 최초의 생리심리학자(Goodwin, 1999, p. 33)로 여겨지는 데카르트는, 정신이 송과선(pineal gland) 내부인 뇌의 중앙에서 신체를 만난다고 주장함으로써 신체와 정신 간의 문제를 해결하려고 시도하였다(Palmer, 1988,

p. 156). 그러나 인간의 정신을 강조한 데카르트의 이성론(rationalism)과 인식론(epistemology) 입장에서 주장한 "나는 생각한다, 그러므로 나는 존재한다."는 '나'를 그 밖의 어떤 것과 구별하는 데 실패하였다. 칸트(Kant)는 "인간 경험으로 시작한다는 것은 우리 자신 밖에 있는 대상의 경험으로 시작하는 것이다."고 말했다 (Hundret, 1990, pp. 16-18). 존재론(ontology)의 관점에서 메이(May)는 역시 다음과 같이 주장하였다. "내가 데카르트에게 말하고자 하는 것은 '나는 존재한다, 그러므로 나는 생각하고, 느끼고, 행동한다.'는 것이다."(May, 1958, p. 43). 메이는 '나-실존(I-am)' 경험을 강조하였다. 그러므로 만약 신체 없이 정신만이 존재한다면, 유기체로서 인간의 '나-실존' 경험은 불가능하다는 것을 추론하였다. 이러한 논쟁에 비추어 볼 때는, 인간 경험의 원천은 인간의 정신이라기보다 신체라 할 수 있다. 괴테(Goethe)가 『파우스트』를 통해 "태초에 말씀(word), 감각(sense), 힘(force) 그리고 행위(deed)가 있었다."(1976, p. 30)고 언급했던 것처럼, 인간의 정신은 유기체로서 그의 신체 내에 존재한다.

경험의 원천은 신체이며 관찰할 수 있는 행동은 신체에 의해 표현된다. 신체와 정신의 논쟁 때문에 정확히 경험을 정의하는 것은 쉽지 않다. 그러나 우리가 우리의 신체와 정신에 의해 어떤 것을 경험하고 있다는 사실을 부정할 수는 없다. 우리는 일반적으로 경험의 실체를 수용한다. 만약 경험이 존재한다면, 다음과 같은 질문들이 야기될 수 있다. 경험은 어디에서 오는가? 경험의 원천은 무엇인가? 사람은 유기체의 접촉에서 비롯된 자신의 경험 관찰을 토대로 경험의 원천은 신체라고 가정한다. 이러한 가정에 근거해서, 우리는 인간의 신체가 경험의 원천이라는 것을 제안할 수 있다. 최근의 철학 추세인 체험주의(experientialism)는 인간의 신체(몸)의 중요성을 강조한다. 체험주의는 최근 급속히 성장하는 인지과학의 경험적 탐구 성과를 적극적으로 수용함으로써 우리의 사고와 이해에서 신체의 중심성을 매우 섬세한 방식으로 해명하고 있다(노양진, 2009, p. 213).

그동안 서구 심리학자들은 주로 정신이 신체에 미치는 영향을 강조해 온 반면, 신체가 정신에 미치는 영향의 중요성을 무시해 왔다. 따라서 심리학자들은 신체를 원래의 위치로 회복함은 물론 부정할 수 없는 신체와 정신의 상호작용 현상을 수용함으로써 심리학의 패러다임을 확장해야 한다.

2. 신체, 정신, 환경의 삼요인이 주고받는 인과관계 이론

지금까지 심리학자들의 연구는 정신이 신체에 미치는 영향에 편중되어 이루어져 왔다. 데카르트의 유산이라 할 수 있는 '신체-정신 문제(body-mind puzzle)'를 해결하기 위해, 먼저 다음과 같은 원론적인 질문을 제기하는 것이 필요하다. 심리학자는 단지 정신이 신체에 영향을 주는 것만을 연구하는가? 심리학자는 신체가 정신에 영향을 주는 것이 미미하거나 거의 주지 않는다고 믿는가? 아니면 신체와 정신의 상호작용을 믿지 않는가?

데카르트는 정신이 신체에 의해 영향을 받고 신체가 정신에 의해 영향을 받는다는 것과 정신과 신체가 어떤 면에서 단일체로 구성되어 있어야 한다는 것을 인식하였다(Copleston, 1985, p. 121). 그는 정신이 신체에 직접적인 영향을 미칠 수 있고 신체도 정신에 직접적인 영향을 미칠 수 있다고 믿었던 상호작용주의자였다(Goodwin,

1999, pp. 29-33). 데카르트가 심신이원론을 제기한 이후에 우리가 보아 온 것은 신체와 정신의 상호적 영향을 설명하려고 시도한 다양한 과학 분야의 발달이다. 정신과 신체의 상호작용을 설명하는 것이 아무리 어렵다 할지라도 정신과 신체의 상호작용은 분명히 존재한다(Peterson, 2006, p. 228). 또한 체험주의자인 존슨(Johnson)은 신체(몸)와 정신(마음)의 관계를 "신체는 정신 속에 있고, 정신은 신체 속에 있으며, 신체-정신은 세계의 일부다."라고 표현하였다(노양진 역, 2000, p. 13). 최근의 총체적(신체적 · 심리적) 건강의 추세에 따르면, 심리학자들은 그들의 연구에서 무시되어 온 인간의 신체를 원래의 위치로 회복시키는 것이 필요하다. 그러므로 우리는 인간의 모든 행동이 신체와 정신의 계속적인 상호작용에서 비롯된다는 것을 알 수 있다.

반두라(Bandura)는 인간(human agency)은 세 가지 요인, 즉 내적인 개인적 요인(internal personal factors), 행동(behavior) 그리고 외적 환경(external environment)이 서로 영향을 미치는 '삼요인이 주고받는 인과관계(triadic reciprocal causation)' 이론을 제안하였다(Bandura, 1997, pp. 5-7). 반두라는 "내적인 개인적 요인이 인지적, 정서적, 생물학적 사건의 형태로 있다."고 정의하였다. 그러나 그는 '내적인 개인적 요인'과 '행동' 간에 명확한 차이를 구별하지 않았다. 왜냐하면 현재 심리학자들은 인지적 행동(인지)을 행동이라고 고려하기 때문에 명확한 구별이 아니다. 그리고 만약 그가 말한 행동이 내적인 개인적 요인과 환경의 주고받은 상호작용에서 비롯된 관찰할 수 있는 수행된 행동만을 의미한다면, 그의 이론은 틀리거나 모순된다. 그의 이러한 애매한 구별은 행동이 단지 관찰할 수 있는 행동으로 정의되는 행동주의적 관점에서 파생된 것임을 알 수 있다. 따라서 반두라의 '삼요인이 주고받는 인과관계'이론은 수정되어야 한다.

이미 지적한 것처럼, 유기체로서 인간은 신체와 정신을 가진다. 그리고 신체와 정신을 가진 인간은 끊임없이 환경과의 상호작용을 하며 존재한다. 따라서 환경 내에 있는 유기체로서 인간은 정신, 신체 그리고 환경이 서로에게 주고받는 상호작용에 의해 작동한다. 그러므로 저자는 다음과 같은 '신체, 정신, 환경의 삼요인이 주고받는 인과관계(triadic reciprocal causation of body, mind, and environment)' 이론을 제안한다([그림 1] 참조).

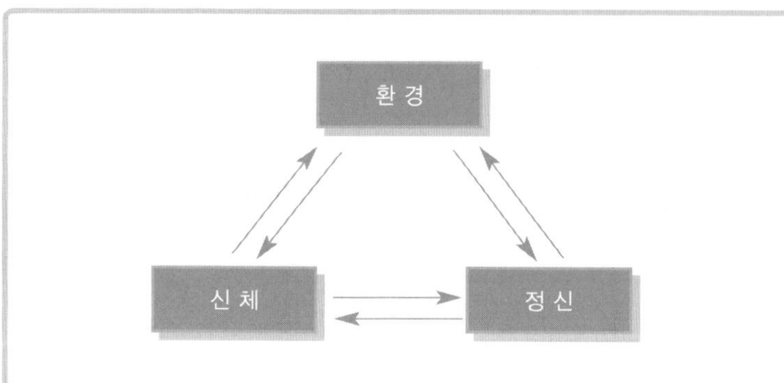

[그림 1] **신체, 정신, 환경의 삼요인이 주고받는 상호작용**

사람은 신체가 정신에 미치는 영향에 대해 어떻게 생각하는가? 놀랍게도 대부분의 사람들은 신체가 정신에 미치는 영향이 정신이 신체에 미치는 영향보다 덜 중요하다고 믿는 것 같다. 이렇게 생각하는 이유는 무엇일까? 사람들이 신체가 정신에 미치는 영향을 무시하는 현상에 대한 몇 가지 이유를 살펴보자.

첫째, 단지 인간만이 정신을 가진다는 인간의 자만이 신체가 정신에 미치는 영향에 대한 고려를 도외시하게 해 왔다. 흔히 '인간은 만물의 영장이다' 라고 말하는 것은 인간만이 정신을 가지기 때문에서 비롯된 것이다. 파스칼(Pascal)은 "인간은 단지 연약한 갈대, 자연 속에서 가장 연약한 갈대이지만 그는 생각하는 갈대다." 라고 하였다. 인간이 모든 동물 중에서 정신을 가진 유일한 동물이라는 사실에 의해, 사람들은 정신을 신체보다 훨씬 중요하게 여기는 것 같다. "전통은 없어지기가 힘들다." 는 말처럼, 대부분의 사람들은 여전히 신체가 정신에 영향을 주는 것보다 정신이 신체에 더 많은 영향을 준다고 믿고 있는 것 같다.

둘째, 인간의 신체보다 정신을 강조하는 것은 플라톤이 심신이원론을 근거로 정신을 강조한 이래 계속되어 왔다. 철학적으로 서구에서는 이성론이 경험론보다 훨씬 더 강조되어 왔다. 이러한 철학적 입장이 지배해 온 이유는, 사람들이 신체보다 정신의 중요성을 강조하는 이성론을 믿어 왔기 때문이다. 특히 심리학자들은 자신들의 연구 영역이 신체보다 정신이라고 생각해 왔기 때문에 주로 정신이 신체에 미치는 영향에 초점을 두어 왔다. 사람들도 정신이 신체에 미치는 영향이 중요하다고 보았다. 한 예로, 저자의 대학 강의에서 상담심리학을 수강하는 학생들(N=78)에게 "당신의 신체적 · 정신적 건강에, 정신이 신체에 더 많은 영향을 주는가? 아니면 신체가 정신에 더 많은 영향을 주는가?" 라고 물었을 때, 대부분의 학생들은(n=73) 정신이 신체에 더 많은 영향을 준다고 반응하였다. 그러한 학생들의 반응은 많은 사람들이 현재 다양한 운동, 요가, 신체적 이완훈련, 댄스(춤)치료, 음악치료 같은 신체적 활동을 강조하는 실제적 현상과 매우 대립된다.

셋째, 사람들은 심리학자들의 편향된 용어 사용에 영향을 받아 신체가 정신에 미치는 영향에 대한 중요성을 고려해 오지 못했다. 예를 들면, 영어 사전에 정신이 신체에 미치는 것을 반영하는 많은 용어들(예, psychasthenia, psychobiology, psychogenesis, psychokick, psychokinesis, psychomancy, psychoneurosis, psychoneurotic, psychophysiology, psychosomatic, psychomotor, psychopaedic, psychopathology, psychosexual 등등)이 사용되고 있다. 반면에 신체가 정신에 영향을 주는 것을 설명하기 위한 용어는 단지 세 단어(somatopsychic, somatopsychology, somatism)가 전부다(Oxford University Press, 2005; Pearson Education, 2006; Random House, 1987). 사전에는 없지만, 최근에 인터넷 사용자가 만들어서 사용하는 단어로 somapsychotic이 있다는 것이 발견되었다(yahoo. America). 추가로 임상 및 상담심리학자나 정신과 의사들이 사용하는 '신체화하다(somaticize)' 와 '신체화(somatization)' 용어는 역설적이게도 정신의 영향에 의해 나타나는 신체적 증상을 설명하기 위해 사용되고 있다.

언어학자들뿐 아니라 대부분의 사람들은 일반적으로 사용하는 언어 그 자체가 생각이라는 사실을 가정한다. 그러므로 심리학자들은 신체가 정신에 미치는 영향을 설명하기 위해 필요한 새로운 용어들을 만들어 사용하는 것이 필요하다. 그렇게 함으로써 심리학자들은 신체가 정신에 미치는 영향에 대해 발견된 부정할 수 없는 사실을 바탕으로 신체를 그것의 원래의 위치로 회복시켜야 한다.

3. 신체의 위상 회복을 위한 신조어의 필요성

실재하는 현상, 즉 신체가 정신에 미치는 영향을 설명하기 위해 심리학자들은 신조어(coinages)를 만들어 사용하는 것이 필요하다. 따라서 저자는 신심론, 심신론, 신심론자, 심신론자, 신심화, 심신화, 신심적 현상 등의 용어를 새로 만들어서 사용할 것을 강력하게 제안한다. 왜냐하면 그러한 신조어들은 심리적 · 행동적 현상을 설명하기 위한 많은 심리학적 이론들과 관련한 명확한 이해를 제공해 주기 때문이다.

저자가 신조어로서 제안한 용어들의 주요한 의미는 다음과 같이 설명될 수 있다.

신심론(somapsychotism)은 정신이 신체에 미치는 영향보다 신체가 정신에 미치는 영향을 보다 중요한 것으로 강조하는 사람들이 신체와 정신에 관련하여 설명하는 이론적 입장을 의미한다.

신심화(somapsychotization)는 신체가 정신에 영향을 주어 나타나는 정신적 현상을 의미하며, 다음처럼 두 종류가 있다. '부정적 신심화(negative somapsychotization)' 는 신체적 충격이나 활동이 정신에 부정적으로 영향을 주어 나타나는 정신적 현상을 말한다. 반대로 '긍정적 신심화(positive somapsychotization)' 는 신체적 활동이나 건강이 정신에 긍정적으로 영향을 주어 나타나는 정신적 현상을 의미한다.

신심론자(somapsychotist)는 인간의 총체적 건강의 원인에 영향을 주는 것으로 정신보다 신체의 중요성을 강조하는 입장을 취하는 사람을 의미한다.

심신론(psychosomatism)은 신체가 정신에 미치는 영향보다 정신이 신체에 미치는 영향을 보다 중요한 것으로 강조하는 사람들이 정신과 신체에 관련하여 설명하는 이론적 입장이다.

심신화(psychosomatization)는 정신이 신체에 영향을 주어 나타나는 신체적 현상을 의미하며, 역시 다음과 같이 두 종류가 있다. '부정적 심신화(negative psychosomatization)' 는 정신이 신체에 부정적으로 영향을 주어 나타나는 신체적 현상을 의미한다. 반대로

'긍정적 심신화(positive psychosomatization)' 는 정신이 신체에 긍정적으로 영향을 주어 나타나는 신체적 현상을 의미한다.

심신론자(psychosomatist)는 인간의 총체적 건강의 원인에 영향을 주는 것으로 신체보다 정신의 중요성을 강조하는 입장을 취하는 사람을 의미한다.

특히 신심론(身心論)과 심신론(心身論)으로부터 도출된 암묵적 의미와 개념을 이해함으로써 심리학자들은 신심적 현상(somapsychotic phenomenon)과 심신적 현상(psychosomatic phenomenon)을 이해하기 위한 종합적인 이론적 틀을 형성할 수 있다. 더 나아가 심리학자들은 정신과 신체의 관계와 관련하여 오랫동안 지속되어 온 논쟁을 해결하기 위한 타당하고 합리적인 답을 발견할 수 있다.

신심론과 심신론과 같은 신조어들이 필요한 주요한 이유는 인간의 신심적 현상과 심신적 현상을 보다 논리적이고 체계적으로 이해하기 위한 우리의 식견(mental horizon)을 확장시켜 주기 때문이다. 역시 그러한 신조어들은 프로이트, 스키너, 로저스, 반두라 등과 같이 잘 알려진 심리학자들이 창조해서 개발하고 그들의 추종자들이 수정해 왔던 많은 심리학적 이론들을 신체와 정신에 관련한 관점에서 보다 명확히 설명하는 데 도움을 줄 뿐만 아니라 비판적으로 다시 평가하는 데 기여할 것이다. 더 나아가, 이처럼 만들어진 신조어들은 신체와 정신의 상호 영향과 관련하여 중요성의 선호와 상호작용을 토대로 총체적 건강 및 긍정심리학의 개념적 의미를 이해하는 데 기여할 것이다.

심리학자들, 특히 상담심리학자 및 임상심리학자들은 모든 종류의 행동적 · 심리적 문제들의 원천을 정신으로 가정해서 설명하고 진단해 왔다. 그러한 이유로 정신이 신체에 영향을 주어 나타나는 심신적(psychosomatic) 징후, 증상 그리고 장애라는 용어만을 사용해 왔다. 그러나 지금까지 사용해 온 그러한 정의가 불명확한 측면을 가진다는 것이 신조어들을 통해서 보다 명료하게 이해될 수 있다. 예를 들면, 보다 명확한 의미를 제공하기 위해, 신체화하다(somaticize)는 심신화하다(psychosomaticize)로, 신체화(somatization)는 심신화(pschosomatization)로 수정되어야 한다.

이러한 신조어들의 필요성의 가장 중요한 이유는 지금까지 심리학자들이 정신이 신체에 미친 영향의 강조와 비교해서 상대적으로 신체의 중요성을 소홀히 취급되거나 무시해 왔고 평가절하해 왔기 때문이다. 신체가 정신에 미친 영향을 원래의 상태로 복귀시키기 위해 사람들의 사고를 바뀌게 할 신조어들이 절실하게 필요하다.

4. 신심화와 심신화 현상

신체, 정신 그리고 환경의 '삼요인이 주고받는 인과관계' 이론에 의해 '신심화(somapsychotization)와 심신화(psychosomatization) 현상' 이 나타난다. 신심화와 심신화 현상에는 네 가지 정신적 현상 및 신체적 현상, 즉 긍정적 신심화, 부정적 신심화, 긍정적 심신화, 부정적 심신화 현상을 가정할 수 있다. 긍정적 심신화와 부정적 심신화는 정신이 신체에 영향을 주어 나타나는 신체적 현상, 즉 대체로 관찰할 수 있는 신체적 표현으로 심리학자들이 관찰할 수 있는 행동으로 여기는 것이다. 반면에 긍정적 신심화와 부정적 신심화는 신체가 정신에 영향을 주어 나타나는 정신적 현상, 즉 대체로 관찰할 수 없는 정신적/심리적 상태, 인지를 의미한다.

이러한 네 가지 현상이 도출된 이유는 정신(mind)을 '건전한 정신(Sound Mind: SM)'과 '건전하지 않는 정신(Unsound Mind: UM)'으로 구분하고, 역시 신체(body)를 '건전한 신체(Sound Body: SB)'와 '건전하지 않는 신체(Unsound Body: UB)'로 구분하면 정신(2)×신체(2)가 되기 때문이다. 그리고 신체와 정신이 서로 영향을 주는 '인과관계의 우선순위(priority order of causation)'를 고려하면, 즉 정신(2)×신체(2)×인과관계의 우선순위(2)에 따라 여덟 가지 유형이 도출됨을 알 수 있다. [그림 2]에서 보여 주는 것처럼, 신체가 정신에 영향을 주어 나타나는 긍정적 신심화의 두 가지 유형(SBSM, SBUM)과 부정적 신심화의 두 가지 유형(UBSM, UBUM)이 있다. 마찬가지로 정신이 신체에 영향을 주어 나타나는 긍정적 심신화의 두 가지 유형(SMSB, SMUB)과 부정적 심신화의 두 가지 유형(UMSB, UMUB)이 있다.

[그림 2]의 이해를 돕기 위해 여덟 가지 유형을 주고받는 인과관계로 개략적으로 설명하고자 한다. 긍정적 심신화의 한 유형인 SMSB는 건전한 정신(SM)이 건전한 신체(SB)에 영향을 주어 나타나는 긍정적인 신체적 현상이다. 다른 유형인 SMUB는 건전한 정신(SM)이 건전하지 않은 신체(UB)에 긍정적으로 영향을 주어 건전하지 않은 신체의 상태를 바람직한 상태로 개선시키는 현상이다. 부정적 심신화의 한 유형인 UMSB는 건전하지 않은 정신(UM)이 건전한 신체(SB)에 부정적으로 영향을 주어 나타나는 것으로 건전한 신체가 약화되는 현상이다. 다른 유형인 UMUB는 건전하지 않은 정신(UM)이 건전하지 않은 신체(UB)에 부정적으로 영향을 주어 신체적 현상이 더욱 나빠지는 것이다.

긍정적 신심화의 한 유형인 SBSM은 건전한 신체(SB)가 건전한 정신에(SM)에 영향을 주어 나타나는 긍정적인 정신적 현상이다. 다른 유형인 SBUM은 건전한 신체(SB)가 건전하지 않은 정신(UM)에

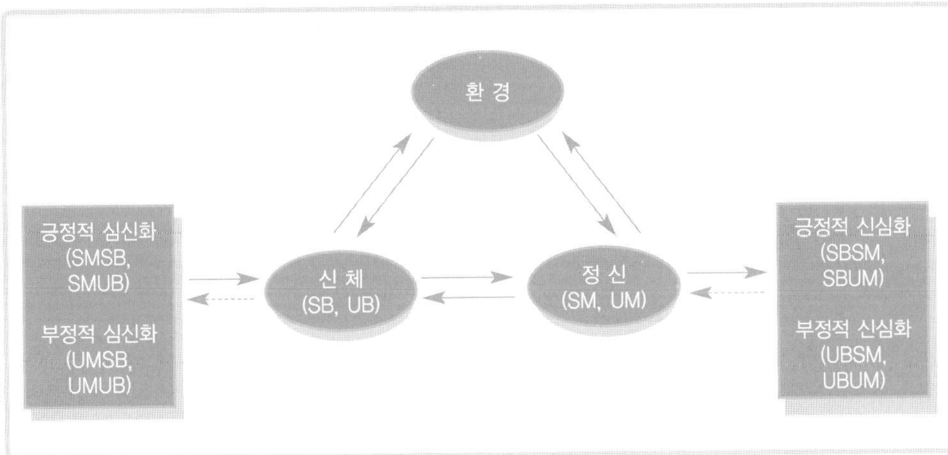

[그림 2] 신심화와 심신화 현상

긍정적으로 영향을 주어 건전하지 않은 신체의 상태가 바람직한 상태로 개선되는 현상이다. 부정적 신심화의 한 유형인 UBSM은 건전하지 않은 신체(UB)가 건전한 정신(SM)에 부정적으로 영향을 주어 나타나는 것으로 건전한 정신이 약화되는 나빠지는 현상이다. 다른 유형인 UBUM은 건전하지 않는 신체(UB)가 건전하지 않은 정신(UM)에 부정적으로 영향을 주어 나타나는 것으로 건전하지 않은 정신이 더욱 나빠지는 현상이다.

[그림 2]는 신체, 정신, 환경의 삼요인이 주고받는 인과관계 이론이 환경 속에서 신체와 정신을 가진 인간이 내재적 · 외재적으로 표현하는 현상을 일목요연하게 보여 준다. 우리는 신조어들이 신심화 현상에 대한 개념의 명료성과 타당성을 보여 준다는 것을 발견할 수 있다. 예를 들면, 현재 심리학자들이 신체화(somatization)로 사용하고 있는 것과 같은 의미를 나타내는 용이인 심신화(psychosomatization)에 대조되는 개념으로 신심화(somapsychotization)

현상을 설명해 보자. 즉, 만약 심리학자들이 정신이 신체에 미친 영향에서 비롯된 신체적 징후, 증상, 장애를 부정적 심신화(negative psychosomatization)란 용어를 사용하는 것보다 신체화를 계속해서 사용하기를 원한다면, 그들은 역시 신체가 정신에 미친 영향에서 비롯된 정신적 징후, 증상, 장애로서 부정적 신심화(negative somapsychotization)를 의미하는 정신화(psychotization)란 용어를 만들어서 사용해야 한다. 그러나 심리학자들이 정신화라는 용어를 만들어서 사용한다 하더라도 신체화와 정신화는 부정적 측면뿐만 아니라 긍정적 측면을 가지기 때문에 부적절하다. 왜냐하면 이미 지적한 것처럼 신체화란 말은 현재 암묵적으로 정신이 신체에 미쳐 나타나는 증상 혹은 장애를 나타내는 부정적 의미로만 쓰이기 때문이다.

신심론과 심신론은 신체가 정신에 미치는 영향과 정신이 신체에 미치는 영향에 근거하여 나타나는 여덟 가지 현상에 대한 종합적 이해를 제공한다([그림 3] 참조).

	신심화	심신화
긍정적	긍정적 신심화 (SBSM, SBUM)	긍정적 심신화 (SMSB, SMUB)
부정적	부정적 신심화 (UBSM, UBUM)	부정적 심신화 (UMSB, UMUB)

[그림 3] 여덟 가지 유형의 신심화 및 심신화

환경 속에서 인간의 신체와 정신이 주고받는 인과관계에서 도출된 여덟 가지 신심화와 심신화 현상을 보여 주는 [그림 3]을 통해 다음과 같은 일반적인 일곱 가지 기본 원리가 도출된다.

- 원리 1: 신체(SB, UB)가 정신(SM, UM)에 영향을 주어 두 유형의 긍정적 신심화(SBSM, SBUM) 현상과 두 유형의 부정적 신심화(UBSM, UBUM) 현상이 나타난다.
- 원리 2: 정신(SM, UM)이 신체(SB, UB)에 영향을 주어 두 유형의 긍정적 심신화(SMSB, SMUB) 현상과 두 유형의 부정적 심신화(UMSB, UMUB) 현상이 나타난다.
- 원리 3: 개인은 누구나 여덟 가지 신심화 및 심신화 현상, 즉 두 유형의 긍정적 신심화(SBSM, SBUM), 두 유형의 부정적 신심화(UBSM, UBUM), 두 유형의 긍정적 심신화(SMSB, SMUB), 두 유형의 부정적 심신화(UMSB, UMUB)를 가진다.
- 원리 4: 건강한 개인은 긍정적 신심화(SBSM, SBUM)와 긍정적 심신화(SMSB, SMUB)를 야기하는 활동을 더 많이 하며, 부정적 신심화(UBSM, UBUM)와 부정적 심신화(UMSB, UMUB)를 야기하는 활동을 더 적게 한다.
- 원리 5: 건강하지 않는 개인은 부정적 신심화(UBSM, UBUM)와 부정적 심신화(UMSB, UMUB)를 야기하는 활동을 더 많이 하며, 긍정적 신심화(SBSM, SBUM)와 긍정적 심신화(SMSB, SMUB)를 야기하는 활동을 더 적게 한다.
- 원리 6: 바람직한 방향으로 변화는 긍정적 신심화(SBSM, SBUM)와 긍정적 심신화(SMSB, SMUB)를 증가시키거나 부정적 신심화(UBSM, UBUM)와 부정적 심신화(UMSB, UMUB)를 감소시키는 것이다.

- 원리 7: 개인이 가장 두드러지게 보이는 신심화에 따른 네 가지 유형(SBSM, SBUM, UBSM, UBUM)과 심신화 현상에 따른 네 가지 유형(SMSB, SMUB, UMSB, UMUB)을 결합시킴으로써 모든 사람들이 16가지 행동 패턴으로 분류될 수 있다.

이러한 원리를 구체적으로 이해하기 위해서 일반 사람들이 자신의 총체적 건강을 위해 사용하고 있는 구체적인 방법이나 조력 활동을 하고 있는 전문가들이 제안한 원리나 기법을 적용해 보자. 개략적으로 제안된 여덟 가지 현상, 즉 긍정적 신심화(SBSM, SBUM), 부정적 신심화(UBSM, UBUM), 긍정적 심신화(SMSB, SMUB), 부정적 심신화(UMSB, UMUB)를 살펴보고자 한다.

긍정적 신심화(positive somapsychotization)는 건전한 신체 활동, 신체적 건강, 신체적 이완 훈련, 규칙적인 운동, 적절한 영양 섭취, 운동요법, 춤이나 음악 치료, 요가 등의 유익한 신체적 활동을 통해 형성된 신체에서 비롯된 자신감, 안정감, 격려, 평화로운 마음과 같은 신심적 현상을 의미한다. 긍정적 신심화의 한 유형인 SBSM은 건전한 신체(SB)가 건전한 정신(SM)에 영향을 주어 나타나는 현상으로, 그 반대 현상인 SMSB와 함께 개인에게 나타나는 가장 이상적인 현상이라 할 수 있다. 다른 유형인 SBUM은 건전한 신체(SB)가 건전하지 않는 정신(UM)에 영향을 나타나는 현상으로 개인의 약화된 정신력, 자신감 상실과 같은 건전하지 않은 정신에서 벗어나도록 하는 것을 의미한다.

부정적 신심화(negative somapsychotization)는 갱년기 장애, 물질 남용(흡연, 알코올중독, 약물남용 등), 불규칙인 생활, 운동 부족, 과로, 신체적 피로 혹은 질병, 신체적 열등감, 신체적 장애 등과 같은 해로운 활동을 통해 형성된 신체나 타고난 신체에서 비롯된 자신감 상실, 낙담, 열등감 콤플렉스, 우울, 건강염려증과 같은 신심적 현상을 의미한다. 부정적 신심화의 한 유형인 UBSM은 건전하지 않은 신체(UB)나 신체활동이 건전한 정신(SM)에 영향을 주어 나타나는 현상이다. 예를 들면, 개인이 약물남용, 불규칙적인 생활, 운동부족 등에서 비롯된 건전하지 않는 신체가 건전한 정신에 부정적으로 영향을 미치는 경우다. 다른 유형인 UBUM은 건전하지 않은 신체(UB)가 건전하지 않은 정신(UM)에 영향을 미쳐 나타나는 현상이다. 이 유형은 그 반대 현상인 UMUB와 함께 가장 부적절한 현상이다. 이러한 현상을 강하게 나타내는 개인은 건전하지 않은 신체활동을 통해 피폐화된 정신을 더욱 부정적으로 악화시키는 악순환에 빠질 수 있다.

긍정적 심신화(positive psychosomatization)는 몰입, 지혜, 합리적 신념, 긍정적 사적 논리, 긍정적 자동적 사고, 평화로운 마음, 마음챙기기, 명상 훈련, 높은 자존감, 높은 자기효능감, 긍정적 자기대화 등과 같은 바람직한 정신활동에서 비롯된 신체적 균형, 신체적 활기, 규칙적 운동, 건강한 신체와 같은 심신적 현상을 의미한다. 긍정적 심신화의 한 유형인 SMSB는 건전한 정신(SM)이 건전한 신체(SB)에 영향을 주어 나타나는 현상으로서 현재 긍정심리학에서 추구하는 것이다. 이는 그 반대 현상인 SBSM과 함께 가장 이상적인 유형이다. 다른 유형인 SMUB는 건전한 정신(SM)이 건전하지 않은 신체(UB)에 영향을 주어 나타나는 현상으로 개인의 약화된 신체적 건강, 불규칙인 신체활동, 갱년기 장애 등과 같은 건전하지 않은 신체에서 벗어나도록 긍정적인 영향을 주는 것을 의미한다.

부정적 심신화(negative psychosomatization)는 비합리적 신념, 부정적 자동적 사고, 부정적 사적 논리, 낮은 자존감, 낮은 자기효능감, 자신감 상실, 심한 스트레스, 학습된 무망감 등과 같은 바람직하지 않은 정신활동에서 비롯된 자기파괴 행동, 비만, 부적절한 신체적 증상이나 장애, 비정상적 신체활동과 같은 심신적 현상을 의미한다. 부정적 심신화의 한 유형인 UMSB는 건전하지 않은 정신(UM)이 건전한 신체(SB)에 부정적으로 영향을 주어 건전한 신체를 약화시키거나 피폐화하는 현상이다. 다른 유형인 UMUB는 건전하지 않은 정신(UM)이 건전하지 않은 신체(UB)에 영향을 미쳐 신체적 건강을 더욱 악화시키는 현상이다. 이 유형은 지적한 것처럼 그 반대 현상인 UBUM과 함께 가장 부적절한 현상이다. 이 현상이 강한 사람은 현재 임상심리학자나 정신과 의사들이 진단하는 신체화 증상, 즉 심신화 증상(psychosomatic symptom)을 보일 가능성이 높다.

5. 다섯 요인이 주고받는 인과관계 모델

인간 행동은 환경 속에서 매우 복잡한 과정을 거쳐 내재적 · 외재적으로 작동한다. 보다 명확한 이해를 위해 신심화와 심신화 현상이 복잡한 상호 주고받기 과정에 의해 생성되는 것을 이해하는 것이 필요하다. 삼요인이 주고받는 인과관계 이론에 따라, 신심화 현상은 환경과 신체가 정신에 미치는 영향에서 도출된 변형된 정신적 현상이다. 마찬가지로 심신화 현상은 환경과 정신이 신체에 미치는 영향에서 도출된 변형된 신체적 현상이다. 이러한 원리를 바탕으로 보다 복잡한 주고받는 순환적 상호작용으로부터 신심화 및 심신화 현상이 나타난다는 것을 알 수 있다([그림 4] 참조). [그림 4]에서 실선은 일차적 관계를, 점선은 이차적 관계를 의미한다. [그림 4]가 보여 주는 것처럼, 신심화와 심신화는 신체, 정신, 환경, 신심화, 심신화의 다섯 요인이 주고받는 상호작용에 의해 작동해서

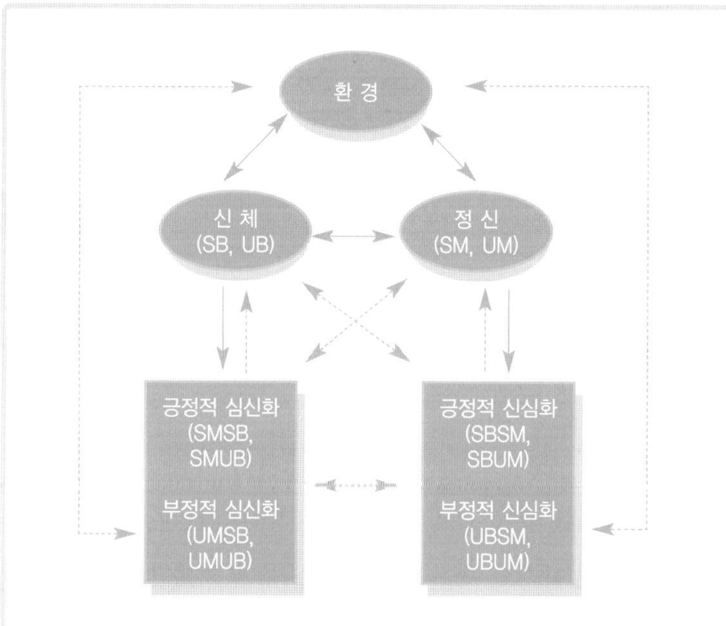

[그림 4] **신심화와 심신화의 다섯 요인이 주고받는 인과관계 모델**

표현되는 외재적 신체 현상과 내재적 정신 현상이다. 따라서 저자는 지적한 다섯 요인을 바탕으로 '신체, 정신, 환경, 신심화, 심신화의 다섯 요인이 주고받는 인과관계 모델(quintet reciprocal causation model of body, mind, environment, somapsychotization, and psychosomatization)' 을 제안하고자 한다.

6. 신심화와 심신화에 의한 상담이론 이해

환경 속에서 실존적 존재, 즉 유기체로서 인간은 신체, 정신, 환경의 삼요인 주고받는 인과관계로부터 파생된 신심화 및 심신화 현상을 보이며 살아간다. 이러한 현상을 보다 쉽게 이해하기 위해, 심신화 현상을 엘리스가 제안했던 인지 · 정서 · 행동치료(Rational · Emotive Behavior Therapy: REBT)에 적용해서 설명할 수 있다. 엘리스의 REBT의 근본 원리는 ABC 이론에 근거한다. 즉, ABC 이론은 활성화된 사건(Activating events: A)이 신념체계(Belief systems: B)에 영향을 주어 정서적 · 행동적 결과(Consequences: C)로 나타난다는 것이다. 여기서 활성화된 사건은 유기체 밖에서 일어나는 외부적 환경이며, 신념체계는 인간의 정신활동에서 비롯된 사고다. 그리고 정서적 · 행동적 결과는 인간의 신체활동에서 비롯된 신체적 표현이다. 엘리스의 ABC 이론과 심신화 현상을 비교해 보면, 두 입장의 과정은 언어적 표현은 다르지만 같은 내용을 설명하고 있다는 것을 알 수 있다. 심신화 현상을 적용해 보면 보다 쉽게 이해할 수 있다. 즉, 심신화는 외부적 환경이 정신에 영향을 주고 다시 정신이 신체에 영향을 주어 나타나는 신체적 현상이다. 엘리스의 REBT는 인간의 합리적 신념과 비합리적 신념 모두를 가정하고 있으므로, 그의 이론적 입장은 긍정적 심신화와 부정적 심신화에 해당된다고 할 수 있다. 이러한 논리적 근거에서 볼 때, ABC 이론은 단지 심신화 현상만을 설명하고 있으며 신심화 현상은 전혀 언급하지 않고 있다는 것을 알 수 있다.

다른 예로, 로저스의 인간중심치료를 신심화 현상과 비교하여 설명할 수 있다. 로저스는 그가 제안했던 인간 성격 및 행동에 대한 명제들을 바탕으로 "심리적 적응으로 건강한 개인은 그의 신체적 경험을 통해 계속적인 유기체적 가치화 과정에 의해 그의 현재의 가치체계를 대체한다."고 하였다(1951, pp. 483-524). 그가 "경험은 나에게 최고의 권위다."라고 언급했던 것처럼, 그는 바람직한 유기체적 가치화 과정을 위해 신체경험을 강조하였다. 즉, 우리는 신심화 현상이 환경으로부터 신체경험이 정신에 미치는 영향에서 도출된 가치화 과정이라는 것을 알 수 있다. 그러므로 로저스의 유기체 경험에 의한 가치화 과정은 긍정적 신심화 현상이라 할 수 있으며 유기체의 경험 없이 이루어진 내사된 가치에 의한 부적응적인 신체적 표현은 부정적 심신화 현상이란 것을 알 수 있다.

신심론과 심신론은 심리학자들이 신체와 정신을 가진 인간의 과학적 연구로부터 발견하고 개발해 왔던 심리학적 이론들에 대한 종합적 이해를 제공한다. 여기서는 주요한 상담이론을 창립해서 발전시켰던 유명한 상담이론가들을 그들의 이론적 관점과 주요 개념을 근거로 신심론과 심신론에 의해 분류하고자 한다.

긍정심리학의 창시자들인 셀리그먼(Seligman)과 칙센트미하이(Csikszentmihalyi)를 포함한 현재의 긍정심리학자들은 주로 건전한 정신이 건강한 신체적 활동을 포함한 개인의 주관적 안녕 혹은 삶의 질에 영향을 준다는 것을 강조한다. 그러므로 긍정심리학자들은 긍정적 심신론자들로 분류될 수 있다. 현재의 긍정심리학의 추세에 따르면, 이전의 심리학자들이 부정적인 심신화 현상과 같은 부정적 측면에 초점을 두고 그러한 것을 감소시키거나 개선하려는 연구를 해 왔기 때문에 부정심리학자들로 여겨졌다. 그러므로 그들은 행동적 문제의 원인으로서 정신과 신체 중 어느 것을 선호하는가를 근거로 부정적 신심론자 혹은 부정적 심신론자로 불릴 수 있다.

프로이트(Sigmund Freud)는 그 당시의 시대정신인 진화론에 부응하여 인간이 생물학적 존재라는 기본적 가정하에 정신분석을 개발했기 때문에 부정적 신심론자로 분류될 수 있다. 그는 인간에 대한 생물학적 · 비관론적 관점을 바탕으로 정신분석을 개발하였으며, 주요한 원리로 신체적 균형(homeostasis) 혹은 만족의 원리를 강조하였다. 역시 이러한 관점에서 비롯된 본능이론, 출생외상, 삶과 죽음의 본능 같은 주요 개념을 통해 프로이트가 부정적 신심론자라는 것을 유추할 수 있다.

개인심리학을 창시한 아들러(Alfred Adler)는 전체로서 개인을 강조한 점에서 긍정적 심신론자 및 긍정적 신심론자로 분류될 수 있다. 왜냐하면 그의 개인심리학은 인간에 대한 총체론적 관점에서 비롯되었기 때문이다. 그리고 개인심리학 이론의 주요 개념인 창조적 자기, 생활양식, 기관열등감, 우월성 추구, 사적 논리 등에서 아들러가 긍정적 심신론자 및 긍정적 신심론자라는 것을 유추할 수 있다.

분석심리학을 창시한 융(Carl G. Jung)은 그의 이론 성립을 위한 핵심 개념인 집단무의식을 근거로 긍정적 심신론자로 분류될 수 있다. 왜냐하면 융은 자신의 분석심리학을 통해 정신적 현상, 특히 정신적 소인인 원형으로 구성된 집단무의식을 강조했기 때문이다. 인간 행동을 설명하기 위한 분석심리학의 주요 개념인 원형, 집단무의식, 꿈 분석, 개성화 혹은 자기실현 등을 통해 융이 긍정적 심신론자라는 것을 유추할 수 있다.

심리극을 창시한 모레노(Jacob L. Moreno)는 신체활동을 통한 역할을 강조한 점에서 긍정적 신심론자로 분류될 수 있다. 모레노는 "역할연기는 자기의 출현 이전에 존재한다. 역할은 자기로부터 출현하지 않지만, 자기는 역할에서 출현한다."고 하였다. 심리극의 주요 개념인 지금의 철학, 창조성, 자발성, 역할과 역할연기, 텔레와 참만남 등을 통해 모레노가 긍정적 신심론자임을 유추할 수 있다.

게슈탈트치료의 발견자인 펄스(Frederick S. Perls)는 전체로서 유기체의 지혜를 강조한 점에서 긍정적 신심론자 및 긍정적 심신론자로 분류될 수 있다. 펄스는 게슈탈트치료의 철학적 입장이 실존주의에 유기체로서 자각을 더한 것으로 보았다. 게슈탈트치료의 주요 개념인 자각, 접촉, 유기체로서 인간의 경험 등을 통해 펄스가 긍정적 신심론자 및 긍정적 심신론자라는 것을 유추할 수 있다.

인간중심치료의 창시자인 로저스(Carl Rogers)는 역시 전체로서 유기체의 지혜를 강조한 점에서 긍정적 신심론자 및 긍정적 심신론자로 분류될 수 있다. 로저스는 인본주의적 관점을 근거로 유기체의 지혜를 강조하였다. 그는 역시 유기체의 경험에 의한 유기체적 가치화 과정을 강조하였다. 인간중심치료의 주요 개념인 경험, 가치의 조건화, 진솔성, 무조건적 긍정적 존중, 공감적 이해 등을 통해 로저스가 긍정적 신심론자 및 긍정적 심신론자라는 것을 유추할 수 있다.

행동치료의 이론적 토대를 제공한 급진적 행동주의자인 스키너(B. F. Skinner)는 인간의 정신을 부정하고 오직 관찰할 수 있는 행동만을 강조하였다. 그러므로 그는 정신과 신체의 상호작용을 가정한 신심론과 심신론에 의해 분류될 수 없다.

현실치료를 창시한 글래서(William Glasser)는 그의 이론적 기반인 기본적 욕구와 지각의 통제 및 선택이론을 근거로 긍정적 신심론자 및 긍정적 심신론자로 분류할 수 있다. 글래서는 전체 행동을 구성하는 네 가지를 자동차의 네 바퀴에 비유해서 앞쪽 두 바퀴를 생각하기와 행동하기로 강조하였다. 현실치료의 주요 개념인 기본적 욕구, 전체행동, 선택이론 등을 통해 글래서가 긍정적 신심론자 및 긍정적 심신론자라는 것을 유추할 수 있다.

교류분석의 창시자인 버언(Eric Berne)은 인간 이해를 위해 심리적 욕구 및 세 가지 자아상태를 강조한 점에서 긍정적 심신론자로 분류될 수 있다. 교류분석의 주요 개념인 세 가지 자아상태, 기본적 심리적 욕구, 인생각본, 구조분석, 교류분석, 게임분석 그리고 재결단 등을 통해 버언이 긍정적 심신론자라는 것을 유추할 수 있다.

실존주의 상담자들인 메이(Rollo May), 프랭클(Victor Frankl), 얄롬(Irvin Yalom) 등은 인간의 실존 및 궁극적 관심사를 강조한 점을 근거로 긍정적 신심론자 및 긍정적 심신론자로 분류할 수 있다. 실존주의 상담자들이 인간을 유기체로서 실존을 강조함과 더불어 궁극적 관심사인 자유, 의미, 고립 등을 강조한 점으로 볼 때 긍정적 신심론자 및 긍정적 심신론자라는 것을 유추할 수 있다.

인지 · 정서 · 행동치료의 창시자인 엘리스(Albert Ellis)와 인지치료의 창시자인 벡(Aaron Beck)은 건전한 정신이 합리적 신념체계 및 긍정적 자동적 사고의 중요성을 강조한 점을 근거로 긍정적 심신론자들로 분류될 수 있다.

7. 신심화와 심신화에 의한 인간행동 파악 및 변화

이 장의 서두에서 신체와 정신의 상호작용으로부터 다음과 같은 여덟 가지 현상이 도출됨을 제시하였다.

- 건전한 신체에 건전한 정신
- 건전한 신체에 건전하지 않은 정신
- 건전하지 않은 신체에 건전한 정신
- 건전하지 않은 신체에 건전하지 않은 정신
- 건전한 정신에 건전한 신체
- 건전한 정신에 건전하지 않은 신체
- 건전하지 않은 정신에 건전한 신체

• 건전하지 않은 정신에 건전하지 않은 신체

모든 개인은 환경 속에서 이러한 여덟 가지 현상인 행동을 하며 삶을 영위한다. 저자는 여기서 제시한 여덟 가지 현상이 다음에 제시한 척도를 통해 개인의 행동으로 나타남을 확인하였다. 신체와 정신의 상호작용에 근거한 당신의 총체적 건강을 위해 자신이 주로 하는 행동패턴을 발견해서 바람직한 방향으로 변화시키도록 노력해 보자.

신심화 및 심신화에 의한 행동파악 척도

1. 다음의 각 영역에 대해 자신이 경험했거나 경험해 왔던 모든 신체적 건강 및 행동이나 정신적 건강 및 행동을 최소 세 가지 이상 찾아보시오.
   A. a1) 자신의 건전한 정신적 건강이나 활동이 건전한 신체적 건강을 더욱 바람직한 방향으로 향상시킨 구체적 사건이나 습관을 찾아 기술하시오.
   a2) 자신의 건전한 정신적 건강이나 활동이 건전하지 않은 신체적 건강을 바람직한 방향으로 향상시킨 구체적 사건이나 습관을 찾아 기술하시오.
   B. b1) 자신의 건전하지 않은 정신적 건강이나 활동이 건전한 신체적 건강을 해친 구체적 사건이나 습관을 찾아 기술하시오.
   b2) 자신의 건전하지 않은 정신적 건강이나 활동이 건전하지 않은 신체적 건강을 더욱 부정적으로 악화시킨 구체적 사건이나 습관을 찾아 기술하시오.

C. c1) 자신의 건전한 신체적 건강이나 활동이 건전한 정신적 건강을 더욱 바람직한 방향으로 향상시킨 구체적 사건이나 습관을 기술하시오.

c2) 자신의 건전한 신체적 건강이나 활동이 건전하지 않은 정신적 건강을 바람직한 방향으로 향상시킨 사건이나 습관을 기술하시오.

D. d1) 자신의 건전하지 않은 신체적 건강이나 활동이 건전한 정신적 건강을 해친 구체적 사건이나 습관을 기술하시오.

d2) 자신의 건전하지 않은 신체적 건강이나 활동이 건전하지 않은 정신적 건강을 더욱 부정적으로 악화시킨 구체적 사건이나 습관을 기술하시오.

2. 1번 문항을 기술한 후 자신이 가장 흔하게 사용하는 유형(예, a1, c1)에 따라 유형 범주(a1, a2, b1, b2)와 다른 유형 범주(c1, c2, d1, d2)에서 각각 하나씩을 찾아서 적으시오.

3. 1번과 2번 문항을 완성한 후 각 영역에 작성한 내용을 바탕으로 자신의 총체적 건강을 이루기 위해서 앞으로 6개월 동안 변화 계획을 구체적으로 작성하시오.

04 정신분석적 상담

당신의 무의식에 숨겨진 보물을 찾아라.

1. 프로이트의 생애
2. 인간에 대한 이해
3. 문제에 대한 이해
4. 프로이트의 지혜
5. 문제해결을 위한 상담

프로이트는 20세기의 위대한 사상가로 꼽히는 인물이다. 지금도 '프로이트가 살아있는가?' 라는 은유적 질문에 그가 살아 있다고 대답한다. 개인의 삶은 유한하지만 개인이 남긴 사상이나 예술은 무한하다. 개인의 사상은 시대정신(zeitgeist)을 반영한다. 지금까지 서구 역사에서 매우 큰 사건 중의 하나는 1859년 다윈(Darwin)이 『종의 기원』을 통해 인간이 신에 의한 창조적 존재가 아니라 적자생존의 법칙에 따라 진화되어 온 생물학적 존재라고 주장한 것이다. 이러한 시대정신을 반영하여 19세기 후반에 탄생한 이론이 프로이트의 정신분석 이론이다. 지금도 '인간은 신의 창조물인가? 아니면 진화되어 온 생물학적 존재인가?' 에 대한 논쟁은 계속되고 있다.

중요한 사실은 프로이트가 인간을 생물학적 존재로 보고 본능이론을 바탕으로 정신분석을 개발했다는 점이다. 많은 사람들이 프로이트가 창조해서 강조한 주요 개념인 무의식, 전이, 꿈의 해석 등의 개념을 토대로 그의 이론을 이성론적 · 형이상학적인 입장해서 이해하려는 경향이 있다. 사람들이 암묵적으로 프로이트의 정신분석을 이성론적 입장에서 이해하는 것은 그가 창조한 정신분석 이론이 가지는 모순이다. 이러한 모순의 이유는 프로이트가 인간을 보는 매우 대립되는 관점인 다윈의 진화론과 플라톤의 이데아론을 놀랄 만하고 정교하게 결합해서 그의 이론을 개발하였기 때문이다.

심리학뿐만 아니라 인문사회과학의 여러 영역에 가장 영향을 많이 끼친 인물을 든다면 프로이트라고 말할 수 있다. 그에 의해 시작된 정신분석(psychoanalysis)은 여전히 인간을 이해하는 데 막대한 영향력을 행사하고 있다. 정신분석은 우리가 알고 있는 의식 영역보다 모르고 있는 무의식 영역을 더욱 강조한다는 점에서 심층

심리학이라 부른다. 또한 쾌락을 추구하는 본능과 현실세계와의 마찰에서 비롯된 불안을 처리하면서 겪는 인간의 갈등을 다룬다는 점에서 갈등의 심리학이라고도 한다.

정신분석을 바탕으로 보다 진전된 이론이 탄생했을 뿐만 아니라, 정신분석을 비판하면서 다양한 심리학 이론이 태동하였다. 여기서는 프로이트의 정신분석으로 본 인간에 대한 이해, 인간의 문제 및 그것에 대한 이해, 그리고 이러한 문제해결을 어떻게 할 것인가에 초점을 두어 살펴보고자 한다.

1. 프로이트의 생애

프로이트(Sigmund Freud, 1856~1939)는 1856년 모라비아(현재는 체코슬로바키아의 일부)의 프레이베르그(Freiberg)에서 태어났다. 프로이트가 네 살 때인 1860년에, 그의 가족은 모라비아에서 비엔나로 이주하였으며, 프로이트는 비엔나에서 삶의 대부분을 보냈다.

프로이트는 어려서부터 뛰어난 재능을 보였으며 가족, 특히 어머니로부터 많은 격려를 받았다. 그는 17세에 김나지움을 우수한 성적으로 졸업한 후 의학 및 과학적 연구를 위해 비엔나 대학에 입학하였다. 의학 외에 생물학, 생리학, 교육 등에 대한 다양한 관심 때문에, 그는 대학에서 8년을 보내게 되었다. 마침내 프로이트는 의사 자격시험을 치르고,

1881년 임상신경학자로서 개업을 하였다. 프로이트는 사랑에 빠졌던 버네이스(Martha Bernays)와 약혼한 지 4년이 지난 1886년 결혼하였다.

프로이트는 1884년 브로이어(Josef Breuer)와 관계를 맺으면서 정신분석에 대한 관심을 갖게 되었다. 프로이트는 브로이어로부터 히스테리적 신경증을 위한 '담화치료(talking cure)' 와 최면의 사용에 대해 배웠다. 1885년, 프로이트는 프랑스에 가서 샤르코(Jean Charcot)와 함께 최면을 연구하며 4개월 반을 보내면서 샤르코에게서 환자들의 문제가 성적 근거를 갖는다는 이야기를 듣게 되었다. 신경증이 성적 근거를 갖는다는 아이디어를 마음속에 간직하다가, 1890년대 중반에서야 프로이트는 신경증을 지배하는 문제가 부적절한 성적 발달이라고 확신하였다.

브로이어와 프로이트는 1895년 공동연구로 흔히 정신분석의 시작으로 지적되는 '신경증에 관한 연구(Studies on hysteria)' 를 발표하였다. 프로이트는 1897년 자기분석을 착수하였으며, 자신의 신경증 문제를 불안 신경증으로 진단하였다. 그리고 이러한 문제가 성적 긴장의 누적에 의해 기인한다고 주장하였다. 프로이트가 사용한 자기분석의 방법은 '꿈 분석(dream analysis)' 이었다. 꿈 분석은 약 2년 동안 계속되었으며, 그러한 결과가 누적되어 1900년에 그의 주요 저서인 『꿈의 해석(*The Interpretation of Dreams*)』으로 발표되었다.

프로이트는 1902년까지 정신분석의 이론과 실제를 향상시키는 데 관심을 기울였으며, 이 무렵에 아들러를 포함한 소집단이 프로이트 집에서 열리는 주말 토의집단에 참여하였다. 신경증의 문제에 대한 이러한 초기 논의는 심층심리학의 네 주역이라 할 수 있는 프로이트, 아들러, 랭크(Otto Rank), 융의 다른 이론적 신념과 응용 기법의 발달에 중요하게 기여하였다. 프로이트는 1905년 『성 이론에 관한 세 편의 에세이(*Three essays on the theory of sexuality*)』를 발표하였고, 1909년 홀(Stanley Hall)에 의해 미국에 초빙되어 클라크 대학에서 강연한 후 그의 명성이 국제적으로 알려지게 되었다.

그러나 아들러, 융, 랭크가 각각 자신의 이론과 상담기법을 발달시킴으로써, 초기 정신분석 집단은 갈등과 반목으로 붕괴되었다. 아들러는 1911년, 융은 1914년에 정신분석 집단에서 이탈하였다. 하지만 프로이트의 명성은 1919년부터 그가 죽은 해인 1939년까지 최고조에 달했다. 1920년대에 프로이트는 인간의 동기에 근거한 성격이론과 체계를 발달시켰으며, 이러한 이론의 영향은 장애를 가진 사람들의 치료기법 이상으로 확장되었다.

정신분석을 통해 프로이트는 저항(resistance)을 자신의 고통에 직면하지 않으려는 보호 형태이며, 억압(repression)을 의식적 자각에서 그러한 고통을 제거하는 방식이라고 확인하였다. 억압은 정신분석의 근본적 원리가 되었다. 즉, 억압된 자료는 장기간의 정신분석에서 사용되는 기법인 꿈 분석과 자유연상(free association)을 통해 밝혀지게 된다. 정신분석에서 효과적인 치료 작업은 환자와 치료자의 인간적 관계 혹은 전이(transference)에 따라 결정된다. 프로이트는 환자가 치료자에 대해 갖는 정서적 태도인 전이가 신경증 치료를 위해 필수적이라고 믿었다.

2. 인간에 대한 이해

프로이트는 개인은 누구나 출생하면서 생물학적으로 출생외상(birth trauma)이라는 엄청난 사건을 경험하였다고 본다. 삶은 죽음을 가정한다. 그가 인생의 말년에 죽음의 본능을 제안함으로써 그의 이론은 완성되었다. 그가 주장한 삶의 본능과 죽음의 본능이 서로 모순을 갖지만 같은 맥락에서 이해될 수 있다. 아무튼 프로이트는 인간이 삶의 본능을 타고났다고 본다. 개인은 누구나 삶의 본능을 바탕으로 만족이나 쾌락을 추구한다. 쾌락을 추구하는 본능의 욕구는 사회현실과 마찰을 빚는다. 우리는 내적 욕구와 외적 요구 간에 끊임없는 갈등을 겪는 존재다.

프로이트는 인간이 네 가지 기본 원리에 의해 작동한다고 보았다. 그가 본 인간에 대한 네 가지 관짐은 결징론적 관짐, 지형힉적 관점, 역동적 관점, 유전적 관점이다. 간략하게 살펴보면, 결정론적 관점은 개인의 성격은 출생 후 5세까지 거의 결정되어 이후의 삶에 영향을 주는 것을 말한다. 지형학적 관점은 그가 제안한 세 가지 자아인 원초아, 자아, 초자아가 의식의 세 가지 수준인 의식, 전의식, 무의식 일정 영역을 지형적으로 가지고 서로 상호작용하면서 작동한다는 것이다. 역동적 관점은 삶의 본능에 따른 정신에너지와 세 가지 자아가 서로 역동적인 힘의 마찰을 야기한다는 것이다. 마지막으로 유전적 관점은, 지적한 것처럼 프로이트는 기본적으로 인간을 생물학적 존재로 보고 자신의 이론을 형성하였다. 다윈의 적자생존 법칙에 따라 개인이 사회 속에서 자신의 본능을 추구하면서 현실에 최적으로 적응하면서 살아남으려는 노력을 경주한다는 것을 알 수 있다.

인간은 갈등의 존재다. 프로이트는 "인간은 태어나서 죽을 때까지 어두운 지하실에서 끊임없이 갈등하는 존재"라고 보았다. 이런 점에서 만약 당신이 갈등에서 벗어나고 싶다면 삶을 포기하는 것 이외에는 다른 방법이 없다는 점을 이해해야 한다. 프로이트의 관점에서 보면, 공동묘지에 있는 시체는 갈등이 없다. 유기체로서 삶을 지속하는 모든 개인은 갈등하면서 삶을 유지한다. 본능이 추구하는 쾌락과 현실의 갈등, 자아와 외부세계와의 갈등, 적극성과 수동성의 갈등 등이 우리를 지배한다. 때문에 프로이트는 인간은 항상 갈등을 겪으며 살아간다고 주장하였다. 즉, 삶이 지속되는 동안 우리가 가진 세 가지 자아인 '원초아(id)' '자아(ego)' '초자아(superego)' 가 서로 갈등을 겪는다는 것이다. 이러한 세 가지 자아는 고대 그리스의 철학자인 플라톤이 제안한, 서로 갈등을 겪는 정신의 세 가지인 욕구(appetite), 이성(reason), 영혼(spirit)과 유사한 개념이다. 플라톤은 사람들이 쉽게 이해하도록 인간의 정신을 두 마리의 말이 이끄는 이륜마차에 비유하여 설명하였다. 이 비유에서 두 마리 말 중에서 길들여지지 않은 '거친 말' 은 욕구를, '철저하게 훈련된 순종의 말' 은 영혼을, 말을 통제하며 전차를 이끄는 '마부' 는 이성을 나타낸다.

원초아는 태어나면서 유전적으로 가지고 온 것으로 본능의 지배를 받는다. 이런 점에서 '본능적 자아' 라고도 한다. 원초아는 세 가지 자아 중 가장 막대한 힘을 가진다. 또한 원초아는 무의식이 지배하며 쾌락의 추구가 주요한 목적이다. 유기체의 중요한 본능적 욕구는 삶을 위해 필수적인 생물학적 욕구다. 심한 갈증을 느낄 때 마시는 물은 당신에게 갈증해소의 만족을 준다. 몹시 허기질 때 먹는 음식은 우리에게 큰 만족을 준다. '배고픔에 장사 없다' '금강산도 식후경' 과 같은 말들은 식욕 본능을 반영한 것이다. 우리는 살기 위해서 먹고, 잘 먹고 살기 위해서 열심히 일한다. 배고픔의 서러움과 고통을 겪어 보지 않은 요즈음의 젊은 세대는 보릿고개를 이해하지 못한다. 북한의 식량난은 생사의 문제다. 당신이 식도락가가 아닐지라도 먹는 기쁨이 얼마나 중요한가를 매일매일 느낄 것이다. 먹고 사는 것과 더불어 중요한 생리적 욕구가 성욕이다. 성욕은 인간의 종보존과 쾌락을 주는 주요한 본능적 욕구다.

자아는 의식과 무의식으로 구성되어 있으며 주로 개인의 경험을 통해 형성된다. 자아는 현실의 원리에 지배되기 때문에 '현실적 자아'라고도 한다. 자아도 쾌락을 추구하지만 이와 더불어 현실 속에서 불쾌한 감정을 느끼지 않으려고 노력한다. 즉, 외부세계에서 경험하는 현실과 쾌락을 원하는 원초아를 조정하며 만족을 찾는다.

초자아는 현실적 자아에서 분리되어 나타나며 의식과 무의식으로 구성되어 있다. 초자아는 개인의 양심이나 도덕의 원리에 지배되기 때문에 '도덕적 자아'라고도 한다. 주로 부모나 사회 환경의 영향을 받아 과거에 형성된 것이 초자아다. 역시 초자아도 인간으로서 지켜야 할 외부적 요구와 본능적 자아의 쾌락 추구 간에 갈등을 겪고 있다.

프로이트는 원초아와 초자아가 가진 한 가지 공통점은 과거의 영향에 의해 형성되었다고 보았다. 즉, 원초아는 유전의 영향을 받았으며, 초자아는 의존적 어린 시절인 3~5세에 오이디푸스 혹은 엘렉트라 콤플렉스를 해결하면서 부모나 의미 있는 다른 사람에 의해 영향을 받아 형성되었다고 본다. 즉, 남자아이는 아버지와의 동일시를 통해, 여자아이는 어머니와의 동일시를 통해 초자아가 형성되었다고 본다.

이러한 세 가지 자아의 갈등은 불안을 야기한다. 그렇기 때문에 우리는 삶을 영위하면서 갈등을 통해 나타나는 걱정이나 불안을 피할 수 없다. 당신이 전혀 불안이 없다고 말할 수 있을 때는 없다. 있다면 아마도 당신이 죽어 시체가 되었을 때일 것이다. 우리 자신이 어두운 지하실에서 끊임없이 갈등을 겪으며 살아가는 존재라는 사실에 대해, 그리고 죽음을 가지고 태어났다는 것에 대해 비관적일 수 있다. 삶과 더불어 비극은 시작되었다. 피할 수 없는 비극을 극복하는 것은 일과 사랑을 통해 이것을 승화시키는 것이다.

세 가지 자아 간의 갈등을 바탕으로 정신분석자들은 긴장을 야기하는 정신생활을 지배하는 세 가지 양극성을 가정한다. 첫째, 능동성과 수동성 간의 긴장이다. 둘째, 자신과 외부 세계와의 긴장이다. 셋째, 쾌락과 불쾌 간의 긴장이다. 즉, 개인은 세 가지 자아의 요체인 본능, 현실 그리고 도덕 간의 갈등과 긴장 속에서 삶을 영위한다.

대부분의 사람들은 이 지구상에서 자신을 가장 잘 알고 있는 사람이 자기 자신이라고 생각한다. 당신은 어떻게 생각하는가? 만약 당신이 '그렇다' 고 생각한다면, 자신의 행동에 대해 자신 있게 설명할 수 있어야 한다. 그렇다면 다행이지만, 대부분의 사람들은 때때로 자신도 모르는 행동을 한다. 정신분석의 창시자인 프로이트는 "우리가 알고 있는 의식의 세계는 빙산의 일각에 불과하다." 고 주장하였다. 즉, 당신이 모르는 무의식의 영역이 훨씬 더 당신을 지배하고 있다는 말이다. 다시 말하면, '나도 모르는 나' 자신이 나의 모든 행동에 영향력을 발휘하고 있다는 설명이다.

많은 심리학자들이 정신분석이 과학적이 아니라고 비판하지만, 일상생활에서 프로이트가 설명한 많은 용어들이 거침없이 사용되고 있다. 예를 들면, "제발 방어하지 마라." "너는 이리저리 핑계를 대며 합리화를 잘하지." 등은 흔히 듣는 말이다. "언어는 생각이다." 라는 말처럼 사람들이 사용하는 언어는 우리의 사고를 지배하고 행동에 영향을 준다. 이런 점에서 프로이트만큼 일반적인 사람들에게 영향을 준 심리학자는 없다고 해도 과언이 아니다.

3. 문제에 대한 이해

인간에게 문제가 되는 것은 자신도 잘 모르는 내용이다. 자기도 모르게 의식하지 않으려고 숨겨 버린 내용이다. 직면해서 똑바로 보면 괴롭고 두렵고 불안하기 때문에 생각하기 싫어하는 내용이다. 당신은 쾌락을 추구하는 본능적 욕망과 현실의 갈등에서 비롯된 불안을 어떻게 처리하는가? 인간은 누구나 불안을 원치 않는다. 우리는 불안을 원치 않기 때문에 불안을 피하기 위해 다양한 방어기제(defense mechanisms)를 사용한다. 방어기제의 주요한 두 가지 특성은 현실의 왜곡과 무의식적으로 작동된다는 점이다. 개인은 불안을 야기하는 주요한 내용을 억압하여 의식에서 무의식으로 숨겨 버린다. 당신이 모른다고 해서 억압된 내용이 사라진 것은 아니다. 그런 점에서 정신적 기능과 관련해 "보지 않으면 멀어진다(Out of sight, out of mind)."는 말은 정신분석 입장에서 보면 틀린 이야기다. 당신이 적절하게 방어기제를 사용하여 당신의 생활 속에서 겪은 불안을 처리하면서 삶을 영위한다면 이것은 적응기제(coping mechanisms)가 된다. 그러나 지나친 방어를 통해 당신에게 나타나는 불안을 의식하지 못한다면, 당신은 현실적 자아나 도덕적 자아보다 본능적 자아의 영향을 받아 신경증적 불안으로 고통받을 것이다. 변화를 위해 당신 자신을 수용하는 것이 필요하다. 왜냐하면 정신분석에서는 저항의 해결이 치료의 법칙이기 때문이다.

우리는 만족을 얻기 위해 노력한다. 우리는 즐거움을 추구하며, 희열을 갈구한다. 인간으로 태어나면서 가진 본능의 욕구는 쾌락을 추구하는 것이다. 생물학적 욕구이며 원초적 본능에서 최대의 쾌락을 줄 수 있는 것은 성(sex)이다. 일반적으로 성적 쾌락이라고 하면 우리 문화에서 비천한 사람들이 추구하는 것으로 왜곡되어 왔다. 정숙한 숙녀나 박식한 사람, 사회적으로 다소 높은 지위를 가진 사람들의 입을 통해 성적 쾌락이 언급되는 게 금기되어 온 것이 사실이다. 사회적 체면이 우선시되고 그것이 손상되면 안 되기 때문이다. 눈을 돌려 가정, 학교, 사회기관에서 바람직한 성교육이 얼마나 이루어지고 있는가를 살펴보자. 당신은 누구로부터 성에 대한 지식이나 성행위에 대해 배웠는가? 대학생들을 대상으로 한 연구에 따르면, 그들의 성과 관련된 지식은 대부분 친구들이나 비공식적 통로를 통해서 얻고 있다고 한다. 가려지고 비밀스러운 곳에서 은밀하게 성을 통한 쾌락의 추구가 일어나고 있는 것이다. 캄캄한 밤에 역사가 이루어지고 인간욕구의 실현이 이루어지고 있다.

성적 쾌락이라는 표현 대신에 이성 간의 사랑이라고 부르면 훨씬 고상하게 들린다. 이것은 누구나 이야기하는 데 부담 없는 표현이다. 우리는 멋있는 이성 간의 사랑을 찬탄한다. 아름다운 사랑 이야기는 우리의 심금을 울린다. 유난히도 가무를 즐기는 것이 우리의 문화적 전통이라 해도 과언이 아닐 성 싶다. 전 세계적으로 우리나라처럼 노래방에서 노래를 부르며 감정을 표현하는 나라는 아마 찾아보기 힘들 것이다. 우리는 노래의 가사에 함축된 이성 간의 사랑의 의미를 음미하며 자신의 감정을 표현한다. 당신이 이렇게 사랑을 갈구하는 것은 당연하다. 프로이트에 따르면, 왜곡되고 억압된 성적 쾌락이 문제가 된다.

4. 프로이트의 지혜

프로이트가 상담 및 심리치료에 기여한 가장 큰 공헌은 그가 발견한 전이(transference) 현상이다. 대부분의 상담자들은 개인이 전이를 하면서 삶을 영위한다고 본다. 정신분석적 상담자들이 달성하고자 하는 일반적인 정신분석의 세 가지 목적은 다음과 같다.

- 자신이 비극적 삶이라고 생각하는 것을 일상적인 갈등에서 비롯된 것이라고 생각하게 한다.
- 원초아가 있는 곳에 자아가 있게 한다. 즉, 정신분석을 통해 무의식에 깊숙이 숨겨두어 의식하지 않으려 하는 것을 의식하게 한다.
- 개인으로 하여금 부적응에서 벗어나 자신에게 필요한 일과 사랑을 슬기롭게 하게 한다.

프로이트가 정신분석을 통해 강조한 조력을 위한 그의 지혜를 요약하면 다음과 같다.

당신의 문제는 인생 초기의 경험에서 비롯되었다. 과거에 당신이 억압해서 무의식의 심연에 숨겨 버린 갈등의 경험을 이해해야 한다. 당신의 문제를 이해하고 해결하기 위해 당신이 억압하여 정신의 층 깊숙이 숨겨 버린 보물을 찾아 이해하는 것이 필요하다.

정신분석의 주요 개념 및 기법

의식의 수준(무의식, 전의식, 의식), 성격의 구조(원초아, 자아, 초자아), 심리성적 발달단계, 불안, 방어기제, 자유연상, 꿈의 해석, 정화, 전이 및 역전이, 저항, 해석 등

5. 문제해결을 위한 상담

정신분석자는 일반적으로 네 가지 과정인 개시단계, 전이의 유도, 훈습(working through), 전이의 해결을 통해 환자를 치료한다.

정신분석의 과정에 나타난 것처럼, 개인이 무의식적으로 표출하는 전이가 얼마나 중요한가를 알 수 있다. 정신분석 이론에 따르면, 개인이 건강하게 사는 방법은 자신이 무의식적으로 하는 부정적 전이를 알아채서 해결하는 것이다. 또한 우리는 지나치게 자신이 사용하는 방어기제들인 억압, 투사, 퇴행, 반동형성, 전위 혹은 치환, 합리화, 부정 등을 알아채는 것이 필요하다.

당신이 사랑하는 사람과 함께하는 달콤한 키스는 당신을 황홀하게 만들 것이다. 당신의 사랑하는 아내, 남편 혹은 연인에게서 듣는 "사랑해."라는 한 마디 말은 당신에게 가장 큰 기쁨 중의 하나일 것이다. TV 프로그램 〈아침마당〉에서는 가끔 부부간의 갈등을 다룬 내용이 방영된다. 저자가 상담자로서 문제의 원인은 사랑의 결핍이고 해결의 방법은 사랑이라고 주장한다면 지나친 표현일까? 남편으로서 당신이 권위주의적인 남자라고 한다면 지금까지 억압해 온 "당신을 사랑해."란 표현을 아내에게 해 보라. 그리고 달콤한 키스를 해 보라. 행동으로 당신의 사랑을 아내와 연인에게 보여라.

당신은 자신에게 가장 큰 영향을 준 사람이 누구라고 생각하는가? 이러한 질문에 대해 감히 대답하자면 우리에게 부모처럼 의미 있는 대상은 거의 찾기 힘들 것이다. 당신의 인생에서 가장 중요한 시기에 당신의 성격형성에 결정적인 영향을 끼친 사람은 당신의 부모일 것이다. 인간은 발달의 중요한 시기인 5세 이전에는 무력한 존재다. 하지만 이 기간은 당신이 삶의 토대를 형성하는 중요한 기간이라고 볼 수 있다. 인생을 건축물이라는 예술품에 비유해서 설명하면, 이 시기는 기초공사가 이루어지는 중요한 시기다. 건축물의 기초공사가 잘못되어 크고 작은 사건으로 나타나는 것처럼, 이 시기에 성격형성이 적절하게 이루어지지 않으면 다음에 문제가 되어 나타난다. 당신은 이 중요한 시기에 일어났던 일, 즉 당신의 중요한 과거를 얼마나 기억하는가? 아마도 어렴풋이 영상이 남아 있는지 모르지만 거의 기억하지 못할 것이다. 프로이트는 무력한 유아가 전지전능한 힘을 가진 부모와의 관계에서 형성하는 태도는 그의 생애에 결정적으로 영향을 미친다고 보았다. 남자아이가 자기와 다른 성(性)인 어머니에 대해 사랑을 느끼는 갈등을 오이디푸스 콤플렉스(여자아이인 경우 엘렉트라 콤플렉스)라고 부른다. 비극적인 그리스 신화의 주인공인 오이디푸스가 자신이 사랑하여 성적 관계를 가진 사람이 자신의 어머니라는 사실을 알고 두 눈을 멀게 한 후 죄의식의 고통을 겪는다는 데서 비롯된 명칭이다. 유아는 이성에 대한 사랑의 경쟁자인, 힘을 가진 동성인 부모에게 동일시를 통해 이러한 콤플렉스를 극복한다고 본다. 프로이트는 이러한 과정이 무의식적으로 일어난다고 주장한다.

프로이트가 제안한 성적 발달단계는 생물학적 발달 측면에서 볼 때 생존의 본능적 쾌락이나 기쁨의 단계라고 말할 수 있다. 프로이트가 만들어 낸 리비도(libido)란 용어는 '성적 추동의 에너지' 를 의미한다. 쾌락을 주는 성적 추동 '에너지의 집중(cathexis)' 이 신체의 어떤 부분에 나타나느냐에 따라 발달단계를 설명한다. 리비도의 집중이 이루어지는 첫 번째 신체 부분은 입이다. 태내에 있는 태아가 탯줄을 끊은 순간 생물학적 독립을 이룬다. 돌봄이 없으면 유아처럼 나약한 존재가 없다. 태어난 유아가 생존하고 기쁨을 느끼기에 필요한 것은 어머니의 젖꼭지나 젖병 꼭지를 빠는 것이다. 빨아야 할 때 빨 것이 없으면 울어댄다. 유아는 생존하기 위해서 운다. 입으로 빠는 것은 기쁨과 생존을 위한 몸부림이다.

빠는 단계를 지나 나타나는 중요한 시기가 배설하는 단계다. 그러므로 리비도의 집중이 이루어지는 두 번째 신체 부분은 항문이다. 인간이 되기 위해 어린아이는 배변훈련을 통해 배설하는 때와

장소를 학습한다. 당신은 항문을 통해 배설하는 시원한 기쁨을 경험해 본 적이 있는가? 당신의 어린 자녀가 다리를 비비꼬거나 궁둥이를 흔들면서 배설하지 않고 있는 행동을 본 적이 있는가? 어린아이는 똥을 배설하거나 보유하는 것으로 기쁨을 느낀다. 우리는 부모에게서 우리를 어떻게 키웠나 하는 이야기를 듣곤 한다. 대부분의 부모는 자기 자식의 구린내 나는 똥을 치우는 데 역겨움을 느끼지 않는다고들 한다. 이러한 경험이 부모의 자식 사랑이다. 즉, 아무리 자식의 똥이라 할지라도 그래도 똥인데 좋은 냄새는 아니지만 다른 아이의 똥과는 주관적으로 다르게 지각하고 경험한다.

아이들이 쾌락을 추구하는 리비도의 초점은 항문에서 성기로 옮겨 간다. 정신분석에서 가장 중요한 성적 발달단계는 어린아이가 자신의 성기에 관심을 두는 시기로, 보통 3~5세의 시기다. 이 시기에 어린아이는 자신의 성기를 만지면서 쾌락을 느낀다. 앞에서 설명한 오이디푸스나 엘렉트라 콤플렉스가 일어나는 시기다. 부모는 어린아이가 슬기롭게 이러한 시기를 거쳐 갈 수 있도록 하기 위해 아이들이 성기를 가지고 노는 행동에 대해 막무가내로 윽박지르며 위협적인 태도로 야단치는 것은 삼가야 할 것이다.

아이들이 부모에게 전적으로 의존하는 존재로서 이상의 세 단계를 지내고 나면 잠복기에 접어든다. 이 시기에 아이가 부모를 떠나 학교에서 친구들과 어울리면서 사회화되기 시작한다. 이 시기에 도덕적 자아는 더욱 발달한다. 마지막으로, 아이들이 사춘기에 접어들면 급작스러운 신체변화 및 성호르몬 분비와 함께 리비도 집중이 자신의 생식기에 주어진다. 이 시기에 여자아이는 가슴이 부풀어 오르고 월경이 시작된다. 남자아이는 성호르몬 분비와 함께 몽정이 시작된다. 비로소 아이들은 생식기에 접어듦으로써 종의 보존을 위한 신체적 능력을 갖추게 된다.

정신분석은 주로 성적 발달의 세 번째 단계까지의 어린 시절에 억압을 통해 무의식에 숨은 내용을 밝히는 작업이라고 할 수 있다. 의식을 통해 기억할 수 없는 어린 시절의 과거를 중요하게 강조하는 것은 이러한 이유에서다.

'세 살 버릇 여든까지 간다' 는 말이 있다. 어린 시절의 학습이나 경험이 중요하다는 말이다. 상담을 통해 정신적 문제를 치료하는 것도 중요하다. 하지만 치료보다 중요한 것은 문제의 예방이라 할 수 있다. 정신분석 이론에 따르면, 부모의 역할이 얼마나 중요한가를 알 수 있다. 당신의 자녀가 어린 시절에 어떻게 발달하는가는 전적으로 부모의 책임으로 여겨진다. 자식을 사랑하지 않는 부모는 없다. 중요한 것은 어떻게 사랑하느냐다. 당신의 자녀가 성적 발달단계를 적절하게 거쳐 갈 수 있도록 부모로서 역할을 수행하는 것이다. 한없는 사랑으로 당신의 자녀를 돌보아라. 더불어 자녀의 행동을 관찰하고 그러한 행동이 어떻게 해서 비롯되었는가를 이해하라. 문제에는 원인이 있다는 것을 항상 명심하라. 근본적인 원인의 이해와 해결이 문제예방과 해결의 첩경이라 할 수 있다.

치료의 목표는 내담자로 하여금 불안을 야기하고 있는 억압된 충동을 자각하게 하는 것이다. 정신분석 과정에서 내담자는 인생 초기의 의미 있는 대상(주로, 부모)과의 관계에서 발생했으나 억압되어 무의식에 묻어 두었던 감정, 신념, 욕망을 자기도 모르게 치료자에게 표현하게 된다. 이러한 현상을 전이라고 한다. 전이는 아동기에 정서적으로 의미 있는 대상에 밀접하게 관련된 감정이 치료자에게 이동되어 나타나는 것으로 정의될 수 있다. 즉, 전이는 내담자가 어린 시절에 부모와 관련된 자신의 환상적 소망을 치료자에게 나타내는 고도의 정서적 태도다. 내담자는 치료자에게 감정을 전이함으로써 현재의 어려움을 야기시키는 초기의 인생갈등을 정서적으로 다시 경험할 수 있다. 정신분석에서 치료자의 주된 업무 중 하나는 전이를 유도하고 해석하는 것이다.

정신분석 상담자가 전이를 유도해서 내담자를 훈습, 즉 철저한 작업을 하다 보면 나타나는 현상이 내담자의 저항이다. 상담자는 지적한 것처럼 저항의 해결이 치료의 법칙임을 알고 해결해야 한다. 내담자가 보이는 저항의 주요한 원인 세 가지는 첫째 변화의 두려움이고, 둘째는 무의식적 소망과 욕구의 충족을 지키려는 것이고, 셋째는 무의식적 갈등에 직면하는 것에 대한 두려움 때문이다.

정신분석에서 주요하게 사용되는 기법인 '꿈의 해석'과 '자유연상'도 감추어진 무의식을 찾기 위한 것이다. 프로이트는 "꿈은 무의식에 이르는 왕도다."고 하였다. 무의식의 영역에 숨겨진 과거에 왜곡되어 억압된 내용을 찾고 이해하는 데 꿈은 최고의 메시지를 전달한다는 의미다. 자유연상도 당신이 방어기제를 사용하여 감추고 있는 당신의 숨겨진 진실을 찾기 위해 사용하는 기법이다. 무엇이든 떠오르는 내용을 표현하라. 하나하나의 내용은 무의미할 수 있다. 연상을 통해 표현된 무의미한 여러 가지 내용이 함께 조각조각 맞추어질 때 의미를 갖게 된다. 숨겨진 과거, 어린 시절의 무의식을 이해하라. 영국의 시인 워즈워스가 노래한 '어린이는 어른의 아버지'라는 말을 명심하라. 당신이 하는 실언이나 실수 이면에 숨어서 당신에게 영향을 미치는 또 다른 당신을 이해하는 노력이 필요하다. 불안을 마냥 회피하려고 애쓰는 것보다 성숙을 위해 불안의 원인을 이해하는 작업이 필요하다.

정신분석자는 이러한 무의식에 숨겨진 비밀을 찾는 작업을 수행한다. 프로이트는 그의 환자인 '늑대인간(Wolf man: 그의 환자의 가명)'에게 "정신분석자는, 발굴 작업을 수행하고 있는 고고학자처럼 가장 깊숙이 감추어진 가장 값진 보물을 찾을 때까지 환자의 정신을 한 층 한 층 벗겨 가야 한다(The psychoanalyst, like the archeologist in his excavations, must uncover layer after layer of the patient's psyche, before coming to the deepest, most valuable treasures.)." (Gay, 1989, p. 171)고 말했다. 당신의 심리적 문제를 해결하기 위해 당신의 숨겨진 보물을 찾아라. 당신이 만든 수수께끼는 당신이 해결할 수 있다. 도저히 실마리를 잡지 못할 정도로 혼란스럽다면 전문가를 찾아라. 억압된 내용을 표현하고 밝힘으로써 당신은 보다 진솔한 당신의 모습을 발견할 것이다. 비록 그러한 내용이 죄의식과 공격적인 내용일지라도 그것을 인간의 모습으로, 당신 자신의 모습으로 수용하는 용기가 필요하다. 진실한 사랑과 보람 있는 일을 통해 당신의 원초적 욕망을 승화시키는 것도 결국 당신이 결정할 문제다.

05 개인심리학 상담

우리의 삶은 열등감을 극복하고 우월성 추구하는 과정이다.

1. 아들러의 생애
2. 인간에 대한 이해
3. 문제에 대한 이해
4. 아들러의 지혜
5. 문제해결을 위한 상담

인간이 사회적 존재라는 기본전제하에 사회 속에서 더불어 사는 지혜로서 아들러는 사회적 관심(social interest)의 중요성을 강조하였다. 그가 지적한 사회적 관심은 다른 사람을 배려하고 공감하는 태도다. 그의 이러한 이론적 입장 때문에 그는 '서양의 공자(Confucius of the West)'로 불리곤 한다(Yang, Milliren, & Blagen, 2010, p. 11.). 개인이 속한 사회에서 맺는 인간관계에 대한 그의 강조 때문에 아들러는 사회심리학의 선구자로 여겨진다. 개인심리학에 근거한 상담자는 개인이 인생 초기에 가정에서 맺는 가족관계는 나중에 그가 사회생활을 하면서 타인과 맺는 친구관계, 학교에서의 또래관계, 직장 동료관계 등의 인간관계에 밀접하게 관련된다고 본다.

또한 아들러는 인간을 목적론적 존재로서 보고 열등감의 극복을 통해 자기완성을 이룰 것을 강조하였다. 아들러의 생애 자체는 열등감을 극복하기 위한 삶이었다. 허약한 몸, 동생의 죽음, 급성폐렴으로 인한 죽음에 대한 직접적 경험 등으로 불행한 어린 시절을 보냈던 아들러는 성장하면서 자신의 열등한 측면을 극복하기 위해 최선을 다하였다. 그가 개발하여 만든 개인심리학(Individual Psychology)은 이러한 자신의 초기경험을 바탕으로 형성된 것이다.

아들러는 당대의 정신분석의 권위자인 프로이트와 9년간(1902~1911)의 밀월 기간을 가졌으나, 그와 결별한 후에는 자신의 신념과 철학적 입장에 따라 개인심리학을 창립하였다. 아들러는 정신질환자들보다 일반 대중에 대한 관심이 많았으며, 무의식보다 현실의 주관적 지각을 더 중요하게 강조하였다. 특히 인간은 생애 동안에 사회 속에서 사회적 관심을 얻기 위한 노력을 끊임없이 계속한다는 점을 강조하였다. 이런 점에서 그의 이론의 주요 개념인 열등감과 보상은 사회적 관심과 밀접하게 관련되어 있다.

1. 아들러의 생애

아들러(Alfred Adler, 1870~1937)는 1870년 비엔나에서 6형제 중 둘째로 태어났다. 그는 형의 그늘에 가려 어린 시절을 보냈다. 아들러는 어렸을 때 구루병(골연화증)을 앓아서 형제나 친구들에 비해 신체적으로 열등했을 뿐만 아니라 네 살 때 폐렴으로 거의 죽을 뻔했으며, 이후에도 길거리에서 손수레에 치여 두 번이나 죽을 고비를 넘겼다. 아들러는 이러한 신체적 열등감 때문에 어머니로부터 특별한 보호를 받아 왔지만 동생들의 출생으로 그런 보호를 더 이상 받지 못하게 되었다. 아들러는 학교에서 수학성적이 매우 낮아 그 과정을 반복해야 했고, 그의 교사는 아들러의 아버지에게 학교를 그만두고 구두직공으로 일하도록 종용할 정도로 심한 열등감을 경험했다. 이러한 일련의 사건들이 아들러에게 특별한 동기부여가 되어 열심히 공부한 결과, 그는 학급에서 수학성적이 가장 높은 학생이 되었다.

아들러는 1897년 모스크바의 기독교 집안에서 자란 급진적 사회주의 학생인 라이사 엡스타인(Raissa T. Epstein)과 결혼하여, 세 명의 딸과 한 명의 아들을 두었다.

1895년 아들러는 비엔나 의과대학을 졸업한 후 일반의가 되었다. 그때까지만 해도 아들러는 한 번도 프로이트 밑에서 공부해 본 적이 없었으며 정신분석자가 되는 데 필요한 정신분석을 전혀 받지 않았다. 프로이트와의 관계 시작은 1902년에 아들러가 지역신문에서 프로이트의 꿈분석 이론을 공격하는 것을 방어한 것이 계기가 되었다. 프로이트는 아들러의 논박에 감명을 받아 자신의 집에서 수요일마다 열리는 토론집단에 아들러를 초청하게 되었다.

아들러는 1907년 『기관열등감과 정신적 보상(*Organ inferiority and its psychical compensation*)』을 출판하였고, 1908년 '공격성 추동'에 대한 글에서 성 대신에 공격성을 일차적 추동으로 대체시켰다.

아들러는 1910년 정신분석학회의 초대 회장으로 임명되었지만 프로이트와 계속 마찰이 일어나자 1911년 사표를 냈다. 같이 탈퇴한 몇몇의 사람들이 아들러와 합류하여 '자유정신분석학회' 라는 모임을 결성하였다. 이 명칭은 프로이트의 이론을 고수하려는 집단에 반대한다는 표시로 명명되었다. 1912년에 아들러는 '개인심리학회' 로 명칭을 변경하고 저널을 발간하기 시작하였고, 프로이트 정신분석 이론의 대안적인 해석을 광범위하게 받아들였다.

1912년 아들러는 『신경증 체제(*The Neurotic Constitution*)』라는 저서에서 자신의 새로운 심리학을 제시했는데, 여기에는 사회적 관심을 제외한 그의 주요 개념들이 포함되어 있다. 아들러는 자신의 개념 중 가장 중요한 우월성 추구와 열등감이라는 개념을 정신건강에 도입하기 시작하였다. 아들러식 상담자들은 격려를 통해서 환자들의 자존감을 향상시키고 개인의 사회적 관심을 강화시키는 방법을 사용하였다. 아들러식 상담자들은 사회적으로 유용한 행동을 하게 하고 올바른 방향으로 재정향을 하도록 촉구하였다. 특히 초기회상과 출생순위, 꿈 등은 내담자의 생활양식을 이해하는 데 도움을 주는 개념들이다.

1920년대 아들러는 주로 예방에 관심을 갖게 되었다. 1922년에는 아마도 최초라고 할 수 있는 아동생활지도 클리닉을 창설하였다. 더불어 비엔나 아동기관에서 교사를 대상으로 한 아동생활지도 훈련을 실시하였고, 이를 계기로 공립학교에 수많은 아동생활지도센터가 설립되었다. 1926년부터 아들러는 미국을 정기적으로 드나들면서 폭넓은 청중을 대상으로 강의를 하는 연설가가 되었다. 1932년에는 뉴욕의 롱아일랜드 의과대학의 교수로 임명되었으며, 1934년에 뉴욕시에 영구 정착하게 되었다. 그는 여러 곳을 돌며 강연을 하다가 1937년 5월 스코틀랜드 에버딘에서 심장마비로 사망하였다.

2. 인간에 대한 이해

아들러는 "사람이 된다는 것은 자신이 열등하다는 것을 느끼는 것이다."라고 하였다. 개인은 누구나 어떤 측면에서 열등감을 느낀다. 그리고 자신이 갖는 열등감(inferiority)을 해결하기 위해서 노력한다. 이런 점에서 열등감은 우리가 무엇인가를 하게 하는 삶의 추진력이 된다. 개인이 자신이 갖는 어떤 열등감을 해결하기 위한 노력을 보상(compensation)이라 한다. 따라서 건강한 사람은 적절한 보상을 하면서 자신의 열등감을 극복하며 살아가는 사람이다.

개인은 나름대로 우월성 추구에 매진하며 삶을 영위한다. 열등감과 우월성(superiority)은 동전의 양면이다. 열등감이 삶의 추진력으로 뒤에서 밀어주는 힘이라 한다면, 우월성은 앞에서 끌어주는 힘이다. 아들러는 우월성을 자기완성, 자기실현으로 보았다. 그가 우월성이라고 한 것은 흔히 사람이 타인과 비교해서 자신이 뛰어

나다고 우쭐해하는 우월감이 아니다. 개인은 누구나 자기실현을 이루기 위해 노력한다. 왜냐하면 인간은 현재보다 나은 상태인 자기완성을 실현하기 위해 노력하는 존재이기 때문이다. 그리고 사회적 존재로서 다른 사람들과 비교하여 자신을 평가하기 때문이다. 더불어 아들러는 우리 각자가 자기완성을 이루기 위해 자신이 느끼는 열등감을 극복해야 한다는 것을 강조하였다. 이 글을 읽는 당신 스스로 자신이 느끼는 열등감의 유무를 자문해 보라. 아들러는 자기완성을 위한 필수요인으로 열등감을 들고, 열등감을 긍정적인 측면에서 보았다. 자신의 부족한 점을 스스로 인정하고 그것을 극복하려는 의지와 노력이 중요하다. 즉, 우리가 열등감을 지배하는 것이 필요하다. 열등감에 사로잡혀 노예가 된다면 그것은 열등감이 우리를 지배하게 만드는 것과 같다. 이렇게 되면 당신의 삶은 열등감 콤플렉스에 빠져 버린다.

개인심리학에서는 인간을 다음과 같이 목적론적, 사회적, 창조적, 통합적 존재로 본다.

첫째, 인간은 목적론적 존재다. 인간의 모든 행동에는 목적이 있다는 기본 전제를 바탕으로 개인의 행동을 이해하려고 시도한다. 즉, 개인의 행동은 자신의 목적을 달성하기 위한 표현이다. 따라서 개인의 행동을 이해하기 위해서는 행동 이면에 있는 목적을 파악하는 것이 중요하다고 본다. 개인은 현재를 바탕으로 미래지향적인 삶의 목적을 향해 노력하는 존재다. 이러한 삶의 목적은 최소한 사회에 기여할 수 있는 유용한 생활양식을 바탕으로 설정되는 것이 필요하다. 인생에 의미를 부여하고 자신을 성장시키기 위해 올바른 선택을 하는 데 합리적 생각을 갖는 것이 요구된다. 당신의 인생은 당신에게 어떤 의미와 목적을 갖는가?

둘째, 인간은 사회적 존재다. 인간은 전체로서 사회 속에서 의미를 부여하며 살아간다. 자신이 경험하는 현재의 상태에서 매순간 선택을 하고, 사회적 관심을 주고받기 위해 노력하는 존재다. 개인심리학에서 인간의 적응과 부적응의 핵심적 근거는 그가 사회적 존재로서 사회적 관심 혹은 이익을 위해 행동하는가의 여부다. 아들러학파는 사회적 관심의 정도가 낮고 자기이익 만을 위해 행동하는 사람을 사회적으로 부적응적이라고 본다.

셋째, 인간은 창조적 존재다. 아들러가 제안한 주요 개념이 '창조적 자기(creative self)' 다. 개인심리학에서 인간은 결정된 존재라기보다 끊임없이 자기 자신을 창조하는 존재다. 즉, 아들러학파는 우리가 운명지어진 존재라기보다 자신의 운명을 창조할 힘을 가진 존재임을 강조한다. 개인은 자신의 생활양식을 창조할 자유에 대한 힘을 가진다. 따라서 모든 사람은 자신의 정체감과 행동방식에 책임이 있다. 창조적 힘은 개인을 자유로운 사람으로 만든다. 창조적 힘은 움직임을 함축하는 역동적 개념이다. 이러한 움직임은 삶의 가장 두드러진 특성이다. 모든 정신적 삶은 어떤 목표로의 움직임, 어떤 방향으로의 움직임을 수반한다.

넷째, 인간은 통합적 존재다. '개인(individual)' 은 그 어원이 '나누어질 수 없는(in + divisible)' 으로, 통합적 존재다. 개인을 이해하는 데 부분적인 입장이 아니라 전체적(holistic) 입장에서 이루어질 것을 강조한다. 이런 점에서 아들러학파의 주장은 최근 개인의 총체적 건강으로 정신과 신체를 분리해서보다는 통합해서 보는 입장과 일치한다. 개인은 나누어질 수 없는 독특한 존재다. 인간은 전체로서 어떤 단일 목표달성에 지향되어 있는 존재다.

아들러는 우리 스스로가 우리 자신을 개발하고 우리의 운명을 형성한다고 주장한다. 무의식을 강조한 프로이트와 다르게 우리가 볼 수 없고 통제할 수 없는 무의식적 힘보다 의식의 힘을 강조한다.

우리는 스스로 자신의 삶을 위해 힘을 형성하고 창조적 방법으로 자신의 독특한 삶의 양식을 구성하기 위해 그 힘을 사용한다. 인간은 누구나 독특성이 있고 자기 자신을 보다 훌륭하게 창조하고 완성하기 위한 자유의지와 선택을 가지고 있다고 본다.

아들러는 인간은 성적 동기보다 사회적 동기에 의해 주로 동기화된다고 본다. 우리는 사회 속에서 목표지향적으로 행동한다. 우리는 우리의 행동을 선택하며 그에 대한 책임을 진다. 사회 속에서 삶의 의미, 성공, 완전성을 추구한다. 아들러가 가정한 인생의 세 가지 목표는 사회(우정 혹은 대인관계), 사랑과 결혼, 일과 직업이다. 이러한 인생목표는 인간을 동기화시키는 근원을 제공하며, 열등감을 극복하려는 욕구를 표현하게 한다. 아들러는 우리가 자기완성을 이루기 위해 안간힘을 쓰는 것처럼 허구적 생각이 우리의 행동을 이끈다는 점에서 '허구적 최종목적론(fictional finalism)'을 주장하였다.

요약하면, 인간은 사회적 맥락에서 끊임없이 변화하고 발전하는 존재다. 인간은 각기 독특한 인지적 구조를 갖고 스스로를 창조해 가며 자신이 갖는 열등감을 극복하여 자기완성을 추구하는 존재다. 인간은 자신의 운명을 위해 선택하는 존재이며, 역시 그러한 선택에 책임을 져야 하는 것도 자신이다. 아들러의 '허구적 최종목적론'도 각자에게 주어진 오직 한 번뿐인 값진 인생을 가공적 소설을 쓰는 것처럼 의미 있게 채워 나가는 것이 우리 각자의 선택이며 책임이라는 그의 철학적 신념에서 비롯된 것이다.

3. 문제에 대한 이해

아들러의 개인심리학에서는 문제를 가진 사람의 특징으로서 세 가지 결여를 지적하였다. 이러한 세 가지는 용기의 결여, 사회적 관심의 결여 그리고 상식의 결여다. 첫째, 용기의 결여는 개인이 용기를 잃고 삶을 포기한 상태를 말한다. 개인이 용기가 결여된 상태가 낙담된 상태다. 개인심리학 상담에서 무엇보다도 격려를 강조하는 이유는 문제가 있는 사람을 낙담된 사람으로 보기 때문이다. 둘째, 사회적 관심의 결여는 사회적 관심이 낮은 사람으로 타인을 배려하거나 공감함이 없이 자신의 이익만을 생각하며 사는 사람을 의미한다. 아들러의 개인심리학에서는 사회적 관심이 낮은 사람을 정신적으로 건강하지 않는 사람으로 본다. 셋째, 상식의 결여는 개인이 정상적인 상태에 있지 않고 비정상적인 상태에 있는 것을 의미한다. 상식이 결여된 사람은 정상분포 곡선에서 극단에 치우쳐 자신이나 타인을 해칠 수 있는 열등감 콤플렉스나 우월감 콤플렉스에 빠져 이상행동을 보일 수 있다.

아들러는 열등감의 세 가지 원인을 기관열등감(organ inferiority), 과잉보호(spoiling), 양육태만(neglect)이라고 하였다. 기관열등감은 신체와 관련된 것이다. 당신이 부모에게서 물려받은 자신의 신체에 대해서 어떻게 생각하는가와 관련된 것이다. 당신은 당신의 외모에 대해서 어떻게 생각하는가? 당신은 신체적으로 건강한가? 아니면 자주 아픈가? 몸이 허약하여 자주 아픈 사람이나 건강에 자신이 없는 사람은 건강보다 더 중요하게 여기는 건 없을 것이다. 당신이 심하게 아파서 병원에 입원해 본 경험이 있다면 마찬가지로 건강보다 더 소중한 것이 없다는 생각을 해 봤을 것이다. 키가 작은 사람은 키가 작은 것에 대해, 얼굴이 못생긴 사람은 자신의 외모에 대해 열등감을 갖는다. 특히 여성에게 얼굴 생김새나 몸매는 많은 경우에 열등감과 깊게 관련되어 있다.

열등감의 두 번째 원인인 과잉보호는 부모의 자녀교육과 관련된 것이다. 성경에 "매를 아끼면 아이를 망친다."라는 말이 있다. 과거에는 서양이건 동양이건 자녀를 가르치기 위해 매를 때렸다는 것을 우리는 잘 알고 있다. 현대에는 자녀를 바르게 키우기 위해 매를 통해 육체적 체벌을 가하는 것보다 훈육(discipline)을 통한 자녀교육이 필요하다는 것도 알고 있다. 모든 부모는 자녀를 사랑하고 자녀가 잘되기를 원한다. 그러나 부모의 과잉보호적인 자녀 사랑이 민주사회에서 요구하는 자녀의 인격을 형성하지 못하게 한다면 문제다. 옛날이나 지금이나 "자식농사보다 더 중요한 것은 없다."는 말을 우리 모두가 수용한다. 부모가 자녀에게 갖는 감정은 많은 경우에 주관적일 수밖에 없다. 자녀를 지나치게 보호하고 애지중지로 키워 자녀의 독립심을 발현시키지 못한다면 그것은 부모의 책임이다. 가족이 핵가족화됨으로써 부모의 자녀에 대한 과잉보호는 보다 쉽게 일어날 수 있다.

열등감의 세 번째 원인인 양육태만은 부모가 자녀에 대한 최소한의 도리도 하지 않은 것과 관련된다. 어린아이와 가장 가까운 사람은 부모다. 가장 가까운 부모에게 버림받은 아이가 갖는 심정이 무엇인가를 쉽게 짐작할 수 있다. 양육태만으로 버림받은 아이는 심한 열등감을 경험할 뿐만 아니라 다른 사람에 대한 불신감을 가질 것이다. 잔악한 범죄를 저질러 사회에 물의를 일으켰던 '지존파' 일당이 어렸을 때 부모에게 버림받아 성장한 경험을 이야기하여 많은 사람들의 동정을 받은 적이 있다. 사회의 급격한 변화와 더불어 이혼율이 증가하고 가정이 흔들린다는 이야기를 자주 듣는다. 또한 여성의 사회참여와 직장여성이 늘어나면서 자녀교육이 소홀히 되고 있다. 그리고 청소년의 성적 문란으로 태어나게 된 아이들이 입양되는 건수도 늘어나고 있다. 결손가정에서 자라난 아이들이 정상적인 가정에서 자라난 아이들보다 비행률이 높다는 것도 많은 연구에서 보고되었다. 태어난 자녀에게 부모가 최소한의 도리를 하지 못해 양육태만으로 자라난 자녀가 갖는 열등감은 그 무엇보다 치명적인 문제로 경험될 것이다.

아들러는 사람이 사회 속에서 생활을 하며 나타내는 생활양식을 네 가지로 설명하였다. 그는 바람직하지 않는 유형은 지배형(the ruling type), 기생형(the getting type), 회피형(the avoiding type)이며, 바람직한 유형은 사회적으로 유용한(the socially useful type) 것을 들었다. 아들러는 이러한 생활유형은 가정에서 어린 시절에 부모의 영향으로 형성된다고 보았다. 자녀가 잘되기를 바라는 부모로서 자녀교육이 얼마나 중요한가를 생각한다면, 이러한 생활양식이 어떻게 형성되는가를 알아 두어야 한다. 여기서는 인생을 살아가는데 문제가 되는 부적절한 세 가지 생활양식에 대해서 살펴보겠다.

먼저 지배형은 부모가 지배하고 통제하는 독재형으로, 자녀를 양육할 때 나타나는 생활양식이다. 민주사회에서 요구하는 바람직한 시민상을 고려할 때 상대방에게 지배와 복종을 강요하는 생활양식이 부적절하다는 것을 쉽게 알 수 있다. 우리 사회는 오랫동안 가부장적 가족문화, 유교문화로 권위를 중시한 문화였기 때문에 아직도 아버지가 가정에서 힘을 휘두르는 경우가 많다고 여겨진다. 부모가 힘으로 자녀를 지배하고 통제할 때 자녀의 생활양식은 지배형으로 형성된다.

기생형의 생활양식의 주요한 특징은 의존성이다. 이러한 생활양식은 부모가 자녀를 지나치게 과잉보호할 때 나타나는 태도다.

부모가 자식사랑이라는 미명하에 자녀를 지나치게 보호하여 독립심을 길러 주지 못할 때 생기는 생활태도다. 우리는 누구도 자녀가 사회의 기생충이 되기를 원하지 않는다. 스스로 자신의 문제를 해결하고 자신의 인생을 개척해 갈 수 있는 사람이 되길 원한다. 자신이 노력하여 떳떳하게 성취할 수 있는 사람이 되길 원한다. 사랑하는 자녀가 원한다는 이유로 무엇이든 다 들어줄 때 자녀는 이러한 기생형의 생활양식을 배운다는 것을 명심해야 한다. 새가 껍질이 깨지는 아픔을 겪고 대이니 많은 시련을 통해 나는 것을 배우는 것처럼, 자녀가 스스로 어떤 일을 할 수 있도록 조력하는 것이 필요하다. 자본주의 사회에서 부모의 재산을 보고 빈둥대는 사람들이 기생형의 한 예라 볼 수 있다.

회피형의 생활양식을 가진 사람은 매사에 소극적이며 부정적인 특징을 가진다. 이러한 생활양식을 가진 사람은 자신감이 없기 때문에 적극적으로 직면하는 것을 피한다. 현대 사회에서 살아남기 위해서 벤처기업이 필요하다는 것을 강조한다. 토인비가 인류 역사를 도전과 응전의 역사라고 말한 것처럼, 각 개인에게도 보다 나은 삶을 위해서 과감하게 도전하는 자세가 필요하다. 그러나 회피형의 사람은 마냥 시도하지도 않고 불평만 하기 때문에 사회적 관심이 떨어져 고립되게 된다. 부모가 자녀교육을 할 때 자녀의 기를 꺾어 버리면 이러한 회피형 생활양식을 갖게 할 수 있다. 기를 살려 주는 자녀교육이 필요하다. 부모로서 사회적 관심을 갖고 매사에 적극적으로 참여하는 태도를 자녀에게 보여 주는 것 또한 필요하다.

아들러는 이러한 생활양식의 문제 외에 '가족구도'와 출생순위가 우리의 성격형성에 중요하다는 것을 상소하였다. 가정에서 부모를 중심으로 자녀와의 가족관계가 어떠한 가족구도를 형성하고 있는가는 자녀의 생활양식을 형성하는 데 중요하다. 또한 자녀의 수가 몇 명인지와 출생순위도 성격형성에 영향을 준다. 결혼을 해서 낳은 첫째 아이가 부부가 정말 원해서 출생하였는지 여부, 첫째 아이가 남자인 경우 혹은 여자인 경우, 그리고 독자인 경우 등에 따라 부모가 자녀에게 대하는 심리적 태도가 다를 수 있다. 우리나라는 유교문화의 전통 속에서 오랫동안 아들을 선호해 왔다. 요즘에는 자녀가 하나 아니면 둘이고, 세 명 이상인 경우는 많지 않다. 세 명 이상인 경우에는 막내 아이가 아들일 확률이 대부분이다. 이것은 꼭 아들이 있어야 한다는 우리의 문화적 풍토를 반영한 것이라 본다. 부모를 중심으로 한 가족구도 속에서 부모가 민주적으로 모든 자녀에게 대등한 관계에서 자녀를 양육하지 못하면 어떤 자녀는 마음의 상처를 받을 수 있다.

4. 아들러의 지혜

아들러는 삶의 지혜로서 사회적 관심과 격려를 강조하였다. 개인심리학 상담에서 무엇보다 중요한 한 가지 개념을 뽑는다면 격려(encouragement)라고 할 수 있다. 아들러는 사람을 진단하는 것에 대해 부정적인 입장을 취했고, 부적응한 사람은 삶의 용기를 잃은 낙담한 사람이라고 하였다. 특히 제2의 아들러라고 불리는 드레이커스(Rudolf Dreikurs)는 개인이 '불완전할 용기(courdge to be imperfect)'를 가질 것을 강조하였다. 그는 또한 "식물에게 물과 태양이 필요하듯 인간에게는 격려가 필요하다."고 지적할 만큼 개인의 삶에 격려가 필수적 요인임을 피력하였다. 아들러학파에서 비롯된 격려치료를 통해 개인은 "나는 할 수 있다(I can do it.)."는 자신감과 "그것은 내 책임이다(It's up to me.)."는 책임감을 갖게 된다. 이런 점에서 저자는 상담자들에게 내담자를 "격려하고, 격려하고, 또 격려하라."고 말하고 싶다.

아들러가 개인심리학을 통해 강조한 조력을 위한 그의 지혜를 요약해서 제시하면 다음과 같다.

당신의 문제는 인생 초기에 형성한 생활양식에 의해 크게 영향을 받는다. 하지만 당신이 가진 긍정적 자질을 계발하고 뚜렷한 목적의식과 노력을 통해 새로운 방향으로 자신을 변화시킬 수 있다. 당신이 느끼는 열등감은 성취를 위한 초석이 된다.

개인심리학의 주요 개념 및 기법

열등감과 보상, 우월성 추구, 사회적 관심, 창조적 자기, 생활양식조사(초기기억, 가족구도, 기본적 오류, 자질), 인생 과제(사회, 사랑과 결혼, 일과 직업, 자기지향, 영성), 증상 처방, 단추 누르기 기법, 마치 ~처럼 행동하기, 격려하기, 재정향 등

5. 문제해결을 위한 상담

개인심리학 이론에 근거하여 상담을 수행하는 상담자는 먼저 이론 및 기법에 대한 철저한 이해를 해야 한다. 특히 개인심리학 이론을 터득하여 상담을 시도하는 초보상담자는 아들러학파가 강조하는 격려를 스스로에게 하면서 상담과정에 따라 조력활동에 참여하는 것을 주저해서는 안 된다. 초보상담자는 흔히 "상담을 잘 해서 성공적으로 내담자를 변화시켜야지." 혹은 "실수해서는 절대 안 돼."라는 강박적 사고로 상담에 임한다. 이러한 상담자들은 상

담회기나 상담과정 중에 기대하는 성과를 얻지 못했을 때 상처를 받곤 한다. 아들러학파가 강조하는 '불완전할 용기'란 말을 상기하면서 내담자에게 최선의 돌봄을 위한 노력을 시도하면 소기의 성과가 이루어지리라 본다.

상담자는 상담자 훈련모델로서 강조되는 과학자-실천가 모델을 유념하면서 실천적인 상담에 적극적으로 참여해야 한다. 실제적 상담활동을 통해 보다 성숙된 상담자로 발전하리라는 확신과 함께 자기격려를 하면서 상담에 임해야 한다. 상담자는 그동안 배운 이론과 기법을 내담자에게 실제 적용하면서 많은 의구심과 어려움을 경험하곤 한다. 즉, 내담자를 조력하면서 다양한 긍정적 혹은 부정적 경험을 하는 과정에서 상담자로서 자신의 능력과 상담효과에 대한 의구심을 갖는다. 이러한 와중에도 상담자는 변화에 대한 확신을 갖고, 일어나는 상황에 유연하게 대처하는 것이 요구된다.

아들러학파가 생각하는 상담의 논리를 일반적인 과정에 따라 설명하면 다음과 같다(Manaster & Corsini, 1982, pp. 165-166).

- 상담자는 문제를 이해하려고 노력한다.
- 상담자가 문제의 본질에 대한 이해를 했을 때, 상담자는 내담자의 선택권을 설명하고 구체적인 조언을 한다.
- 내담자는 조언 이면에 있는 이론과 정확히 무엇을 해야 할 것인가에 대해 이해하게 된다. 결국 내담자는 이해를 위한 인지적 자료를 가진다. 상담자는 내담자의 생각을 파악하여 그가 사용하는 논리나 이성을 다룬다. 이러한 단계를 끝마치는 데 몇 분 혹은 여러 시간이 걸릴 수 있다.
- 내담자는 지금까지 논의되었던 내용을 행동으로 옮길 준비가

되어 있다. 일반적으로 제공된 조언이 성공적으로 처리된다.

- 내담자는 제안된 절차를 시도하고 얻어진 결과를 가져와 보고한다.

이러한 개인심리학 상담 논리를 유심히 보면 내담자의 변화를 위해 상담자의 조언이 강조되고 있음을 볼 수 있다. 개인심리학 상담은 개인의 책임감을 강조한다. 즉, 내담자에 대한 철저한 이해를 바탕으로 상담자의 조언이 이루어졌을 때, 내담자는 개인적 책임감을 갖고 자신의 문제를 처리하게 된다.

아들러의 개인심리학은 아동지도, 부모교육, 파괴적 생활양식을 가진 사람들을 돕는 데 광범위하게 적용되고 있다. 상담자는 상담을 통해 내담자의 생활양식을 파악하여 바람직한 방향으로 생활양식을 바꾸도록 재교육 혹은 재정향을 위해 노력한다.

개인은 각자 자신의 삶을 영위하는 방식인 독특한 생활양식을 가진다. 아들러는 개인의 생활양식이 어린 시절에 형성되어 청소년기 이후에는 거의 변화되기 힘들다는 입장을 견지하였다. 개인은 나름대로 생존하기 위해 삶의 방식인 자신의 생활양식을 적절하거나 부적절하게 형성하게 된다. 아들러는 어린 시절에 형성한 부적절한 생활양식을 바꾸기 위해 상담이나 재교육을 통해 안간힘을 써야만 바꿀 수 있다고 보았다.

개인심리학 상담이론을 체계화한 드레이커스(1967)는 상담은 생활양식의 변화를 목표로 하는 것이고, 상담의 목표는 현존하는 생활양식 내에서 행동이 변화하는 것이라고 믿었다. 또한 그는 상담의 초기와 종결 시 초기 회상에 대한 의미 있는 변화가 일어난다면, 이것은 생활양식의 변화를 반영하는 것이라고 느꼈다.

아들러학파의 상담을 설명하기 위해 드레이커스(1967), 딩크메이어와 스페리(Dinkmeyer & Sperry, 2000)가 제안한 상담과정은 네 단계로 설명할 수 있다. 즉, 좋은 상담관계, 평가 및 분석, 해석 및 통찰, 재정향이다.

좋은 상담관계 관계형성은 협동적인 관계의 유지가 필수일 뿐만 아니라 상담자의 주의집중이 요구된다. 아들러학파는 상담자와 내담자가 우호적이며 대등한 관계를 형성할 것을 강조한다. 관계형성은 협동적인 관계의 유지가 필수다. 또한 상담자들의 관심과 경청을 바탕으로 공감적 관계를 형성한다.

격려는 상담 초기단계부터 전반적 상담과정을 통해 낙담한 내담자에게 사용되는 핵심적 구성요인이다. 스위니(Sweeny, 1998)가 대인관계나 상담에서 사용할 수 있는 일곱 가지 격려행동을 다음과 같이 제안하였다(Seligman, 2006, pp. 78-79).

- 사람의 수행을 평가하기보다 그들이 현재 하고 있는 것에 초점을 두어라.
- 과거나 미래보다 현재에 초점을 두어라.
- 사람보다 행동에 초점을 두어라.
- 결과보다 노력에 초점을 두어라.
- 외적 요인보다 내부에서 비롯된 동기에 초점을 두어라.
- 학습이 안 된 것보다 현재 학습되고 있는 것에 초점을 두어라.
- 부정적인 것보다 긍정적인 것에 초점을 두어라.

평가 및 분석 내담자에 대한 평가 및 분석은 초기회상, 가족구도 그리고 꿈을 통해 이루어진다. 즉, 내담자의 역동성을 탐색하여 신념과 감정, 동기와 목표를 이해한다. 상담자는 내담자의 부적절한 생활양식에 영향을 준 요인들을 평가하고 분석한다. 내담자에 대한 평가 및 분석에 사용되는 전형적인 생활양식조사 영역은 초기회상, 가족구도, 기본적 오류, 자질, 꿈의 내용 등이 포함된다. 이러한 내용의 조사를 통해 현재의 부적절한 생활양식을 파악하고 내담자의 역동성을 탐색하여 그의 신념, 감정, 동기 및 목표를 이해한다.

해석 및 통찰 내담자의 진술에 대한 해석을 한다. 이를 통해 자기이해와 통찰을 촉진한다. 아들러학파의 해석은 생활양식과 관련된다. 이것은 개인의 삶의 방향과 목표에 대한 자각을 일깨우고 개인적 논리를 각성시키며 그것이 어떻게 현재 행동에 작용하는지를 알게 해 준다. 즉, 해석을 바탕으로 내담자로 하여금 자신의 잘못된 목표와 자기패배적 행동에 대한 통찰을 발달시킨다.

재정향 상담자는 내담자가 새로운 생활방식을 갖고 살아가도록 재교육을 통해 조력한다. 즉, 상담자는 생활방식의 재정향을 통해 내담자가 목표를 성취할 신념과 행동에서 변화를 만들도록 한다. 초기회상, 가족역동성, 꿈에서 도출된 통찰을 바탕으로 이전에 가졌던 비효율적인 신념과 행동에 대해 대안적인 방안을 찾도록 도와준다. 아들러학파는 재정향 기법을 다양하게 사용한다. 상담자는 내담자가 사용하는 무용한 생활양식을 유용한 생활양식으로 바꾸도록 조력한다. 개인심리학 상담자는 내담자로 하여금 유용한 생활양식을 갖도록 하는 데에서 일차적으로 인지적 변화에 초점을 맞춘다. 내담자가 가지는 부정적 사적 논리에 근거한 기본적 오류 혹은 비합리적 신념을 파악하여 변화시키는 데 주력한다. 즉, 상담자는 재정향이나 재교육을 통해 내담자가 목표를 성취할 신념과 행동에서 변화를 만들도록 한다.

개인심리학 상담자는 내담자를 아파서 치료가 필요한 것으로 보지 않고 낙담된 것으로 본다. 증상은 시도된 해결이다. 상담과정은 낙담된 내담자에게 정보를 제공하고, 가르치고, 지도하고, 격려를 제공하는 것에 맞추어진다. 격려는 개인의 신념을 변화시키는 데 이용되는 가장 영향력 있는 방법이다. 격려는 내담자로 하여금 자신감을 형성하도록 하고 용기를 갖게 해 준다. 용기는 사회적 관심과 일관된 방식으로 두려울 때조차 행동할 의지가 된다. 용기의 상실, 즉 낙담은 잘못된 역기능적 행동으로 결과된다. 낙담된 사람은 삶의 유용한 측면에 있는 사회적 관심의 맥락에서 행동하지 않는다(Corey, 2005, p. 101).

개인심리학 상담과정의 단계에서 격려는 주요한 기법이라고 할 수 있다. 격려는 특히 사람이 자신의 삶에서 변화를 고려할 때 중요하다. 격려의 언어학적 의미는 '용기를 갖게 하는 것' 이다. 용기는 개인이 자신의 강점을 자각할 때, 소속되어 있어 외롭다고 느끼지 않을 때, 희망을 가질 때, 그리고 자신과 자신의 일상적 삶을 위한 새로운 가능성을 발견할 수 있을 때 발달한다. 내담자는 흔히 자신의 긍정적 특성, 강점, 내적 자원을 인식하거나 수용하지 않기 때문에, 상담자의 주요한 과업은 그들이 그러한 자질을 인식하고 수용하도록 조력하는 것이다.

상담과정의 단계에 따라 격려는 여러 가지 형태로 나타난다. 관계형성 단계에서 격려는 상담자가 생성하기를 추구하는 상호 존중을 초래한다. 부분적으로 개인적 강점을 보여 주려고 설계된 평가 단계에서, 내담자는 자신의 삶에 책임이 있고 새로운 이해를 바탕으로 다른 선택을 할 수 있다는 것을 인식하도록 격려받는다. 재정향 단계 중에 새로운 가능성이 생성될 때, 그리고 사람이 자신의 삶을 보다 나은 삶으로 변화시킬 긍정적 단계를 취하는 것이 인정되고 확인될 때 격려가 주어진다(Corey, 2005, pp. 110-111).

인간이 하기에 가장 어려운 일은 자신을 알고 자신을 변화시키는 것이다(Adler, 1946, p. 11). 아들러에게 정신병리는 낙담의 감정, 즉 자신과 세계가 변하지 않는데 왜 시도하는가 하는 감정과 동등하다. 따라서 치료의 주요한 목표는 내담자를 격려하는 것이다. 내담자가 변화가 가능하고 노력할 가치를 느껴야 한다. 노력하는 것은 용기를 발휘하는 것이다(Day, 2004, pp. 124-125).

지적한 것처럼, 열등감과 우월감은 동전의 양면이다. 아들러가 말하였듯이, 열등감을 어떻게 극복하느냐가 자기완성을 위해 중요하다. 열등하거나 남보다 떨어진 측면을 보상하기 위해 그러한 측면을 똑바로 보고 그것을 극복하기 위해 노력하는 자세가 중요하다. 그러기 위해서는 자기 자신을 있는 그대로 수용하는 태도가 우선되어야 한다. 자신이 가진 어떤 부분의 열등감을 해결하기 위해 지나치게 보상의 방어기제를 사용하는 것은 바람직하지 않다. 인간은 누구나 나름대로 약점도 있고 강점도 있다. 흔히 정신적으로 문제가 있는 사람은 자신의 약점에 사로잡혀 있거나 자신의 약점을 인정하지 않으려 하는 경향이 있다. 먼저 독특한 존재로서 자신을 수용하고 사랑하는 자세가 열등감의 극복에 있어 무엇보다 중요하다. 그런 다음 자신이 가진 자질을 찾아 개발하는 것이 필요하다. 이 세상에 유일무이한 존재로서 당신이 가진 독특한 능력을 최대로 발휘하는 게 필요하다. 열등감에 사로잡혀 있는 사람은 항상 나보다 나은 사람과 비교하여 자기비난을 한다. 부정적 측면보다 긍정적인 자신의 측면을 바라볼 수 있는 사고의 전환이 필요하다.

앞에서 열등감의 원인으로 부모가 자녀에게 하는 양육방식과 매우 관련되어 있다는 것을 살펴보았다. 저자는 문제의 예방적 측면에서 민주적인 가정교육이 이루어져야 한다는 것을 강조하고 싶다. 아들러가 프로이트처럼 과거를 중시하는 결정론적인 입장을 취하지는 않았지만, 어린 시절에 형성된 생활양식이 쉽게 고쳐지지 않는다는 것, 그리고 그러한 생활양식이 끊임없이 영향을 준다는 것을 지적하였다. 따라서 우리의 자녀가 사회적으로 유용한 유형의 생활양식을 갖도록 양육하는 것이 무엇보다 중요하다고 본다. 소 잃고 외양간 고치는 과오를 저지르지 않기 위해 부모는 자녀가 사회적으로 유용한 민주시민이 되도록 보다 적극적으로 자녀교육을 하는 것이 바람직하다.

니체가 초인을 강조한 것처럼, 아들러는 인간이 가진 힘에 대한 의지를 믿었다. 당신을 완성하려는 힘은 당신 자신의 노력을 통해 발휘된다. 더불어 나약한 인간으로서 부딪히는 시련을 극복하기 위해서는 용기가 필요하다. 그런 점에서 부모가 자녀교육을 할 때 자녀의 기를 살려 주는 것이 중요하다. 도전하는 자세와 자신이 할 수 있다는 긍정적인 자기존중감을 심어 주는 것이 무엇보다 중요하다.

산다는 것은 변화하고 성장한다는 것을 의미한다. 우리는 정적으로 멈추어진 존재가 아니라 계속적으로 형성되어 가는 존재다. 당신만이 쓸 수 있는 인생이라는 소설을 어떻게 쓰느냐는 전적으로 당신에게 달려 있다. 인간은 환경에 의해 영향을 받지만 환경을 변화시킬 수 있는 것 또한 인간이다. 아들러는 페스탈로치가 말한 "환경이 인간을 만들지만, 그러나 인간이 환경을 만든다."라는 말을 좋아하였다. 당신이 영향받은 환경 그리고 현재 처한 환경을 변화시켜 당신이 성장하도록 하는 것은 당신의 책임이다. 당신이 부정적인 생활양식인 지배형, 기생형, 회피형으로 삶을 영위한다면 그것은 당신의 책임이다. 당신이 사용하고 있는 부정적인 생활방식을 타인, 특히 부모 탓이나 환경 탓으로 돌리며 살고 있지는 않는지 자문해 보아야 한다. 이미 형성된 당신의 생활방식을 변화시키기는 쉽지 않겠지만 당신의 삶을 사회 속에서 풍요롭게 하기 위해 변화에 대한 당신의 선택과 의지는 반드시 요구된다. 당신의 생활양식이 형성된 초기경험을 회상하면서 무엇이 잘못되었는가를 파악하는 것이 필요하다. 흔히 우리는 좋지 않은 과거경험을 생각하기 싫어한다. 그러한 과거가 자기 것이 아니기를 바란다. 하지만 인생의 초기에 가진 경험은 대부분 현재에 영향력을 행사하고 있다. 당신의 초기경험이 당신의 삶을 풍요롭게 하지 못하고 괴롭히고 있다면 그것에 대한 당신의 생각을 변화시키는 것이 필요하다. 이제 자의건 타의건 잘못 끼워 버린 첫 단추가 가져온 결과에 책임을 지고 해결할 사람은 바로 자기 자신이다.

문제해결과 변화를 위해서는 먼저 자신에 대한 이해와 문제를 정확히 파악하는 것이 중요하다. 자신의 성격형성이 어떻게 되었는가에 대한 이해가 필요하다. 그리고 문제를 파악하기 위해서 문제를 똑바로 보고 직면해야 한다. 물론 생각하기 싫어 묻어 두었던 초기경험을 회상하기조차 싫을 수 있다. 하지만 새로운 생활방식으로 당신의 인생 방향을 바꾸기 위해서는 자신의 잘못 형성된 사고방식을 바꾸어야 한다. 당신이 세상을 어떻게 보는가의 관점과 당신 자신에 대해서 어떻게 생각하는가의 관점이 문제해결에 중요하다. 그러므로 모든 문제해결과 변화는 올바른 생각을 바탕으로 이루어진 당신의 선택과 실천을 위한 의지에 달려 있다.

당신을 괴롭히고 고통받게 한 당신의 약점을 다시 생각해 보자. 자만보다 겸손함으로 자신을 바라보자. 분명히 당신은 열등감을 성공을 위한 초석으로 사용할 수 있다. 인간은 사회적 존재이기 때문에 항상 자신의 어떤 측면에서 열등감을 갖기 마련이다. 그러한 열등감을 삶의 원동력으로 활용하는 지혜가 필요하다. 사회적 관심을 받기 위한 당신의 태도와 활동에 주목해야 한다. 자신의 역경을 딛고 일어선 사람에게 우리는 관심을 갖는다. 사회에 기여한 사람에게 우리는 박수갈채를 보낸다. 실패한 사람보다 성공한 사람에게 우리의 이목이 집중된다. 아들러의 입장에서 보면 성공한 사람은 자신의 열등한 측면을 부단히 극복하려고 노력한 사람이다.

일반적으로 열등감 콤플렉스에 빠진 사람은 자신의 부정적 측면에 편집적인 성향을 보인다. 문제해결과 열등감의 극복을 위해 우리가 가지고 있는 긍정적 측면과 부정적 측면을 바탕으로 합리적인 비교를 하는 것이 필요하다. 자신이 갖고 있는 장단점을 바탕으로 삼차원적 비교를 할 수 있는 지혜가 필요하다. 즉, 이 세상에는 나보다 잘난 사람도 있고 나와 비슷한 사람도 있고 나보다 못한 사람도 있다는 것을 깨닫는 것이 중요하다. 우리는 이 세상에서 독특한 존재다. 자신의 어떤 측면보다 다른 사람이 가진 우월한 측면을 보고 자신의 열등감을 극복하는 노력이 필요하다. 우리는 우리와 비슷한 수준의 능력과 자질을 가진 많은 사람을 본다. 이런 사람들과 비교하여 나도 이만하면 괜찮다는 자세로 삶에 열중할 수 있다. 또한 우리가 가진 어떤 측면은 다른 사람들보다 뛰어나다. 이러한 자신의 강점을 더욱 개발하여 삶의 원동력으로 삼을 때 자신에 대한 자기실현의 만족감을 느낄 수 있다.

아들러가 인생을 살아가면서 끊임없이 달성해야 할 목표로서 상정한 사회, 사랑 그리고 일과 직업을 달성하기 위해 당신이 현재 처한 상황에서 냉정하게 평가해 보자. 당신은 사회적 관심을 받기 위해 어떻게 하고 있는가? 당신의 가정은 사랑으로 가득 차 있는가? 당신은 현재 하고 있는 일에 만족을 느끼고 있는가? 저자의 내담자였던 67세 할아버지와 64세 할머니가 서로를 원망하며 자신의 인생이 배우자 때문에 망쳤다는 비난을 계속했던 것이 기억난다.

정년퇴임을 한 후 이른 아침에 잠을 깨어 "오늘 하루를 어떻게 보낼 것인가?"가 고민이라고 털어놓던 어느 교장선생님의 말씀이 마음에 와 닿는다. 하물며 현재의 어려운 경제상황에서 가정을 책임지고 있는 가장이 실직을 해서 고통받는 심정이 어떠할지는 감히 짐작해 볼 수 있다. 그러나 주어진 환경과 자신이 가진 열등한 측면을 극복하고 일어설 수 있는 사람이 진정 인생의 승리자가 될 수 있다. 시각과 청각 장애의 역경을 극복한 헬렌 켈러, 소아마비로 겪는 신체적 장애를 극복한 루스벨트 대통령이 존경받는 이유는 그들이 역경을 딛고 일어선 인생의 승리자이기 때문이다.

06 분석심리학적 상담

심리치료는 끊임없는 나에 대한 분석의 반영이다.

1. 융의 생애
2. 인간에 대한 이해
3. 문제에 대한 이해
4. 융의 지혜
5. 문제해결을 위한 상담

우리는 인류 역사의 마지막 산물이다. 그런 점에서 보면, 우리가 서로 개인차가 있다 할지라도 아마도 만 년 후쯤 고고학자들이 21세기 초의 인간을 연구할 때는, 미루어 생각해 보건대, 그들에게 우리 각자는 신비 덩어리일 것이다. 그리스 신화에 등장하는 인간에 대한 묘사는 여전히 현대인에게 감명을 준다. 그것은 아마도 우리가 오랜 역사를 통해 우리 선조의 정신적 소인을 대대로 물려받았기 때문일 것이다. 개인의 정신에는 동시대적 상황에서 생활한 사람들의 정신적 문화가 반영되어 있다. 이러한 집단의 정신인 문화가 개인에게 반영되어 집단무의식(collective unconscious)으로 잠재되어 있다는 지혜를 터득한 사람이 융(Jung)이다. 다시 말하면, 융은 그가 개발한 분석심리학(Analytical Psychology)을 통해 우리 각자의 현재 정신작용을 이해하는 데 인간 정신의 근원부터 지금까지 변화를 통해 전달되어 온 정신적 소인을 밝히려고 하였다.

인간의 무의식을 프로이트보다 한층 더 심층적으로 연구한 사람이 융이다. 융은 프로이트가 평생을 통해 주장한 심리성적 발달과 인생초기에 성격이 결정된다는 결정론에 반대하여 인간 정신에 대한 분석을 주관적 체험과 현상학을 바탕으로 체계화하였다. 융을 추종하는 사람들과 프로이트를 추종하는 사람들은 각기 다르게 자신들의 관계를 주장한다. 하지만 융에게 가장 많은 영향을 준 사람이 프로이트라는 것은 누구도 부정할 수 없을 것이다. 니체(Nietzsche)가 『짜라투스트라는 이렇게 말했다』에서 기술한 "제자가 스승을 앞서지 못하면 제자의 도리가 아니다."라는 구절에 융이 충실했다면 프로이트보다 그를 높이 평가할 수도 있을 것이다.

하지만 융이 프로이드를 떠나지 않고 그의 영향력 하에서 계속 있었더라면 어떻게 되었을까? 이러한 가정적 질문에 대한 대답은 다음의 두 가지로 생각해 볼 수 있다. 먼저, 그는 정신분석을 보다 확장하고 체계화했을 것이다. 또 한 가지는 무의식의 확장적인 연구를 통한 체계화의 산물인 분석심리학이 탄생하지 못했을 것이다. 신화(mythology)의 연구를 통해 인간의 정신문화를 확장한 조셉 캠벨(Joseph Campbell, 1904~1987)이 프로이트보다 융을 훨씬 높게 평가하고 있다는 점을 생각해 볼 때, 융이 얼마나 대단한 인물이었는가를 짐작해 볼 수 있다. 켐벨은 융의 이론을 지지하는 입장에서 "신화는 집단무의식의 표현이다."라고 주장하였다.

융은 분석심리학을 통해 인류 역사 이래로 대대로 개인에게 물려 내려온 집단의 정신문화인 집단무의식을 찾고 이해하려고 노력하였다. 융도 프로이트처럼 정신을 의식과 무의식의 구조로 보았다. 하지만 그는 인간이 생물학적인 본능에 지배되는 것 이상으로 인류의 역사를 통해 발달된 인간의 정신구조를 이해하려고 시도하였다. 융은 언제나 자기 자신이 마음의 의사임을 자처하였으며, 인간심리를 해석하는 데도 그 해석이 논리적으로 타당한지 아닌지보다는 해석을 받은 당사자에게 얼마만큼 효과적이냐에 역점을 두었다.

1. 융의 생애

융(Carl Gustav Jung, 1875~1961)은 스위스의 정신분석자였으며 분석심리학의 창시자이기도 하다. 융은 1875년 스위스의 작은 마을인 케스빌에서 태어났다. 그는 내적 경험과 자신이 몰두하게 된 생각을 아무도 이해할 수 없다고 느꼈기 때문에 주로 혼자서 지내는 상당히 내성적인 아이였다. 행복하지 못한 가정에서 태어나 자랐고, 자신의 내적 자원에 의지하는 법을 일찍부터 배웠다. 융은 아동기의 많은 시간을 꿈의 의미와 그가 경험했던 초자연적인 환상에 깊이 빠져서 보냈다. 그가 열 살이 되었을 때 나무로 이 인치 정도 되는 인간의 형상을 조각하였다. 그는 그 형상을 숨겨 놓고 혼자 있을 때 그 형상과 이야기하고 때때로 그 내용을 자신만의 부호로 기록하였다.

자신을 이해하려는 융의 열망은 그를 정신의학의 새로운 분야로 이끌었다. 그는 1900년에 바젤 대학교에서 의학박사학위를 받았다. 취리히 대학교의 정신병 진료소에 임명되어 정신분열증 연구로 유명한 브로일러(Eugen Bleuler) 밑에서 일했다. 융은 히스테리아 및 다중성격으로 잘 알려진 프랑스 심리학자 자넷(Pierre Janet)과 함께 공부하였다. 1905년에 융은 바젤 대학교에서 정신병리학을 강연하였다.

인간 마음에 대한 융의 호기심은 곧 프로이트의 연구와 연관되었다. 융은 1900년 프로이트의 『꿈의 해석(*The interpretation of dream*)』을 읽은 후에 프로이트와 서신왕래를 시작하였다. 1907년에는 프로이트를 만나 13시간 동안 대화를 나누었다. 1909년에 프로이트를 따라 미국에 갔으며 클라크 대학교에서 강연을 하였다. 1911년에 융은 프로이트의 후원을 받아 국제정신분석학회장이 되었다. 그러나 정신분석, 무의식, 리비도에 대한 융의 해석과 이론은 프로이트의 입장과 날랐다. 융이 『무의식의 심리학(*Psychology of Unconscious*)』을 발간한 후에 그와 프로이트 사이에 불화가 생겨나게 되었고, 1914년 그들은 결별하였다. 그런 후에 융의 이론과 실제는 분석심리학으로 알려지게 되었다.

1913년에 융은 내적 혼란으로 고통을 받았으며, 이는 약 3년 동안 지속되었다. 프로이트처럼, 그는 자신의 정서적 혼란을 해결하기 위해 꿈 해석을 통한 자기분석을 하였다. 이 기간은 융에게 있어 성격이론에 대한 독특한 접근으로 이끈 창조력과 성장의 시간이었다. 융은 역사를 통해 전해 내려온 인류의 상징과 신화를 평가하였다.

융의 분석심리학과 프로이트의 정신분석의 기본적인 차이는 리비도와 연관된다. 프로이트는 리비도를 성적 에너지라고 주장했고, 융은 일반적인 생활에너지로 간주했다. 또 다른 차이는 성격 면에서 어린 시절의 영향에 대한 프로이트의 결정론적 견해에 있다. 융은 프로이트와는 다르게 성격은 생활 속에서 후천적으로 변할 수 있고 미래의 목표와 열망에 의해 형성된다고 믿었다.

융은 집단무의식의 요인을 원형(archetypes)이라고 불렀다. 원형은 영웅, 부모, 죽음, 탄생과 부활, 일관성, 아이들, 신, 악마 등을 포함한다. 어떤 원형은 성격과 분리된 체계로 확인되었다. 잘 알려진 대표적 원형으로 페르소나 혹은 외부로 드러난 적응 성격, 아니마(anima)와 아니무스(animus) 혹은 양성적 성격, 그림자(shadow) 혹은 인간 본성의 동물적인 부분, 무의식의 모든 부분으로 구성된 자기(self) 등이 있다. 자기는 만다라라는 원의 상징으로 표현되며 일관성과 평정을 위해 노력한다. 자기는 성격의 통합, 자기실현, 조화를 위한 노력을 한다.

융은 『심리적 유형(*Psychological Types*)』(1921)이라는 책에서 보여 준 내향성과 외향성이라는 성격 지향성에 대한 설명으로 잘 알려졌다. 그는 또한 네 가지 심리적 기능으로 사고와 감정, 감각과 직관을 제안하였다. 과학적인 심리학이 융의 이론에서는 무시되었을지라도 융의 연구는 이러한 성격 특징의 일반화에 기여하였다.

융은 1961년 사망할 때까지 그의 생애 마지막을 개인치료, 여행, 독서, 공부를 하며 보냈다. 이러한 경험을 통해 그의 관찰은 자신의 계속적인 자기반성과 결합되었고, 막대한 양의 책 저술과 강연을 하는 결과를 낳았다. 융의 많은 저술은 반유태인적 기질을 암시하는 발언들을 포함하여 논쟁의 대상이 되어 왔다. 그럼에도 불구하고, 인간의 성격에 대한 그의 생각은 세계의 독자들을 계속해서 매혹시키고 흥분시킨다.

2. 인간에 대한 이해

인간은 신비한 존재다. 우리 각자가 인류 역사의 마지막 산물이기 때문에 우리는 신비 덩어리다. 우리에게 영향을 미치고 우리를 지배하는 힘의 원동력은 인류 역사와 더불어 시작되었다. 인간은 생물학적 유전뿐만 아니라 문화적 · 정신적 유전을 선조로부터 물려받았다. 서양과 동양 사람들이 생각하는 이상적인 어머니 상은 분명 다르다. 다양한 민족에서 내세우는 영웅의 이미지도 다르다. 우리나라 사람들에게 돼지꿈은 좋은 꿈이지만 서양 사람들에게는 그렇지 않다. 하지만 융은 문화나 민족에 따라 다소 다르지만 집단무의식을 통해 인간이 갖는 기본적인 정신이 유전된다고 보았다. 그는 이러한 지각, 정서, 행동에 대한 생득적인 정신적 소인을 원형이라고 명명하였다.

원형은 형태를 가진 이미지이지 내용은 아니다. 상징은 원형의 내용이며 외적 표현이다. 그리고 원형은 상징, 즉 꿈, 환상, 신화 그리고 예술 등을 통해서만 표현된다. 원형은 타고난 생각이나 기억으로, 개인이 어떤 방식으로 자신이 접하는 세계를 지각하고 경험하고 반응하게 하는 정신적 소인이다. 집단무의식에는 페르소나, 그림자, 아니마와 아니무스, 자기 등 다양한 원형이 있다. 여기서는 융이 언급한 대표적인 원형인 페르소나, 아니마와 아니무스, 그림자 그리고 자기에 대해서 알아보자.

페르소나는 환경의 요구에 조화를 이루려고 하는 적응의 원형이다. 즉, 페르소나는 개인이 사회에 대한 이해를 바탕으로 사회에서 가정하는 자신의 역할을 의미한다. 페르소나는 가면을 뜻하는 그리스어로 개인이 사회적 요구들에 대한 반응으로서 밖으로 내놓는 공적 얼굴이다. 우리는 페르소나를 통해 다른 사람과 관계하면서 좋은 인상을 주거나 자신을 은폐시킨다. 겉으로 표현된 페르소나와 내면의 자기가 너무 불일치하면 표리부동한 이중적인 성격으로 사회적 적응에 곤란을 겪게 된다.

아니마와 아니무스는 개인에게 내재한 또 다른 성을 나타내는 원형이다. 융은 인간이 태어날 때 본질적으로 양성을 가지고 태어났다는 양성론적 입장을 취했다. 이러한 이론적 입장을 반영한 개념이 아니마와 아니무스이다. 즉, 남성의 내부에 있는 여성성을 아니마라고 하고, 여성 내부에 있는 남성성을 아니무스라고 한다. 남성성의 속성은 이성(logos)이고 여성성의 속성은 사랑(eros)이다. 인간은 누구나 양성을 갖고 태어났기 때문에 이성과 사랑을 겸비하고 있다고 볼 수 있다. 따라서 성숙된 인간이 되기 위해서 남자는 내부에 잠재해 있는 여성성, 즉 사랑을 이해하고 개발해야 하며, 여자는 내부에 있는 남성성, 즉 이성을 이해하고 개발하는 것이 필요하다. 즉, 현명한 여자가 되기 위해서는 사랑뿐만 아니라 이성을 갖추는 것이 요구된다.

그림자는 인간의 어둡거나 사악한 측면을 나타내는 원형이다. 그림자 원형을 가장 잘 반영하여 인간 성격의 양면성을 보여 준 영화가 〈지킬 박사와 하이드(Dr. Jerkyll & Mr. Hyde)〉다. 그림자는 인류 역사를 통해 의식에서 억압되어 어두운 무의식에 있는 자료 및 인간의 원초적인 동물적 욕망에 기여하는 원형이다. 그림자는 사회가 나쁘다고 생각하는 측면이 있기는 하지만, 또한 생명력, 자발성, 창조성의 원천이 되기도 하여 이로움을 주기도 한다. 그림자는 인간의 양면성, 밝고 긍정적인 면과 어둡고 부정적인 면을 반영한 원형이다. 빛이 없이 그림자를 상정할 수 없다. 사회에서 부정되거나 부도덕하고 악하다고 여겨지는 것은 그림자 원형과 관련되어 있다. 따라서 상담 및 심리 치료에서 가장 장애가 되는 원형이 그림자다. 상담자는 인간의 이러한 부정적인 측면을 내담자가 조절할 수 있도록 도와야 한다.

자기는 모든 의식과 무의식의 주인이다. 융은 인간이 실현하기 위해 타고난 청사진을 자기로 보았다. 자기는 전체로서 인간 성격의 조화와 통합을 위해 노력하는 원형이다. 다양한 문화에서 발달된 상징이 이 원형에서 나타난다. 자기는 정신의 중심인 의식과 무의식의 양극성 사이의 평형점이다. 자기는 다른 정신 체계가 충분히 발달할 때까지 나타나지 않는다. 융의 이론에 따르면, 자기는 인생의 가장 결정적인 변화의 시기인 중년의 시기에 나타난다. 개인의 자기실현은 자신에 대한 정확한 지각과 미래의 계획 및 목표를 수반한다.

이와 같은 잘 알려진 원형 이외에 수없이 많은 원형이 우리의 삶에 영향을 미치고 있다. 따라서 나를 이해하고 실현시키는 작업은 인간의 뿌리인 다양한 원형을 이해하고 파악하는 작업이다. 그런 점에서 융이 지적한 "나의 인생은 무의식의 자기실현(self-actualization) 역사다." (1961, p. 3)라는 말은 함축적인 의미를 가진다.

융이 정신의 구조를 의식과 무의식으로 구분한 것은 프로이트와 비슷하지만 무의식을 이해하는 데는 큰 차이점을 보인다. 융은 무의식을 개인무의식, 집단무의식으로 구분하였다. 개인무의식은 프로이트가 제안한 무의식과 유사한 개념이며 집단무의식은 융이 독창적으로 주장한 그의 이론의 가장 중요한 개념이라 할 수 있다. 의식의 주인은 자아(ego)이며 집단무의식의 주인은 자기(self)라는 원형이다. 융은 자아를 자기 원형에서 분화되어 발달되다가 다시 자기로 통합되는 것으로 설명하였다.

우리 내부에는 역동적으로 작용하는 정신 에너지가 있다. 정신은 신체에 영향을 주고 신체는 정신에 영향을 준다. 이러한 정신 에너지는 무엇인가를 표현하려고 끊임없이 노력한다. 당신이 현실적으로 자기(self)라고 알고 있는 것은 무엇인가? 당신은 이러한 자기에 대해서 얼마나 알고 있는가? 우리가 의식해서 알고 있는 자아(ego)는 태어난 이후에 현실 경험을 통해 형성된 것이다. 우리는 각자 다른 경험을 하며 독특한 자신을 실현시키려는 작업을 수행한다. 인류가 보다 발전하기 위해 그리고 각 개인이 자기실현을 이루기 위해 필요한 것은 인류의 뿌리를 이해하는 것이다. 인류 역사의 이해는 나를 이해하는 데 소중하다. 문화 유산을 이해하는 것은 내가 누구인가를 파악하는 데 귀중한 자료가 된다. 단군신화를 비롯하여 많은 신화와 전래 동화는 우리 민족의 정신에 영향을 미쳐 왔다. 흥부전, 춘향전 등에서 흘러나오는 가락을 통해 우리는 한민족의 정서를 느낀다. 그러한 정신적 유산은 당신의 자아를 형성하는 데 주요한 역할을 해 왔다. 주관적으로 자기를 실현하는 것은 의식보다 더 크게 우리를 지배하는 무의식의 갈등을 이해하는 것이다. 이런 점에서 융은 우리의 무의식을 이해하기 위해 프로이트보다 훨씬 더 꿈의 해석을 강조한다. 꿈은 무의식의 메시지를 상징적으로 전달한다. 융에 따르면, 꿈은 의식이 억압되어 무의식에 있는 메시지를 전달하는 것이 아니라 드러나려고 애쓰는 무의식이다.

3. 문제에 대한 이해

융은 정신병리를 질병이나 정상적인 상태에서 이탈로 보지 않는다. 심리적 증상은 개인에게 무엇인가 잘못되어 가고 있다는 것을 나타내는 것이다. 즉, 잘못되어 가고 있다는 것을 알리고 무엇인가 충족이 요구된다는 것을 개인에게 제시해 주는 무의식의 메시지로 본다. 따라서 보다 자기실현된 삶을 영위하기 위해 이러한 우리의 내부에서 전달하는 무의식의 메시지에 귀를 기울여 의미를 파악하는 노력이 필요하다. 자신의 내부에서 흘러나오는 목소리에 귀를 기울이지 않고 자신을 이해하려는 노력이 부족할 때 문제가 된다.

정신병리학(psychopathology)의 의미를 언어학적으로 분석해 보면 psyche, pathos, logos의 조합어다. 여기서 psyche는 정신(soul)을 의미한다. pathos는 고통(suffering)을 의미한다. logos는 사고(thought) 혹은 의미(meaning)를 나타낸다. 그러므로 정신병리학은 정신이 겪는 고통의 의미를 발견하는 학문이다. 현재 당신이 겪는 정신적 고통은 무엇인가? 그러한 고통은 무엇에서 비롯되었다고 보는가? 융은 전체로서 타고난 자신에 충실하고 집단무의식의 주인인 자기(self)의 요구에 귀를 기울이지 않을 때라고 말한다. 무의식적 목소리인 자기의 요구를 무시한 채 지나치게 현실적 요구에 따를 때 정신적 균형이 파괴되어 고통받게 된다.

인간이 생물학적으로 분화와 통합을 통해서 성장되는 것처럼, 정신의 발달도 분화와 통합의 과정을 통해 발달한다. 개인의 인생은 미분화된 전체성의 상태에서 시작된다. 씨앗이 식물로 성장하여 꽃을 피우는 것처럼, 개인은 타고난 잠재력을 충분히 분화하여 균형이 잡히고 통일된 인격으로 발달한다.

융의 중심적 발달 개념은 개성화(individuation)다. 개성화는 타고난 자율적 과정이다. 개성화는 한 인간이 자신의 정신 안에 있는 수많은 대립되는 힘을 통합하기 위한 역동적이고 점진적인 변화다. 개인의 성격은 생물학적으로 신체가 성장하도록 정해져 있는 것과 같이 개성화되도록 정해져 있다. 신체가 건전하게 성장하기 위해서 적절한 음식물과 운동이 필요한 것처럼, 한 인간의 인격이 건전하게 개성화되기 위해서는 적절한 경험과 교육이 필요하다. 즉, 음식물이 부적당하거나 운동이 부족하면 신체의 성장이 적절하게 이루어지지 않고 기형화되며 나약해지는 것처럼, 개인의 정신 발달도 경험과 교육의 결함에 의해 왜곡된 성격이 형성된다고 볼 수 있다. 그러므로 개성화를 적절히 이루지 못한 것은 상반되는 정신적 에너지의 상호작용을 통합하고 보상하여 균형을 이루는 데 실패한 것이다.

다양한 정신이 평형이나 균형을 이루는 주요한 세 가지 상호작용의 기제는 대립(opposition), 통합(unity), 보상(compensation)이다. 정신적 에너지는 대립되는 힘에 따라 존재한다. 정신의 대립되는 힘의 양극화에 따라 창조된 긴장은 정신의 발달에 필수적이다. 즉, 정신은 반대되는 힘의 긴장으로 존재한다. 이런 점에서 융의 분석심리학을 정신 내적인 갈등 심리학이라고 한다. 의식과 무의식, 개인무의식과 집단무의식, 외향성과 내향성, 정신의 합리적 기능과 비합리적 기능, 아니마와 아니무스, 감각과 직관, 사고와 감정 등의 대립과 갈등이 계속 존재한다. 만약 이러한 갈등이 정상적인 상태를 지나 지나치게 심하면, 정신의 구조가 파괴되어 그 결과 신경증적이거나 정신병적 행동이 나타난다.

대립되는 힘은 전체를 형성하려고 통합될 수 있다. 이러한 통합은 상반되는 힘을 보완하여 균형을 이루게 함으로써 이루어진다. 즉, 갈등의 감소이며 평형화다. 통합은 개인이 타고난 자기에로의 귀환이다. 융은 초월의 원리에 따라 반대되는 힘의 통합과 균형이 일어난다고 보았다.

마지막으로, 상호작용의 기제인 보상은 하나의 정신구조가 다른 정신구조의 약점을 극복할 수 있게 작용하는 것이다. 예를 들어, 만약 당신이 지나치게 외향적이면, 당신의 무의식은 억세된 내향성을 발달하도록 작용할 것이다. 보상이 이루어지지 않으면 당신의 성격은 해롭게 한쪽으로 치우쳐서 발달되게 된다. 상반되는 정신적 힘을 무시한 채 한 가지 정신적 기능, 태도, 구조에 지나친 강조는 당신을 부적응으로 이끈다.

4. 융의 지혜

집단무의식을 통해 개인을 이해하려고 노력한 융은 출생에서 죽을 때까지 우리 각자만이 갖는 독특성인 개성화(individuation) 혹은 자기실현을 이루기 위한 삶의 여정에 있다고 보았다. 개인의 삶의 목표가 개성화인 것처럼, 상담의 목표는 개성화로 이끄는 충만감을 성취하도록 의식과 무의식을 통합시키는 것이다.

융이 분석심리학을 통해 강조한 조력을 위한 그의 지혜를 요약하면 다음과 같다.

상담자는 내담자가 개성화 혹은 자기실현을 이루도록 조력하는 것이 필요하다. 내담자의 문제는 정신적인 내적 갈등에서 비롯되었다. 인간으로서 내담자가 타고난 본성의 소리에 귀를 기울이도록 하는 것이 중요하다. 정신병리학은 내담자가 정신적으로 겪고 있는 고통의 의미를 밝히는 것이다. 내담자는 자신이 겪는 정신의 고통을 해결하기 위해 끊임없는 정신에 대한 자기분석이 필요하다.

분석심리학의 주요 개념 및 기법

집단무의식, 개성화, 원형(페르소나, 아니마와 아니무스, 그림자, 자기 등), 단어연상법, 증상분석법, 꿈 분석, 심리적 유형(융의 심리적 태도와 기능: 외향성 대 내향성, 사고-감정, 감각-직관에 근거함) 등

5. 문제해결을 위한 상담

융에게서 인간의 성격발달의 목표는 개성화 혹은 자기실현이다. 개성화는 인생의 전반기에는 분화를 통해 이루어지고, 인생의 후반기에는 통합을 통해 달성된다. 즉, 전체로서 집단무의식을 가지고 태어난 개인은 인생의 초기에 자기에서 분화된 자아가 인생 중반까지 발달하다가 다시 자아가 자기에게 통합되는 과정이 인생 중반 이후에 이루어진다. 따라서 상담자는 내담자를 돕기 위해 분화와 통합 과정을 통해 성격발달이 이루어지는 단계의 특징을 이해하는 것뿐만 아니라 타고난 자기의 목소리에 귀를 기울여 그것을 이해하는 것이 필요하다.

융은 신경증이란 개성화 혹은 자기실현을 향한 개인의 성장이 멈춘 심각한 질환이라고 믿었다. 그는 중년의 문제를 다루는 데 자신의 노력을 기울였다. 때문에 융의 분석적 심리치료는 '생애 후반기 심리학' 으로 불렸다. 또한 그는 심리치료는 내담자가 자신의 내면의 삶을 탐색함으로써 성격을 확장시켜 나갈 수 있으며 자신의 존재에 대한 영적 혹은 종교적인 태도를 개발해 나가는 과정이라고 여겼다. 융이 제안한 치료과정은 고백(confession), 명료화(elucidation), 교육(education), 변형(transformation)의 네 단계로 구분된다(Douglas, 2005, pp. 111-112). 이러한 네 단계에 대해 살펴보면 다음과 같다.

고백 단계 이 단계의 주요한 특징은 내담자의 강렬한 정서의 방출과 치료적 동맹 형성이다. 내담자는 자신의 개인사를 고백함으로써 정화를 경험하며 의식적 · 무의식적 비밀을 치료자와 공유한다. 치료자는 비판적이고 공감적 태도를 유지한다. 내담자는 자신의 제한점을 치료자와 나누면서 모든 사람이 약점을 가지고 있다는 점을 자각하면서 인류와의 유대감을 느낀다. 고백을 통해 내담자와 치료자의 치료적 동맹 관계가 이루어지면서 내담자는 전이를 형성하게 된다.

명료화 단계 이 단계의 목표는 내담자가 정서적이거나 지적으로 자신의 문제에 대한 통찰을 얻게 하는 것이다. 내담자가 갖는 증상의 의미, 아니마와 아니무스, 그림자, 현재 생활 상황과 고통 등이 명료화된다. 또한 현재 겪는 정서적 어려움이나 비현실적 생각과 환상이 아동기에 어떻게 시작되었는가에 대한 해석이 이루어진다. 이 단계에서 전이와 역전이가 탐색된다. 전이를 이해하는 과정에서 내담자는 치료자가 명료화하는 무의식적인 내용을 표면으로 이끌어 낼 수 있게 된다. 내담자는 명료화 과정을 통해 문제의 기원에 대해 알게 된다.

교육 단계 이 단계에서는 내담자가 사회적 존재로서 부적응이나 불균형적 삶을 초래한 발달과정의 문제에 초점이 맞춰진다. 즉, 고백과 명료화 단계에서는 초점이 개인무의식에 맞춰지지만, 교육 단계에서는 내담자의 페르소나와 자아에 초점을 맞추어 슬기롭게 현실적인 사회 적응을 할 수 있도록 한다. 많은 경우에 내담자는 이 단계를 마치고 치료를 종결한다.

변형 단계 이 단계에서는 내담자와 치료자 간의 역동적인 상호작용을 통해 단순히 사회에 대한 적응을 넘어서 자아실현으로의 변화가 도모된다. 이런 점에서 융은 변형 단계를 자기실현 기간으로 기술하였다. 이 단계에 있는 내담자는 의식적 경험과 무의식적 경험에 가치를 둔다. 요약하면, 변형 단계의 초점은 내담자의 의식과 무의식을 포함한 전체적 성격의 주인인 자기(self)의 실현을 이루기 위한 과정, 즉 개성화를 지향하는 과정에 맞춰진다.

인생 초기에 성격발달이 결정된다는 프로이트와 달리, 융은 나이에 관계없이 성격이 발달한다고 믿었다. 프로이트의 심리성적 발달처럼 명확한 구별은 없지만, 융의 주요한 성격발달의 특징에 따라 다섯 단계로 나누어 볼 수 있다. 첫 번째 단계는 아동기다. 유아가 어머니와의 생리적 탯줄을 끊고 난 후 사춘기 이전까지를 아동기라 부른다. 의식이 발달되기 이전인 인생 초기에 아동은 주로 신체적 본능에 지배되어 활동한다. 의식의 주인인 자아는 아동이 자신과 다른 대상을 구별할 수 있을 때 형성되기 시작한다. 즉, 의식은 아동이 '나' 라고 말할 수 있을 때 형성되기 시작한다. 무의식에서 분화되어 자아가 형성되는 시기가 개성화의 초기 단계다.

두 번째 단계는 사춘기다. 융은 이 시기를 개인의 정신적 탄생이라고 불렀다. 청소년이 많은 문제에 부딪혀 적응을 이루어야 하는 시기다. 청소년은 현실적 요구에 직면하는 것이 필요하다. 즉, 아동기에 가졌던 환상을 버리고 자기가 접한 현실 속에서 자기를 이해하는 것이 요구된다. 그런 점에서 사춘기에 흔히 겪는 정신적 갈등은 성장을 위한, 그리고 새로운 정신적 탄생을 위한 몸부림이다. 원형의 주인인 자기(self)로부터 보다 분화된 자아(ego)는 현실적 도전 속에서 내가 누구인가에 대한 물음과 더불어 나를 찾기 위한 정신적 고뇌를 시작한다.

세 번째 단계는 성인 초기다. 이 시기는 대략 사춘기 이후부터 30대 중반까지다. 성인 초기에 있는 사람은 주로 인생을 준비하는 활동에 관심을 둔다. 이 단계에서 우리는 필요한 교육을 마치고, 직업을 잡아 일을 하기 시작한다. 사랑하는 사람과 결혼하여 새로운 가족을 이루어 삶을 영위하기 시작한다. 이 단계에 있는 사람의 일차적 태도는 외향성이며, 활동의 초점이 외적이다. 자아는 원형인 자기에서 보다 분화되어 현실 속에서 요구되는 활동에 주력하게 된다.

네 번째 시기는 중년기다. 이 시기는 대략 30대 중반부터 50대 중반까지다. 인생의 주요한 변화가 중년기의 시작 시기인 35~40세에 일어난다. 이러한 중년기의 시작 시기는 인생의 후반부가 시작되는 시기다. 인생의 전반부는 의식의 활동을 위해 초점이 맞추어져 삶이 영위되었다. 그러나 인생의 후반부는 지금까지 소홀히 되어 왔던 무의식에 초점이 맞추어지게 된다. 현실 속에서 자아는 인생의 중반기에 거의 분화의 절정에 이르게 된다. 이렇게 분화된 자아가 원래의 출생지인 자기(self) 원형에로의 통합을 위한 방향 전환을 하게 된다. 즉, 원래의 자기로의 회귀가 시작된다. 따라서 이 단계에 있는 성인의 태도는 내향성이며, 활동의 방향이 내적인 것에 맞추어진다. 보통 인생의 적응과 관련된 현실적 문제는 40세에 거의 해결이 된다고 본다.

융이 프로이트와 결별 후 중년의 위기를 경험했던 것처럼, 융은 개성화가 이루어지는 가장 중요한 시기가 중년기라고 생각하였다. 요즘 사추기(思秋期)라 하여 중년의 위기가 언급되는 것처럼 자아가 원래의 자기(self)로의 조화로운 통합을 통해 개성화가 달성되지 못할 때, 자신에 대한 정체감의 혼돈을 경험하게 된다. 융의 관점에서 본다면, 사춘기에 겪는 정체감의 위기는 현실 속에서 의식적인 자아의 성숙에 따른 정신적 탄생과 더불어 나타나는 것이며, 중년기인 사추기에 겪는 정체감의 위기는 분화되어 성숙된 자아(ego)가 타고난 본래의 모습인 자기(self)로의 통합을 통해 개성화를 이루면서 겪는 갈등이라고 생각할 수 있다. 이런 관점에서 융은 성격발달의 가장 중요한 시기를 중년기로 보고 있다.

인생의 전반부가 주로 현실과 관련하여 물질적인 것에 관심의 초점이 맞추어졌다면 인생의 후반부는 원래의 자기인 무의식적 정신에 맞추어지는 것이 필요하다고 본다. 당신이 사추기(思秋期)에 있는 성인으로서 "나는 누구인가?" 에 대한 질문은 그런 점에서 사춘기에 묻는 질문과 질적으로 다른 질문이다. 이것은 분화의 과정을 거쳐 원래의 자기로의 개성화를 이루는 통합의 과정에서 묻는 질문이기 때문이다. 불혹의 나이인 40대에 있는 성인이 되기 위해서는 슬기롭게 개성화를 이루어 통합된 자기 모습을 찾는 것이 필요하다고 본다. 융은 인간이 개성화의 경향성을 타고났기 때문에 필요 불가결한 과정이라고 지적한다. 개성화 과정은 외부의 환경요인에 의해 방해받을 수도 있지만 도움을 받을 수도 있다.

마지막 단계는 인생을 마무리 짓는 시기다. 즉, 대략 50대 중반 이후에 시작되어 생을 마무리 짓는 시기까지다. 이 단계의 성격발달의 주요한 특징은 초월(transcendence)이다. 충분한 개성화를 통해 통합이 이루어져 의식적인 자아를 초월하는 것이다. 그동안 정신 내에 존재해 온 다양성과 상반된 원리가 전체로 통합되어 자기실현의 결과로 나타난다. 우리가 인생을 '빈손으로 왔다가 빈손으로 간다(空手來 空手擧)' 고 말하는 것처럼 현실적 집착을 버릴 때, 초월을 이루리라 본다. 무의식의 중심이고 주인인 타고난 자기(self)로의 통합을 통해 초월을 이루는 삶이 되도록 우리 내부 깊은 곳에서 메아리치는 소리를 듣는 자세가 필요하다. 상반된 원리가 통합되는 것처럼, 삶과 죽음이 통합된다. 인생의 최대의 관심사인 죽음을 수용하는 자세도 삶의 초월과 더불어 이루어질 때 자연적이고 필요 불가결한 개성화와 초월의 경향성이 실현되게 된다.

융은 꿈의 해석을 상담 및 심리치료의 방법으로서 프로이트보다 훨씬 중요시하였다. 그는 무의식의 의미를 파악하는 데 꿈은 가장 의미 있는 자료로 우리에게 상징으로서 메시지를 전달하는 것으로 본다. 융은 꿈의 예견성과 보상적 측면을 강조하였다. 첫째, 융은 꿈이 미래를 예견해 준다고 보았다. 꿈은 우리에게 무엇인가를 알리려고 한다. 융이 제안한 자기실현으로 이끄는 주요한 개념인 동시성(synchronicity)은 꿈의 예견성을 뒷받침해 주는 것이다. 동시성은 두 사건이 동시에 혹은 근접한 시간에 독립적으로 일어나지만 서로 밀접하게 관련된 의미를 가지는 현상이다. 즉, 동시성은 두 사건이 논리적으로 인과관계가 없이 독립적으로 일어나지만 서로 밀접하게 관련된 의미를 가지는 현상을 의미한다. 예를 들면, 당신이 오랫동안 보지 못했던 친구를 꿈에서 보았는데, 다음날 당신이 그 친구가 전날 밤에 죽었다는 소식을 듣는 것이다. 둘째, 융은 꿈이 보상적이라고 믿었다. 즉, 꿈은 어떤 정신구조의 지나친 발달을 보상함으로써 상반되는 정신과의 균형을 유지하도록 도와준다고 보았다. 이런 점에서 꿈은 적응을 위한 노력이며, 성격의 결함을 교정하려는 시도다(Ryckman, 2000, p. 102). 예를 들면, 몹시 수줍어하는 사람은 자신이 파티에서 매우 활동적인 역할을 하는 꿈을 꿀 수 있다. 또한 사업에 실패한 사람이 벤처기업을 만들어 성공하는 꿈을 꿀 수 있다.

융은 현상학적 관점에서 꿈을 해석함으로써, 우리가 갖는 문제를 해결하는 데는 자신의 무의식적 주인의 목소리를 경청하는 태도가 요구된다고 주장한다. 우리가 꿈을 꾸고 그 꿈을 실현시키려 노력하는 것처럼, 자신의 깊은 무의식의 외침인 꿈을 파악하여 부단한 자기분석을 통해 자기실현을 이루는 것이 필요하다.

대인관계나 부부관계의 갈등을 해결하기 위해 실용적으로 사용할 수 있는 심리검사가 MBTI(Myers-Brigges Type Indicator)다. 이 검사는 융의 이론을 토대로 만들어진 성격유형검사다. 이 검사에서 재고 있는 16가지 성격유형 중에 당신이 어떤 유형에 속하는가를 파악해 보는 것은 자신을 이해하는 데 도움이 될 것이다. 서로 상반된 4가지 차원, 즉 외향성-내향성, 사고-감정, 직관-감각, 지각-판단의 조합으로 16가지 성격유형이 나타난다. 객관적으로 당신의 성격유형을 파악하여 당신의 강점을 최대로 발휘하고 약점을 이해하면 보다 원만한 삶을 영위하는 데 도움이 될 것이다. 역시 상담 상황에서 상담자가 내담자를 돕는 데에도 이 검사는 유용하게 사용될 수 있다. 예를 들면, 상담자가 부부상담을 하는 경우 부부간에 서로 다른 성격유형을 서로가 이해하게 됨으로써 상대방의 독특성을 수용하고 인정하게 하는 데 활용할 수 있다.

알게 모르게 물려받은 인류의 정신적 · 문화적 유산을 통해 오늘의 우리가 존재한다. 우리가 지닌 수없이 많은 집단무의식의 원형을 파악하여 이해하는 것은 자신을 성숙시켜 자기실현으로 이끄는 데 도움이 될 것이다. 더불어 융이 "심리치료는 끊임없는 나에 대한 분석의 반영이다."라고 한 것처럼, 타인의 문제를 이해하고 돕는 데에도 기여할 것이다.

07 심리극

본연의 역할연기를 위해 당신의 자발성을 회복하라.

1. 모레노의 생애
2. 인간에 대한 이해
3. 문제에 대한 이해
4. 모레노의 지혜
5. 문제해결을 위한 상담

인생은 연극이고, 우리는 그 연극의 주인공이다. 우리가 하는 역할이 우리의 자아를 결정한다. 삶이라는 연극에서 모든 개인은 주인공으로서 역할을 하고 주변 사람과 다양한 역할연기를 하며 살아간다. 개인은 자신의 삶의 주체인 주인공으로서 어떻게 역할을 수행해 왔는가에 따른 다양한 경험을 통해 자신이 누구인가를 인식한다. 심리극(psychodrama)은 개인이 항상 타인과의 관계를 맺으며 삶을 연극처럼 살아간다는 전제에서 개발되었다. 심리극은 전문적 지식과 훈련을 가진 연출가가 심리극에 참여한 내담자들을 대상으로 역할연기, 행동시연 등과 같은 다양한 활동을 통해 그들의 자발성과 창조성을 촉진하는 집단치료로, 행동 접근방식이다. 심리극의 기원은 모레노가 1921년에 비엔나에서 시작했던 '자발성 극장' 으로 본다. 심리극은 모레노가 1925년에 미국으로 이민을 온 후에 어느 정도 이론적 기틀을 형성한 후인 1930년대 중반에 그에 의해 창조되었으며, 아내(Zerka Toeman Moreno)와 추종자들에 의해 발달되어 왔다.

심리극에 근거한 상담자는 심리극 참여자들 중에서 선발된 주인공의 문제와 관련하여 역할연기 등 다양한 심리극 기법들을 적용하여 심리극을 진행한다. 주인공과 심리극을 실연하는 과정에서 참석한 다른 참여자들은 주인공의 보조자아 역할로 심리극 활동에 동참한다. 주인공을 대상으로 심리극 실연이 끝난 이후에 관객으로 참여한 다른 내담자들과 심리극에서 다루어진 다양한 주제에 대해 공유와 토론의 시간을 갖는다.

1. 모레노의 생애

모레노(Jacob Levy Moreno, 1889~1974)는 1889년 5월 18일 루마니아의 부카레스트에서 스페인계 유태인 부모로부터 육남매 중 장남으로 태어났다. 모레노가 5세일 때쯤 그의 가족은 비엔나로 이사를 했으며, 그는 10대 시절에 각종 철학 및 종교 서적을 탐독하였다. 1911년에는 비엔나 의과대학에 입학하였는데 그 시절에 그의 주요 관심은 연극이었다. 그에게 연극은 상상력을 위한 자연적 수단이었다. 모레노는 당시의 연극이 엄격한 전통에 매여 있고 퇴폐적이며 진리의 활력이 부족하다고 느꼈다. 그는 1917년에 의학박사 학위를 취득하였고 비엔나의 외곽에 있는 피난민 캠프에 의료자문관으로 배정되어 근무했던 제1차 세계대전 중에 응용사회학에 대한 관심이 촉발되어 사회측정학의 개념을 발전시켰다. 1921년에는 비엔나에서 심리극의 기원으로 여겨지는 '자발성 극장(Theater of Spontaneity)' 을 시작하였다. 자발성 극장을 진행하는 기간 동안에 모레노는 즉흥적인 드라마의 치료적 잠재력을 보기 시작하였다.

제1차 세계대전 후 유럽경제 붕괴로 모레노는 1925년 미국으로 이민을 갔다. 1931년에 미국정신의학회 연례모임에 참석해서 논문을 발표하였는데, 그 논문에서 교도소 수감자들을 집단으로 어떻게 잘 다룰 수 있는지와 관련하여 '집단심리치료(group psychotherapy)' 라는 신조어를 사용하였다. 1930년대 초에 뉴욕 주 위쪽에 있는 '소녀들 훈련학교(Training School for Girls)' 의 자문자로서 모레노는 심리적 조화를 증진시킨 방법인 사회측정이론의 몇 가지를 검증할 수 있었다. 이러한 생각과 방법을 바탕으로 그는 첫 저서 『누가 생존할 것인가?(*Who shall survive?*)』(1934)를 출판하였다. 이 책은 역시 역할이론 및 역할연기의 시작, 심리극의 근원을 제공하였다. 1942년에 모레노는 집단심리치료에 기여한 첫 전문학회인 '집단심리치료 및 심리극을 위한 미국협회(American Society for Group Psychotherapy and Psychodrama)' 를 창립하였다. 1946년에 『심리극 Vol. 1』이 출간되었으며, 『심리극 Vol. 2』는 1959년에, 『심리극 Vol. 3』은 1969년에 출간되었다. 1949년 젤카 모레노(Zerka Toeman Moreno, 1917~)와 세 번째 결혼을 하였으며, 그녀는 심리극의 발전에 지금까지도 큰 기여를 하고 있다. 모레노는 1974년 5월 14일 85세 나이로 평화롭게 사망하였다. 그의 묘비에는 "여기 정신의학에 웃음과 기쁨을 다시 가져왔던 사람이 잠들다." 고 적혀 있다.

2. 인간에 대한 이해

모레노는 행위, 사람들이 하는 역할, 역할연기를 통해 그들의 심리적 상태를 이해하려고 시도하였다. 심리극은 실존적 존재로서 인간의 창조적이며 자발적인 행위를 강조하는 접근 방식이다. 모레노는 "태초에 실존이 있었다. 태초에 행위가 있었다." (1977, p. I)고 언급하였다. 역할연기는 자기의 출현 이전에 존재한다. 역할은 자기로부터 출현하지 않지만, 자기는 역할에서 출현한다(Moreno,

1977, p. II, p. 157).

심리극에서 다루는 모든 것은 구성원들이 현재 하고 있는 연기인 역할연기에서 비롯된다. 심리극에서 주인공이 하는 모든 연기는 현재 일어나고 있는 것처럼 진행된다. '지금의 철학(philosophy of the moment)'의 토대가 되는 것은 개인은 누구나 무한한 자발성과 창조성을 가지고 있다는 모레노의 믿음에 근거한다. 심리극 연출자는 주인공에게 과거에 있었던 일 그리고 미래에 일어나리라고 예견하는 일을 지금 연기를 통해 경험하게 함으로써 좀 더 슬기로운 역할을 하며 세상을 살아가도록 조력한다. 심리극 참가자들은 현재에서 과거에 있었던 의미 있는 사건을 심리극의 다양한 기법을 통해 재현함으로써 통찰에 의한 학습을 통해 그 사건에 새로운 의미를 부여할 수 있게 된다.

모레노는 창조성에 대한 인간의 잠재력이 성격의 핵심 요인이라고 믿었다. 모레노가 "신은 존재하고 자신이 신이다."고 표현한 것은 창조자로서 신처럼 인간의 창조성을 강조한 은유적 표현이다. 모든 개인은 창조자이며, 그가 하는 모든 행위는 창조적 표현이다. 이런 점에서 심리극에서 주인공이 하는 모든 역할연기는 그의 창조성의 표현이다. 상담자는 구성원들이 과거에 얽매이지 않고 그들의 본성인 창조성을 바탕으로 창조적인 삶을 영위하도록 조력한다. 창조적 행위는 그림, 시, 교향곡, 연극, 영화 등의 작품으로 나타난다. 모레노는 이러한 작품들을 '문화적 보존성(cultural conserve)'이라 하였다. 작품이 완성되는 순간 창조적 행위는 끝난다. 따라서 작품의 창조자가 자발성을 가지고 창조한 작품에 계속 접근하지 않으면 창조적 특성을 상실하게 된다. 유사하게 개인이 이미 행해서 습관이 된 행동, 생각 및 감정에 매여서 나타나는 행위가 성격 역동에 반대되는 경향성으로 문화적 보존성이라 할 수 있다.

이러한 경향성에 의존하는 사람은 책임감을 회피하고 이미 창조된 것에 의존하려는 태도를 보인다. 창조성이 결여된 이러한 문화적 보존성이 자동적 사고와 경직된 태도의 근원으로 작동한다.

모레노는 자발성이 지금-여기에서 이루어진다고 하였다. 자발성은 개인이 지금-여기에서 새로운 환경에 적절하게 반응하는 내적 잠재력으로 창조성의 근원이다. 창조성의 본질을 결정하는 것이 자발성이기 때문에 창조성은 단지 자발성의 도움으로 창조적 결과를 생성한다. 개인이 접하는 환경에 대한 반응의 적절성 정도는 자발성에 의해 촉발된다. 새로운 환경에서 개인은 무반응, 습관적 반응 그리고 새로운 반응을 보일 수 있다. 적절하고 새로운 반응은 시점, 적절성 및 자율성을 필요로 한다. 모레노의 가장 중요한 통찰 중 하나는 자발성이 창조적으로 생성하기 위한 가장 훌륭한 태도와 활동이다(Blatner, 2005, p. 413).

요약하면, 모레노는 인간을 실존적 존재로 보고 신체의 행위를 통한 역할 및 역할연기가 무엇보다 중요하다는 것을 강조하였다. 또한 그는 심리극의 주요 개념으로 지금의 철학과 인간의 창조성 및 자발성을 강조함으로써 우리가 현재 즉흥적으로 행위를 통해 끊임없이 새로운 자아를 형성해 가는 실존적 존재라는 것을 보여 주려고 노력하였다.

3. 문제에 대한 이해

지적한 것처럼, 모레노는 사람이 역할과 역할연기를 통해 자아를 형성한다고 보았다. 따라서 개인이 자발성과 창조성이 결여된 경직된 행위로 자신의 역할을 수행한다면 그는 자신의 신체의 지혜를 상실했기 때문이다. 만약 개인이 과거에 자신이 수행한 부적절한 역할 행위로 지금-여기에서 자발적으로 역할을 수행하지 못한다면 창조적 행위를 하지 못하기 때문에 문제다. 이런 점에서 상담자는 심리극에서 주인공과 보조자아가 행위를 통해 역할을 연출하게 하여 이전에 이루어졌던 사건에 대해 새로운 조명을 하게 한다. 이미 지적한 것처럼, 역할연기는 자기의 출현 이전에 존재한다. 역할은 자기로부터 출현하지 않지만, 자기는 역할에서 출현한다. 모레노는 이처럼 개인은 역할 및 역할연기를 통해 끊임없이 자기를 창조해 간다고 보았다. 심리극에 근거한 집단상담에 참여한 집단구성원들은 다양한 역할연기를 함으로써 이전에 했던 자신의 역할에 대한 새로운 이해 및 통찰은 물론 미래에 자신이 어떻게 역할을 하며 살아가야 할 것인가에 대한 지혜를 터득하게 된다.

우리는 누군가와 참만남을 위한 위선이 아닌 자신의 진면목을 보여 줄 수 있는 역할을 수행하는 것이 필요하다. 심리극은 지금의 철학을 바탕으로 지금-여기에서 진솔한 참만남을 강조한다. 대부분의 심리극 참여자들의 문제는 대인관계의 역할에서 비롯되었다. 상담자는 심리극 참여자들이 역할연기 행위를 통한 새로운 공감적 참만남을 이룰 수 있도록 조력한다. 모레노가 심리극의 모토로 제시한 내용 중의 일부는 다음과 같다(Moreno, 1977).

> 둘의 만남: 눈 대 눈, 얼굴 대 얼굴.
> 그리고 당신이 가까이 있을 때 나는 당신의 눈을 떼어내어
> 나의 눈과 대체시키고,
> 당신은 나의 눈을 떼어내어 당신의 눈과 대체시킬 것이다.
> 그러면 나는 당신의 눈으로 당신을 볼 것이며,

당신은 나의 눈으로 나를 볼 것이다(p. I).

이 표현은 심리극을 적용한 상담자가 구성원들로 하여금 역지사지 입장에서 공감적 이해를 통해 참만남을 어떻게 이룰 것인가를 명료하게 보여 주고 있다. 모레노는 텔레를 사람들 간의 감정의 양방적 흐름으로 정의하였다. "텔레(tele)는 개인들이 서로에게 느끼는 감정으로 집단들을 함께 묶는 시멘트다. ……주인공, 치료자, 보조자아들, 그리고 그들이 묘사하는 세계의 의미 있는 드라마 속의 인물들과의 텔릭 관계는 치료적 과정에 매우 중요하다." (Moreno, 1977, p. XI) 우리는 매일 누군가와의 만남에서 어떤 역할을 수행한다. 당신이 누군가와의 만남에서 하는 역할이 경직되고 강박적 행동으로 나타난다면 그 이유가 무엇인지를 살피는 것이 필요하다. 우리의 신체는 매우 지혜롭게 작동한다. 당신의 신체적 행위로 표현된 어떤 역할이 자발성을 상실했다면 자발성 회복을 위해 노력하는 것이 요구된다.

4. 모레노의 지혜

상담자는 심리극을 통해 내담자에게 필요한 역할과 역할연기를 하게 함으로써 그들의 자발성과 창조성을 회복하도록 조력한다. 심리극에 근거한 상담자는 연출자로서 전반적 심리극 과정에 총체적 책임자로서 구성원들을 조력한다. 성공적인 심리극 상담을 위해 상담자는 심리극의 과정 및 기법에 대한 이론적 지식과 실제적 경험을 갖는 것이 필요하다. 상담자는 심리극에 참여한 구성원들이 자신의 문제와 관련된 의미 있는 사건들을 재현하는 역할연기를 하게 함으로써 이전과 다른 자기를 형성하게 한다. 모레노는 심리극의 연출자는 심리극의 제작자, 촉진자, 관찰자 그리고 분석자로서의 역할을 수행한다고 보았다. 먼저 상담자는 참여자들의 특성에 맞는 적절한 활동기법을 적용하여 워밍업을 진행한다. 그런 다음 참여자들 중에서 주인공을 선택하여 다양한 심리극 기법을 적용하여 그가 자유롭게 역할연기를 통해 신체적 행위와 감정을 표현하도록 촉진한다. 구성원의 창조성과 자발성을 촉진하기 위해 상담자는 자신이 창조성과 자발성의 본보기 역할을 수행할 수 있어야 한다. 또한 상담자는 용기를 갖추어야 한다. 그가 사용하는 심리극 기법 중에서 구성원들에게 적합한 기법을 선택하여 적용하는데 어느 정도 위험을 감당할 용기가 필요하다.

모레노가 심리극을 통해 강조한 조력을 위한 그의 지혜를 요약하면 다음과 같다.

당신이 삶 속에서 행하는 역할과 역할연기가 당신의 자아를 형성하게 한다. 창조자인 신에 의해 그리고 우리의 부모에 의해 주어진 타고난 아름다움과 용기를 가진 당신이 가진 신체의 지혜를 신뢰하라. 새로운 자기를 형성하기 위해 지금의 역할이 중요하다. 과거에 어수룩하게 수행된 당신의 역할에서 비롯된 훼손된 자발성과 창조성을 회복하라.

심리극의 주요 개념 및 기법

지금의 철학, 창조성, 자발성, 역할과 역할연기, 텔레와 참만남, 심리극의 구성요소(주인공, 연출자로서 상담자, 보조자아, 관객, 무대), 심리극의 단계(워밍업 · 실연 · 종결 단계), 실연, 이중자아, 역할교대, 거울기법, 빈 의자 기법 등

5. 문제해결을 위한 상담

심리극은 집단구성원이 행위, 즉 역할연기를 통해 실수에 대한 두려움 없이 자신의 삶을 재조명하여 자발성과 창조성을 갖고 새롭게 삶을 살 수 있도록 훈련하는 방법이다. 모레노는 심리극을 연극적 방법을 통해 진실을 과학적으로 연구하는 방법이라고 표현하였다. 따라서 심리극에 근거한 집단상담의 목표는 구성원이 역할 및 역할연기를 통해 창조성과 자발성을 가지고 생활할 수 있는 새로운 자기를 형성하도록 돕는 것이다. 구성원은 역할연기를 함으로써 감정의 정화를 경험할 뿐 아니라 왜곡되었던 자신의 역할에서 비롯된 자기를 이해하게 된다. 더 나아가 새로운 상황에서 이전과 다르게 새롭게 형성된 자아를 바탕으로 창조성과 자발성을 발휘하며 삶을 영위할 수 있게 된다.

이제 다음에서는 심리극의 다섯 가지 구성요소인 주인공, 연출자, 보조자아, 관객, 무대에 대해 살펴보려 한다. 그런 다음 심리극의 과정인 워밍업단계, 실연단계 그리고 종결단계에 대해서 알아보겠다.

1) 심리극의 구성요소

심리극에 근거한 집단상담은 현재 집단구성원들의 심리적 문제해결을 위해 광범위하게 적용되고 있다. 심리극은 다섯 가지 구성요소, 즉 주인공(protagonist), 연출자(director), 보조자아(auxiliary ego), 관객(audience), 무대(stage)로 이루어진다.

주인공 말 그대로 주인공은 심리극의 핵심인물로서, 연출자에 의해 선발되어 자신의 심리적 현상을 관객들에게 보여 주는 사람이다. 주인공은 자기가 느끼는 문제를 드러내는 가장 중심적 인물인데 심리극을 통해 개인의 내면세계와 그로부터 파생되는 인간관계를 보여 준다. 심리극에 참여하는 집단구성원이면 누구나 심리극의 주인공이 될 수 있다. 대체로 심리극은 주인공이 내놓는 갈등이나 생활 장면을 중심으로 진행된다. 이 점이 바로 사회극(sociodrama)과의 다른 점이다. 사회극은 좀 더 집단 내의 개인과 개인 혹은 집단 간의 관계에 초점을 맞추는 반면, 심리극은 주인공 개인의 내면세계와 그로부터 파생되는 인간관계에 초점을 더 맞춘다.

연출자 연출자는 주인공이 자신의 문제를 탐구하기 위해 심리극을 할 수 있도록 심리극 전반을 진행하는 사람이다. 대개 집단지도자, 치료자, 교사 또는 상담자로 일하고 있는 사람이 연출자를 맡는다. 연출자는 무엇보다도 주인공의 심리적 차원을 이해하고 신뢰감을 주어 주인공이 자신을 드러낼 수 있도록 극의 분위기를 조성하고 객관적 자세를 유지해야 한다. 또한 연출자는 주인공의 심리적 차원을 이해하고 극 중에 일어나는 변화를 예민하게 관찰하는 것 외에도 관객의 반응과 변화도 살펴가면서 극을 진행시켜야 한다. 심리극의 연출자는 일견 모순처럼 보이는 이중적 역할과 기능이 동시에 요구된다. 스스로 하도록, 즉 자발적으로 참여할 수 있게끔 집단구성원에게 자유로움과 융통성을 부여하면서도 동시에 집단이 해야 할 작업의 틀, 즉 구조를 주어야 한다.

보조자아 심리극에서는 주인공이 극을 엮어 가는 과정에서 극의 상황을 함께 연기해 줄 상대인물을 필요로 하는데, 이러한 인물이 보조자아다. 보조자아는 극 중에서 주인공의 상대역을 하고 주인공이 극을 진행시키는 데 촉진자 역할을 한다. 보조자아는 보통 집단구성원 가운데 어느 한 명이나 전문적 보조자아에 의해 수행된다. 전문 보조자아를 사용할 때의 이점은 자신이 맡은 역할에 스스로를 준비시키는 데 숙련되어 있다는 것이고 다양한 역할을 해낼 수 있고 감정표현을 쉽게 할 수 있다는 것이다. 대개는 주인공에게 특정 역할을 맡은 보조자아를 선택하도록 한다. 그 선택의 직관적 이유를 후에 검토해 보는 것이 바람직하다. 또 한 가지 방법은 집단구성원 혹은 관객 중에서 하고 싶은 이에게, 또는 비슷한 상황에 처했다고 판단되는 이에게 맡기는 것이다. 보조자아는 주인공의 아버지, 어머니 등 주인공에게 중요한 타인의 역할을 하기도 하고, 주인공의 변형된 자아, 예를 들어 양심, 감정, 이성, 죄책감 등 속마음 역할을 하기도 하며, 즉 신이나 재판관, 악마 같은 환상 속의 인물 역할을 할 수도 있다. 경우에 따라서는, 무생물이지만 주인공에게는 의미 있는 책상, 현관, 옷장, 집 등의 사물이나 대상의 역할을 할 수도 있다.

관 객 관객은 심리극이 진행되는 동안 심리극 모임에 참석하여 주인공의 이야기를 보고 있는 사람을 말한다. 심리극에서 관객의 역할은 매우 중요하다. 주인공의 이야기를 통해서 자신의 경험을 정리하고 통찰을 얻음으로써 직접 도움을 받기도 한다. 또한 주인공의 극이 끝나면 극 속에서 공유한 자신의 경험을 드러내고 이야기를 나누는 시간에 주인공들이 된다. 마무리 단계에서 관객의 반응은 진행된 극을 정리하고 주인공이 심리극에서 탐색한 것들을 정리하는 데 필요하다. 주인공의 이야기를 보면서 자신이 겪었던 비슷한 경험이나 느낌들, 매우 다르게 느꼈던 경험들에 대한 관객들의 이야기는 주인공을 지지하고 격려하는 효과가 있다. 그러나 관객이 극을 어떻게 보고 느끼는 것인지에 대해서는 일일이 설명하거나 훈련시킬 수 없으며 그럴 필요도 없다. 극에 지속적으로 참여함으로써 극을 어떻게 보고 느끼고 주인공에게 느낀 점을 어떻게 표현할 것인가 하는 점들을 느끼고 배울 수 있다.

무 대 심리극에서 무대는 약간 둥근, 그리고 계단식의 관객석, 관객과 무대 사이를 연결짓는 널찍한 계단, 조명과 음향으로 구성된다. 무대 위에는 의자, 쿠션 등의 몇 가지 소품이 필요하고, 조명이나 음향 기구는 필수적이지는 않지만 사용 가능할 때 상당한 효과를 줄 수 있다. 예를 들어, 붉은 조명은 지옥, 작은 술집, 강렬한 감정이 표출될 때 사용하면 좋고, 푸른색은 죽음이나 바다를, 초록색은 희망과 따뜻한 분위기를 표현한다.

ㄷ 심리극의 진행단계

심리극의 진행단계는 세 단계, 즉 워밍업(warming-up)단계, 실연(action)단계, 종결(integration)단계로 구분된다.

워밍업단계 이 과정은 모든 연기의 첫 번째 과정이다. 심리극에 들어가기 전에 집단의 목표, 역할, 경비, 한계, 시간 배정 등을 집단구성원들에게 분명히 알려야 한다. 이 단계에서 참여자들은 심리극 연기로 들어가기 위해 심리적 · 신체적 준비를 한다. 주인공의 문제를 본격적으로 극화시키기 전에 참여자들이 심리극에 친숙해지고, 극에 능동적으로 참여하여 주인공으로 설 마음의 준비를 하고, 극으로 표현하는 문제에 몰입할 수 있는 분위기를 조성하는 단계다. 집단구성원들이 상호 신뢰하는 분위기는 자신의 이야기를 깊이 있게 꺼낼 수 있는 바탕이 되므로 연출자는 이 시간에 집단의 응집력과 자발성을 키우기 위한 노력을 해야 한다. 워밍업단계에서의 준비는 관객뿐 아니라 연출자 자신에게도 필요하다. 왜냐하면 이 단계에서 연출자는 집단구성원에 대하여 많은 정보를 수집할 수 있고 실연단계에서 해야 할 작업의 방향을 잡을 수 있기 때문이다. 이 과정이 잘 이루어지면 집단구성원들이 자기의 문제를 개방할 준비가 되고 따라서 기꺼이 주인공으로 올라가 자기의 문제를 드러내게 되므로 연출자의 입장에서는 워밍업단계에서 심리극의 주인공을 선택하기가 용이하고 극에 대한 저항을 감소시킬 수 있다.

실연단계 실연단계는 주인공의 문제 상황이 지금-여기에서 일어나고 있는 것처럼 극으로 재현되는 단계다. 이 단계에서는 주인공이 직면하고 있는 문제와 갈등에 대하여 간단히 이야기하도록 한다. 그래서 그 이야기 내용이 연기로 표현될 수 있도록 구체적인 사례로 재구성된다. 주인공의 문제를 지금-여기 상황으로 설정하여 연기할 수 있도록 해야 하며, 무대 위에서 벌어지고 있는 모든 상황이 현실에서 벌어지는 일들, 벌어졌던 혹은 앞으로 일어날 일과 똑같지는 않기 때문에 무대 위의 상황이 실제처럼 느껴지게 하는 것이 중요하다. 이러한 과정 속에서 과거의 느낌이 재현되거나 현재의 모습 등이 반영될 수 있다. 주인공이 심리극의 효과를 충분히 얻을 수 있도록 하기 위해서 연출자는 실연단계에서 다양한 기법을 활용함으로써 주인공의 무의식 속 욕망과 갈등, 감정이 분명하게 드러나게 한다. 연출자는 역할연기를 통해 드러난 이러한 현상을 현재 시점에서 새롭게 통찰하게 하고 바람직한 대안적 행동을 찾아갈 수 있도록 조력한다.

종결단계 주인공의 문제가 극화되어 해결의 방향을 잡으면 극이 정리되면서 실연단계가 끝난다. 실연단계 이후에 심리극 참가자들은 워밍업을 하고 주인공이 하는 역할연기를 보고 참여하면서 가졌던 생각이나 감정을 나누는 시간을 갖게 되는데, 이것이 종결단계의 작업이다. 이 단계가 있음으로써 주인공은 감추고 있던 자신의 비밀스러운 부분이 남들 앞에 드러났을 때의 수치심이나 자기노출 후의 불안감을 수습하고 자신의 문제를 정리할 수 있게 된다. 따라서 이 단계는 집단구성원들이나 주인공이 상호 지지하는 시간으로서 중요할 뿐 아니라 서로의 감정과 경험을 나누고 정리하는 시간이 된다는 의미에서도 매우 중요하다. 이때 연출자는 주인공이 집단구성원들로부터 고무적인 반응을 받을 수 있도록 도와준다. 그러기 위해 특히 주인공의 문제에 관해 지적인 분석보다는 집단구성원들이 연기에 참여하고 주인공의 이야기를 보면서 느꼈던 감정이나 자신의 경험을 공개하도록 한다.

08 게슈탈트치료

유기체의 지혜를 신뢰하라.

1. 펄스의 생애
2. 인간에 대한 이해
3. 문제에 대한 이해
4. 펄스의 지혜
5. 문제해결을 위한 상담
6. 선(禪)과 게슈탈트치료

우리는 살아 있는 유기체로서 지금 이 순간의 알아차림을 통해 존재한다. 지금 이 순간 당신은 무엇을 느끼고 있는가? 무엇을 생각하고 있는가? 무엇을 하고 있는가? 삶은 영원한 현재이고 있는 그대로 내가 될 때 완전하다. 이런 점에서 펄스는 게슈탈트 기도문을 다음과 같이 기술하였다(Perls, 1969a).

> 나는 나의 일을 하고 당신은 당신의 일을 합니다. 나는 당신의 기대에 부응해서 살기 위해 이 세상에 존재하지 않고, 당신도 나의 기대에 부응해서 살기 위해 이 세상에 존재하지 않습니다. 나는 나이고 당신은 당신입니다. 만약 우연이라도 우리가 서로를 발견하면 그것은 아름다운 일입니다. 그러나 만약 우리가 서로를 발견하지 못한다면 도움이 될 수 없습니다(p. 4).

진정한 변화는 내가 있는 그대로 내가 되려고 할 때 일어난다. 게슈탈트치료자인 바이서(Beisser, 1970)는 변화의 과정이 역설적임을 지적하면서 "변화는 개인이 자신이 아닌 것이 되려고 노력할 때가 아니라 그가 자신이 되려고 할 때 일어난다."(p. 77)고 기술하였다. 우리는 경험하는 유기체로서 우리의 사고, 감정 및 행동을 통해 내적 · 외적으로 야기되는 사건과 접촉을 하며 살아간다. 자신이 접촉하여 경험하는 현상을 있는 그대로 매순간 자각하여 수용하며 살아가는 것이 유기체의 지혜를 신뢰하는 것이다. 게슈탈트치료(Gestalt Therapy)를 시작하여 발달시킨 펄스는 우리가 실존적 주체로서 책임을 회피하는 환경적 지지를 버리고 '자기지지(self-support)'를 바탕으로 자신을 신뢰하고 책임지며 살아갈 것을 강조하였다.

펄스는 초기에는 프로이트의 정신분석에 매료되어 훈련을 받았으나, 프로이트 학파가 쌓아 온 자기보호 방벽에 그가 발견한 이론을 접목하는 데 한계를 느꼈다. 펄스는 과거를 중심으로 지나치게 해석(interpretation)을 강조하는 정신분석을 비판하여 경험을 통한 자각을 통해 통합(integration)을 강조하는 게슈탈트치료를 발전시켰다. 프로이트와의 가상적 자기대화에서 프로이트는 해석을 통한 이해를 주장한 반면, 펄스는 심리적 갈등이나 문제해결을 위해 통합을 강조하였다.

게슈탈트치료는 경험적 · 실존적 · 실험적 접근을 한다. 언어를 통해 정신적 조작을 하는 것보다 행동을 강조한다는 점에서 경험적이다. 개인의 독립적 선택과 책임을 강조한다는 점에서 실존적이다. 그리고 개인이 매순간에 느끼는 감정을 표현하도록 촉진한다는 점에서 실험적이다.

독일어 명사인 '게슈탈트(gestalt)'는 형태, 모양, 유형, 조직화된 전체를 의미한다. 동사인 게슈탈텐(gestalten)은 형태나 모양을 형성하고, 만들고, 조직화하고, 구조화하는 것을 의미한다. 게슈탈트라는 용어를 '형태'로 번역해서 쓰지 않고 원어로 그대로 쓰는 이유는 우리에게 전경으로 지각된 형태(figure)만을 의미하는 것으로 오해될 수 있기 때문이다. 배경이 없이는 전경인 형태도 없다. 즉, 게슈탈트는 전경과 배경이 역동적으로 조직화되어 나타나는 전체를 의미하기 때문에 그대로 사용하였다.

1. 펄스의 생애

게슈탈트치료 역사는 창시자인 펄스(Frederick S. Perls, 1893~1970)

의 전문적 발전과 그가 살았던 시대 정신에서 비롯되었다. 펄스는 게슈탈트치료를 창시하고 개발하여 보급시켰다. 그는 독일 베를린에서 중류층 독일계 유태인 부모의 세 자녀 중 막내로 태어났다. 그의 가족은 히틀러의 나치즘으로 나락에 떨어졌고 그의 큰 누나는 포로수용소에서 사망하였다. 펄스의 부모와 작은 누나는 그를

가정과 학교에서 문제아인 것으로 기술하였다. 특히 그는 7학년에서 두 번이나 낙제를 해서 학교를 떠나야만 했다. 학교에서 퇴출되어 잠시 동안 상가에서 일을 하다가 14세 때 다시 학교로 돌아왔다.

펄스는 1920년에 정신의학 전공으로 의학박사 학위를 취득하였으며, 1926년에 프랑크푸르트에 있는 '뇌손상 군인들을 위한 골드스타인 연구소'에서 게슈탈트 심리학 관점을 가진 골드스타인(Kurt Goldstein)의 조수로 일하면서 그의 영향을 받았다. 연구소에서 일하는 동안 그는 게슈탈트치료 개발에 영향을 미친 여러 사람을 만났으며, 특히 그의 부인이 될 12세 연하인 로라(Laura)를 만났다. 펄스는 비엔나와 베를린의 정신분석 연구소에서 정신분석자로서 훈련을 받았으며 그의 훈련 분석자들인 라이히(Wilhelm Reich), 페니켈(Otto Fenichel), 호나이(Karen Horney) 등의 영향을 받았다. 특히 라이히는 펄스가 게슈탈트치료에 대한 아이디어를 개발하는 데 영향을 주었다. 이 기간 중 펄스는 아들러, 융, 프로이트를 만났다.

펄스는 1934년에 나치즘의 발발로 독일을 떠나 남아프리카로 갔다. 펄스는 1935년에 남아프리카 정신분석연구소를 설립하였다. 남아프리카에서 그의 게슈탈트치료 개발에 영향을 주었던 스뫼츠

(Jan Smuts)를 만났다. 남아프리카에서 12년 동안을 머무른 후 1946년에 뉴욕으로 왔으며, 1952년에 굿맨(Paul Goodman)과 로라(Laura Perls)와 함께 '뉴욕 게슈탈트치료 연구소'를 설립하였다. 그 후 여러 지역으로 이동한 후 마침내 캘리포니아 빅서(Big Sir)에 에살렌 연구소를 설립하여 1964년에서 1969년까지 머물면서 워크숍과 세미나를 통해 많은 사람들에게 게슈탈트치료를 보급하였다. 그는 1970년 77세의 나이로 파란만장한 생을 마감하였다.

그의 주요 저서로는 『자아, 기아 그리고 공격성(*Ego, Hunger, and Aggression*)』(1947), 헤퍼린(Ralph F. Hefferline)과 굿맨과 함께 저술한 『게슈탈트치료: 인간성격에 있어 흥분과 성장(*Gestalt Therapy: Excietment and Growth in the Human Personality*)』(1951), 『게슈탈트치료 축어록(*Gestalt Therapy Verbatim*)』(1969), 그리고 그의 자서전인 『쓰레기통의 안과 밖(*In and Out of the Garbage Pail*)』(1969) 등이 있다.

2. 인간에 대한 이해

게슈탈트치료는 다양한 이론적 영향에서 비롯된 통합적 접근방식이다. 분명한 것은 게슈탈트치료자는 살아 있는 유기체로서 인간의 경험을 통한 자각 혹은 알아차림을 강조한다는 점이다. 심리학 영역에서 지각심리학에 크게 기여한 이론이 게슈탈트 심리학이다. 게슈탈트 심리학은 부분적으로 게슈탈트치료에 영향을 주었다. 클락슨과 맥퀸(Clarkson & Mackewn, 1993, pp. 32-82)은 게슈탈트치료에 영향을 준 이론들로 다음과 같은 일곱 가지를 들었다. 즉, 게슈탈트 심리학과 레빈의 장이론, 실존주의와 현상학, 동양 종교인 禪, 라이히의 신체치료, 총체론, 프로이트의 정통적 정신분석과 혁신적 정신분석, 그리고 연극, 댄스 및 활동 등이다. 그들은 이러한 이론적 영향으로부터 인간 이해를 위한 게슈탈트치료의 여섯 가지 주요한 아이디어 범주인 총체론, 장이론, 경험의 순환, 접촉, 자기이론, 심리적 장애가 도출되었다는 것을 제시하였다.

펄스는 인간을 현상학적이며 실존적 존재로서 자신에게 가장 긴급하게 필요한 게슈탈트를 끊임없이 완성해 가며 살아가는 유기체로 보았다. 인간이 매순간에 경험하는 유기체로서 환경적 장에서 살아간다는 점에서 현상학적이다. 따라서 게슈탈트치료는 내담자가 지각하는 현실에 초점을 둔다. 유기체의 긴급한 욕구인 게슈탈트 형성은 일차적인 생물학적 현상이다. 그리고 인간은 각기 독특한 유기체로서 필요한 욕구를 선택하여 게슈탈트를 형성하면서 자신의 삶에 대한 책임을 진다는 점에서 실존적이다. 따라서 게슈탈트치료는 현재에 초점을 두며 각 개인이 자신의 운명에 책임이 있다는 것을 강조한다.

펄스가 자신의 이론 형성을 위해 인간에 대한 가정을 어떻게 하였는지를 살펴보면 다음과 같다.

첫째, 인간은 완성을 추구하는 경향이 있다. 이 가정은 우리가 끊임없는 게슈탈트의 완성을 통해 삶을 영위하고 있음을 나타내는 가정이라 볼 수 있다. 미완성된 일은 우리의 집중력을 방해하고, 미완성된 일이 중요할수록 우리가 집중해서 일하는 것을 반복적으로 방해한다.

둘째, 인간은 자신의 현재의 욕구에 따라 게슈탈트를 완성할 것이다. 이 가정은 우리가 지금 혹은 현재(now or presence)의 급박한 상황에서 필요한 게슈탈트를 형성하고 완성한다는 것이다. 게슈탈트치료에서 치료사가 자주 사용하는 질문인 "지금 이 순간에 당신이 자각하는 것은 무엇인가?"도 인간에 대한 이 가정과 밀접하게 관련되어 있다.

셋째, 인간의 행동은 그것을 구성하는 구체적인 구성요소, 즉 부분의 합보다 큰 전체다. 이 가정은 게슈탈트 이론의 기본 명제인 "전체는 부분의 합 이상이다."는 말을 반영한 내용이다. 펄스가 기술한 "전체가 나누어지면 전체가 사라진다."는 말처럼, 전체를 강조한 말이다. 이런 점에서 게슈탈트치료는 인간의 행동을 자극-반응의 원리에 의해 설명하는 행동주의 입장과 대립된다.

넷째, 인간의 행동은 행동이 일어난 상황과 관련해서 의미 있게 이해될 수 있다. 이 가정은 게슈탈트 이론의 주요한 입장인 '장이론(field theory)'을 강조한 내용이다. 우리와 관계하는 다른 사람의 단편적인 행동을 보고 성급하게 판단하여 오해하거나 비판하는 것도 전체적인 맥락이나 상황 속에서 그 사람의 행동을 파악하지 않았기 때문인 경우가 많다.

다섯째, 인간은 전경과 배경의 원리에 따라 세상을 경험한다. 이 가정은 펄스가 게슈탈트 이론이 크게 기여한 인간의 지각의 원리를 보다 확장하여 게슈탈트치료에 반영한 것이다. 우리가 가진 관심의 초점이 무엇에 있느냐에 따라 전경과 배경의 원리는 역동적으로 일어난다고 볼 수 있다. 이런 점에서 게슈탈트치료는 우리 각자가 주관적으로 세상을 경험하면서 살아가는 실존적 존재임을 강조한다. 당신이 전체로서 그리고 독특한 존재로서 세상을 살아가며 당신이 가진 관심의 초점에 따라 객관적으로 주어진 상황을 다르게 경험한다는 것이다.

게슈탈트치료는 우리가 주어진 상황에서 자신에게 일어난 일을 충분히 자각하면 그 상황에서 필요한 게슈탈트를 형성하므로 적절하게 주어진 문제를 처리할 수 있다고 가정한다. 우리가 오관을 통해 주어진 상황에서 매순간 경험하는 것을 충분히 자각하여 처리할 수 있을 때 유기체로서 바람직한 적응이 이루어진다.

3. 문제에 대한 이해

건강한 사람은 지금-여기에서 자각을 통해 자신에게 필요한 게슈탈트를 완성하는 데 집중한다. 반면에 건강하지 못한 사람은 그의 미해결된 과제가 지금-여기에서 필요한 게슈탈트 완성을 이루지 못하도록 방해받아 현재에 집중하지 못한다. 우리가 환경과의 접촉을 통해 가장 시급하게 필요한 게슈탈트를 완성하지 못하면 문제다. 원만하고 건강한 삶을 유지하기 위해서 가장 시급한 게슈탈트의 완성을 위해 우리의 에너지가 봉쇄되지 않고 사용되는 것이 요구된다. 그러므로 접촉을 방해하고 에너지의 흐름을 방해하는 것이 우리가 가진 잠재력을 충분히 발휘하지 못하도록 하고 게슈탈트의 완성을 방해하기 때문에 문제가 된다. 즉, 학교나 직장에서 자신이 해야 할 일을 수행해야 하는데, 집에서 있었던 좋지 않았던 일이 계속해서 당신을 괴롭힌다면 문제다. 건강한 삶을 위해 시급한 게슈탈트의 완성을 통한 게슈탈트의 순환이 계속되는 것이 필요하다.

펄스는 유기체의 자각 혹은 알아차림을 통한 접촉의 결여를 주요한 문제로 보았다. 그가 지적한 접촉경계의 장애가 우리의 성숙과 문제해결을 방해하는 이유, 그리고 자각과 접촉의 중요성은 다음과 같다. 자각을 통한 접촉을 방해하는 장애기제는 프로이트가 제안한 개념인 방어기제와 유사하다. 펄스와 그의 추종자들이 설명한 접촉경계 장애의 주요한 다섯 가지는 내사(introjection), 두사(projection), 반전(retroflection), 융합(confluence) 그리고 편향(deflection)이다.

첫째, 내사다. 내가 접촉하여 이해하지 못하고 나의 것으로 만들지 못했다면 그것은 내가 되지 못하고 나의 것이 되지 못한다. 당신이 음식물을 먹어 그것을 충분히 소화시키지 못한다면 그것은 당신이 아니다. 그것은 당신의 건강을 해치는 이물질이 된다. 이렇게 내사는 당신이 가지고 있으면서도 당신이 아닌 다른 어떤 것이다. 이러한 이물질은 암적인 존재로서 당신에게 통합되지 않고 남아서 당신을 괴롭히고 있다는 것을 명심하라.

둘째, 투사다. 투사는 내사의 반대다. 투사는 내가 가진 것을 부인하고 남에게 돌려서 접촉을 피하는 것이다. 내가 접촉하기 싫어한 나의 어떤 면을 타인에게서 봄으로써 자신이 느끼는 감정이나 자기를 부정하는 것이다. 당신이 청중 앞에서 연설을 하고 있다고 가정해 보자. 그리고 당신이 강연자로서 청중 때문에 불안하고 두려움을 느낀다고 생각해 보자. 당신이 청중의 수많은 시선을 비판적이거나 적대적으로 상상한다면 당신 자신의 비판을 청중에게 투사하고 있다고 할 수 있다. 당신의 불안과 두려움을 접촉하여 있는 그대로 받아들이고 그것을 극복하는 노력이 투사를 해결하는 길이다. 당신의 부정적인 면을 투사를 통해 회피하고 도피하여 접촉을 피하는 것보다 그것에 대한 책임을 당신이 지는 것이 필요하다.

셋째, 반전이다. 반전은 개인이 타인이나 환경에 대해 해야 할 것을 자신에게 하는 것이다. 우리는 유기체로서 외부 환경과 상호작용을 하며 살아간다. 우리가 대하는 사람에게 적절하게 자기를 표현하는 것은 대인관계에서 매우 중요하다. 그러나 반전을 기제로 사용하는 사람은 자신의 감정을 타인에게 표현하지 못하고 방향을 바꾸어 자신에게 표현하는 사람이다. 예를 들면, 심하게 처벌적이고 공격적인 부모의 영향을 받으면서 성장한 사람이 습관적으로 처벌에 대한 두려움으로 타인에게 감히 자기의 감정을 표현하지 못한 경우다. 누군가에게 화가 난 경우, 이런 사람은 자신의 에너지의 방향을 돌려 직접 관련된 당사자에게 화를 내지 못하고 자신을 공격하고 자신을 고문한다. 반전기제는 때로 긍정적으로 사용될 수 있다. 즉, 주어진 상황에서 합리적인 근거로 반전을 사용하여 타인에게 행동할 것을 억제하는 것이다. 우리가 막무가내로 에너지의 방향을 외부로 돌려 행동하기보다 내부로 돌려 행동하는 것이 우리와 타인에게 도움이 되는 경우다.

넷째, 융합이다. 펄스는 융합이란 밀접한 관계에 있는 두 사람이 서로 간에 차이점이 없다고 느끼도록 합의함으로써 발생하는 접촉-경계 혼란이라고 하였다. 즉, 갑이 행복하다고 느끼면 을도 행복하다고 느끼고, 갑이 불행하다고 느끼면 을도 함께 불행을 느끼는 마치 일심동체의 관계다. 따라서 그들은 서로 간에 어떤 갈등이나 불일치도 용납하지 못한다. 그들은 오랫동안 서로 길들여진 관계에 익숙해져 있기 때문에 그러한 균형을 깨뜨리는 행동을 금기시한다. 즉, 각자의 개성과 자유를 포기한 대가로 얻은 안정을 깨뜨리려는 행위는 서로에 대하여 암묵적인 '계약'을 위반하는 것이므로 상대편의 분노와 짜증을 사게 되며, 따라서 융합관계를 깨뜨리는 쪽은 심한 죄책감을 느낀다. 그들은 단지 차가운 외부의 대기에 직접 노출되지 않을 목적으로 두껍고 단단한 껍질을 만들어 그 속에 안주하고 있을 뿐이다. 융합에 의해 경계를 갖지 못할 때, 개체는 자신의 욕구와 감정을 제대로 해소할 수가 없고, 따라서 그러한 삶은 미해결 과제를 축적시킨다.

다섯째, 편향이다. 사람은 흔히 감당하기 힘든 내적 갈등이나 외부 환경적 자극에 노출될 때 이러한 경험으로부터 압도당하지 않기 위해 자신의 감각을 둔화시킴으로써 자신 및 환경과의 접촉을 약화시키는데, 이를 편향이라고 한다. 이러한 행동은 흔히 지식인들에게서 많이 볼 수 있다. 예를 들면, 말을 장황하게 하거나 초점을 흩뜨리는 것, 말하면서 상대편을 쳐다보지 않거나 실없이 웃는 것, 구체적으로 말하지 않고 추상적인 차원에서 맴도는 것, 자신의 감각을 차단시키는 것 등이다. 편향을 사용하여 알아차림과 접촉을 차단하는 것은 과거의 고통스러운 충격 경험이었던 것들, 즉 계속적인 애정결핍이나 상처받은 자존심 혹은 내적 갈등들을 극복하기 위한 의미 있는 자구책들이고, 따라서 이 행동이 처음 생기게 된 당시로서는 효과적인 행동이었을 수도 있지만 현재에는 더 이상 현실에 근거하지 않은 부적응적인 행동이다.

이러한 접촉경계의 장애기제는 우리가 환경과의 원만한 상호작용을 통해 그때그때 필요한 게슈탈트를 형성하면서 통합된 나로서 살아가는 것을 끊임없이 방해한다.

4. 펄스의 지혜

게슈탈트치료를 발견한 펄스는 개인이 건강한 삶을 영위하기 위해서는 유기체의 지혜를 믿고 접촉을 통한 자각에 충실할 것을 강조하였다. 게슈탈트 치료자는 내담자가 자신에 대해 책임을 지고 스스로 살아갈 수 있도록 성숙하고 성장하도록 조력한다.

펄스는 자신의 권태를 해결하기 위해 게슈탈트치료 입장에서 자서전적인 저서인 『쓰레기통의 안과 밖』을 완성하였다. 이 책에서 그는 게슈탈트치료의 기본원리를 해학적인 그림과 함께 잘 설명하였다. 펄스의 지혜는 그가 기술한 다음과 같은 중요한 내용들에 잘 나타나 있다.

- 장미는 장미이고, 장미는 장미다.
- 자각이 없으면 아무것도 없다.
- 나는 나의 실존에 모든 책임을 져야 한다.
- 전체가 나누어지면 전체는 사라진다.
- 학습은 발견이다.
- 접촉에서 지각은 강렬하다.
- 현명한 사람은 자신이 하는 연기를 이해한다.
- 강을 재촉하지 말라, 강은 스스로 흐른다.
- 게슈탈트치료는 통합적 접근 방식이다.
- 파국적 기대의 망연자실에서 깨어나라.
- 소리의 관계는 건전한 관계다.
- 접촉은 차이의 인식이다.
- 통합에는 결코 끝이 없다.
- 나는 있는 그대로의 나다.

펄스가 게슈탈트치료를 통해 내담자를 조력하기 위해 강조한 지혜를 요약하면 다음과 같다.

상담자는 내담자가 접촉을 통한 경험을 통해 자각하도록 조력한다. 상담자의 주요한 역할은 내담자가 자기 지지로서 자신의 모든 행동, 감정 그리고 생각에 대한 책임을 수용하면서 성숙하고 성장된 삶을 영위하도록 하는 것이다. 내담자의 문제는 그가 유기체의 지혜를 무시한 것에서 비롯되었다. 내담자로 하여금 그의 오관을 통해 현재 그가 경험하는 것을 자각하도록 하라. 민감한 자각을 통해 게슈탈트의 순환을 원활히 하도록 하라. 내담자로 하여금 둘로 나누어진 상반된 자기 간의 끊임없는 자기고문 게임을 끝마치고 자신을 통합하도록 하라.

게슈탈트치료의 주요 개념 및 기법

유기체의 지혜, 자각, 현재와 어떻게, 접촉, 접촉경계, 접촉경계 장애(내사, 투사, 반전, 편향, 합류), 신경증층, 강자-약자, 자기고문 게임, 과장하기, 빈 의자 기법 등

5. 문제해결을 위한 상담

행복이 지금-여기에서 진행되는 것의 알아차림이라면, 불행은 현재에 집중을 하지 못하고 제대로 알아차림이 이루어지지 않는 것이다. 게슈탈트 상담자의 역할은 내담자가 지금-여기에서 일어나는 일을 자각하도록 조력하는 것이다. 게슈탈트 상담자는 유기체가 자기조절 기능을 수행할 수 있다는 유기체의 지혜를 믿는다. 타인과 관계를 맺으며 삶을 살아가면서 너무 계산적이거나 강박적으로 빠지지 않고 있는 그대로 자신을 수용하면서 살아갈 것을 강조한다.

게슈탈트 상담자는 전체로서 자신을 있는 그대로 수용할 것을 강조한다. 알아차림을 통해 서로 상반된 양극성의 갈등을 통합할 것을 강조한다. 우리가 균형을 갖춘 삶을 영위하기 위해서는 같은 차원의 양극적인 상반된 힘의 마찰에 따른 자기고문 게임을 멈추고 서로를 인정하고 수용하여 통합을 이루는 것이 요구된다.

펄스는 당위성을 강조하는 완벽주의나 강박주의를 반대한다.

다음의 내용은 펄스의 이러한 입장을 잘 보여 준다(Perls, 1969b).

> 나는 수천의 실패한 모든 시도를 사랑한다.
> 거기에는 단지 한 개의 과녁의 한복판과
> 수천의 좋은 의지가 있다.
> 친구여, 완전주의자가 되지 마라.
> 완전주의는 저주, 그리고 긴장이다.
> 당신은 과녁의 한복판을 맞추지 못할까 두려워서 떤다.
> 만약 당신이 있는 그대로 놔둔다면 당신은 완전하다.
> 친구여, 실수하는 것을 두려워하지 마라.
> 실수는 죄악이 아니다.
> 실수는 다른 어떤 것,
> 아마도 창조적으로 어떤 것을 하는 방법이다.
> 친구여, 당신의 실수에 대해 부끄럽게 생각하지 마라.
> 그것에 대해 자랑스러워하라.
> 당신은 자신의 중요한 어떤 것을 줄 용기를 가졌다.

게슈탈트 상담자는 내담자가 환경적 지지를 버리거나 탈피하고 자신의 삶을 책임지는 자기 지지에 의해서 살아가도록 조력한다. 당신이 하는 당신의 모든 실제적 행위에 대해 당신에게 책임이 있다는 것을 강조한다. 당신이 인지적으로 고려하는 모든 생각에 대해 당신에게 책임이 있다는 것을 강조한다. 그리고 당신이 느끼는 당신의 모든 감정에 대해 당신에게 책임이 있다는 것을 강조한다. 비록 어떤 사람이나 사건이 당신에게 부분적으로 영향을 미칠지언정 누구도 그리고 어떤 외적 환경도 당신의 사고, 감정, 행위에 대해 책임이 없다. 당신이 삶의 주체자로서 당신의 삶에 대한 모든 책임을 당신이 져야 한다는 것을 강조한다.

나는 나의 일을 하고 당신은 당신의 일을 한다. 나는 나이고 당신은 당신이다. 나의 인생은 나에게 책임이 있고 당신의 인생은 당신에게 책임이 있다. 이런 점에서 펄스는 "미친 사람은 '내가 아브라함 링컨이다.' 고 말하고, 신경증적인 사람은 '내가 아브라함 링컨이라면 좋겠다.' 고 말하고, 건강한 사람은 '나는 나이고 당신은 당신이다' 고 말한다." (1969a, p. 40)고 지적하였다.

게슈탈트치료를 통해 내담자는 에너지의 집중을 통해 하고자 하는 일을 성취할 수 있도록 조력한다. 심리적 문제를 가진 많은 내담자에게 에너지의 집중을 방해하는 주요한 내용은 이전에 완성하지 못한 '미해결된 일(unfinished business)' 이다. 이러한 미해결된 일이 과거에 일어났지만 당신에게 중요한 사건이었다면 아직도 당신의 삶에 영향력을 행사하고 있다고 볼 수 있다. 상담자는 내담자가 과거에 가졌던 미해결된 일을 현재로 가져와 그것을 충분히 이해하고 해결하게 함으로써 그가 과거의 어떤 일에 집착하지 않고 자신의 현재의 일에 집중할 수 있게 한다. 예를 들면, 이혼을 한 남자가 계속해서 이혼한 부인 때문에 자신의 인생이 실패로 끝났다는 생각을 하면서 자신의 당면한 문제에 열중하지 못한 경우다. 남녀에게 결혼은 중요한 사건이다. 이혼은 당사자에게 치명적인 사건이다. 평생을 인생의 동반자로 살자는 언약과 함께 시작한 결혼생활이 파국으로 끝이 난 것이 이혼이다. 일어나 버린 사건인 이혼의 굴레에 계속해서 사로잡혀 있다면 그것은 미해결된 일로서 당신의 삶을 계속해서 괴롭힐 것이다. 새롭게 주어진 상황, 새롭게 맞이하는 오늘, 새롭게 겪게 되는 경험에 당신의 에너지를 집중해서 사용하여 삶을 충만하게 할 수 있도록 하기 위해서 당신을 괴롭히는 과거의 미해결된 일을 정리하라.

게슈탈트 상담자는 내담자가 가진 다양한 양극성에 대한 자각의 확장을 촉진한다. 양극성의 어느 한쪽을 지나치게 의식하거나 강조하는 내담자를 돕는 데 상담자는 그가 자각하지 못한 다른 한쪽을 알아차리도록 한다. 그리고 내담자가 가진 '강자-약자(top-dog-underdog)'의 자기고문 게임이나 반복적인 갈등을 멈추게 하고 서로가 화해와 이해를 통해 통합을 이루도록 한다. 펄스가 양극성에서 비롯된 갈등을 해결하기 위해서 제기한 상담기법인 '빈 의사 기법(empty chair technique)'은 내담자가 가진 내적 갈등과 대인관계 갈등을 해결하는 데 유용하게 사용되고 있다. 당신이 열등감과 관련해서 고통을 받고 있다면 다른 한쪽인 우월감을 빈 의자에 놓고 번갈아 가며 열등한 나와 우월한 나가 대화하도록 하라. 당신이 엄격한 아버지와의 관계에서 갈등을 겪고 있다면 당신의 아버지를 빈 의자에 앉혀 그와 대화를 나누어라. 대화는 자신의 다른 면과 상대방을 이해하는 데 필수적이다. 훌륭한 대화자는 경청을 잘하는 사람이다. 빈 의자 기법을 통해 양극성을 이루는 양쪽이 계속해서 대화하도록 하라. 대화를 통해 상대방을 경청하는 것은 자기고문이나 대인관계의 갈등을 극복하게 한다. 경청은 상대방을 이해하기 때문에 싸움을 중단시킨다. 펄스는 "우리는 이 세상에서 특이한 양극성을 가진다. 그것은 경청(listening) 대 싸움(fighting)이다. 경청하는 사람은 싸우지 않고, 싸우는 사람은 경청하지 않는다."(1969a)고 지적하였다.

게슈탈트 상담자는 유기체의 지혜를 신뢰한다. 유기체는 개방적이고 모든 것을 알아채고 스스로 자기조절할 지혜를 가진다. 개인은 정신적 조작에 의해 유기체의 지혜에 반하는 폐쇄적·강박적 행동을 한다. 유기체의 지혜를 믿고 있는 그대로 내가 되는 것이 필요하다. 이런 점에서 펄스(1969a, p. 69)는 "당신의 정신을 버리고 감각으로 돌아오라."고 제안하였다. 그는 원활한 게슈탈트의 순환과 지금 이 순간에 알아차림을 위해 오관이 작동하도록 경험에 개방적일 것을 주장하였다.

게슈탈트 상담자는 전체가 단순히 부분의 합이라는 가정에 대조되는 "전체가 부분을 결정한다."는 가치를 굳게 믿는다. 따라서 상담자는 전체적인 조망하에서 내담자를 변화하게 하는 데 필요한 모든 고려가 역동적으로 이루어지도록 세심한 주의를 기울여야 한다.

당신은 이 순간에 무엇을 자각하고 있는가? 당신이 외부에서 오는 자극을 민감하게 알아채고 접촉하라. 당신의 신체 내부에서 진행되는 것을 민감하게 알아채고 접촉하라. 그리고 당신의 인지적 기능을 통해 환경과의 직접적 접촉이 아닌 환상적 접촉을 활성화하라. 이러한 노력은 당신이 갖는 잠재력을 실현화하게 할 것이다.

6. 선(禪)과 게슈탈트치료

1980년대부터 상담심리학 영역에서 두드러지게 강조되어 등장한 것이 다중문화주의(multiculturalism)다. 이것은 내담자의 문화적 배경을 이해함이 없이 상담자가 내담자의 문제를 해결하는 데는 제한이 있다는 점에서 비롯된 움직임이다. 역시 인간을 분석하고 관찰할 수 있는 행동만을 지나치게 강조한 과학주의에 입각한 서구심리학의 한계를 지적하여 1960년대 말부터 나타난 것이 무아(無我) 혹은 초월주의 심리학(transpersonal psychology)으로 수티크(Anthony J. Sutich), 매슬로(Abraham Maslow)를 비롯하여 많은 서구 심리학자들이 동양사상을 바탕으로 한 인간이해를 추구하고 있는 실정이다.

매슬로와 수티크는 무아심리학이라고 부르는 새로운 접근을 창립하였는데, 이 접근은 인간정신과 우주의 생명원리 간의 광범위한 관계를 연구하는 것이다. 무아심리학은 지금까지 서구심리학이 추구해 왔던 것보다 한층 더 심층적인 자기이해에 관심을 가진 동양사상에 의해 크게 영향을 받아왔다(Welwood, 1979, p. 224). 웰우드(Welwood, 1979)는 무아심리학이 네 가지 주요한 특징, 즉 ① 내적 경험에 근거한 '자기이해 심리학(self- knowledge psychology)', ② 정신생태(ecology of mind)에 있어 사회적 관심에 근거한 관계의 심리학, ③ 인간경험의 전체적 범주를 조절하기 위한 기틀, ④ 자기이해를 위한 훈련에 근거한다고 제안하였다. 잘 알려진 『선과 정신분석(*zen-buddhism and psychoanalysis*)』(김용정 역, 1992; Fromm, Suzuki, & Martino, 1970)은 그러한 대표적 결과다.

국내에서 적용되고 서구에서 개발된 다양한 상담 및 심리치료의 이론들 중에서 이론의 창시자가 흥미를 갖고 동양사상을 자신의 이론에 접목한 시도는 문헌을 통해 나타난 것으로 게슈탈트치료를 제외하고는 거의 찾아볼 수 가 없다고 해도 과언이 아니다. 이러한 점에서 유불선(儒·佛·仙) 사상의 문화적 토양을 바탕으로 알게 모르게 형성된 우리 자신의 이해를 추구하는 것이 바람직하게 여겨진다. 우리가 동양문화 속에서 살고 있는 한국인이라는 것을 분명하게 알 수 있는 것은 학문적으로 유불선 사상을 깊게 알지는 못하지만 우리는 그러한 내용을 서구인보다 보다 쉽고 친근하게 느끼고 지각한다는 것이다. 그것은 우리가 문화적 동물이기 때문이다.

게슈탈트치료는 실존적 만남을 통해 자각을 확장하는 것이다. 게슈탈트치료는 대립되는 심리적 기능의 이해를 통해 전체성과 자각을 강조한다는 측면에서 동양의 음양이론과 선 및 요가와 유사성을 가지고 있다. 게슈탈트치료의 창시자인 펄스가 지적한 것처럼, 게슈탈트치료는 동양의 음양이론, 선과의 유사성을 갖기 때문에 문화적 관점에서 선도(禪道)에 익숙한 국내의 내담자들에게 서구 사람에게는 어렵게 느껴진 게슈탈트치료를 적용하는 데 유용하리라 본다.

펄스가 주장한 많은 내용이 서양문화에서는 이해하기 힘들고 혁신적인 것으로 여겨지기도 한다. 그러한 내용을 살펴볼 때 선과 유사한 내용이 그의 철학과 방법에 기저를 이루고 있기 때문이라고 감히 말할 수 있다. 선사(禪師)와의 선문답(禪問答)을 통해 수도승이 '갑자기 깨달음(頓悟)'을 얻는 것과 같이 상담자는 상담을 통해 내담자에게 그가 지금까지 발견하지 못한 자신의 잠재력과 새로운 삶의 지혜를 터득하도록 조력해야 할 것이다. 이러한 관점에서 여기에서는 선과 게슈탈트치료와의 관계를 살펴보고자 한다.

선(禪)의 발달

선종(禪宗)은 양무제(The emperor Wu of Liang)가 지배한 6세기 초(A. D. 520)에 중국에 들어온 달마대사에 의해 개종되었는데, 이것의 종지(宗旨)는 다음과 같다.

禪의 宗旨: 敎外別傳 不立文字 直指人心 見性成佛

경전 외에 따로 전해지는 가르침
(Outside teaching; apart from tradition)
문자에 의존함이 없이

(Not founded on words and letters)

직접적으로 사람의 마음을 닦아서

(Pointing directly to the human mind)

있는 그대로를 보면 부처가 된다.

(Seeing into one's nature and attaining Buddhahood)

(영문 번역 Watts, 1957 참조)

이러한 종지에 따라 선은 경전에 의지하거나, 또는 진언(眞言)이나 보살 등 남의 힘에 의해서 해탈을 얻자는 것이 아니라, 스스로의 힘으로 자기의 본성을 보고 부처가 되자는 자력주의(自力主義)를 강조한다.

선은 원래 불교의 학문 체계를 분류한 계학(戒學), 정학(定學), 혜학(慧學)의 삼학 중에서 두 번째의 정학에 해당된다. 계학은 글자 그대로 계율을 가리킨다. 혜학은 경전에 관한 연구와 주석을 공부하는 것이다. 그렇게 함으로써 지혜가 자라난다. 선이 중국에 들어와 이와 같은 세 가지의 분류가 부정되고 계정혜(戒定慧)가 선에 통합되게 되었다(양기봉 역, 1992, pp. 135-136).

선이라는 단어는 산스크리트의 드야나(dhyana)에서 기원되었다. 이 단어의 의미를 따져 보면, 정려(靜慮), 사유수(思惟修)를 비롯하여 그 밖의 몇몇 숙어로 의역된다. 본래의 의미는 마음을 가라앉혀서 진지하게 한 대상에 집중시키는 행위, 또는 진지하게 마음을 안정시켜서 한 가지 일에 마음을 통일해 가는 행위를 의미한다. 다시 말하여 하나의 대상에 마음을 집중하는 일이다(양기봉 역, 1992). 선은 원래 불교의 삼문(三門: 教, 律, 禪)의 하나로 정신을 가다듬어 번뇌를 버리고 진리를 깊이 생각하며 무아의 경지에 빠지는 것을 의미한다. 보통 참선(參禪, 선에 참여하는 것)이나 좌선(坐禪, 선에 임하는 방법)을 줄여 선이라고 부른다. 선을 언어학적로 분석해 보면 示(보다)와 單(하나)을 합친 단어로 '단지 하나를 본다.'는 의미로 정신을 집중하여 번뇌를 버리고 오직 하나의 깨달음에 이르는 것을 내포하고 있다고 볼 수 있다.

선이 중국에서 확립되고 발달하는 데 중요하게 영향을 끼쳤던 사상은 노자와 장자에서 비롯된 도교(道敎, Taoism)다. 도교의 무위자연(無爲自然) 사상이 선에 주요한 내용으로 흡수되어 있다는 것은 삼조(三祖) 감지선사(二祖 혜가스님이 승찬(Seng-ts'an)이라 이름지어 줌)가 지은 신심명(信心銘)에서 무위자연 사상이 분명하게 나타나는 것을 바탕으로 알 수 있다(이희익, 1972; Watts, 1957). 감지선사는 신심명에서 지도(至道)의 중요성과 더불어 '지혜로운 사람은 억지로 하려하지 않는다(智者無爲).'는 점 등을 강조하였다. 불교는 비구도(比丘道)를 강조한 소승불교(Hinayana)와 보살도(菩薩道)을 추구하는 대승불교(Mahayana) 두 갈래로 나뉘었다. 선은 종지에 나타난 것처럼 '모든 중생이 다 불성이 있다(一切衆生 悉有佛性).'는 대승불교의 입장을 받아들여 발달하였다. 우리나라에 선종(禪宗)이 들어온 것은 신라 헌덕왕 때부터인데 아홉 파의 거의가 중국에 들어가 법을 배워와 구산선문(九山禪門)을 형성하였다(황성기, 1978; Watts, 1957).

선도(禪道)에서 중시하는 선문답의 실례를 살펴보고자 한다.

다음의 대화는 자기의 번뇌를 해결하고자 왼쪽 팔을 자른 후 가르침을 간청했던 이조(二祖) 혜가스님(Hui-ko)과 달마대사(Bodhidharma)의 문답 내용이다.

혜가스님: 弟子心未安, 乞師安.

제자는 마음의 평화를 얻지 못했습니다. 선사께서 저의 마음에 평화를 갖게 해 주십시오.

(I have no peace of mind. Please pacify my mind.)

달마대사: 將心來爲汝安.

그대의 마음을 내 앞에 가져오너라. 그러면 내가 너의 마음을 평안하게 해 주리라.

(Bring out your mind here before me, and I will pacify it.)

혜가스님: 覓心了不可得.

제가 저의 마음을 아무리 찾아도, 그것을 발견할 수가 없습니다.

(When I seek my own mind, I cannot find it.)

달마대사: 爲汝安心竟.

그렇다면, 나는 너의 마음을 이미 평안하게 했노라.

(There!, I have pacified your mind.)

(영문 번역 Watts, 1957 참조)

선문답의 이 순간에 혜가스님은 깨달음, 돈오(頓悟), 사토리(satori)에 이르렀다.

다음은 사조(四祖)인 도신스님(Tao-hsin)이 감지선사와의 선문답을 통해 깨달음을 얻은 내용이다.

도신스님: 乞與解脫法門.

스승이시여, 제발 해탈의 법문을 가르쳐 주십시오.

(What is the method of liberation?)

감지선사: 誰縛汝.

누가 그대를 구속하고 있는가?

(Who binds you?)

도신스님: 無人縛.

저를 구속하는 사람이 아무도 없습니다.

(No one binds me.)

감지선사: 何更求解脫乎

그런데 왜 너는 해탈을 추구하느냐?

(Why then should you seek liberation?)

(영문 번역 Watts, 1957 참조)

나 게슈탈트치료

게슈탈트치료에서 펄스가 강조한 기본철학은 상태주의(isism)에 자각(awareness)을 가미한 입장이다. 그가 조어한 용어, 즉 계산주의(aboutism), 강박주의(shouldism), 상태주의(isism)를 통해 철학적 입장을 설명하였다. 게슈탈트치료는 유기체의 지혜와 자발성(spontaneity; nature; self-so-ness)을 믿으며 유기체에 의한 경험주의와 실험주의를 바탕으로 다양한 치료기법을 사용한다. 프로이트는 우리의 심리적 문제의 해결을 위해 해석을 강조한 반면, 펄스는 통합을 강조한다.

선에서 직지인심 견성성불(直指人心 見性成佛)을 강조한 것처럼, 게슈탈트치료의 주요 기법은 유기체가 직접적으로 접촉하여 하나의 자각 혹은 하나의 게슈탈트를 갖는 것에 근거한다. 게슈탈트치료를 지탱하는 가장 중요한 두 가지 지지기반을 현재와 과정이라고 말한다. 지금-여기에서 진행되는 것에 집중하여 유기체가 가장 필요한 게슈탈트를 완성하는 것이 삶에 충실한 방법이다. 유기체가 필요로 하는 이러한 게슈탈트의 출현과 완성은 삶이 진행되는 동안 계속된다. 과거의 '미완성된 일'이 현재의 게슈탈트 완성에 방해가 된다면, 미래의 일에 대한 걱정이 현재의 게슈탈트 완성에 장애가 된다면, 유기체의 지금-여기에서 진행되는 게슈탈트 완성을 위한 집중력이 감소된다.

나 선(禪)이 게슈탈트치료에 준 영향

펄스는 와이즈(Paul Weisz)를 통해 선에 대해서 알게 되었다. 와이즈는 의사로서 선을 수도하였으며, 펄스와 그의 부인 로라(Laura Perls)에게 선을 가르쳤다. 와이즈는 펄스에게 인정받는 재능 있는 게슈탈트 치료자가 되었으며, 선과 게슈탈트치료를 통합하려고 시도하였다. 펄스는 선의 아이디어를 자신의 게슈탈트치료의 철학과 방법에 통합하는 것을 추구하였다. 펄스는 선의 지혜와 비도덕적 태도에 매력을 느꼈으며, 선이 추구하는 바는 그가 이미 주장했던 강박주의적(shouldistic) 행동에 대한 반대를 강화시켰다.

특히 선이 강조하는 현재지향성은 펄스가 게슈탈트치료에서 강조하는 현재의 자각과 유사성을 가진다. 나란조(Naranjo, 1970)는 선이 게슈탈트치료에서 현재를 중시하는 데 기여했다고 지적하였다.

선에서 사용되는 역설의 개념은 우리가 우리 자신을 변화시키려고 노력하는 것을 멈출 때 변화가 일어난다는 펄스의 역설적 개념과 부합한다. 펄스는 선에 매력을 느꼈을 뿐만 아니라 자신의 자각연습이 서양인들에게 일종의 선과 유사한 자기변형을 제공한다고 믿었다. 펄스의 선에 대한 매력은 그가 일본 도쿄를 방문하여 선을 공부하게 이끌었다. 역시 펄스는 1950년대와 1960년대에 선에 대해 탁월한 경지에 도달한 왓츠(Alan Watts)에 의해 영향을 받았다.

선(禪)과 게슈탈트치료의 관계

선과 게슈탈트치료는 둘 다 '급진적 경험주의'와 '급진적 실존주의'로 간주될 수 있다고 주장한다(Joslyn, 1975). 게슈탈트치료의 주요한 기법에서 사용되는 '빈 의자'는 선도에 있는 명상자(meditator)에게 직면한 텅 빈 벽이나 마루와 같다. 게슈탈트치료와 선의 모든 기법은 단순히 지금-여기의 과정으로서 자신과 세계에 대한 자각을 유도하기 위한 것이다.

조슬린(Joslyn, 1975)은 배경의 통일적 관점으로부터 전경과 배경의 과정을 지각하는 것이 선의 방법이라고 지적하였다. 펄스(1969b)는 일본의 선사가 그에게 물었던 "바람의 색깔이 무엇인가?"란 화두에 대한 답변으로 선사에게 다가가서 그의 얼굴에 대고 입으로 불었다. 펄스는 이러한 그의 답변이 "바람의 색깔은 당신이 느끼는 것이다."는 점을 지적하며 게슈탈트적이라고 설명하였다. 즉, 이러한 펄스의 화두에 대한 답변은 "조작된 신념을 버리고 감각으로 돌아오라."는 지금-여기의 과정에서 자기자각을 강조한 것이라 본다.

게슈탈트 치료자는 내담자가 자기조절과정으로 접촉에 있도록,

그러한 자기조절과정으로서 자신과 세계를 실현하도록, 그러한 과정을 방해하는 것을 멈추도록, 강박적인 생각으로 명백히 존재하는 상태를 자각하는 것을 방해하는 것을 멈추도록 한다. 게슈탈트 치료자는 선사처럼 가르칠 것이 없다는 것보다 다른 사람을 가르칠 아무것도 가지지 않는다. 모든 게슈탈트와 선의 기법은 단순히 지금-여기의 과정으로서 단순히 자기 자신의 실현을 야기하기 위한 것이다.

"만약 당신이 거리에서 부처를 보면, 그를 죽여라(If you see the Buddha on the street, kill him.)."라는 관점은 대승불교적인 입장을 이야기한 것이다. 즉, 선과 게슈탈트치료에서 강조한 자신 내부에 있는 잠재력을 개발하는 것이 중요하다는 것으로 '외적 지지'보다는 자력주의 혹은 자기 지지의 중요성을 강조한 내용이다. 자기를 이해하고 찾는 노력이 문제해결의 주요한 방법이다.

펄스가 게슈탈트 기도문에서 지적한 "나는 나이고, 너는 너다."나 "장미는 장미이고, 장미는 장미다."라는 표현은 한편으로 그가 많은 사람들에게 구루(Guru, 禪師)로 불렸던 점을 고려하면 선도의 입장에서 이해하는 것이 바람직하게 여겨진다. 다음 내용은 인구에 회자되는 성철스님의 법어(法語)이다.

뚜렷이 깨달음 널리 비치니
고요함과 없어짐이 둘 아니로다.
보이는 만물은 관음이요
들리는 소리마다 묘한 이치로다.
보고 듣는 이것밖에 진리가 따로 없으니,
아아, 여기 모인 대중은 알겠는가?
산은 산이요

물은 물이로다(이성철 스님, 1993, p. 138).

自己를 바로 봅시다(見性).
자기는 원래 구원되어 있습니다.
자기가 본래 부처입니다.
자기는 항상 행복과 영광에 넘쳐 있습니다.
극락과 천당은 꿈속의 잠꼬대입니다.
자기를 바로 봅시다.
자기는 시간과 공간을 초월하여 영원하고 무한합니다.
설사 허공이 무너지고 땅이 없어져도
자기는 항상 변함이 없습니다.
자기를 바로 봅시다.
有形과 無形할 것 없이 우주의 삼라만상이 모두 자기입니다.
그러므로 반짝이는 별, 춤추는 나비 등등이
모두 자기입니다(이성철 스님, 1993, pp. 136-137).

동양철학은 분석적이기보다 직관적이며 관조적이다. 우주의 원리를 이해하는 데 전체적인 질서와 조화를 강조한다. 동양의 음양이론이 보여 주는 것처럼, 상반되는 반대원리를 통해 역동적으로 작용하여 조화와 통합을 이루는 전체성을 중요시한다. 선사들이 삶을 지혜롭게 이끌기 위해 강조하는 선문답의 내용도 전체로서 나를 이해하고 찾는 과정이라고 할 수 있다. 그들은 역설을 통해 궁극적으로 전체적인 조화를 이룰 것을 주장한다.

심리학파 중에서 게슈탈트 심리학보다 전체성의 입장을 두드러지게 강조한 학파는 찾아보기 힘들다. 게슈탈트 심리학의 기본적 공리인 "전체는 부분의 합 이상이다."라는 게슈탈트치료에 근간을 이루고 있다. 숲을 보고 나무를 보느냐 나무를 보고 숲을 보느냐의 사물을 보는 단순한 관점 이상으로 게슈탈트치료는 개체적인 요소보다 요소들이 서로 작용하는 역동성을 중요시한다. 그런 점에서 결과로서 나타나는 전체를 이루는 장 속에서의 과정을 이해하는 데 주력한다.

선(禪)의 중도와 게슈탈트치료의 통합

중도(中道)는 선에서 강조하는 가장 중요한 개념이다. 게슈탈트치료에서 강조하는 가장 중요한 개념은 통합이다. 선과 게슈탈트치료의 핵심적 개념인 중도와 통합에 대한 이해는 양극적인 대립으로 자기고문게임을 하며 갈등하는 내담자들의 문제를 돕는 데 기여하리라 본다.

> 중도법문(中道法門)의 예: 불생불멸(不生不滅), 불증불감(不增不減), 색즉시공공즉시색(色卽是空空卽是色)

우주의 실상은 진공(眞空)인 동시에 바로 묘유(妙有)이다. 공(空)인 동시에 가(假)요, 공도 아니고 가도 아니기 때문에 중도(中道)이다(성륜불서간행회, 1995).

> 중도는 상대양변을 떠나서 그 상대양변이 융합하는 바로 모순이 융합되는 세계를 중도의 세계라고 합니다. 흔히 '중도를 중간이다' 하는데, 중도는 중간이 아닙니다. 선과 악이 대립되어 있는데, 중도법문에 의하면 그 선악을 떠나서 선악이 융통되는 것입니다. 신과 악이 서로 통해 버리는 것입니다. 중도란 모든 대립을 떠나서 그 대립

이 융화되어 서로 합하는 것입니다. 그러므로 유무합고(有無合故)로 명위중도(名爲中道), 즉 유와 무가 서로 합하는 것을 중도라 이름 한다고 부처님께서 말씀하셨습니다(이성철 스님, 1993 p. 35).

선훈련에서 중요한 측면은 자각을 위한 훈련으로 그것은 현재 진행되는 것을 항상 자각할 수 있도록 실제로 중도(center)를 갖는 것을 포함한다. 궁극적인 자각은 계산 기능(사고)이 사라지고, 직관이나 자각이 실제로 감각으로 느껴질 정도로 밝고 명료할 때만 일어날 수 있다. 동양철학에서 공심(空心, empty mind)은 최고의 찬사를 받을 만한 가치가 있다. 그러므로 "당신의 정신을 버리고 당신의 감각에 귀를 기울여라(Lose your mind and come to your senses)." 펄스는 이 말을 당신이 세계와 자신에 대해서 가장하고 사려하는 것을 포기하고 지금과 여기의 즉각적인 경험으로 돌아오라는 뜻으로 이야기하였다(Perls, 1970). 게슈탈트치료에서는 게슈탈트 순환을 통해 끊임없는 통합이 자연스럽게 이루어지는 유기체의 지혜를 강조한다. 통합되지 않아 '미완성된 일' 로 남아 있는 문제들은 우리나라 사람들이 恨이라고 하는 것과 유사하다고 볼 수 있다.

모든 심오한 종교, 특히 선불교 혹은 훌륭한 치료의 과업은 자신의 꿈, 특히 악몽으로부터 깨어나는 깨달음(great awakening: 자신의 감각에 돌아오는 것)이다. 배우고 성장하는 선도에 초점을 둔 게슈탈트치료는 서양 사람에게 자신의 환경에서 찾기 힘든 과정의 가치를 경험하게 하는 딜레마를 제공한다. 게슈탈트치료는 자주 서구문화에서 성취하기 힘든 통합, 자유 그리고 사토리를 얻게 할 수 있다(Shepherd, 1970, p. 238).

선과 게슈탈트치료는 변화의 역설로 무위와 자연을 강조한다. 우리 모두는 변화의 생각에 골몰한다. 대부분의 사람들은 '그들은 변하기를 원한다.' '나는 이렇게 되어야 한다.' 등으로 프로그램을 만들어서 변화하려고 한다. 일어나는 것에 대한 신중한 변화의 생각은 결코, 결코, 결코 기능하지 않는다는 것이다. 당신이 "나는 변하기를 원한다."고 말하고 프로그램을 만들자마자, 당신이 변하지 못하도록 방해하는 반대 힘이 생성된다. 변화는 스스로 일어나고 있다. 만약 당신이 당신의 본성으로 돌아가면, 당신이 있는 그대로를 수용하면, 변화 그 자체는 자동적으로 일어난다.

인생각본의 구조는 보통 업보나 운명으로 말해지지만, 그 대부분은 어떻게 자학적이었는지 얼마나 무익한 자기개조게임을 해 왔는지, 또 얼마나 업적을 쌓는 데 안달해 왔으며 흥미를 가졌는지와 관계가 있다. 게슈탈트치료의 목적은 이 엉망진창이 된 인생각본의 줄거리를 본 상태로 재조직화하는 것이다(Perls, 1973).

이러한 게슈탈트치료의 변화의 역설과 유사하게 깨달음을 얻기 위해 노력하는 수행자에게 법정스님(1997)은 다음과 같이 말하였다.

> 현재를 최대한으로 사는 것이 수행자의 삶임을 잊지 말라. 행여나 깨달음을 얻기 위해서 수행을 한다고 생각하지는 말라. 도대체 깨달음이란 무엇인가? 누가 깨닫는다고 했는가? 깨닫겠다고 하는 그 사람이 문제다. 깨달으려고 해서 깨달음에 이른 사람은 아무도 없다. 깨달음은, 굳이 말을 하자면 보름달처럼 떠오르는 것이고 꽃향기처럼 풍겨오는 것. 그러니 깨닫기 위해서 정진한다는 말은 옳지 않다(법정스님, 1997, p. 85)

선과 게슈탈트치료는 합자연적인 입장에서 유기체의 지혜를 믿고 강조한다. 선이 보다 직관적이고 관념론적 입장에서 깨달음을 강조한 반면, 게슈탈트치료는 보다 분석적이고 실용적인 입장에서 자각의 중요성을 지적하고 있다고 볼 수 있다. 이러한 차이는 인간의 탐구와 이해를 추구하는 두 입장의 근간이 되는 동양정신과 서양정신의 영향을 고려하는 것이 필요하다. 하지만 앞서 지적한 것처럼 선이 게슈탈트치료에 준 영향을 바탕으로 볼 때 발달된 정신적 토양은 다를지라도 두 접근이 추구하는 여러 가지 핵심적인 공통점을 찾아 볼 수 있다.

첫째, 선과 게슈탈트치료는 자연성과 자발성을 강조한다. 동양철학이 합자연성을 강조한 것처럼, 선은 인간이 자연의 일부이며 더 나아가 자연 자체임을 강조한다. 역시 게슈탈트치료는 강박주의를 반대하여 실존 그 자체로서 있는 것이 가장 자발성을 보이는 것이며 자연적인 것으로 여긴다.

둘째, 선과 게슈탈트치료는 전체성과 통합을 강조한다. 선은 중도를 강조함으로써 음이 양이 되고 양이 음이 되는, 그리고 그것이 균형을 통해 하나가 되는 전체성을 강조한다. 역시 게슈탈트치료는 양극성을 가정하고 서로 이해하고 화해하여 양극이 통합되는 것이 문제해결로 보고 있다.

셋째, 선과 게슈탈트치료는 깨달음과 자각을 강조한다. 선은 깨달음(enlightenment)을 강조한 반면, 게슈탈트치료는 자각(awareness)을 강조한다. 깨달음과 자각은 개념의 뉘앙스에서 다소 다르지만 그 본질에 있어서는 같다고 여겨진다. 펄스가 깨달음에 이르기 위해 수십 년이 걸린다면 선이 비효과적이라고 비판하였지만 선사는 선도를 통해 오관이 개방된 상태에서 수없는 자각을 이루며 보다 큰 깨달음에 이른다고 볼 수 있다. 게슈탈트치료는 실존으로서 오관이 개방되어 자각하며 살아가는 상태를 바람직한 적응으로 보며 유기체의 지혜를 신뢰하는 것으로 생각한다.

넷째, 선과 게슈탈트치료는 현재를 바탕으로 한 개방성과 충실성을 강조한다. 우리가 생각하는 시간의 개념으로 볼 때 현재는 과거와 미래의 중간에 있다. 그러나 두 접근은 우리가 현재에 충실하며 살아갈 것을 강조하며, 필요하면 과거와 미래를 현재로 가져와서 다룰 것을 주장한다. 삶을 영원한 현재로 보고 현재에 개방적이고 충실할 것을 강조한다.

다섯째, 선과 게슈탈트치료는 에너지의 집중력을 강조한다. 선은 좌선과 명상을 통해 깨달음에 이르기 위해 모든 에너지를 한 곳에 집중할 수 있는 것을 강조한다. 역시 게슈탈트치료는 펄스가 초기에 그의 접근방식을 집중력치료라고 불렀던 것처럼 미완성된 일은 에너지의 집중을 방해한다고 본다.

여섯째, 선과 게슈탈트치료는 변화의 역설을 강조한다. 모든 상담 및 심리치료가 문제해결을 위해 역설적이라고 할 수 있지만, 선과 게슈탈트치료는 보다 직접적으로 역설을 통해 깨달음과 자각에 이르게 한다고 볼 수 있다. 두 접근은 있는 그대로에 충실하게 사는 것을 강조하며 억지로 변화하려고 노력하는 것을 반대한다.

이처럼 선과 게슈탈트치료는 많은 공통적인 관점을 갖고 있다는 것을 알 수 있다. 선에서는 선사가 십우도(十牛圖)의 과정—尋牛, 見跡, 見牛, 得牛, 牧牛, 騎牛歸家, 忘牛存人, 人牛俱忘, 返本還源, 入廛垂手—을 거쳐 있는 그대로의 세계를 깨달아 중생을 교화한다는 깨달음의 과정을 잘 보여 준다. 역시 십우도는 수행을 통해 원래 우리 자신에게 내재해 있는 불심을 발견해 성불할 수 있다는 직지인심 견성성불을 잘 나타내고 있다. 이러한 선수도(禪修道)의 과정은 나와 소가 통합되는 과정을 잘 보여 준다. 게슈탈트치료에서 강조하는 게슈탈트 순환의 과정—휴식의 상태, 욕구의 출현, 자각 또는 알아차림, 선택, 에너지 동원, 접촉, 동화 또는 거부, 만족, 철회—은 현재에 충실한 삶의 과정을 잘 나타내고 있다. 게슈탈트치료에서는 가장 시급한 게슈탈트를 완성하는 것이 유기체의 지혜임을 강조한다. 시간이 걸려 게슈탈트 순환이 완성되는 인생의 중요한 문제가 있는 반면, 상황에 따라 게슈탈트 순환이 짧은 시간에 완성되는 것도 있다. 이러한 점에서 선을 통해 깨달음에 이르는 과정은 개인차가 있다고 해도 시간이 걸리는 게슈탈트 완성의 과정이라고 할 수 있다.

09 인간중심치료

경험은 나에게 최고의 권위다.

1. 로저스의 생애
2. 인간에 대한 이해
3. 문제에 대한 이해
4. 로저스의 지혜
5. 문제해결을 위한 상담

게슈탈트치료의 발견자인 펄스처럼, 로저스도 유기체의 지혜를 강조하였다. 로저스는 건강한 자아는 주입된 가치에 의해서가 아니라 유기체의 경험을 바탕으로 형성된다고 믿었다. 인간의 잠재력에 대한 깊은 신뢰를 바탕으로 성립된 상담접근이 로저스가 세운 인간중심치료(Person-Centered Therapy)다. 인간중심치료는 인간은 유기체로서 경험을 통해 자신의 가치를 형성해 간다는 신념에서 비롯되었다.

로저스는 '타고난 상담자(inborn counselor)'로, 그의 성격이나 상담 접근으로 많은 상담자들에 의해 성인(saint)이라고 불린다. 1980년대 초까지 보편적으로 받아들여져 심리학의 세 가지 세력으로 여겨진 정신역동주의, 행동주의 및 인본주의의 핵심 인물을 중심으로 살펴볼 때, 로저스는 아직도 상담 분야에서 도도한 영향을 미치고 있다고 할 수 있다. 상담 및 심리치료의 영역에서 감히 말할 수 있는 것은, 프로이트는 정신역동주의에서 권위(authority)이며, 스키너(Skinner)는 행동주의에서 권위이며, 로저스는 인본주의에서 권위라는 점이다. 왜냐하면 이 세 사람이 주장한 내용을 많은 사람이 아직도 따르고 있으며 인간을 위한 변화이론으로 수용하고 있기 때문이다.

인간중심치료는 초기에는 정신분석의 지시적 접근과 대별해서 비지시적 접근으로 불렸으며, 상담자나 치료자중심치료와 대별해서 내담자중심치료(Client-Centered Therapy)로 불렸다. 로저스가 그의 인생의 후반기에 보다 확고한 철학적 신념과 인간에 대한 믿음으로써 그의 상담접근을 1974년에 인간중심치료로 수정한 것을 주목할 필요가 있다. 로저스는 도움을 받으러 온 사람을 환자나 내담자로 불러서 상담자나 치료자와의 차이를 두는 상담관계가 아니라 대등한 '인간 대 인간(person to person)'의 관계를 강조하였다. 그러므로 인간중심치료에서는 상담관계에서 주관적 경험을 통해 끊임없이 가치를 형성하면서 성숙해 가는 존재로서 도움을 요청한 사람을 보고 대하는 태도가 강조된다.

1. 로저스의 생애

로저스(Carl R. Rogers, 1902~1987)는 미국 일리노이 오크 파크(Oak Park)에서 6명의 자녀 중 네 번째로 태어났다. 그의 부모는 근본주의 기독교적 견해를 가졌으며, 도덕적 행동, 정서표현의 억제 그리고 열심히 일하는 것의 미덕을 강조하였다. 로저스는 수줍음이 있었지만 매우 총명한 소년으로 자라났다. 그는 과학을 특히 좋아했고, 13세쯤에는 생물학과 농업에 대한 지역 전문가로 평판이 나 있었다. 역설적이게도, 로저스의 가족은 조금도 따뜻하거나 애정적이지 않았다. 즉, 그가 발달시킨 내담자중심치료의 주요 특성인 감정을 개방적으로 표현하는 것은 허락되지 않았다. 그 결과, 그의 두 명의 형제처럼 로저스는 15세 때 위궤양을 앓았다.

로저스는 1919년에 농업을 공부하기 위해 부모의 모교인 위스콘신 대학교에 입학하였다. 그는 처음에는 진로를 농업 분야로 정할 계획이었지만, 곧 농업에서 도전할 만한 흥미를 발견하지 못했다. 역시 심리학 강의도 들어 봤지만 재미를 느끼지 못했다. 마침내 그는 종교에 관한 공부를 하기로 결정했다. 그는 1924년에 부인 헬렌(Helen)과 함께 위스콘신 대학교를 졸업하고 나서 목사로서의 진로를 준비하기 위해 뉴욕에 있는 유니온 신학교에 입학하였다.

뉴욕에서의 두 가지의 경험이 그의 삶의 방향을 다시 변화시켰다. 첫 번째 경험은 로저스가 심도 있는 신학 연구를 통해 자신의 종교적 믿음에 대한 의문을 갖게 된 것이다. 그는 "기독교는 개개인이 갖는 매우 다른 심리적 욕구를 만족시켜 왔으며, 중요한 것은 종교가 아니라 인간이다."(Kirschenbaum, 1979, p. 45)고 생각하게 되었다. 두 번째 경험은 새롭게 심리학에 대한 이해를 한 것이었다. 신학교를 다니면서, 로저스는 길 건너 있는 컬럼비아 대학교에서 심리학 강의를 들으면서 새로운 관점을 갖게 되었다.

신학의 진로는 로저스에게 사람들을 도울 수 있는 기회를 보장했지만, 그의 이러한 믿음은 점점 약해졌다. 로저스는 그 당시의 상황을 "단지 목사로서의 전문직을 유지하기 위해, 믿음을 고백하는 것은 끔직한 일일 것이다. 나는 사고의 자유를 제한받지 않는 분야를 찾기를 원했다."(Kirschenbaum, 1979, pp. 51–52)고 술회했다. 로저스의 부모는 몹시 당황했지만, 그는 신학을 포기하고 심리학을 공부하기 위해 컬럼비아 대학교 대학원 과정에 등록하였다.

로저스는 29세인 1931년에 컬럼비아 대학교에서 박사학위를 받은 후, 뉴욕 로체스터에 있는 아동생활지도 클리닉에서 일을 하였다. 그는 여기서 비행 및 장애 아동을 진단하고 치료하면서 대부분의 시간을 보냈다. 1940년에 그는 오하이오 주립대학교 심리학 교수가 되었다. 대학원생들을 가르치면서, 로저스는 정서적 장애를 가진 아동을 상담하는 방식에 대한 견해를 형성하기 시작하였다. 1945년부터 1957년까지 시카고 대학교에서 가르치면서 카운셀

링센터를 운영하다가, 1957년에 위스콘신 대학교로 돌아와서 1963년까지 머물렀다. 이러한 기간 동안 로저스는 당시에 확고한 위치를 가진 정신분석 접근과, 지배적 심리학 세력인 행동주의와 맞서 싸웠다. 시간이 지나면서 그는 이러한 싸움에서 점차 승리하기 시작하였다. 1956년에 로저스는 미국심리학회가 심리학에 기여한 우수과학자에게 주는 첫 번째 공로상을 수상하였다.

로저스는 1963년에 캘리포니아의 라 졸라(La Jolla)로 옮겨 '인간연구센터' 를 설립했다. 로저스의 인간중심치료에서 주요한 핵심은 인간에 대한 그의 진실한 관심이었다. 그의 동료들은 "로저스는 평범한 사람처럼 보인다. 그는 뛰어나게 말을 잘하는 사람은 아니었다. 하지만 그는 진실한 관심을 가지고 당신을 경청하여 이해할 것이다."(Gendlin, 1988, p. 127)라고 기술하였다. 로저스는 생의 마지막 15년을 사회갈등의 문제와 세계 평화를 위해 공헌하였다. 심지어 80대의 나이로, 그는 소비에트연방과 남아프리카와 같은 곳에서 워크숍과 의사소통 집단을 이끌었다. 로저스는 1987년 2월 그가 죽을 때까지 계속해서 많은 책을 집필하였으며, 심리학의 발전에 기여하였다.

2. 인간에 대한 이해

인간은 유기체로서 실현화 경향성을 가진 존재다. 우리 모두가 경험하는 유기체로서 자신을 실현화하기 위한 기본적 동기를 갖고 있다는 것이다. 인간중심접근은 이런 실현화 경향성 때문에 유기체의 지혜(wisdom of organism)를 믿는다. 인간중심접근은 인간이 기본적으로 신뢰할 수 있는 유기체라는 전제에 근거한다. 당신은 유기체로서 계속해서 변화하는 경험의 세계인 현상적 장에서 살아간다. 우리는 주체적으로 자기실현을 위해 삶을 주도하며 살아간다. 똑같은 환경이나 장에서도 우리는 각자 현상적으로 혹은 주관적으로 매우 다른 경험을 한다. 따라서 인간중심접근에서는 삶의 주체로서 우리가 오관을 통해 매순간에 경험하며 느끼는 감정을 중시한다.

로저스는 "경험은 나에게 최고의 권위(authority)다."라고 하였나. 인간중심접근은 인간을 가치 덩어리로 본다. 가치 덩어리인 인간은 경험을 통해 가치를 형성해 간다. 때문에 우리 각자가 매순간에 경험하는 것이 무엇보다 중요하다. 당신은 이 순간에 무엇을 경험하고 있는가? 경험을 통해 당신이 느끼는 희로애락의 감정을 진솔하게 수용하고 표현하는가? 아니면 부모나 타인에 의해 강요되거나 주입된 가치에 의해 왜곡되거나 부정된 감정에 사로잡혀 있는가? 로저스는 가치 덩어리로서 당신이 경험을 통해 자기실현 경향성을 발현할 수 있다고 본다. 심리적으로 건강한 사람은 모든 경험에 개방되어 자기에 대한 가치화 과정을 이루어 간다.

인간은 전체로서 현상적 장을 경험하고 지각한다. 외부에서 주어진 어떤 자극에 대해 유기체는 전체로서 반응한다. 이런 점에서 인간중심접근은 인간행동을 주관적인 가치를 배제해 버리고 외현적인 자극-반응으로 설명하는 행동주의의 입장을 비판한다. 인간은 가치 덩어리로서 가치 지향적인 목적에 따라 총체적으로 행동한다고 본다. 더불어 인간중심접근은 인간을 결정론적으로 보는 프로이트의 입장을 비판하고 끊임없이 변화하고 성장하는 존재로 본다. 로저스가 '인생은 아무것도 고정되지 않는 지속적인 변화의 과정'이라고 지적한 것처럼, 인간은 '되어 가는 과정(process of becoming)'으로 존재한다.

로저스는 인간이 선천적으로 선하게 태어났다고 보았다. 인간은 기본적으로 실현화 경향성의 잠재력을 갖고 태어나 자신을 성장시킬 수 있다는 것이다. 그러나 인간이 부정적이고 악하게 된 것은 외부적인 영향, 즉 부모나 사회에서 가하는 '가치의 조건화(conditions of worth)'에 의해 이러한 실현화 경향성이 방해받기 때문인 것으로 보았다.

로저스가 인간을 어떻게 이해했는가를 알아보기 위해서 그가 인간 성격에 대한 명제로서 제시한 내용을 이해하는 게 필요하다. 다음은 로저스(1951, pp. 483-524)가 그의 주요 저서인 『내담자중심치료』에 제시한 19가지 명제다. 그가 제안했던 성격에 대한 명제를 통해 인간 성격에 대한 그의 입장을 이해할 수 있으리라 본다.

- 명제 1: 모든 개인은 자신이 중심인 계속적으로 변화하는 경험의 세계 내에 존재한다.
- 명제 2: 유기체는 경험되고 지각되는 장에 반응한다. 경험하는 유기체로서 개인에게, 이러한 지각된 장은 '현실'이다.
- 명제 3: 유기체는 이러한 현상적 장에 조직화된 전체로서 반응한다.
- 명제 4: 유기체는 하나의 기본적 경향성과 추구를 가지고 있는데, 그것은 경험하는 유기체를 실현하고, 유지하고, 향상시키는 것이다.
- 명제 5: 행동은 기본적으로 유기체가 경험된 것으로서, 즉 지각된 장 내에서 자신의 욕구를 충족시키려는 목표 지향적 시도다.
- 명제 6: 유기체의 유지와 향상을 위해, 정서는 목표 지향적 행동, 행동의 추구적 대 완성적 측면에 관련된 정서의 종류, 그

리고 행동의 지각된 의미에 관련된 정서의 강도를 수반하고 일반적으로 촉진한다.

- 명제 7: 행동을 이해하기 위한 가장 훌륭한 관점은 개인 그 자신의 내적 참조 틀로부터다.
- 명제 8: 전체적인 지각적 장의 일부는 점차적으로 자아로서 변별되게 된다.
- 명제 9: 환경과의 상호작용의 결과로서, 특히 타인과의 평가적 상호작용의 결과로서, 자아의 구조가 형성된다. 이러한 자아는 나에 대한 개념에 결부된 가치와 함께, '나' 혹은 '나를' 에 대한 특성 및 관계의 조직화되고 유연하지만 일관된 지각의 개념적 패턴이다.
- 명제 10: 경험에 결부된 가치 그리고 자아구조의 일부가 된 가치는 어떤 경우에는 유기체가 직접 경험한 가치이고, 다른 경우에는 내사된 혹은 타인에게서 취해진 가치로, 마치 그러한 가치가 직접 경험되었던 것처럼, 그러나 왜곡된 방식으로 지각된 가치다.
- 명제 11: 한 개인의 삶에 경험이 일어날 때, 그러한 경험은 ① 자아에 대한 어떤 관계로 상징화되고, 지각되고, 조직화되고, ② 자아 구조에 대한 지각된 경험이 아닐 경우에는 무시되며, ③ 그러한 경험이 자아의 구조와 일관되지 않을 때는 상징화가 부인되거나 왜곡된다.
- 명제 12: 유기체가 채택하는 대부분의 행동 방식은 자아개념과 일관된다.
- 명제 13: 어떤 경우에 행동은 상징화되지 않았던 유기체적 경험과 욕구에 의해 야기될 수 있다. 그러한 경우에 행동은 자아구조와 일관되지 않을 수 있지만, 그 행동은 그 개인만의

고유한 행동이라고 볼 수 없다.

- 명제 14: 심리적 부적응은 유기체가 의미 있는 감각과 감정적 경험을 자각하는 것을 부정할 때, 결과적으로 그러한 경험이 자아구조의 게슈탈트로 상징화되고 조직화되지 않을 때 나타나게 된다. 이러한 상황이 될 때, 기본적 혹은 잠재적인 심리적 긴장이 나타난다.
- 명제 15: 심리적 적응은 유기체의 모든 감각적 · 감정적 경험이 자아개념과 일관된 관계로 상징적 수준에 있거나 동화될 때 나타난다.
- 명제 16: 자아의 조직 혹은 구조와 일관되지 않는 어떤 경험은 위협으로 지각될 수 있으며, 이러한 지각이 많을수록 자아구조는 스스로를 유지하는 데 더욱 경직되게 조직화된다.
- 명제 17: 일차적으로 자아구조에 어떤 위협도 없는 조건하에서, 자아와 일관되지 않는 경험이 지각되고 탐색될 수 있다. 그리고 자아구조는 그러한 경험을 동화해서 포함시키기 위해 수정된다.
- 명제 18: 개인이 하나의 일관되고 통합된 체계 내로 자신의 감각적 · 감정적 경험을 지각하고 수용할 때, 그는 필연적으로 타인을 보다 잘 이해하고 타인을 분리된 개인으로서 더욱 수용하게 된다.
- 명제 19: 개인이 자신의 자아구조 내로 자신의 신체적 경험을 많이 지각하고 수용할 때, 그는 계속되는 유기체적 가치화 과정에 따라 대체로 왜곡적으로 상징화되었던, 내사에 근거한 자신의 현재의 가치체계를 바꾸고 있다는 것을 알게 된다.

3. 문제에 대한 이해

인간이 유기체로서 욕구를 실현화하고 독특한 존재로서 자기실현을 이루지 못한 이유는 무엇일까? 이러한 질문에 답을 찾기 위해서는 로저스가 인간을 보는 가정을 이해해야 한다. 인간중심접근은 로저스의 인간 잠재력에 대한 확고한 신념과 철학에 근거한다. 그는 인간성장의 잠재력에 대한 강한 믿음을 가졌다. 바꾸어 말하면, 유기체로서 인간의 실현화 경향성에 대한 믿음의 결핍이 문제를 초래한다는 것이다. 실현화 경향성을 가진 유기체의 지혜를 무시하는 것에서 문제가 시작된다고 보았다.

우리가 나약한 존재로 태어난 유아를 어떻게 보는가에 대해 생각해 보자. 분명히 유아에게 가장 의미 있고 중요한 사람은 부모다. 부모로서 우리는 연약한 신생아에게 신체적·정신적으로 성장하고 성숙하도록 막대한 영향력을 행사하기 때문이다. 유아는 성숙함에 따라 부모 그리고 타인과의 관계 속에서 '나'라는 개념을 갖기 시작한다. 그러면서 독특한 존재로서 경험을 통해, 가치화 과정을 통해, 자기를 형성해 간다. 때문에 인생 초기에는 부모가 유아에 대해 갖는 태도가 중요하다. 당신은 당신의 자녀를 어떻게 생각하는가? 자녀의 자기실현 잠재력을 믿는가? 아니면 당신이 원하는 대로 자녀를 조형할 수 있다고 보는가? 당신이 자녀에게 어떤 태도를 갖느냐에 따라 분명히 다른 양육방식을 사용하리라 본다. 그리고 당신의 자녀는 당신이 사용하는 양육방식에 따라 자기를 형성해 갈 것이다.

로저스는 개인이 경험을 통해 실현화 경향성을 발현하는 것을 방해하는 것이 의미 있는 대상이나 사회에 의해 강요되어 갖게 된

'내사된(introjected)' 가치라고 본다. 내사된 가치는 경험을 통해 충분히 이해되지 않는 가치다. 음식물로 비유해서 설명하면 신체 내에 들어와 소화되지 않고 이물질로 남아 있는 것이다. 이것은 내가 아니라 이방인이다. 이방인이면서 나에게 영향을 미치는 주권 침해자다. 인간은 누구나 애정과 수용받기를 원하며 타인으로부터 긍정적인 존중을 받으려는 욕구를 가진다. 아동은 이러한 욕구를 갖고 있기 때문에 의미 있는 타인으로부터 긍정적 존중을 받기 위해 성인이 결정하는 가치를 갖게 된다. 이렇게 내사된 가치가 유기체의 가치화 과정에 막대한 영향을 준다면 문제가 된다. 왜냐하면 당신이 부모로서, 한 개인으로서 혹은 성인으로서 결정하여 주입하는 가치가 독특한 유기체로서 아동이 경험을 통해 가치화 과정을 하는 것을 방해하기 때문이다.

아동은 기본적 요구인 '긍정적 자기존중(positive self-regard)'을 얻기 위해 노력한다. 그리고 이러한 긍정적 자기존중 때문에 가치의 조건화(conditions of worth) 태도를 형성하게 된다. 이렇게 형성된 가치의 조건화는 유기체가 경험을 통해 실현화 경향성을 성취하는 것을 방해하는 주요한 원인이 된다. 왜냐하면 가치의 조건화는 아동이 주관적으로 경험하는 사실을 왜곡하고 부정하게 만들기 때문이다. 아동은 의미 있는 대상(부모)으로부터 긍정적 자기존중을 받기를 원한다. 부모는 자신의 판단에 따라 아동에게 해야 할 것과 하지 말아야 할 것을 정해 놓는다. 아동은 부모가 원하는 것을 할 때만 긍정적 자기존중을 받게 되고 착한 아이가 된다. 부모가 원하지 않는 것을 하면 나쁜 아이가 된다. 나쁜 아이가 되는 것은 긍적적 자기존중을 얻지 못하게 한다. 그러므로 아동은 나쁜 아이가 되지 않기 위해 자기가 경험하는 사실을 왜곡하고 부정하게 된다. 다시 말하면, 부모로부터 긍정적 자기존중을 받기 위해 자기가 하는 경험에 폐쇄적이 되어 실현화 경향성을 방해하게 된다는 것이다.

가치의 조건화는 아동이 하는 주로 눈에 보이는 행동, 즉 외적 준거에 따라 아동을 평가하는 데서 비롯된 것이다. 의미 있는 대상으로부터 긍정적 자기존중을 받기 위해 자기 의지와 관계없이 겉으로 최선을 다하는 꼴이 된다. 따라서 아동은 착한 아이가 되기 위해 내적 경험을 무시하게 된다. 껍데기는 번지르르할지 모르지만 알맹이는 썩어 간다. 이것은 우리가 모든 경험에 개방적으로 되어 인간성장을 도모하는 것을 방해하게 한다. 인간중심접근에서 강조하는 개인의 주관적인 경험을 왜곡하고 부정하게 만든다. 우리가 독특한 존재로서 자기성장을 이루지 못하게 한다. 이런 점에서 당신이 형성한 가치의 조건화는 끊임없이 당신이 성숙된 인간이 되는 것에 주요한 방해의 원천이라고 할 수 있다.

갈등, 불안, 공포 등의 정서적 문제도 가치의 조건화와 관련되어 있다. 내사된 가치의 조건화에 의해 긍정적 자기존중을 받으려는 욕구는 그것에 반하는 어떤 경험을 회피하고 왜곡하고 부정해 왔다. 이러한 가치의 조건화에 따른 행동은 실현화 경향성을 이루려는 유기체의 경험과 마찰을 하게 된다. 이런 마찰은 위협으로 느껴지며 갈등과 불안을 야기한다. 의미 있는 대상으로부터 주입된, 이러이러한 행동을 하면 '나쁜' 아이라는 가치의 조건화가 실존적 존재로서 주관적인 내적 경험과 불일치를 이루게 된다. 이런 불일치는 긍정적 자기존중을 잃지 않을까 하는 위협으로 느껴지고, 불안과 두려움을 야기한다.

4. 로저스의 지혜

로저스는 인간에 대한 긍정적 관점을 바탕으로 유기체의 지혜를 강조하였다. 때문에 그는 상담자가 진솔성, 무조건적 긍정적 존중 그리고 공감적 이해의 태도를 가지고 인간 대 인간으로서 내담자와 관계를 맺으면 그가 변화한다고 믿었다. 상담자가 인간에 대한 긍정적 신념과 역지사지 입장에서 내담자를 공감해 줄 것을 강조한 그의 지혜는 현재 모든 상담관계에서 수용되고 있다.

로저스가 인간중심치료을 통해 내담자를 조력하기 위해 강조한 그의 지혜를 요약하면 다음과 같다.

상담자는 인간에 대한 긍정적 태도를 바탕으로 내담자를 진솔하고 무조건적으로 수용하고 공감적 이해를 하는 것이 필요하다. 내담자의 문제는 긍정적 존중의 욕구를 충족시키려는 노력으로 유기체의 자기조절인 가치화 과정에 어긋나게 가치를 조건화하는 데에서 비롯되었다. 만약 내담자가 상담자로부터 진솔하고, 공감적이고, 무조건적인 긍정적 존중을 받는다면, 내담자는 변화될 수 있다.

인간중심치료의 주요 개념 및 기법

경험 강조, 가치의 조건화, 상담자의 중요한 세 가지 태도인 진솔성 혹은 일치성, 공감적 이해, 무조건적 긍정적 존중 등

5. 문제해결을 위한 상담

로저스는 상담의 필요충분조건으로 여섯 가지 과정을 기술하였으며, 그중 상담자의 세 가지 태도가 내담자를 변화시킨다고 보았다. 그가 제안한 필요충분조건은 다음과 같다.

- 두 사람(내담자와 상담자)이 심리적 접촉을 한다.
- 내담자는 불일치 상태에 있고 상처받기 쉬우며 초조하다.
- 상담자는 내담자와의 관계에서 일치성을 보이며 통합적이다.
- 상담자는 내담자를 위해 무조건적 긍정적 존중을 경험한다.
- 상담자는 내담자의 내적 참조 틀을 바탕으로 한 공감적 이해를 경험하고 내담자에게 자신의 경험을 전달하려고 시도한다.
- 내담자는 의사소통의 과정에서 상담자의 무조건적 긍정적 존중 및 공감적 이해를 지각하고 경험한다.

인간중심치료는 문제해결과 변화의 필요충분조건이 인간중심이라는 기본가정에서 출발한다. 인간은 누구나 유기체로서 실현화 경향성을 발현시킬 수 있고 현상적 장에서 독특한 실존적 존재로서 자기실현을 이룰 수 있는 잠재력을 갖고 있다. 따라서 상담을 통해 심리적 문제를 해결하는 기본 가정도 인간중심치료의 기본적인 철학적 신념에 근거한다. 유기체의 경험이나 독특한 존재로서 자기경험을 왜곡하고, 회피하고, 부정하게 만든 주요한 원인이 가치의 조건화라 할 수 있다. 성인으로서 당신이 아동을 대하는 태도에 의해 그가 형성한 가치의 조건화가 '만약 ~하면, ……한다(If ~, then ……).' 는 가정하에서 형성되었다고 할 수 있다. 예를 들면, 당신이 자녀에게 대하는 태도가 '만약 네가 공부를 잘하면, 나는 너를 좋아한다.' 혹은 '만약 네가 공부를 못하면, 나는 너를 싫어한다.' 는 식으로 나타난 결과라고 볼 수 있다. 아동은 부모가 원하는 행동을 하는가의 여부에 따라 칭찬이나 비난을 받게 되어 가치의 조건화 태도를 형성하게 된다.

인간중심치료는 이렇게 형성된 가치의 조건화를 해결할 수 있는 방식도 마찬가지로 '만약 ~하면, ……한다.' 는 가정으로 풀 수 있다고 확신한다. 지금까지 성인이 아동의 실현화 경향성 혹은 유기체의 지혜를 믿지 않는 태도, 아동이 행동에 따라 조건적으로 대하는 태도, 아동의 내적 경험을 고려하지 않거나 무시하는 태도가 문제의 원인이 되었다고 본다. 따라서 내담자의 문제해결과 변화를 위한 필요충분조건은 유기체의 지혜를 신뢰하는 인간중심적 태도다. 로저스는 상담자가 내담자의 변화를 위해 가져야 할 필요 충분한 세 가지 인간중심적 태도로 '일치성(congruence)' '공감적 이해(empathic understanding)' '무조건적 긍정적 존중(unconditional positive regard)' 을 제시하였다.

내담자의 변화를 위한 상담관계를 '만약 ~ 하면, ……한다.' 는 가정으로 표현하면, "만약 상담자가 일치성, 공감적 이해, 무조건적 긍정적 존중의 태도를 내담자에게 보여 주면, 내담자는 변화한다."는 것이 된다. 이렇게 가정에 대입된 문장으로 간략히 표현된 내용을 생각하면 상담이 굉장히 쉽게 여겨질 수 있다. 실제로 많은 상담자들이 여러 가지 상담기법을 강조하는 다른 상담접근보다 상담의 필요충분조건으로서 상담자의 세 가지 태도를 강조하는 인간중심접근을 용이하게 생각하는 경향이 많다. 또한 이러한 상담의 필요충분조건을 쉽게 여겨서인지 많은 초보상담자들이 자신의 상담접근으로 인간중심접근을 선택하는 경우가 많다. 그러나 적지 않는 상담경험을 가진 저자가 감히 말한다면, 인간중심접근에서 강조하는 상담자가 가져야 할 세 가지 태도가 그렇게 쉽게 획득되지는 않는다. 많은 상담자들이 언뜻 생각하기에 인간중심접근을 쉽게 생각했다가 많은 훈련에도 불구하고 쉽지 않다는 것을 실감하게 된다. 따라서 저자는 초보상담자들에게 웃고 접근했다가 울고 나오는 상담접근이 인간중심접근이라고 말하곤 한다. 이것은 인간중심접근을 사용하는 상담자가 단순히 상담기법을 배우는 것이 아니라 내담자를 대하는 근본적인 태도가 변화되어야 하기 때문이다.

당신이 주위에 있는 사람을 어떻게 보고 대하는가는 당신에게 중요하게 영향을 준 사람들과 관련되어 있다. 우리는 직간접적으로 가정, 학교, 사회에서 주관적인 자기개념을 형성하는 데 영향을 받아 왔다. 이러한 영향 속에서 긍정적 존중을 받으려는 욕구와 의미 있는 타인이 주는 평가에 따라 알게 모르게 가치의 조건화 태도를 발달시켰다. 그러므로 당신이 상담자로서 내담자를 조력하기 위해서는 먼저 자신의 가치의 조건화 태도에 대한 철저한 이해가 이루어져야 한다. 그리고 상담자로서 당신이 인간을 어떻게 보고 대하는가의 태도 변화를 이루기 위해 인간중심에 대한 확고한 신념의 변화가 선행되어야 한다. 당신이 대하는 내담자가 가치 덩어리로서 경험을 통해 유기체의 지혜를 실현해 간다는 철학적 신념이 밑바탕되어야 한다. 인간중심접근에서 상담의 필요충분조건으로 강조하는 세 가지 태도인 일치성, 공감적 이해, 무조건적 긍정적 존중은 이러한 관점에서 이해되고 내담자에게 보여야 한다. 다음에서는 서로 밀접하게 관련되어 변화를 촉진하는 이러한 세 가지 태도에 대해서 살펴보고자 한다.

일치성은 상담자가 내담자와의 관계에서 순간순간 경험하는 자신의 감정이나 태도를 있는 그대로 진솔하게 인정하고 개방하는 것을 의미한다. 그러므로 일치성의 동의어는 진솔성, 사실성, 개방성, 투명성 및 현재성이다. 상담자의 일치성은 상담의 필요충분조건 중에서 가장 기본이 되는 태도이다. 인간중심접근에서 '지금-여기'에서의 경험을 강조하는 것도 일치성의 태도와 관련된다.

일치성을 유지하기 위해 상담자는 높은 수준의 자각과 자기수용, 자기신뢰를 갖추어야 한다. 당신이 하는 일을 멈추고 현재 경험을 통해 느낀 감정을 자각하라. 지적인 조작이나 역할게임을 멈추고 모든 경험에 개방되어 있는 당신 자신이 되어라. 이러한 작업은 그리 쉽지 않다. 마찬가지로 상담자가 상담과정에서 매순간에 경험하고 느끼는 감정을 자각하여 사실 그대로 표현하는 것은 쉬운 일이 아니다. 상담자가 조력자로서 내담자에 집중해서 여기-지금에서 진솔하게 느끼는 다양한 감정을 알아채는 것은 쉽지 않다.

일치성 태도를 가진 상담자는 경험하는 유기체로서 내담자와 인간 대 인간의 만남이 되도록 개방적으로 직면해야 한다. 상담관계에서 일치성을 유지하며 솔선수범하여 일관되게 실제적이 되려고 하는 상담자의 자세는 내담자로 하여금 상담자를 신뢰하게 만든다. 이와 같은 상담자의 진솔한 태도는 내담자와의 인간 대 인간의 만남을 가능하게 한다. 또한 상담자는 내담자에게 모델로서 본보기가 된다. 결과적으로 상담자의 일치성 태도는 내담자로 하여금 개방적 자기탐색을 촉진하여 그가 지금-여기에서 경험하는 감정을 자각하도록 하는 요인이 된다.

'공감적 이해'는 상대방이 주관적으로 경험하는 사적 세계를 정확하고 민감하게 이해하는 것이다. 공감적 이해의 동의어는 공감, 정확한 공감, 공감적 태도 및 공감적 자세다. 정신분석에서 프로이트가 발견한 전이의 개념을 코페르니쿠스적 발견이라 한다면, 상담 및 심리치료에서 인간의 이해와 변화를 위해 로저스가 강조한 공감적 이해도 유사한 등급이 매겨져야 할 것이다. 왜냐하면 거의 모든 상담자들이 내담자의 이해와 변화를 위해 공감적 이해의 중요성을 받아들이기 때문이다. 상담이 어느 정도 진행되면 흔히 내담자들이 상담자에게 "이것은 선생님에게 처음 얘기하는 거예요." 하며 자기만이 간직해 온 비밀스러운 이야기를 하게 된다. 내담자가 마음속 깊이 감추어 둔 자신만의 비밀을 상담자에게 털어놓을 수 있게 되는 것은 대부분 상담자가 내담자의 입장에서 그를 이해하는 태도에서 비롯된다.

많은 사람들은 자신이 경험하는 특별한 내용을 이 세상의 그 누구도 이해해 주지 못하리라고 생각하곤 한다. 가장 가깝게 느끼는 부모, 친구, 애인도 자신이 경험한 내용을 이해해 주지 못할 것이라고 생각한다. 그렇게 생각하기 때문에 그러한 내용을 비밀스럽게 간직한다. 비밀스러운 내용을 누군가 알게 되면 큰일이 날 것 같기 때문에 견고하게 아성을 쌓아 지킨다. 내담자가 지키는 이러한 아성을 무너뜨릴 수 있는 것은 상담자가 내담자의 입장에서 그를 공감적으로 이해하는 것이다. 우리는 똑같은 사건에 대해서 각기 다른 경험을 한다. 어떤 사람은 담담한 기분으로 받아들이는가 하면, 다른 사람은 불안이나 두려움을 느낀다. 이는 우리 각자가 주관적으로 현상적 장을 지각하고 경험하기 때문이다. 상담자로서 내담자를 돕기 위해서는 내담자가 주관적으로 경험하는 내적 감정을 정확히 이해해야 한다.

로저스가 제안한 '내적 참조 틀(internal frame of reference)'과 '외적 참조 틀(external frame of reference)'의 개념은 공감적 이해의 개념과 밀접하게 관련되어 있다. 대화의 상대자가 경험하는 감정을 공감적으로 이해하기 위해서는 상대방이 주관적으로 경험하는 내적 세계, 즉 내적 참조 틀에 근거해서 상대방을 이해해야 한다. 이런 점에서 로저스는 자극-반응에 따라 상대방을 평가하는 접근, 다시 말하면 외적 참조 틀에 근거해서 상대방을 이해하려는 행동주의적 접근을 강렬하게 비판하였다. 그는 겉으로 드러난 행동만을 가지고 상대방을 평가하는 것은 알맹이를 빼 버리고 껍데기만을 가지고 상대방을 이해하려고 시도한다는 점에서 잘못된 것이라고 지적하였다. 이런 점에서 인간중심접근은 중요한 속 알맹이가 빠져 버린 텅 빈 유기체를 연구하는 것을 경계한다. 인간중심접근은 내적 참조 틀에 따른 공감적 이해를 강조하면서 "껍데기여 물러가라, 껍데기여 물러가라." 고 외쳐댄다.

공감적 이해는 상담자가 내담자로 될 수는 없지만, 마치 내담자인 것처럼 내담자의 내적 참조 틀에 근거해서 그가 경험하는 감정을 파악하고 이해하는 것이다. 공감적 이해는 내담자가 표현하는 일거수일투족을 세밀하게 관찰하여 그의 내부에서 잔잔하게 움직이는, 때로는 강렬하게 요동치는 감정에 대해 상담자가 감정적 반영을 함으로써 두 사람의 마음과 마음이 짜릿하게 마주치는 것이다. 이 글을 읽는 당신은 주변에 있는 당신에게 소중한 사람에게 얼마나 공감적 이해를 하고 있는가? 상대방의 외적 참조 틀에 근거해서 그에 대해 안쓰러움을 느끼는 동정(sympathy)을 하고 있지는 않는가? 동정은 상대방이 경험하는 고통을 바라보면서 "당신이 그런 일을 당하다니 참 안됐구나." 라고 느끼는 것이다. 그러나 공감은 상대방과 더불어서 그의 고통을 이해하고 느끼는 것이다.

'무조건적 긍정적 존중' 은 인간에 대한 신뢰를 바탕으로 내담자를 조건 없이 수용하고 존중하는 태도를 의미한다. 무조건적 긍정적 존중의 내용을 기술하는 동의어는 비소유적 온화함, 돌봄, 칭찬, 수용, 존경 등이다. 로저스가 제안한 무조건적 긍정적 존중은 올바른 양육조건이 주어지면 내담자가 건설적 변화를 위한 잠재력을 실현할 수 있다는 깊은 인간 신뢰와 관련이 있다. 아무 조건 없이 인간의 행동을 수용하고 존중하는 태도를 갖는다는 것은 상담자가 인간을 신뢰하는 확고한 철학적 신념 없이는 불가능하다.

로저스가 보는 긍정적 존중을 추구하는 인간 본질에 대한 이해를 바탕으로 볼 때, 무조건적 긍정적 존중은 이미 형성되어 인간성장을 방해하는 가치의 조건화 태도와 대립된다. 우리는 쉽게 타인의 행동을 우리의 판단에 따라 평가하는 경향이 강하다. 부모로서, 교사로서, 영향력 있는 성인으로서, 상담자로서 당신은 상대방에게 어떤 태도를 견지하는가? 상대방을 전적으로 믿고 신뢰하는가? 아니면 상대방의 행동을 당신의 가치판단에 따라 옳고 그른가를 평가하는가? 당신도 가치 덩어리로서 무조건적으로 타인을 수용하는 것이 분명 쉬운 일이 아니다. 왜냐하면 우리는 타인이 하는 행동을 보고 그가 어떤 사람이라고 평가하고 판단하는 데 익숙해져 있기 때문이다. 내담자의 긍정적 수용을 위해 무엇보다 상담자의 인간에 대한 긍정적 신념이 선행되어야 한다. 그러므로 상담자로서 내담자를 변화시키기 위해 인간을 보는 근본적인 태도와 신념의 변화가 우선되어야 한다.

인간중심접근에서 무조건적 긍정적 존중은 상담관계에서 인간의 가치와 의미성에 대한 상담자의 태도가 얼마나 중요한가를 강조한 개념이다. 상담자가 실현화 경향성을 가진 존재로서 내담자를 철저하게 믿는 태도는 그로 하여금 자신을 믿고 자기성장을 이루도록 하는 촉진적 조건으로 작용한다. 상담자가 보여 주는 무조건적 긍정적 존중을 통해 내담자는 그동안 자신에게 의미 있는 사람(부모나 교사)으로부터 긍정적 존중을 얻기 위해 형성한 가치의 조건화 태도를 서서히 바꾸기 시작한다. 즉, 가치의 조건화에 의해 자신이 왜곡하고 부정해 왔던 경험에 대해 보다 개방적으로 탐색하기 시작한다.

이와 같은 상담자의 세 가지 태도는 인간을 보는 근본적인 태도나 철학적 신념의 변화를 요구한다. 인간의 잠재력을 철저하게 믿고 긍정적으로 보는 획기적인 사고의 전환을 요구한다. 우리는 각자 나름대로 오랫동안 가치를 형성해 왔고 매순간 가치를 형성하는 존재이기 때문에 이러한 태도 변화는 생각보다 쉽지 않다. 부모로서 자식의 나쁜 언행을 보고 쉽게 화를 내거나, 교사로서 학생의 잘못된 행동을 보고 체벌을 가하거나, 상담자로서 내담자의 그릇된 행동에 대한 이야기를 듣고 쉽게 판단을 내리는 경향이 강하다. 즉, 당신이 형성한 가치의 조건화에 따라 상대방을 평가하여 자신도 모르게 당신의 가치를 주입하곤 한다. 이런 점에서 만약 당신이 상담자로서 변화를 위해 노력한다면 먼저 당신 자신의 가치의 조건화에 대한 철저한 탐색과 이해가 선행되어야 할 것이다.

상담자로서 변화의 필요충분조건이 인간중심이라는 믿음 속에서 먼저 자기개혁을 위한 노력이 필요하다. 인간중심접근의 입장에서 보면 상담훈련을 통해 상담기법을 배우는 노력도 필요하지만 인간을 보는 관점과 태도의 변화가 더욱 중요하다. 당신이 내담자에게 진솔하고, 공감하고, 무조건적 긍정적 존중을 보여 주면, 내담자는 자신이 가진 실현화 경향성을 실현시키기 위해 그리고 자기성장을 위해 변화하기 시작할 것이다.

10 행동치료

당신의 잘못 학습된 습관을 바꾸어라.

1. 스키너의 생애
2. 인간에 대한 이해
3. 문제에 대한 이해
4. 스키너의 지혜
5. 문제해결을 위한 상담

개인의 행동은 학습되었다. 개인이 학습한 행동은 그에게 도움이 되는 좋은 습관일 수도, 그를 파괴하는 나쁜 습관일 수 있다. 행동치료는 인간 행동이 학습되었다는 전제에서 부적절하게 학습된 행동을 수정하거나 변화시키는 접근 방식이다. 행동치료의 이론적 토대는 행동주의다. 행동주의는 인간 행동을 연구하는 심리학의 주요한 세력으로서 20세기 후반을 지배해 왔다. 행동주의자들은 인간의 관찰될 수 있는 행동만이 심리학의 연구 주제가 된다는 주장으로 과학적인 방법으로 인간 행동을 설명하려고 시도하였다. 이러한 행동주의 심리학의 이론적 토대는 학습이론이다. 특히 행동주의는 실용주의가 지배하는 미국의 학문적 토양에 부합하여 1930년대부터 1960년대까지 미국에서 전성기를 이루어 그 꽃을 피웠다고 할 수 있다. 예를 들면, 행동주의를 보급시키는 데 기여한 왓슨(John B. Watson, 1878~1958)은 "나에게 12명의 건강한 아동을 보내 주십시오. 그리고 그들이 내가 고안한 특별한 세계에서 자라도록 하십시오. 나는 무선으로 어느 한 명을 골라서 내가 선택할 수 있는 어떤 유형의 전문가, 즉 의사, 변호사, 예술가, 상업가 그리고 심지어 거지와 도둑이 되도록 훈련시킬 수 있다는 것을 보장합니다."(Leahey, 1997, p. 332에서 재인용)라고 주장하였다. 실용주의적인 미국인들은 이러한 행동주의자들의 주장에 매료되었다.

행동치료는 인간행동의 원리나 법칙을 설명하는 학습이론에 근거한다. 즉, 당신의 모든 행동은 주어진 환경에 의해 결정된다고 본다. 따라서 행동치료 상담자는 당신의 바람직한 행동뿐만 아니라 당신의 잘못된 습관도 학습된다고 믿는다.

학습이란 상황에 처했을 때 반응을 통하여 행동이 변화되는 과정이다. 행동에서의 변화는 자연적 반응 경향, 성숙 또는 유기체의 일시적 상태 변화(예, 피로, 약물 등에 의한)에 의해 설명될 수 없는 것을 말한다. 즉, 학습이란 과거 경험 때문에 일어나는 행동상의 비교적 영속적인 변화다(박창호 외, 1996). 학습 원리를 도출하는 실험적인 장면으로, 행동에 기초한 모델은 정신역동주의, 인본주의와는 달리 관찰 가능한 행동을 분석한다. 행동모델에 의한 대부분의 연구는 개, 고양이, 비둘기 같은 동물의 수행에 기초한다. 이것은 실험동물의 수행을 인간에게 일반화시키는 것에 대한 이슈를 불러일으켰다. 그럼에도 불구하고 행동주의 심리학자들은 특정한 행동이 어떻게 형성되었는가를 구체적으로 보여 줌으로써 문제행동을 변화시키기 위한 상담의 이론적 체계에 공헌하였다.

행동치료의 기초가 되는 중요한 학습이론으로 파블로프(Ivan M. Pavlov)의 실험에 근거한 '고전적 조건형성(calssical or respondent conditioning)'과 스키너(Burrhus F. Skinner)의 '조작적 조건형성(operant conditioning)'을 들 수 있다. 행동치료는 초기에는 이러한 학습 원리를 인간 활동에 논리적으로 확장한 것으로 간주되었다. 그러나 오늘날의 행동치료는 더 이상 고전적 조건형성과 조작적 조건형성 이론의 임상적 적용이라고 단순히 정의할 수 없을 정도로 다양한 발전을 이룩하였다. 지금은 서로 다른 이론적 근거를 가지는 광범위하고 다양한 절차들이 있으며, 개념적 토대, 방법론상의 필요조건 및 효율성에 대한 증거 등의 측면에서 개방적인 논쟁이 이루어지고 있다.

이 장에서는 행동치료의 원리가 되는 학습이론의 발달에 따른 행동치료의 실제적인 방법들을 알아볼 것이다.

1. 스키너의 생애

행동주의의 대표적 인물은 스키너다. 20세기에 가장 영향력 있는 심리학자 대열에 있는 것으로 평가받고 있는 스키너(Fredrick B. Skinner, 1904~1990)는 1904년 펜실베이니아주 서스퀴해나(Susquehanna)의 부유한 가정에서 두 명의 아들 중 장남으로 출생하였다. 변호사인 아버지는 스키너의 출생을 지역신문을 통해 알렸다. 그의 부모는 아들들에게 적절한 행동규칙을 주입했던, 열심히 일하는 사람들이었다. 스키너를 법학도로 만들려 했던 아버지의 모든 노력은 수포로 돌아가고, 스키너는 영어를 공부하기 위해 해밀턴 대학교에 입학하였다. 그는 직업으로 변호사가 아니라 작가가 되기를 희망하였다. 졸업 후 2년 동안 글을 쓰는 데 몰두했으나 자신에게 작가로서의 소질이 없음을 발견하고는 작가의 꿈을 포기하였다.

스키너는 소설보다는 과학적 방법으로 인간을 연구하기로 결정하고, 1928년 심리학을 공부하기 위해 하버드 대학교 대학원에 입학하였다. 스키너는 심리학으로 관심 분야를 바꿀 때 "인간 행동에 대한 나의 관심은 여전하지만, 문학적 방법에서는 실패하였다. 나는 과학으로 바꾸었으며, 비록 잘 알지는 못하지만 관련된 과학이 심리학인 것 같다."(1967, p. 395)고 적었다. 스키너는 그로부터 3년 후인 1931년에 박사학위를 받았다. 그의 행동주의의 선택은 작가로서 묘사하려고 했던 모든 감정 및 정서적 힘을 배제하도록 이끌었다.

1936년까지 하버드 대학교에 머물러 연구를 한 후, 미네소타 대학교와 인디애나 대학교에서 재직했으며, 1947년에 다시 하버드 대학교로 돌아와서 교직생활을 마감하였다.

1930년대 중에 스키너는 실험연구를 통해 흰쥐를 이용하여 학습 원리를 개발하는 데 노력하였다. 흰쥐를 이용한 그의 연구결과는 『유기체의 행동(*The Behavior of Organisms*)』이라는 책으로 출판되었다. 실험심리학에서 그의 가장 중요한 기여는 아마도 일반적으로 '스키너 상자(the Skinner box)' 라고 불리는 장치의 발명일 것이다. 스키너 상자는 동물(주로 쥐와 비둘기)의 자발적 행동을 분석하기 위한 실험 장치로, 이 실험에 의해 새로운 학습실험의 형식이 생겨났다고 할 수 있다. 이 실험 장치는 스키너가 강화라고 불렀던 것을 받기 위해 동물이 새장에 붙어 있는 지렛대를 누르도록 고안된 장치다. 나중에 스키너와 다른 연구자들은 이 장치를 비둘기, 원숭이, 인간 그리고 다른 다양한 유기체에 적용하였으며, 이 장치는 지금도 다양한 학습 원리를 실험하는 데 사용되고 있다.

스키너는 1940년대 중에 작가로서 실패한 정체감으로 중년의 위기를 경험하였는데, 1948년에 그의 인간행동에 대한 강화 원리에 근거하여 이상사회를 묘사한 『월든투(*Walden Two*)』라는 소설을 통해 자기치료를 하였다. 1953년 초에 스키너는 인간행동에 그의 생각을 적용하였는데, 이 내용을 담고 있는 것이 『과학과 인간행동(*Science and Human Behavior*)』이다.

스키너는 1957년에 퍼스터(Charles Ferster)와의 공동작업에서 『강화계획(*Schedules of Reinforcement*)』이라는 책을 출판했는데, 이것은 강화가 모든 반응에 주어질 필요가 없으며, 시간과 비율에 의해 프로그램될 수 있다는 것을 보여 준다(Ferster & Skinner, 1957). 같은 해에 그는 『언어행동(*Verbal Behavior*)』을 출판했으며, 『자유와 존엄을 넘어서(*Beyond Freedom and Dignity*)』는 베스트셀러가 되었다. 그러나 그는 문학과 관련해서는 별다른 평을 받지 못했다. 1970년대 후반과 1980년대 초에 걸쳐 그는 세 권의 자서전, 즉 『나의 삶에서 특별한 사건들(*Particulars of My Life*)』(1976), 『행동주의자로 되는 과정(*The Shaping of a Behaviorist*)』(1979), 『결과의 문제(*A Matter of Consequences*)』(1983)를 출간하였다. 그는 1990년에 죽을 때까지 자기가 발견한 강화원리를 강조하면서 『*Times*』에 "노병은 아직 죽지 않았다."라는 표현으로 자신의 입장을 기술하였다. 스키너는 죽기 바로 직전까지도 글을 쓰고 강연을 계속하였다.

행동주의의 창시자인 왓슨처럼, 스키너의 생각도 논란의 대상이 되어 왔다. 스키너는 죽을 때까지 급진적인 행동주의자의 입장을 고수하였다. 그의 입장에 동감하는 사람들은 누구보다도 그가 과학으로 심리학을 발전시켰다고 믿는다. 그는 인간행동의 연구에 철저하게 객관적인 접근을 주장했으며, 관찰할 수 없는 무의식, 자유의지, 인지 등을 강조하는 정신분석, 인본주의, 인지심리학의 입장에 반대하였다.

2. 인간에 대한 이해

우리의 행동은 효과적일 수도 부적응적일 수도 있다. 행동치료는 효과적이건 비효과적이건 간에 우리가 통제하는 대부분의 행동이 학습된다는 전제에 근거한다. 그리고 이러한 행동은 학습의 법칙에 따른다. 행동주의 심리학은 인간 행동이 환경적 사건에 의해

결정된다는 입장을 취한다. 관찰할 수 있는 행동을 강조하기 때문에 인간의 내면적 가치나 자유의지를 주장하는 다른 심리학적 학파와 대립된다. 따라서 행동주의자들은 인간에 대한 성선설이나 성악설을 믿지 않으며, 조건형성과 강화에 근거한 학습의 법칙에 의해 인간을 선하게도 악하게도 만들 수 있다는 입장을 취한다.

행동주의의 대변자였던 왓슨은 그 당시 심리학을 지배하던 내성이나 주관성을 비판하고, 행동에 대한 객관적인 연구가 심리학에서 이루어져야 한다고 주장하였다. 그는 인간행동을 결정하는 데에는 환경적 사건들이 무엇보다도 중요하다고 강조하였다. 개인의 내현적 측면을 거부하면서 모든 행동은 학습의 결과로 이해될 수 있다고 주장하였다. 그는 행동주의자에게 "인간심리학의 주제는 인간의 행동이다."라고 주장하였다. 행동주의자들은 심리학을 순수하게 객관적이고 실험 가능한 자연과학의 분야로 보았으며, 이론적 목표는 행동의 예언과 통제다. 즉, 동물의 행동이 의식을 참조하지 않고 관찰되듯이, 인간의 행동도 그러하다고 보았다. 사실 "인간의 행동과 동물의 행동은 똑같은 수준으로 고려되어야 한다."고 보았다.

요약하면, 행동주의 상담자는 인간이 조건형성의 산물이라고 보며, 모든 인간학습의 기본적 유형으로서 자극-반응의 패러다임을 주장한다.

3. 문제에 대한 이해

행동주의 상담자가 문제로 여기는 것은 부적응적 행동이다. 부적응적 행동은 우리가 사회 안에서 살아가는 데 바람직하지 않은 문제행동이나 습관이다. 그리고 행동주의 상담자는 우리 자신이나 자녀의 문제행동이 학습되었다는 기본 가정에서 출발한다. 우리가 고치려고 하는 문제행동이 어떻게 학습되었는가를 이해하기 위해서 주요한 학습이론을 파악하는 것이 요구된다.

당신이 변화시키려고 관심을 갖는 문제행동을 이해하기 위해 여기서는 주요한 학습이론를 개관하고자 한다. 저자가 인간 이해를 위한 심리학의 발달이 쿤(Khun)이 주장한, 이전에 일어난 심리학적 접근을 부정하는 과학적 혁명에 의해서기 이니라 지식의 확장으로 주장한 것처럼, 행동주의의 발달도 인간행동을 설명하는 이론적 설명을 확장해 왔다고 볼 수 있다.

행동주의 이론으로 가장 먼저 등장한 이론이 파블로프의 '고전적 조건형성(Classical Conditioning)' 이다. 초기의 행동주의는 자극과 반응의 연합을 강조하는 고전적 조건형성이 주요한 세력이었다. 다음 단계로 고전적 조건형성이 그대로 유지되면서 스키너의 조작적 조건형성(Operant Conditioning)이 추가되었다. 마찬가지로 세 번째 단계에서 반두라의 사회적 학습(Social Learning)이 추가되었다. 반두라는 인지를 강조하는 시대정신을 수용하여 스키너 사후인 1990년대 초에 자신의 사회적 학습이론을 사회적 인지이론으로 수정하였다. 마지막 단계에서는 마이켄바움(Meichenbaum)의 '인지적 행동수정(Cognitive Behavior Modification)' 이 추가되었다. 이러한 이론적 확장을 통해 현재 인간 행동을 설명하는 네 가지 학습이론적 입장이 모두 부분적으로 적용되고 있다.

인간행동을 설명하는 학습이론의 발달에 주요한 공헌자인 파블로프, 스키너, 반두라, 마이켄바움의 이론적 입장과 주요한 개념은 다음과 같다.

파블로프의 고전적 조건형성

파블로프는 러시아의 생리학자였다. 그는 처음에는 개를 사용하여 소화에 관한 연구를 하고 있었다. 그는 개의 침샘 일부를 외과적으로 적출하여 특수한 관을 통해 침이 흐르도록 함으로써 침 분비를 쉽게 측정할 수 있는 장치를 고안하였다. 이 장치를 사용하여 파블로프는 침 분비가 개의 입속에 먹이가 들어가는 때마다 자동적으로 일어나는 반사적인 반응임을 발견하였다. 개가 이런 실험실 상황을 여러 번 경험하고 먹이가 없어도 실험자의 발소리나 그릇을 보고 침을 흘리자, 파블로프는 이러한 현상을 체계적으로 연구하였다.

파블로프가 개를 가지고 실험한 조건형성 절차의 도식은 다음과 같다.

1단계	무조건자극(음식물)	무조건반응(타액분비)
2단계	무조건자극 + 조건자극(종소리)	무조건반응(타액분비)
3단계	조건자극(종소리)	조건반응(타액분비)

그가 발견한 고전적 조건형성 절차는 2단계에서 보여 주는 것처럼 기본적으로 항상 자극들의 연합(무조건자극과 조건자극)을 가정한다. 반복된 훈련 후 연합을 통해 짝지어진 조건자극은 무조건자극이 없이도 타액분비를 유도하는 힘을 획득하였다.

고전적 조건형성절차를 이용한 유명한 실험이 11개월의 유아인 앨버트(Albert) 실험이다. 이 실험을 통해 왓슨과 레이너(Watson & Raynor)는 정신병리에서 공포증이 조건화된 정서적 반응이거나 전이된 형태라는 결론을 내렸다. 그들은 태어난 지 11개월 된 어린

아이를 실험대상으로 하였다. 그들의 목적은 어떤 자극이 전에 이미 공포반응을 생기게 했던 다른 자극과 한 쌍이 되었을 때, 그 자극으로 인해 앨버트가 두려움을 학습하게 될지의 여부를 가리는 것이었다. 중성적인 자극으로는 어린 앨버트가 두려움을 나타내지 않았던 흰쥐를 선택했다. 두려움을 느끼게 하는 자극으로 그들은 아이의 머리 뒤에서 망치로 쇠막대기를 두드려서 큰 소리를 냈다. 즉, 흰쥐는 조건자극이며, 여기에 공포반응을 조건형성시키려 하는 것이다. 그리고 '땅' 하며 울리는 쇠막대기 소리는 무조건자극인데, 이것은 실험을 하기 전에 이미 공포반응을 불러일으킬 만한 것이다. 고전적 조건형성에 따르면, 조건자극과 무조건자극의 쌍은 조건형성되어 그 후 공포반응이 조건자극만으로도 생기게 된다. 즉, 이것은 공포증 및 다른 정서반응들이 어떻게 학습되는가를 설명하는 모델이다.

왓슨과 레이너는 이 실험에 대해 윤리적으로 많은 비판을 받았으며, 그들은 앨버트의 공포를 제거하지 못했다. 왓슨의 제자인 존스(M. C. Jones)는 공포를 제거하는 여러 가지 기법을 연구하였다. 그는 '역조건 형성(counterconditioning)'을 이용하여 공포반응을 제거하는 데 성공하였다. 3세의 피터(Peter)는 토끼나 흰쥐, 가죽 코트, 털실 등 여러 가지 사물에 대해 심한 공포증을 가지고 있었다. 역조건 형성의 기본 아이디어는 제거해야 하는 반응을 다른 반응으로 대치시키는 것인데, 이 때 이 두 가지는 양립할 수 없는 반응이다. 피터의 경우, 먹는 행동이 울음이나 탈출 시도 그리고 두려움이라는 내장반응과 양립될 수 없는 것이었다. 피터가 간식을 먹기 시작할 때 실험자들은 그 방의 다른 쪽 끝에 토끼를 갖다 놓았다. 처음에는 방의 저쪽 끝에 갖다 놓았다가 점점 더 가까이 가져다 놓았다. 그러한 과정이 반복되어, 마침내 피터는 토끼를 무릎에 올려 놓고 한 손으로는 과자를 먹으면서 다른 한 손으로는 토끼를 어루만질 수 있게 되었다.

이 접근에 따른 상담은 개인이 어떤 행동유형을 발달시키는 데 사용하는 행동의 유지, 강화 그리고 변화를 위해 이와 같은 조건형성 원리를 이용한다.

ㄷ 스키너의 조작적 조건형성

파블로프와 왓슨의 고전적 조건형성에서, 유기체는 조건형성되는 동안 수동적이다. 스키너의 조작적 조건형성의 전조는 손다이크(Thorndike)가 확립한 효과의 법칙에 따라 학습된다는 도구적 조건형성이었다. 조작적 조건형성은 당신이 하는 행동에 따라 보상을 받거나 처벌된다는 기본적 가정에 입각한다. 따라서 당신이 하는 능동적인 자세 또는 행동의 결과의 중요성을 정교화한 것이다. 스키너가 강조하는 기본적인 원칙은 "행동은 그것의 결과에 의해 조성되고 유지된다."는 것이다.

스키너는 동물이 보이는 반응이 환경에 어떤 조작을 가하여 강화물을 초래한다는 의미에서 그런 반응을 '조작행동'이라고 불렀다. 스키너는 행동의 조성과 유지에서 환경의 역할을 강조하였다. 유기체와 환경 사이의 상호작용에 대한 설명이 세 가지 요소, 즉 ① 반응이 일어나는 경우, ② 반응 그 자체, ③ 강화결과로 특수화된다. 이 세 가지 요소의 상호작용이 강화의 수반성을 구성한다.

유기체가 반응할 확률은 정적 강화, 부적 강화 후에 모두 증가한다. 정적 강화는 음식, 물, 성적 접촉과 같은 무엇인가를 제시하는 것으로 구성되어 있다. 부적 강화는 밝은 빛 또는 전기 쇼크 같은 무엇인가를 제거하는 것이다. 음식이나 물, 전기 충격의 종료 등은 유기체의 생물학적인 욕구를 충족시켜 주는 것이므로 일차적 강화물이라고 한다. 유기체의 생물학적인 욕구와는 직접 관련이 없으면서 특정 반응을 강화시킬 수 있는 자극을 이차적 강화물 또는 조건 강화물이라고 한다. 돈이나 타인에게서 받은 칭찬을 예로 들 수 있다.

강 화 스키너의 조작적 조건형성의 핵심 개념이 강화(reinforcement)다. 강화는 어떤 행동에 뒤따르는 사건(결과)이 그 행동을 다시 야기할 가능성을 증가시킬 때마다 일어난다. 즉, 반응의 빈도를 증가시키는 것을 강화라 한다. 그렇게 반응을 증가시키는 결과를 강화물(reinforcer)이라 한다. 강화는 정적 강화(positive reinforcement)와 부적 강화(negative reinforcement)가 있다. 정적 강화는 행동이 정적 강화물에 의해 뒤따를 때 반응의 빈도가 증가하는 것을 말한다. 부적 강화는 행동에 뒤따르는 혐오자극을 제거함으로써 반응의 빈도가 증가하는 것을 말한다. 요약하면, 강화의 원리는 정적 강화물의 제시나 부적 강화물인 혐오자극의 제거가 행동에 뒤따를 때 반응의 빈도가 증가하는 것을 말한다.

처 벌 처벌은 어떤 행동에 뒤따르는 결과가 그 행동을 다시 야기할 가능성을 감소시킬 때마다 일어난다. 즉, 반응의 결과가 뒤따르는 반응의 빈도를 감소시키는 것을 처벌(punishment)이라 한다. 체벌, 전기쇼크, 큰소리 등과 같이 반응을 감소시키는 자극을 처벌물(punisher)이라 한다. 강화처럼 처벌에도 정적 처벌(positive punishment)과 부적 처벌(negative punishment)이 있다. 정적 처벌은 행동이 혐오자극에 의해 뒤따를 때 반응의 빈도가 감소하는 것을 말한다. 행동에 뒤따르는 긍정적 자극을 제거함으로써 반응의 빈도가 감소하는 것을 부적 처벌이라 한다. 거짓말의 대가를 치르게 하기 위해 아이가 좋아하는 장난감을 뺏는 것과 같은 부적 처벌을 반응대가(response cost)라고 한다. 또한 일정 기간 동안 모든 긍정적 자극을 제거해 버리는 부적 처벌을 '강화로부터 타임아웃(time out from reinforcement)' 이라고 한다. 요약하면, 처벌의 원리는 혐오자극 제시나 긍정자극의 제거가 행동에 뒤따를 때 반응의 빈도가 감소하는 것을 말한다.

반응에 대한 강화가 어떻게 이루어지는가에 대한 강화계획은 시간이나 반응의 횟수에 따라 설명된다. 시간에 따른 강화계획에는 고정간격과 변화간격이 있고, 비율에 따른 강화계획에는 고정비율과 변화비율이 있다. 일반적으로 변화비율 계획이 가장 높은 반응을 보이고, 그 다음으로 고정비율 계획, 변화간격, 고정간격 순으로 반응을 보이며, 매 반응마다 강화가 주어지는 연속강화가 가장 낮은 반응비율을 보인다(Chance, 1994).

강화된 반응은 강화물이 제공되지 않으면 줄어들거나 없어진다. 예를 들어, 비둘기의 행동이 음식으로 강화받았다면, 음식이라는 강화물이 더 이상 없을 때 반응은 줄어들거나 나타나지 않는다. 반응이 나타나지 않는 것을 소거라고 한다. 소거에 대한 저항이 일어나기도 하는데, 연속강화보다는 간헐강화에서 소거에 대한 저항이 크다.

새로운 반응을 학습시킬 수 있는 방법이 조성 또는 계속적 접근법이다. 이는 원하는 목표반응을 단계적으로 조작해 내는 과정이다. 예를 들어, 스키너 상자 속에 놓인 쥐가 처음부터 레버를 누르는 반응을 하지 않는다. 쥐에게 그런 반응을 학습시키기 위해서는 먼저 쥐가 상자 안을 돌아다닐 때 레버 근처로 움직여 가면서 먹이를 준다. 그러면 곧 쥐는 레버 주변을 돌아다니게 될 것인데, 이제는 쥐가 레버를 향해 몸을 뻗치면 먹이로 강화한다. 그다음 단계에서는 쥐가 레버를 건드리면 강화를 주고, 마지막으로 레버를 누르면 강화함으로써 훈련을 마칠 수 있다. 그 결과는 쥐가 애초에는 하지 않았던 레버 누르기 반응을 열심히 하게 된다.

만약 소리 또는 판에 색깔이 있는 조명을 비추는 것과 같은 특수 자극이 있을 때 반응을 한다면 강화를 받게 되고, 이 특수 자극이 없을 때 강화가 주어지지 않는다면 동물이 자극이 있을 때만 반응하는 것을 배우게 된다. 이때 반응을 자극통제하에 있다고 말하게 되고, 보상이 가능함을 암시하는 자극을 변별자극이라고 한다.

한 자극의 강화효과가 다른 자극에도 영향을 미칠 때, 예를 들어 만약 빨간 색 원에 반응하는 것이 강화를 받았다면 파란색 원 모양에도 똑같이 반응할 수 있다. 이것을 자극 일반화라고 한다.

나 반두라의 사회적 인지이론

반두라의 사회적 인지이론은 행동주적 학습이론의 확장이다. 원래 사회적 학습이론인 자신의 이론을 명칭을 수정해서 '사회적 인지이론' 으로 변경하였다. 사회적 학습이론은 긍정적 · 부정적 강화, 소거, 일반화, 고전적 · 조작적 조건형성을 포함한 자극-반응 심리학의 원리를 통합해서 이루어졌다. 반두라는 인간행동을 설명하는 데 선행되는 조건형성에 인지적 중재를 포함시켜 체계적이고 통합적인 개념모델을 제안하였다.

반두라는 인지적 중재 혹은 내현적 상징행동, 자기강화, 본보기, 강화와 처벌을 포함한 대리적 조건형성, 그리고 행동과 환경의 상호적 영향을 강조하였다. 인지적 중재는 인간의 사고과정에서 나타나는 실제적 상황과 행동의 상징적 표상을 의미한다. 반두라가 강조한 개념에 근거해서 그의 사회적 학습이론은 본보기 학습, 관찰학습, 대리적 학습과 같은 다양한 명칭으로 불린다.

반두라의 사회적 학습모델은 다음과 같은 여섯 단계로 설명된다.

- 1단계 자극: 이러한 자극은 피험자의 과거사와 경험에서 비롯된 기대된 강화를 품고 있다.
- 2단계 주의: 피험자는 자신에게 관련된 것들에 선택적으로 주의를 기울인다.
- 3단계 자극: 이러한 자극은 피험자가 모델을 관찰하는 본보기 자극이다.
- 4단계 인지적 과정: 이러한 인지적 과정에는 상징적 부호화, 인지적 재구조화, 인지적 연습이 포함된다.
- 5단계 반응: 인지적 과정에 따른 반응이다.
- 6단계 자극: 이러한 자극은 반응에 따라 비롯되는 강화하는 자극이다.

반두라는 그의 관찰학습에 중요한 본보기의 네 가지 결정요인을 주의, 파지, 동작 재생산, 동기라고 하였으며, 행동유지의 원인으로 다음과 같은 다섯 가지를 제안하였다.

- 기대된 결과에 의해서 유지된다.
- 대리적 강화에 의해서 유지된다.
- 행동은 결과에 의해서 스스로 결정된다.
- 인간은 자기조절을 할 수 있다.
- 만족의 지연은 본보기에 의해 영향받을 수 있다.

반두라는 아동의 공격성이 관찰을 통해 학습된다는 것을 보여주었다. 이러한 결과는 TV나 영상매체가 우리 자신과 청소년의 행동에 막대한 영향을 미치고 있다는 것을 지지한다.

마이켄바움의 인지적 행동수정

앞서 기술한 세 가지 학습이론은 거의 관찰되고 측정될 수 있는 행동에 초점이 맞춰졌다. 하지만 인지적 행동수정은 우리의 부적응 행동을 수정하기 위해 자신의 부적응 사고를 바꿈으로써 가능하다고 믿는 입장이다. 즉, 인지적 행동수정 상담자는 관찰할 수 있는 행동을 일차적으로 강조하는 것 대신에 주로 변화의 도구로서 언어에 의존한다. 이 입장의 상담자들은 우리의 사고과정의 변화가 자신의 행동변화의 통합된 부분임을 믿는다.

마이켄바움은 "우리가 우리의 사고, 인지를 변화시키는 것을 학습한다면, 우리는 우리의 신체적 반응, 우리의 행동을 훨씬 잘 통제하게 된다."고 주장하였다. 또한 그는 우리가 보다 논리적이고 덜 스트레스를 받는 방식으로 생각하는 것을 학습하면, 스트레스 수준은 줄어들고 자기통제 수준은 증가할 수 있다는 것을 제안하였다(Meichenbaum, 1979). 인지적 행동수정은 인지적 재구조화(cognitive restructuring)를 통해 인지를 바꿈으로써 우리의 부적절한 행동을 바꿀 수 있다는 것을 강조한다. 이러한 입장은 현대 심리학의 주요한 추세인 인지심리학의 추세에 대한 많은 영향을 받았다는 것을 엿볼 수 있다.

4. 스키너의 지혜

스키너는 그가 개발한 조작적 조건형성을 통해 비둘기나 쥐 등의 동물행동에 놀랄 만한 변화가 일어남을 과학적으로 연구하였다. 스키너의 지혜는 그가 만든 스키너 상자를 통해 동물들이 학습하는 원리인 강화와 처벌의 원리에 대한 발견이다. 물론 스키너가 동물실험을 통해 발견한 강화와 처벌의 원리가 인간에 적용되는 것은 많은 한계가 있음이 발견되었지만, 그의 행동분석 원리는 여전히 인간의 행동변화에 적용되고 있다.

스키너가 자극-반응-결과의 수반성을 통해 내담자의 행동변화를 조력하기 위해 강조한 그의 지혜를 요약하면 다음과 같다.

당신의 문제는 잘못된 학습에서 비롯된 습관이다. 당신이 원하는 어떤 행동을 형성하기 위해 원하는 반응을 강화하라. 문제가 되는 구체적인 행동을 파악하고 평가하여 체계적인 조작적 조건형성 절차를 적용하라.

행동치료의 주요 개념 및 기법

강화와 처벌, 변별, 소거, 자극일반화, 역조건형성, 체계적 둔감화, 강화계획, ABC 분석, 토큰경제법, 타임아웃, 홍수법, 자기대화, 자기교시훈련, 스트레스 예방훈련 등

5. 문제해결을 위한 상담

행동치료 상담자는 학습이론에 대한 철저한 이해를 바탕으로 내담자가 갖는 문제행동이 무엇인가를 정확히 평가하여 구체적이고 체계적인 계획에 따라 그의 행동변화를 가져오도록 노력한다.

크럼볼츠(Krumboltz, 1966)는 상담에서 행동적 목표는 다음과 같아야 한다고 지적하였다. 첫째, 내담자 개인별로 서로 다르게 진술될 수 있어야 한다. 둘째, 상담자의 가치와 양립할 수 있어야 한다. 셋째, 객관적으로 관찰 가능하고 달성할 수 있는 것이어야 한다. 이러한 기본 가정을 바탕으로 행동치료에 기여한 주요 학습이론을 바탕으로 관찰될 수 있는 상담의 일련의 목표와 관련된 범주는 다음과 같다.

- 자신의 행동목록에서 결함을 찾아 극복하기
- 바람직하고 적응적 행동을 강화하기
- 부적응적 행동을 약화시키거나 제거하기
- 불안반응의 약화
- 이완할 수 있는 능력
- 자기표현 능력
- 효과적 사회적 기술
- 성적 기능의 적절성
- 자기통제 능력
- 부적절한 사고의 인지적 재구조화(Nelson-Jones, 1996)

이 목록에서 어떤 영역에 속하는 행동과 관련해서 당신은 어떤 문제가 있는가를 찾아 구체적으로 기술해 보도록 시도해 보라. 변화를 위한 목표행동을 찾은 후에 그러한 행동에 대한 정확한 평가가 이루어져야 한다. 상담자는 주로 SRC(Stimulus-Responses-Consequences, 자극-반응-결과) 평가를 해서 내담자의 행동을 통제하는 주요한 변인이 무엇인지 파악한다.

행동평가를 바탕으로 변화시키고자 하는 목표에 대한 구체적인 계획에 따라 그에 적절한 상담기법을 찾아 적용한다. 다음은 학습이론적 분류에 따라 관련된 유용한 상담기법이다.

- 고전적 조건형성에 근거한 상담기법: 역조건 형성, 상호 억제, 체계적 둔감화, 주장훈련, 혐오치료, 반응적 소거, 이완기법, 홍수법 등
- 조작적 조건형성에 근거한 상담기법: 강화 프로그램, 토큰경제, 프리맥(Premack)의 원리 적용기법, 긍정적 혹은 부정적 강화, 처벌(혐오적 사건의 제시, 시간 종결, 반응 대가 치르기), 회피와 도피조건형성 등
- 사회적 학습이론에 근거한 상담기법: 자기 강화, 본보기, 내파치료(implosive therapy), 자기효능감 등
- 인지적 행동수정에 근거한 상담기법: 자기 대화, 인지적 재구조화, 자기교시 훈련, 스트레스 예방훈련, 사고 중단 등

이러한 행동상담기법을 적용함으로써 당신이나 당신의 자녀가 학습한 부적응적 행동이나 습관을 수정할 수 있다. 행동주의적 상담자는 당신의 행동이 학습된다는 것을 굳게 믿는다. 역시 행동치료자들은 역조건형성, 강화, 본보기, 인지재구조화 등을 통해 당신의 잘못된 습관도 효율적인 습관으로 바꿀 수 있다는 것을 강조한다.

11 현실치료

당신이 당신의 삶을 선택한다.

1. 글래서의 생애
2. 인간에 대한 이해
3. 문제에 대한 이해
4. 글래서의 지혜
5. 문제해결을 위한 상담

인간은 누구나 자신의 욕구를 달성하기 원한다. 더불어 인간은 자신의 욕구를 충족시키려는 바람에 따라 내적 세계를 창조한다는 기본적 가정하에 글래서(Glasser)는 현실치료(Reality Therapy)의 접근을 발달시켰다. 현실치료는 "당신은 정말 무엇을 원하는가?"라는 질문과 "현재 당신이 하고 있는 행동은 당신이 정말 원하는 것에 기여하는가?"라는 질문을 바탕으로 성립되었다고 볼 수 있다.

초창기부터 뚜렷한 이론적 체계가 없었던 현실치료의 이론적 틀을 제공한 책은 파우어스(William Powers, 1973)가 쓴 『행동: 지각의 통제(*Behavior: The control of perception*)』였다. 글래서는 파우어스의 자문을 받아 통제이론을 현실치료의 이론적 틀로 삼아 그의 입장을 더욱 발전시켜 왔다.

통제이론은 우리 자신의 내적 동기가 우리의 행동을 통제한다는 심리학적 이론이다. 또한 통제이론은 모든 행동이 목적을 가진다는 것과 우리는 다른 사람을 통제할 수 없다는 것을 가르친다. 모든 행동은 우리의 기본적 욕구를 충족시키려는 목적에서 비롯된다. 즉, 통제이론은 우리가 우리의 욕구를 만족시키는 내적 세계인 지각 혹은 사진첩(picture album)을 창조하며, 이러한 지각에 따라 행동이 생성된다고 가정한다. 그러므로 우리의 행동은 우리의 욕구를 최선으로 만족시키도록 세계와 세계의 부분으로서 우리 자신을 통제하려는 최선의 시도다.

현실치료는 이런 점에서 대부분 사람들이 진실로 믿고 있는 외적 자극에 따라 반응을 한다는 자극-반응의 행동주의 심리학에 대립된다. 글래서는 어떤 자극이 당신을 행동하도록 하는 것이 아니라 당신의 내적 욕구나 바람이 행동을 생성한다고 주장한다. 그러므로 관찰되지 않은 내적 욕구를 무시하거나 소홀히 다루었다며 행동주의 심리학을 비판한다. "당신이 말을 물가에 끌고 갈 수는 있지만, 물을 먹일 수는 없다."는 격언이 품고 있는 진실이 통제이론의 내용을 함축하고 있다. 당신이 말의 욕구가 무엇인가를 파악했다면 물가에 말을 끌고 가는 헛된 노력을 할 필요가 없었을 것이다.

통제이론은 설정된 온도에 따라 자동 온도 조절기가 작동하는 것처럼 우리의 기본적 욕구에 따라 뇌의 통제 체계가 기능한다고 본다. 글래서가 중요하다고 가정하는 다섯 가지 기본적인 욕구는 생존의 욕구, 소속감 혹은 사랑의 욕구, 힘 혹은 성취의 욕구, 흥미의 욕구 그리고 자유의 욕구다. 누구나 인간에게 보편적인 이러한 욕구를 충족시키기 원한다. 그리고 그러한 욕구충족의 바람은 개개인에 따라 독특한 사진첩으로 발달되어 개인의 행동을 통제하게 된다.

글래서는 자신의 누적된 경험과 지식을 바탕으로 1998년 현실치료의 이론인 통제이론을 선택이론으로 변경하였다. 선택이론은 기본적으로 사람의 삶의 질은 그가 선택하는 생각, 정서 그리고 행동에 의존해서 결정된다는 인식에 근거한 이론이다. 즉, 당신이 선택하는 생각, 정서 그리고 행동에 따라 당신의 삶의 질이 달라진다는 것이다.

1. 글래서의 생애

현실치료의 창시자인 글래서(William Glasser, 1925~)는 1925년에 태어났으며, 오하이오 주 클리브랜드에서 19세에 화학공학 학사를 획득하였다. 그런 후 23세에 임상심리학 석사를 받았으며, 28세에 의학박사(M.D.)를 획득했다. 1957년에 로스엔젤리스에 있는 캘리포니아 주립대학교와 재향군인병원에서 정신의학 수련을 마치고 36세인 1961년에 정신의학 전문의가 되었다. 그가 받았던 전통적 정신분석적 훈련에 대한 불만은 현실치료 발달의 씨앗이 되었다. 그가 가진 정신분석적 훈련에 대한 불만을 그의 수련 자문의인 해링턴(G. L. Harrington)에 표출하였을 때, 해링턴은 글래서의 의견을 지지했으며 그의 멘터로서 7년 동안 그들의 관계는 지속되었다.

정신의학 수련 중인 1956년에 글래서는 비행소녀들을 위한 켈리포니아 주립 청소년 지도기관의 정신과 자문의로서 일하면서 벤추라 학교의 비행소녀들을 성공적으로 이끈 것이 계기가 되어 주정부 교육국을 자문하기 시작하였다. 그는 1962년에 '미국청소년훈련협의회' 의 연차총회에 초청연설을 통해 '현실 정신의학' 에 대한 아이디어를 보급하면서 현실치료 기틀을 형성하였다. 그리고 현실치료의 근간이 된 첫 저서인 『현실치료: 정신의학에 새로운 접근(*Reality Therapy: A New Approach to Psychiatry*)』(1965)을 출간하였다. 그리고 『실패 없는 학교(*Schools without Failure*)』(1969)는 교사들에게 큰 영향을 주었다. 글래서는 1970년대 후반에 『행동: 지각의 통제』의 저자인 파우어스의 자문을 받아 현실치료의 근간이론으로 통제이론(Control Theory)을 도입하여 이론적 체계를 확립하였다. 그가 1981년에 저술한 『마음의 정거장(*Stations of Mind*)』에서는 통제이론을 바탕으로 현실치료를 체계적으로 잘 설명하고 있다. 그리고 1998년에 발간한 『선택이론: 새로운 인간자유의 심리학

(*Choice Theory: A New Psychology of Personal Freedom*)』(1998)을 통해 자신의 이론을 통제이론에서 선택이론으로 바꾸었다.

2. 인간에 대한 이해

행동은 지각의 통제에서 비롯된다는 통제이론이 1970년대 후반에 현실치료의 주요한 이론으로 자리를 잡았다. 통제이론은 인간의 뇌에서 진행되는 지각을 강조한다. 이런 점에서 벨킨(Belkin, 1988)은 현실치료를 인지적 접근방식에 포함해서 설명하고 있다. 현실치료에서는 개인이 자신의 기본적 욕구를 충족시키기 위해서 그가 정말로 무엇을 원하는가를 파악해야 한다는 점을 강조한다. 그러므로 개인이 원하는 것에 대한 현명한 선택을 위해 인지적인 해석이 중요하다는 것을 알 수 있다.

또한 현실치료는 인간이 자신의 욕구나 바람에 따라 자신이 하고자 하는 행동을 결정하고 더 나아가 자신의 인생을 선택하고 결정한다는 점에서 표면적으로 실존주의적인 입장을 취하고 있다고 볼 수 있다. 현실치료는 객관적으로 관찰되는 자극-반응의 원리에 입각한 결정론적인 입장에서 인간의 행동을 설명하는 것을 반대하고, 개개인이 주관적으로 갖는 내적 욕구나 바람에 따라 행동이 수행된다고 본다. 행동치료 상담자처럼, 현실치료 상담자는 대체로 당신의 행동으로 당신을 이해하려고 한다. 하지만 행동치료 상담자가 하는 것처럼 자극-반응의 모델에 의해서 객관적으로 행동을 이해하고 변화시키려고 하지는 않는다. 즉, 현실치료 상담자는 행동을 평가의 객관적 표준에 입각해서 보는 것을 반대하고 내담자의 '현실' 이라는 점에 입각해서 생각한다. 이러한 현실은 실제적 현실이거나 도덕적 현실일 수 있다. 어떤 경우에서건, 현실치료 상담자는 개인이 그러한 현실에 일치하거나 불일치해서 기능하는 것으로 본다.

글래서의 인간관은 긍정적이며, 결정론적 입장을 반대한다. 즉, 자신의 행동과 정서에 대해 자기 스스로에게 책임을 두는 반결정론적 입장을 지지하는 인간관을 가지고 있다. 그는 모든 개인은 건강 혹은 성장의 힘을 가지고 있다고 믿는다. 현실치료에서는 기본적으로 우리 인간이 성공적인 정체감을 통해 만족스럽고 즐거워지기를 바라며, 책임질 수 있는 행동을 보여 주고 싶어 하고, 의미 있는 인간관계를 가지고 싶어 하는 것으로 보고 있다.

글래서는 우리 각자가 궁극적으로는 자기결정을 한다는 기본적인 신념을 가지고 있다. 현실치료에서는 인간이 자신의 환경적인 여건에 의존하기보다도 자신의 결정에 더 크게 의존함으로써 자신의 책임을 다할 수 있고, 성공적이며 만족스러운 삶을 살아갈 수 있다고 보고 있다. 불만족스러운 현실 상황에서 변화를 가져오게 하는 것은 행동을 바꾸려는 결심에서 비롯된다고 본다.

이 접근의 인간관에서 보다 구체적이며 빼놓을 수 없는 것으로, 그것은 인간이 자신의 정체감을 개발하려는 기본적인 욕구를 가졌다는 점이다. 즉, 인간은 일생을 통하여 정체감, 그것도 성공적인 정체감을 요구하는 심리적 욕구를 가졌다는 것이다.

우볼딩이 제시한 현실치료의 다섯 가지 원리를 통해 이 접근에서 가정하는 인간관이 무엇인가를 살펴보면 다음과 같다(Wubbolding, 1988, pp. 3-7).

첫째, 인간은 욕구(needs)와 바람(wants)을 달성하도록 동기화되어 있다. 인간의 욕구는 모든 사람에게 보편적이다. 바람은 개개인에 따라 독특하다. 현실치료는 인간이 심리적 욕구(소속감, 힘, 홍미, 자유)와 생리적 욕구(생존)를 가지고 있으며 이러한 욕구를 개개인에 따라 특별한 방법으로 성취한다고 본다. 당신은 자신의 구체적 바람에 따라 내적 사진첩을 발달시킨다. 이러한 사진첩에는 당신이 욕구를 어떻게 충족시키고자 하는가에 대한 정확한 상이 포함되어 있다. 인간의 욕구는 보편적이지만, 바람은 개개인에 따라 구체적이며 독특하다.

둘째, 바라는 것과 그가 환경으로부터 얻고 있다고 지각하는 것과의 차이나 불일치가 있기 때문에, 사람은 각자에게 필요한 구체적 행동을 수행한다. 이러한 불일치는 바람에 대한 좌절이다. 따라서 불일치 혹은 좌절은 성취되지 않은 바람을 성취하기 위한 구체적 행동을 생성한다.

셋째, 행동하기(doing), 생각하기(thinking), 느끼기(feeling), 그리고 생물학적 행동으로 구성되어 있는 인간 행동은 목적이 있다. 즉, 인간의 목적 행동은 개인의 바람과 얻고 있다고 지각하는 것과의 차이를 줄이도록 계획된다.

넷째, 행동하기, 생각하기, 느끼기는 행동의 서로 분리될 수 없는 측면이며 내부로부터 생성된다. 대부분의 이런 행동은 선택되는 것이다.

다섯째, 인간은 지각을 통해서 세상을 본다. 일반적인 지각은 두 가지 수준, 즉 낮은 수준과 높은 수준이 있다. 지각의 낮은 수준은 사건 혹은 상황의 지식을 함축한다. 지각의 높은 수준은 그러한 사건이나 상황에 가치를 부여하는 것이다.

3. 문제에 대한 이해

글래서는 정신과적 치료를 필요로 하는 모든 사람은 자신의 기본적 욕구를 충족할 수 없기 때문에 고통받는다고 지적하였다. 그리고 증상의 심각성은 개인이 자신의 욕구를 충족할 수 없는 정도를 반영하는 것으로 보았다(Glasser, 1965, p. 5). 현실치료에서는 개인의 문제가 크게 다음과 같은 두 가지에서 비롯된다고 본다. 첫째, 개인의 기본적 욕구에서 비롯된 바람이 정말 무엇인가를 제대로 파악하지 못한다. 둘째, 개인이 자신이 원하는 바람을 파악했다 하더라도 효과적으로 그러한 바람을 충족시키지 못한다. 이런 점에서 글래서는 정신병이 실제로 개인이 책임질 수 있고 효과적인 방식으로 자신의 요구를 충족시키지 못한 데서 비롯된다고 보았다. 글래서가 가정하는 다섯 가지 기본적 욕구인 소속감, 힘, 즐거움, 자유 그리고 생존 욕구는 다음과 같다.

첫째, 인간은 소속감 욕구를 충족시키고자 한다. 소속감의 동의어는 사랑, 우정, 돌봄, 관심, 참여 등이다. 이것은 인간이 사회적 동물로서 가정, 학교, 직장, 사회에 소속되어 다른 사람과의 관계를 유지하면서 사랑을 주고받고자 하는 인간의 속성을 말한다. 이 글을 읽는 독자로서 당신이 갈구하는 소속감의 욕구는 당신의 나이나 필요에 따라 그 내용과 정도에 차이가 있을 것이다.

일반적인 소속감 욕구의 예를 살펴보자. 어린아이는 어머니의 사랑과 돌봄을 원한다. 부부의 사랑은 부부관계의 유지뿐만 아니라 서로에게 위로와 삶의 원동력으로 작용한다. 친구 간에 정담을 주고받으면서 느끼는 우정은 각자에게 소중하다. 청춘 남녀는 애틋한 사랑을 주고받기를 원한다. 직장에서 동료 간에 느끼는 동료

애는 일의 능률을 고취시키고 직무 스트레스를 줄여 준다.

청소년이 친구를 사귀고 또래집단에 들고 싶어 하는 것도 소속감 욕구를 보이는 시기에 따른 변화다. 이것은 부모와 같이 보내는 시간이 줄어들고 또래와 보내는 시간이 늘어나면서 생기는 당연한 결과다. 청소년은 이러한 소속감 욕구를 달성하기 위해 부당한 관심 끌기와 같은 부정적 접근 방식을 사용하곤 한다. 가정이나 건전한 또래관계에 소속감을 갖지 않을 때, 청소년은 거리에서 배회하거나 잘못된 방식으로 충족되지 않은 욕구의 달성을 시도할 것이다.

글래서는 소속하고 싶은 욕구를 세 가지 형태, 즉 사회집단에 소속하고 싶은 욕구, 직장에서 동료에게 소속하고 싶은 욕구, 가족에게 소속하고 싶은 욕구로 분류하였다. 그 이유는 욕구의 충족은 여러 환경에서 일어나기 때문이다. 소속욕구는 생리적 욕구와 같이 절박한 욕구는 아니지만 인간이 살아가는 데 원동력이 되는 기본 욕구다. 누군가가 당신에게 갖는 사랑과 관심은 분명 삶의 원동력으로 작용한다. 아내의 사랑은 남편에게 원동력이다. 여자는 남자의 사랑을 먹고산다는 말도 마찬가지다. 또한 자녀에게는 부모의 사랑이 필요하다.

둘째, 인간은 힘의 욕구를 충족시키고자 한다. 현실치료에서 말하는 힘에 대한 동의어는 성취감, 존중감, 인정, 기술, 능력 등을 의미한다. 이러한 힘의 욕구는 우리 각자가 경쟁하고 성취하고 중요한 존재이고 싶어 하는 속성을 가지고 있다는 것을 의미한다. 학생에게는 좋은 성적이 그에게 성취감을 느끼게 할 것이다. 직장인에게서 승진은 자신의 능력이나 기술에 대한 인정을 반영한 것이다. 글래서는 인간으로서 우리는 각자의 입장에서 하는 일에 따라 칭찬이나 인정받고자 하는 기본적 욕구를 가지고 있다고 보았다.

인간 개개인은 자신의 환경에 영향을 끼치며, 적어도 어느 정도는 환경을 통제하고 싶어 한다. 우리는 만사가 우리의 뜻대로 되기를 바라며, 그러한 힘이 우리에게 있기를 바란다. 모든 살아 있는 피조물 중에서 인간만이 힘의 욕구를 끝까지 포기하려 하지 않는다. 힘에 대한 욕구에 매력을 느끼게 되면 종종 소속에 대한 욕구 등 다른 욕구와 직접적인 갈등의 원인을 경험하게 된다. 즉, 개인은 사랑과 소속에 대한 욕구를 얻으려고 결혼을 하지만 가끔 부부 사이에서 힘에 대한 욕구를 채우고 싶어 서로 통제하려고 하다가 결과적으로 부부관계를 파괴하기도 한다. 청소년은 힘의 욕구를 성취하기 위해 독립성을 갖고 접근하기도 하지만 반항이라는 부정적 접근방식을 사용하기도 한다.

셋째, 인간은 즐거움 욕구를 충족시키기를 원한다. 즐거움의 동의어는 흥미, 기쁨, 학습, 웃음 등이다. 이것은 인간이 많은 새로운 것을 배우고 놀이를 통해 즐기고자 하는 속성을 가지고 있다는 것을 말한다.

글래서는 인간의 즐거움에 대한 욕구는 기본적이고 유전적인 지시라고 확신하였다. 이 즐거움의 욕구를 충족시키기 위해 때로는 생명의 위험도 감수하면서 자신의 생활방식을 과감히 바꾸어 나가는 것을 볼 수 있다. 예를 들면, 암벽 타기나 번지 점프 등이 있다.

즐거움에 대한 욕구충족 활동의 유형에는 단순한 놀이도 있지만, 학습도 우리에게 매우 중요한 즐거움을 제공하는 욕구충족 활동이다. 어린아이가 새로운 것을 학습하면서 느끼는 즐거움은 아이에게는 신기한 경험이다. 아동은 학교에 입학하면서 공부가 일이 되어 버리기 때문에 학습이 즐거움이 아니라는 생각을 갖게 된다. 학생들에게 공부가 놀이가 되는 교육이 될 수 있도록 부모나 교사가 노력하는 것이 필요하다. 글래서는 만약 학생이 공부하기가 지겹게 느껴진다면 이는 확실히 교육자의 잘못에서 비롯된 것이라고 보았다. 그는 1969년에 『실패 없는 학교』를 저술하기도 하였다.

인간은 다른 동물과 달리 즐거움에 대한 욕구가 충족되면 웃는다. 글래서는 인간이 웃는 주된 이유는 웃는 순간에 즐거움을 추구하려는 욕구가 충족되었다는 강한 느낌을 경험하기 때문이라고 생각한다. 즐거움은 인간생활에 있어 절대 필요한 활력소이므로 우리는 늘 즐거움이 더한 삶을 원한다. 그런데 즐거움을 추구하는 욕구와 다른 욕구들 간에도 마찬가지로 갈등이 있을 수 있다. 예를 들면, 어떤 이는 공부가 재미있어서 소속감 욕구 충족을 포기하고 결혼을 지연시킬 수도 있다. 재미 혹은 즐거움은 우리의 삶을 엮어 낸 혼합체의 일부분이기 때문에 즐거움이 없는 사람이란 생각할 수 없으나, 이 한 가지 욕구충족으로 다른 욕구나 다른 이의 욕구충족이 방해받아서는 안 되게 하는 책임을 져야 한다.

넷째, 인간은 자유 욕구를 충족시키기를 원한다. 여기서 말하는 자유의 동의어는 선택, 독립, 자율성 등을 의미한다. 이것은 인간이 이동하고 선택하는 것을 마음대로 하고 싶어 하고 내적으로 자유롭고 싶어 하는 속성을 말한다. 당신의 자유 욕구는 당신이 하는 선택을 통해 충족된다. 만약 당신이 선택하거나 당신의 인생을 다소라도 통제할 자유를 갖지 않는다면, 당신의 다른 욕구를 충족시킬 수 없다.

자유란 각자가 원하는 곳에서 살고 대인관계와 종교 활동 등을 포함한 삶의 모든 영역에서 어떠한 방법으로 삶을 영위해 나갈지 선택하고 자신의 의사를 마음대로 표현하고 싶어 하는 욕구를 말한다. 하지만 자기 욕구충족을 하는 데에서 다른 사람의 자유를 침범하지 않도록 타협을 통하여 이웃과 함께 살 수 있는 절충안을 찾아내야만 한다. 즉, 우리의 모든 욕구를 충족시키려면 지속적으로 남의 권리를 인정해 주고 나의 권리를 인정받는 것에 대한 합리적인 이해와 자기선택에 대한 책임을 지려는 의지가 필요하다.

적극적 부모역할의 창시자인 팝킨(Popkin)이 제안한 '물러서기'는 자유에 대한 욕구에 해당한다. 청소년이 접촉을 통한 소속감을 원하는 것처럼, 가끔 물러나서 재충전하고 자기만의 시간을 갖는 것이 필요하다. 이것에 대한 부정적 접근 방식은 부당한 회피다.

다섯째, 인간은 생리적 욕구가 충족되기를 원한다. 이것은 인간이 생물학적 존재로서 생존에 대한 욕구다. 생리적 욕구는 살고자 하고 생식을 통한 자기 확장을 하고자 하는 속성을 의미한다. 이는 구뇌로부터 생성된 것으로, 구조가 작으며 호흡, 소화, 땀 흘리는 것, 혈압 조절 등, 신체구조를 움직이고 건강하게 유지하도록 하는 중요한 과업을 수행하고 있다. 대부분의 경우 구뇌는 단독으로는 효과적으로 작동할 수 없으므로, 신뇌의 도움이 필요하다.

이와 같은 인간의 기본적인 욕구는 다음과 같은 몇 가지 특징을 가지고 있다. 이러한 욕구는 타고난 것이다. 이러한 욕구는 일반적인 것이다. 이러한 욕구는 보편적인 것이다. 이러한 욕구는 중복적인 것이다. 이러한 욕구는 상호 갈등적이다. 이러한 욕구는 대인 갈등적이다. 개인의 욕구는 순간적으로 충족되었다가 다시 불충분한 상태로 가기 때문에 계속 충족된 상태로 지속되기는 어렵다. 충족의 상태가 지속될 수 없기 때문에 이것이 동기의 근원이 된다.

인간은 이 다섯 가지 기본욕구 중에 우선순위를 결정하는 데에서 끊임없이 갈등을 느끼며, 이를 해소하려고 시도한다. 즉, 자신의 욕구를 충족시키기 위해 자기 나름대로의 정신적 사진첩을 머릿속에 만들어 보관한다.

우리는 다섯 가지 기본적 욕구를 충족시키기 위해 끊임없이 어떤 행동을 해야만 한다. 우리는 각자 순간순간 최선이라고 판단하는 행동을 한다. 자신이 판단하고 결정한 것이 현명할 수도, 어리석을 수도 있다. 우리는 주관적이기는 하지만 자기 나름대로 창의적인 방법을 찾아 자신의 기본적 욕구를 충족시킨다. 때문에 인간의 자기 욕구충족을 위한 다양한 방법과 수단을, 지각 세계의 부분인 자기 내면 세계 혹은 질적 세계에 심리적인 사진으로 저장했다가 필요할 때마다 꺼내 쓴다. 개인의 욕구와 바람 간의 관계를 보면 개인의 욕구는 유전적인 속성이기 때문에 모든 사람이 공통적으로 가지고 태어나지만 그 욕구를 채우는 방법으로서의 바람은 개인마다 특이하고 차이가 있다.

4. 글래서의 지혜

선택하지 않는 것도 선택이다. 그리고 결정하지 않는 것도 결정이다. 글래서는 개인의 전체 행동을 주요한 결정요인인 생각하기와 행동하기의 현명한 선택이 그의 행복이나 불행을 결정한다고 보았다. 이런 점에서 글래서는, 그가 최종적으로 현실치료 이론으로 명명한 선택이론에서 드러난 것처럼, 선택의 지혜를 강조하였다.

선택이론은 개인의 자유를 강조하는 이론이다. 글래서(1998)는 자신의 저서 『선택이론: 개인적 자유에 대한 새로운 심리학』에서 우리는 우리가 하는 모든 것을 선택할 수 있다고 주장하였다. 따라서 그는 선택이론에서 개인이 느끼는 불행과 흔히 정신병으로 여겨지는 행동까지도 선택할 수 있다고 본다. 글래서는 우리가 외적 통제심리학을 선택이론으로 대체하면 훨씬 개인적 자유를 만끽할 수 있다고 주장하였다. 외적 통제심리학은 현재 많은 사람들에게 지배적인 비판하기, 변별하기, 처벌하기, 보상하기, 강요하기, 불평하기, 비난하기 등과 같은 외적 통제전략의 사용으로 작동하는 심리학이다. 선택이론은 우리가 이러한 오래된 외적 통제심리학 기제를 관계를 유지, 향상, 강화시키는 행동과 전략으로 대체해야 한다는 것을 가르친다. 다음은 개인적 자유가 밝혀지고 촉진될 수 있는 선택이론의 열 가지 원리다(Glasser, 1998, pp. 332-336).

- 원리 1: 우리의 행동을 통제할 수 있는 사람은 우리 자신이다. 누구도 우리에게 우리가 원하지 않는 것을 하게 할 수 없다. 우리가 처벌이나 강요로 위협받을 때, 우리는 잘 수행하지 못한다. 우리가 자신의 행동을 통제할 수 있다는 것을 깨닫기 시작할 때, 우리는 곧바로 우리의 개인적 자유를 새롭게 정의하며 훨씬 많은 자유를 가진다는 것을 알게 된다.
- 원리 2: 우리가 타인에게서 얻을 수 있는 모든 것은 정보다. 우리가 얻은 정보를 어떻게 처리할 것인가는 우리의 선택이다.
- 원리 3: 지속되는 모든 심리적 문제는 관계문제다. 고통, 피로, 만성적 질병과 같은 다른 많은 문제들의 부분적 원인은 관계문제다.
- 원리 4: 관계문제는 항상 개인이 현재 영위하는 삶의 일부분이다.
- 원리 5: 과거에 일어난 고통스러운 일이 현재 우리 자신에게 많은 영향을 주고 있지만, 이러한 고통스러운 과거를 다시 들추어내는 것은 현재 우리가 할 필요가 있는 것에 거의 기여할 수 없다. 즉, 중요한 관계를 향상시킬 수 없다.
- 원리 6: 우리는 기본 욕구인 생존, 사랑과 소속감, 힘, 자유, 즐거움에 의해 행동한다.

- 원리 7: 우리는 단지 각자의 질적 세계에 있는 사진첩을 만족시킴으로써 이러한 기본 욕구를 충족시킬 수 있다.
- 원리 8: 평생 우리가 할 수 있는 모든 것은 행동이다. 모든 행동은 행동하기, 생각하기, 느끼기, 생물학적 행동으로 구성된 전체행동이다.
- 원리 9: 모든 전체행동은 동사, 보통 부정사와 동명사로 나타내지며 가장 쉽게 인식할 수 있는 용어로 표현된다. 예를 들면, "나는 우울로 고통받고 있다." 대신에 "나는 우울하기를 선택하고 있다."로 "나는 우울해졌다." 대신에 "나는 우울하고 있다."로 표현한다.
- 원리 10: 모든 전체행동은 선택되지만 우리는 단지 행동하기와 생각하기를 직접적으로 통제할 수 있다. 하지만 우리는 행동하기와 생각하기를 선택하는 방법을 통해서 간접적으로 우리의 느끼기와 생물학적 행동을 통제할 수 있다.

글래서가 현실치료를 통해 내담자를 조력하기 위해 강조한 그의 지혜를 요약하면 다음과 같다.

내담자의 문제는 자신을 불행하게 하는 행동을 선택한 것에서 비롯되었다. 내담자의 욕구에 따라 정말 그가 원하는 것이 무엇인가를 확인하는 것이 중요하다. 그리고 내담자의 그러한 바람을 달성하도록 계획하고 실천하라. 내담자를 행복하게 하는 현실적인 행동을 선택하여 실천하는 것은 전적으로 내담자의 통제하에 있고, 내담자의 책임이다.

현실치료의 주요 개념 및 기법

기본적 욕구(소속감, 힘, 자유, 흥미, 생존), 전체행동(행동하기, 생각하기, 느끼기, 생리적 행동), 현실치료 과정(WDEP), 상담자 태도(변명 불수용, 처벌금지, 포기하지 않음), 선택이론 등

5. 문제해결을 위한 상담

현실치료의 목표는 내담자가 책임질 수 있고 만족한 방법으로 자신의 심리적 욕구인 소속감, 힘, 자유, 흥미를 달성하도록 조력하는 것이다. 현실치료의 주요한 과정을 쉽게 제시한 우볼딩의 바람 파악–현재행동 파악–평가–계획에 따라 설명하고자 한다.

상담자는 내담자의 바람, 그가 정말로 원하는 것이 무엇인가를 파악하는 것이 문제해결에 무엇보다 중요하다. "당신이 원하는 것은 무엇입니까?" "당신이 지금 정말로 원하는 것은 무엇입니까?" 상담자는 이러한 질문을 통해 내담자의 바람 혹은 사진첩이 그의 어떤 기본적 욕구의 충족과 관련되어 있는지를 파악한다.

상담자는 내담자의 바람을 그의 욕구와 관련하여 파악한 후 현재 그러한 바람을 달성하기 위해서 그가 하고 있는 행동을 파악한다. "당신이 지금 하고 있는 행동은 무엇입니까?" 상담자는 이러한 질문을 통해 내담자의 현재 행동을 정확히 파악한다.

상담자는 다시 현실적으로 자신의 바람을 달성하기 위해 현재 하고 있는 내담자의 행동이 정말 도움이 되고 있는가를 묻는다. "당신의 현재 행동이 당신의 바람을 달성하도록 기여하는가?" 상담자는 이러한 질문을 통해 내담자의 행동이 바람직한가의 여부를

평가한다. 당신이 문제를 가진 사람이라면, 당신의 현재 행동은 당신의 바람을 달성하기 위해 비효과적이어서 당신의 문제를 악화시키거나 임시 방편적이어서 장기적으로는 당신에게 도움이 되지 않는 것일 수 있다.

상담자는 내담자의 바람과 현재 행동을 통해 정확하게 내담자의 문제를 평가한 후 내담자가 원하는 것을 달성하기 위해서 효과적 행동을 할 수 있도록 계획하게 한다. "만약 당신의 현재 행동이 당신의 바람을 달성하게 하지 않는다면, 어떤 행동이 더 좋다고 생각하는가?" "당신의 계획을 이야기해 보라." "당신은 당신의 계획을 이행하려는 노력에 대한 약속을 지키겠는가?" 상담자는 이러한 질문을 통해 내담자가 자신의 계획을 수립하고 수립한 계획을 책임지고 실천할 수 있도록 지속적인 관심과 지지를 보여 준다. 이때 계획은 구체적이고 실천 가능한 것이어야 한다.

내담자가 세우는 계획은 다음과 같은 일곱 가지 본질적 구성요소를 가질 때 효과적이다.

- 계획은 단순해야 한다(simple). 계획이 너무 복잡하면 수행될 수 없다.
- 계획은 도달할 수 있는 것이어야 한다(attainable). 즉, 계획은 현실적이어야 한다.
- 계획은 측정할 수 있어야 한다(measurable). 계획은 구체적이고 정확해야 한다.
- 계획은 즉각적이야 한다(immediate). 계획은 되도록 빨리 수행되어야 한다.
- 계획은 계획자에 의해 통제되어야 한다(controlled). 계획은 다른 사람이 하는 것에 의존하지 않는다.

- 계획은 일관성이 있어야 한다(consistent). 가장 훌륭한 계획은 정규적인 근거로 반복된다.
- 계획은 이행하겠다는 언약이 있어야 한다(committed). 계획은 확고한 의지를 가지고 수행되어야 한다.

이와 같은 모든 계획의 구성요소는 계획자의 책임에 달려 있다(planner). 우볼딩은 이러한 내용을 기억하기 쉽게 영어의 머리글자를 사용하여 SAMIC3/P로 표현하였다(Wubbolding, 1991, pp. 107-111). 여기서 계획자를 나타내는 문자 P는 분모에 있다. 이것은 계획에 대한 수립과 이행에 모든 책임이 계획자에게 있다는 것을 함축한다.

글래서가 제안한 현실치료 상담의 단계는 상담자가 기본적으로 지켜야 할 원칙이 잘 제시되어 있다. 그가 제시한 단계는 다음과 같다.

- 1단계 내담자와 관계형성: 내담자가 상담관계에 자발적으로 참여하도록 원만한 관계를 형성한다.
- 2단계 내담자의 바람과 현재하고 있는 행동의 파악: 내담자의 바람, 욕구, 지각이 탐색된다. 더불어 그가 그러한 바람을 달성하기 위해 현재 하고 있는 행동이 탐색된다.
- 3단계 행동평가: 내담자의 현재 행동이 그의 바람을 달성하는 데 도움이 되는가의 여부를 평가한다.
- 4단계 책임질 수 있는 행동을 계획: 내담자가 보다 효과적으로 바람을 성취할 수 있는 행동을 수행할 수 있는 계획을 수립한다.
- 5단계 계획 이행에 대한 약속: 내담자가 자신이 수립한 계획

에 따라 행동할 것에 대한 언약을 얻어낸다.

- 6단계 변명에 대한 불수용: 내담자가 계획에 대한 이행을 하지 않고 변명할 경우 이를 수용하지 않는다.
- 7단계 처벌의 금지: 상담자는 내담자를 비판하거나 논쟁하거나 처벌하지 않는다.
- 8단계 지속적인 조력: 상담자는 결코 내담자를 포기하지 않고 지속적인 관심을 갖고 조력한다.

현실치료에서는 인간의 전체행동이 네 가지, 즉 행동하기, 생각하기, 느끼기, 생리적 행동으로 구성되어 있다고 가정한다. 이러한 인간의 행동체계를 자동차의 네 바퀴에 비유하여 설명하고 있다. 앞 바퀴 2개는 행동하기와 생각하기이며, 따르는 두 개의 뒷바퀴는 느끼기와 생리적 행동이다. 행동체계를 구성하는 네 가지 전체행동의 구성요소는 서로 유기적으로 관련되어 인간의 기본적 욕구를 충족시키려고 한다. 문제를 가진 내담자를 조력하는 상담자가 초점을 두고 변화시키려고 하는 것은 전체행동의 구성요소 중 행동하기와 생각하기다. 특히 상담자는 현재하고 있는 행동을 변화시키기가 용이하기 때문에 행동하기에 초점을 맞추어 변화를 시도한다.

현실치료에서는 인간이 보편적으로 추구하는 기본적 욕구를 가지고 있지만 이것을 충족시키는 방법으로 각자가 다양한 선택을 한다고 본다. 당신이 욕구를 충족시키는 방식과 똑같은 방식으로 자신의 욕구를 충족시키는 사람은 없다. 이것은 당신이 이 세상에서 독특한 존재임을 의미한다.

당신의 행복과 불행을 선택하는 사람은 당신 자신이다. 당신이 불행을 선택한다는 것을 믿기 어려울 수 있다. 보다 구체적으로 말하면, 당신은 자신을 불행하게 만드는 행동을 선택한다는 것이다.

우리는 매순간 바람에 따른 기본적 욕구를 충족시키기 위해 우리의 행동을 선택한다. 당신이 우유부단해서 결정하지 않는 것도 결정을 의미한다. 마찬가지로 선택하지 않는 것도 선택을 의미한다.

현실치료에서 강조하는 주요한 내용의 핵심 단어는 '책임감(responsibility)' 이다. 글래서는 일반적으로 불리는 정신병이나 반사회적 행동을 병으로 보지 않고 개인의 무책임한 행동의 결과로 보았다. 당신이 하는 행동이 당신의 문제해결을 위해 '현실적(realistic)' 인가와 '정당한(right)' 것인가도 역시 책임감과 관련되어 있다.

현실치료 상담자는 내담자가 현명한 선택을 바탕으로 효과적이고 책임질 수 있는 방법으로 행동하기를 통해 자신의 욕구를 충족시킬 수 있도록 조력한다. 당신의 욕구를 충족시키기 위해 당신은 어떤 행동하기를 선택한다. 당신이 어떤 행동하기를 선택할 것인가는 전적으로 당신에게 달려 있다. 당신이 선택한 생각하기와 행동하기는 당신을 행복하게 하거나 불행하게 할 것이다. 다시 말하면, "당신의 삶과 행복을 통제하는 사람은 바로 당신 자신이다."는 것이다.

12 교류분석

나도 당신도 이만하면 괜찮다.

인간은 사회적 존재로 타인과 더불어 대인관계를 맺으며 삶을 영위한다. 개인의 대부분의 문제는 대인관계에서 비롯된다. 이런 점에서 설리반(Harry S. Sullivan, 1892~1949)은 인간의 모든 정서적 고통과 관련된 불안이 항상 대인관계에서 비롯된다고 하였다. 우리가 맺고 있는 대인관계는 자신에 대한 관점과 타인에 대한 관점에 따라 좌우된다. 이런 점에서 서로가 승리할 수 있는 바람직한 대인관계의 비결은 '나도 당신도 이만하면 괜찮다.'는 관점에서 비롯된다.

인간은 언어적 · 비언어적인 메시지를 상대방에게 전달하여 의사소통을 한다. 의사소통을 통한 인간의 교류는 우리 각자가 형성한 자아와 삶의 태도를 반영하여 나타난다. 버언(Berne)은 내담자가 갖는 자아 상태를 바탕으로 의사소통의 교류가 어떻게 이루어지는가를 탐색하여 조력하는 교류분석(Transactional Analysis)을 창시하였다. 버언은 정신분석 훈련을 받고 그것을 적용하면서 한계를 느끼게 되어 보다 경험적이고 현실적인 접근에 대한 필요에 따라 1950년대 중반부터 교류분석을 제창하였다. 교류(transaction)란 말은 원래 '거래' '흥정하는 것'을 의미하는 상업 용어이지만, 대화, 의사소통, 거래, 교류 등으로 번역된다. 버언은 자극과 반응으로 구성된 인간 의사소통의 가장 작은 단위를 교류라고 정의하였다. 따라서 교류분석은 '자신의 삶의 입장에 따라 서로가 주고받고 있는 의사소통을 이해하고 분석하는 방법'을 의미한다.

교류분석에서는 우리 각자가 세 가지의 분리된 자아상태, 즉 부모(parent), 성인(adult), 아동(child) 자아상태를 가지고 있다고 가정한다. 이러한 세 가지 자아상태는 프로이트가 정신분석에서 제안한 성격의 구성요소인 도덕적 자아(super-ego), 현실적 자아(ego), 본능적 자아(id)와 비슷한 속성을 가진 개념이다. 하지만 버언은 자신이 제안한 자아상태는 경험적이고 사회적인 사실을 나타낸 반면, 프로이트가 제안한 자아는 추론적 개념이라고 주장하였다. 즉, 두 접근 간의 명확한 차이는 정신분석은 무의식에 초점을 두는 반면, 교류분석은 관찰할 수 있는 의식적 행동에 초점을 둔다는 점이다.

이 접근 방식에서 사용하는 주요한 네 가지 분석방법은 구조분석(structural analysis), 교류분석(transactional analysis), 게임분석(game analysis) 그리고 각본분석(script analysis)이다. 간략하게 정의하면, 구조분석은 내담자의 성격을 구성하는 자아상태를 분석하는 것이다. 교류분석은 내담자가 대하는 사람과 교류하는 행동과 언어를 분석하는 것이다. 게임분석은 내담자가 다른 사람과 하는 의사소통 중에서 바람직하지 않는 방법으로 교류하는 것을 분석하는 것으로, 결국에는 대가를 치르게 되는, 심리적으로 감추면서 하는 저의적 교류를 분석하는 것이다. 각본분석은 내담자가 강박적으로 사용하는 구체적인 인생각본을 분석하는 것이다.

1. 버언의 생애

교류분석의 창시자인 버언(Eric Berne, 1910~1970)은 1910년 5월 10일에 캐나다 몬트리올에서 아버지가 의사이고 어머니가 저술가인 부유층의 유태인 가족에서 태어났다. 남매 중 막내로 태어나 부모의 극진한 사랑을 받으며 어린 시절을 보냈다. 그러나 그가 9세 되던 해에 아버지가 심장마비로 사망하고 나서 홀어머니 밑에서 성장하였다. 아버지의 뒤를 이어 의사가 되겠다는 그의 꿈을 실현시키기 위해 맥길 대학교 의과대학에 입학하여 1935년에 의학박사

학위를 취득하였다.

버언은 1936년에 예일대학교 정신과 수련의를 시작하여 1941년에 과정을 마친 후 뉴욕시에 있는 '마운트 지온병원(Mount Zion Hospital)' 에서 정신과의사로 근무하면서 '뉴욕 정신분석연구소' 에서 정신분석 훈련을 받았다. 그의 정신분석 훈련자는 페던(Paul Federn)이었다. 그는 제2차 세계대전에 군의관으로 1943년부터 1946년까지 근무한 후 1947년부터 '샌프란시스코 정신분석연구소' 에서 정신분석을 공부하면서 거의 10년을 보낸 후에 소극적이고 장기간을 요하는 정신분석 방법에 대해 비판적 입장을 취하게 되었다. 실제로 버언은 1950년대 초부터 정신분석에 불만을 느끼고 다른 방법을 찾기 시작하였으며, 이런 이유로 1956년에는 샌프란시스코 정신분석연구소로부터 회원 가입이 거절되었다. 교류분석의 시작을 1950대 중반으로 보는 이유는 버언이 이때부터 박차를 가해 자신이 군대에서 경험한 것을 바탕으로 이론을 발달시켰기 때문이다.

듀세이(Dusay, 1977)는 1970년에 버언이 사망하기까지 교류분석의 역사는 그의 이론과 기법의 역사라고 기술하였다. 이 시기를 세 단계로 나누어 살펴보면 첫 번째 단계는 버언이 사고, 감정 그리고 행동의 응집체계인 세 가지 자아상태를 발견하고 기술한 시기다. 교류분석의 두 번째 단계는 1958년부터 1965년까지로, 버언이 한 개인의 자아상태로부터 생겨나는 자극과 그에 대한 다른 사람의 자아상태 반응으로 정의되는 교류에 관심을 기울인 시기다. 이 시기에 버언이 저술한 『사람들이 하는 게임(*Games People Play*)』(1964)은 베스트셀러가 되었다. 세 번째 단계는 1960년에서 1970년까지로, '각본이론(script theory)' 을 주축하는 시기다. 버언은 각본이란 "아동기에 형성되어, 부모에 의해 강화되고, 뒤따르는 사건들에 의해 정당화되고, 그리고 선택된 대안으로 절정에 이르는 어떤 결정에 근거한 인생계획"(1972)이라고 하였다. 버언은 1970년 7월 15일 심장마비로 죽을 때까지 교류분석 이론을 발전시켰다.

2. 인간에 대한 이해

버언은 인간에 대한 긍정적 견해를 가졌다. 그는 "모든 사람이 왕자나 공주로 태어났다."고 하였다. 교류분석에서는 인간이 자기를 발달시킬 능력과 자신을 행복하게 하고 생산적이게 할 능력을 가지고 태어났다고 본다. 출생 시에 유아는 건전한 태도, 즉 긍정적 입장을 가진다. 그러나 인간은 다른 사람과의 교류를 통해 타고난 긍정적 태도를 계속 수정한다.

따라서 교류분석에서는 정신분석처럼 결정론적인 입장에서 인간을 보지 않고, 인간은 자기의 환경조건과 아동기의 조건을 개선할 수 있는 능력이 있음을 믿는다. 더 나아가서 이 이론은 인간에게는 자기의 과거 결정을 이해하는 능력이 있으며, 그것을 재결단할 수 있다고 가정한다. 그리고 인간에게 자신의 습관성을 뛰어 넘어 새로운 목표와 행동을 선택할 능력이 있음을 신뢰한다. 이 접근에서는 인간은 선택할 수 있고, 새로운 결정을 할 수 있으며, 행동할 수 있다고 가정한다. 버언은 인간은 선택의 능력을 가지고 있다고 믿었으나, 극히 소수의 사람들만이 자율성을 가지기에 필요한 만큼의 깨달음에 이르고 있다고 말한다.

교류분석에서 인간은 세 가지 심리적 욕구인 자극갈망(stimulus hunger), 인정갈망(cognition hunger) 그리고 구조갈망(structure hunger)에 의해 동기화된다고 본다.

자극갈망은 우리가 다른 사람들로부터 신체적 접촉을 받고 싶어 하는 욕구를 의미한다. 인간은 기본적으로 신체적 접촉을 통한 친밀감을 갈망한다는 것이다. 생물학적 측면에서 정서적 · 감각적 박탈은 유아의 신체적 기관의 변화에 영향을 가져온다. 수감자가 독방을 피하기 위해서 안간힘을 쓰는 이유는 자극갈망을 추구하기 때문이다. 버언은 "자극갈망이 인간 유기체의 생존에 음식갈망처럼 필수적이다."고 주장하였다.

인정갈망은 다른 사람으로부터 제공될 수 있는 특별한 종류의 감각추구다. 인공유보다 모유를 먹는 유아는 어머니 품에서 신체적 접촉, 소리, 냄새, 온화함을 통한 교류를 통해 보다 안정된 정서적 발달을 한다. 버언은 관계하는 다른 사람으로부터 받은 인정을 어루만짐(strokes)이라고 불렀다. 어루만짐의 주고받음은 사회적 상호관계의 최소의 단위인 교류를 구성한다. 어루만짐은 긍정적이거나 부정적일 수 있다. 그리고 어루만짐은 조건적이거나 무조건적일 수 있다. 조건적인 어루만짐은, 그것이 부정적이거나 긍정적이건, 타인의 어떤 행동에 대해서 하는 일종의 반응이다. 예를 들어보면, 부모로서 당신의 자녀가 하는 행동을 보고 당신이 칭찬하는 언어적 표현은 조건적인 긍정적 어루만짐이다. 그러나 당신의 자녀가 당신이 지시한 것을 듣지 않아 그를 때리는 것은 조건적인 부정적 어루만짐이다. 무조건적인 어루만짐은, 그것이 긍정적이거나 부정적이건, 타인의 어떤 행동보다는 단순히 타인에 대해서 하는 일종의 반응이다. 예를 들면, 당신이 관계하는 사람의 행동에 대한 평가와 관련 없이 단순히 그 사람을 좋아한다면, 그러한 당신의 반응은 무조건적인 긍정적 어루만짐이다. 그러나 당신이 누군가를 아무 이유 없이 싫어한다면, 그것은 무조건적인 부정적 어루만짐이다.

교류분석 상담자는 우리의 삶을 유지하는 데 적절한 어루만짐이 필요함을 강조한다. 전혀 어루만짐이 없는 것보다 부정적인 어루만짐이 더 낫다고 주장한다. 그것은 당신에게 소중한 누군가에게 받은 부정적인 어루만짐은 당신에게 고통스러운 반응일 수 있지만, 아직 당신에 대한 관심이 남아 있기 때문이다. 그러나 어루만짐이 전혀 없는 것은 관계가 끝난 상태이거나 무관심이기 때문이다. 누군가에게 관심을 받고자 하는 욕구인 자극갈망은 우리의 삶에 원동력으로 작용한다고 본다.

구조갈망은 인간이 삶을 유지하는 동안 주어진 시간, 즉 인생을 어떻게 보낼 것인가의 방법을 우리 각자가 찾고 발달시키려는 욕구를 의미한다. 교류분석에서는 각자가 자신의 독특한 삶의 방식을 발달시킬 수 있지만, 우리 모두가 어떤 유형을 발달시킨다고 본다. 교류분석 상담자는 우리가 공유하는 이러한 유형을 구조라고 부른다. 우리는 구조갈망을 통해 하루 24시간, 일주일 168시간을 무엇을 할 것인가, 더 나아가 인생이라는 시간을 어떻게 보낼 것인가의 딜레마를 인식한다(Holland, 1973). 구조갈망은 우리의 삶에 필요한 어루만짐을 최대로 받기 위해 시간을 사용하는 수단이다. 사람들이 자신의 시간을 구조화하는 여섯 가지 방법은 철회(withdrawal), 의례적 행동(rituals), 여흥(pastimes), 활동(activities), 게임(games) 그리고 친밀성(intimacy)이다.

교류분석에서는 이러한 세 가지 기본적 욕구로부터 확립된 것으로 입장갈망(position hunger)을 가정한다. 입장갈망은 개인이 자신이 선택한 확립된 삶의 입장을 가지려는 욕구를 의미한다. 이러한 욕구는 개인의 시련감정과 인생각본에 관련되어 있다. 당신이 아동기에 받았던 어루만짐의 유형은 당신이 채택한 삶의 입장, 인생각본, 게임에 영향을 준다. 우리가 자신과 타인에 대해 어떻게 느끼고 있는가가 자신이 선택한 삶의 입장에 반영된다. 입장갈망은 우리 각자가 계속적으로 자신의 선택을 다시 확인하려는 방식으로 행동하려는 욕구다. 버언은 개인이 자신의 세계에 대한 지각을 토대로 인생의 초기에 이러한 결정을 한다고 주장하였다. 버언은 "모든 인간의 운명은 자신의 생각 밖에서 진행되는 것에 직면될 때, 자신의 머릿속에서 진행되는 것에 의해 결정된다."고 지적하였다. 버언이 가진 인간의 기본적 가치의 이미지는 긍정적(OKness) 입장이다. 그는 편집적(자기긍정-타인부정, I'm Ok-You're Not Ok), 우울적(자기부정-타인긍정, I'm Not Ok-You're Ok) 그리고 정신분열적(자기부정-타인부정, I'm Not Ok-You're Not Ok)인 기본적인 세 가지 부정적(Not-Ok) 삶의 입장을 확인하였다.

개인의 성격은 이러한 욕구를 만족시키려고 시도하면서 자신이 접하는 세계, 특히 다른 사람들과의 상호작용의 산물이다. 교류분석 상담자는 이러한 욕구가 단지 다른 사람들과의 교류를 통해서 성취될 수 있다고 믿는다.

버언은 우리의 욕구와 상황에 의존해서 우리가 사용하는 세 가지 자아상태, 즉 부모, 성인, 아동 자아상태가 있다고 가정하였다. 상담자는 이러한 자아가 성격의 구성요소로서 각각 어떤 특성을 갖는가를 이해해야 한다.

첫째, 부모자아상태는 우리가 우리 자신이나 타인에게 강요하는 당위적인 명령으로 구성되어 있다. 부모자아상태는 아동이 대체로 초등학교에 입학할 때까지 형성되며, 개인이 생애를 통해 권위적 인물과 상호작용하면서 적응이 계속 이루어진다. 부모자아는 아동이 주로 자신의 실제 부모의 양육태도, 제도적 혹은 사회적 가치에 의해 형성된 것으로 믿어진다. 즉, 부모자아상태는 우리가 의미 있는 권위적 인물, 특히 부모로부터 가르침을 통해 가치를 통합하는 방법이다. 부모자아상태는 '비판적 부모자아(Critical Parent ego)'와 '양육적인 부모자아(Nurturing Parent ego)'로 구성되어 있다.

둘째, 성인자아상태는 현실 세계와 관련된 성격의 부분이다. 이것은 성격의 합리적이고 객관적인 측면을 나타낸다. 성인자아상태는 현재의 실제에 적용되는 자율적인 감정, 태도 그리고 행동유형으로 특징된다. 성인자아상태는 현실을 검증하고 문제를 해결하며, 다른 두 자아상태를 중재한다. 그러므로 성인자아상태는 성격의 균형을 위해 중심적 역할을 하며 성격의 전체적인 적응과정에 가장 기여하는 부분으로 여겨질 수 있다.

셋째, 아동자아상태는 우리 각자의 아동기의 유물인 일련의 감정, 태도, 행동유형이다. 자발성, 창의성, 충동, 매력 그리고 기쁨 등이 아동자아상태의 특성이다. 이것은 우리의 내부에 내재하는 성격의 흥미를 추구하며, 어린애 같은 부분이다. 아동자아상태는 우리의 성격통합과 효과에 보호적이라는 점에서 매우 중요하다. 그것은 보호적 부모와 실제적 성인에 역작용하는 흥미 있는 생각, 충동, 행동의 원천이기 때문에 내적 강도의 원천이다. 아동자아상태는 '현실적 아동자아(Adapted Child ego)'와 '자유분방한 아동자아(Free Child ego)'로 구성되어 있다. 더 나아가 자유분방한 아동자아를 '천진한 아동자아(Natural Child ego)'와 '영악한 아동자아(Little Professor)'로 구분한다.

자아상태는 인간의 욕구에 부합되는 것으로 가정하는 적응양식이다. 사람들 간의 의사소통 과정이다. 어떤 주어진 시간에 이루어지는 교류는 세 가지 유형, 즉 '보완적 교류(complementary transactions)' '교차적 교류(crossed transactions)' '저의적 교류(ulterior transactions)' 중에 하나를 가정한다.

3. 문제에 대한 이해

자신이 갖는 문제를 이해하기 위해 먼저 스스로에게 "나는 내가 맺고 있는 대인관계에 만족스러운가?"를 자문해 보아야 한다. 그러한 자문에 대해 대인관계의 불만족 수준이 높다고 생각한다면 먼저 자신의 성격을 구성하고 있는 자아상태를 확인하는 것이 필요하다. 다음으로 자신이 타인과 주고받은 의사소통의 방식이 적절한가를 확인한다.

주어진 상황에서 적절하게 다른 사람과 의사소통을 하기 위해서는 우리의 성격을 구성하는 세 가지 자아상태가 건전하게 발달되어야 한다. 만약 지나치게 부모자아상태가 발달되어 다른 자아상태를 배제하고 명령과 비판적인 자세만 견지한다면 다른 사람과의 의사소통에 문제가 된다. 역시 어른자아상태가 다른 자아상태를 배제하고 작동한다면 당신은 지나치게 현실적이고 논리적이라는 비판을 받을 것이다.

우리가 대하는 상대방이 어떤 자아상태의 입장에서 이야기하는가를 파악하여 그가 전달한 메시지에 따라 보완적인 교류가 될 수 있도록 해야 한다. 상황과 상대방의 욕구에 부응하여 대화하지 못한다면 우리의 대화는 계속되지 못한다. 지속적인 대화를 중단시키는 방식으로 당신이 상대방의 욕구를 무시하고 엉뚱하게 반응하는 교차적 교류를 한다면 문제다. 당신이 원하는 방식으로 상대방이 반응하지 않을 때 기분이 상하거나 화를 내는 것처럼 상대방이 어떤 자아상태를 가지고 메시지를 전달하는가를 파악할 수 있는 현명함이 필요하다.

우리는 대부분 사람들과의 사회적 관계를 하면서 삶을 유지한다. 당신에게 주어진 시간을 어떻게 보내는가는 전적으로 당신에게 달려 있다. 긴 것 같으면서도 짧은 우리의 인생을 보람차게 보내는 방법은 우리가 시간에 대한 구조갈망을 적절한 방법으로 달성하는 것이다. 교류분석에서는 게임(game)을 통해 상대방을 심리적으로 괴롭히거나 속이는 방식으로 의사소통을 하는 저의적 교류를 경계한다. 교류분석에서는 당신이 만나는 사람에게 당신이 하는 게임에 대한 대가를 당신이 반드시 치르게 된다고 본다. 현실 도피적인 삶을 추구하며 환상으로 도피해 버리는 철회(withdrawal)는 대인관계의 중단이다. 역시 버언의 저서 『당신은 안녕이라고 말한 후 무엇을 표현하는가?(*What do you say after you say hello?*)』에서 지적한 것처럼, 의례적인 인사나 겉치레 행동만 하면서 대인관계를 하는 것도 문제다.

부모의 양육태도, 가정환경, 출생순위 등으로 형성된 당신의 부모자아상태, 당신이 현실 속에서 발달시킨 어른자아상태, 당신이 아동기에 발달시킨 아동자아상태는 당신의 기본적 욕구를 충족시키려는 노력과 결부되어 당신의 삶의 입장을 형성하게 된다. '자기긍정-타인긍정(I'm OK - You're OK)'의 삶의 입장이 아닌 다른 세 가지 부정적 삶의 입장이 내포하고 있는 문제를 살펴보자.

첫째, '자기긍정-타인부정(I'm Ok - You're Not Ok)'인 태도는 투사적 입장이다. 이것은 "나는 잘 났고, 너는 별 볼 일 없다."는 입장이다. 어린아이가 심하게 무시당하거나 비난이나 억압을 당할 때, 또는 부모의 체벌 등으로 타박상해를 받게 될 때, 나쁜 사람은 내가 아닌 다른 사람이라고 단정할 수 있다. 이러한 인생태도를 가진 사람은 다른 사람의 반응 없이도 생존할 수 있다는 강한 편집적인 태도를 보여 준다. 다른 사람에게 저항적이며 자기아집적인 태도를 가지기 때문에 자기도취적인 우월감에 사로잡힐 수 있다. 그렇기 때문에 타인에 대한 극단적인 불신, 증오, 비난, 양심부재의 현상이 나타날 수도 있다. 비행을 저지른 사람과 범죄자들이 주로 이 자세를 갖고 있으며, 심하면 타살 충동으로 연결될 수 있다.

둘째, '자기부정-타인긍정(I'm Not Ok – You're Ok)' 인 삶의 태도는 내사적인 것으로서 다른 사람과 비교해서 무력감을 느끼는 사람들이 공통적으로 취하는 입장이다. "나는 별 볼 일 없고, 너 잘났다." 하는 입장이다. 이것은 인생 초기에 일반적으로 어린아이들이 취하는 최초의 자세다. 이 시기의 아이들은 부모의 애정 어린 존재의 인정자극들을 경험하기 때문에 타인에 대한 긍정성을 인정한다. 그러나 한편으로는 욕구충족을 하는 데 거의 무능한 상태에 있기 때문에 다른 사람의 도움 없이는 생존의 위협을 느끼게 되고 많은 좌절감을 경험한다. 그 결과 어린아이는 "내가 별 볼 일 없다."는 자기-부정적인 인생 자세를 갖게 된다. 그리고 타인을 긍정적으로 평가하고 자기보다 우월한 것으로 지각한다. 이러한 자세는 자기비하로 이끌어지며 우울증적인 태도로 이끌 수 있다. 즉, 이러한 인생태도를 가진 사람은 열등감, 무가치감, 우울, 무력감과 같은 정서적 태도를 갖게 된다. 이러한 자세를 취하는 사람은 '희생자' 의 역할을 하며, 자기 공격적 행동을 하며, 혹은 간접적 공격성을 표출하는 경향이 높다.

셋째, '자기부정-타인부정(I'm Not Ok –You're Not Ok)' 인 삶의 태도는 근본적으로 삶 자체에 부정적인 입장을 보이는 사람들에게 나타난다. 이것은 "나도 별 볼 일 없고, 너도 별 볼 일 없다."는 입장의 비관론적인 태도다. 부모에 의한 비판적 · 부정적인 반응을 강하게 경험하면서 "나는 별 볼 일 없는 아이다."라는 생각을 갖게 되며, 이러한 생각이 지배적일 때 부모의 어떤 반응들도 부정적으로 보게 되며 부모의 반응을 거부하게 된다. 이러한 사람은 어떤 노력도 기울이지 않으며 만사를 부정적으로 여기게 된다. 이러한 삶의 태도를 갖은 사람은 삶의 의미를 상실하여 자포자기하고 극단적인 퇴행 상태나 정신분열의 상태에 빠지기도 하며, 심한 경우에는 자살이나 타살의 충동을 느낄 수 있다. 자신을 포함한 모두가 별 볼 일 없다는 입장은 인생 자체에 대한 심한 회의감과 함께 인생의 막다른 골목에 와 있다는 부정적 태도에 빠져 있게 한다.

4. 버언의 지혜

버언은 인간이 출생과 더불어 타인과의 관계를 통해 형성하게 되는 실제적인 자아상태인 부모자아, 성인자아 및 아동자아가 건전하게 형성될 필요성을 강조하였다. 이런 점에서 버언이 제안한 구조분석은 내담자로 하여금 자신의 자아상태의 정상적 발달을 파악하게 하는 자신에 대한 이해의 방법이다. 버언의 지혜는 개인이 자신의 인생각본에 따른 타인과의 바람직한 교류를 위해 무엇보다 중요한 것이 정상적인 세 가지 자아상태를 가져야 한다는 것이다. 따라서 교류분석 상담자는 내담자가 인생 초기에 형성한 자신의 자아상태에서 비롯된 인생각본을 재결단을 통해서 바꾸도록 조력한다.

교류분석에서는 개인의 행동을 이해하기 위해 개인의 자아상태를 철저히 분석할 것을 강조한다. 게슈탈트 실험을 적용한 교류분석에 관한 베스트셀러였던 『승리하려고 태어났다』의 저자인 제임스와 존게워드(James & Jongeward, 1971)는 서문에서 교류분석은 사람들에게 인간행동을 분석하고 이해하기 위한 합리적(이성적) 방법을 제공한다고 지적하였다. 더불어 교류분석 방법이 자각, 자기책임감, 진솔성을 발견하고 육성하는 것과 현재 진행되는 일에 관심을 둔다고 하였다. 교류분석 상담자는 구조분석을 통해 내담자가 자신의 행동을 이해하도록 돕는다.

교류분석을 통해 달성하려는 궁극적 목표는 개인으로 하여금 자율성을 성취하게 하는 것이다. 버언에 따르면, 정말 자율적인 인간은 세 가지 능력, 즉 자각, 자발성, 친밀감을 생활을 통해 입증하는 사람이다(James & Jongeward, 1971, pp. 290-296). 자각은 지금 일어나고 있는 일을 아는 것이다. 자발성은 자신의 모든 자아에서 비롯된 모든 행동과 감정에서 어떤 행동이나 감정을 선택할 자유를 말한다. 친밀감은 타인에게 오염되지 않는 아동자아가 갖는 온화함, 친숙함, 상냥함의 감정을 표현하는 것을 말한다. 교류분석 상담자는 다문화사회에서 한국인이 문화적 민감성에 대한 자각을 통해 유연한 자발성을 갖고 친밀한 관계를 맺으며 살아가도록 조력할 수 있으리라 본다.

버언이 교류분석을 통해 내담자를 조력하기 위해 강조한 그의 지혜를 요약하면 다음과 같다.

내담자의 문제는 그가 과거에 받았던 어루만짐에서 비롯되었다. 내담자의 문제해결을 위해 먼저 그가 자신의 성격을 이해하고 대인관계에서 주고받은 의사소통의 유형과 게임을 분석하도록 하라. 타인과 의사소통을 하는 데에서 나도 당신도 이만하면 괜찮다는 자세를 갖는 것이 필요하다.

교류분석의 주요 개념과 기법

세 가지 자아상태(부모 · 성인 · 아동 자아), 기본적 심리적 욕구(자극 · 인정 · 구조 · 입장 갈망), 인생각본, 네 가지 분석방법(구조 · 교류 · 게임 · 각본 분석), 이고그램 분석, 재결단 등

5. 문제해결을 위한 상담

교류분석은 관찰할 수 있는 인간관계를 바탕으로 만들어진 상담이론이다. 긍정적인 삶의 입장을 갖고 태어난 유아는 그에게 영향 주는 인간관계에 따라 삶의 입장을 변화시킨다는 것이다. 우리가 인생 초기에 주로 부모의 영향에 따라 형성한 자아상태는 교류에 영향을 준다. 교류를 통해 인정을 받으려는 욕구는 우리가 시간을 어떻게 보낼 것인가에 영향을 준다. 시간을 보내는 방법 중의 하나는 우리가 하는 심리적 게임이다. 우리가 타인과 함께 시간을 보내는 방법, 즉 교류는 우리의 인생각본을 결정하는 데 영향을 준다. 요약하면, 우리의 자아상태, 교류, 시간 구조화의 한 방법인 게임 그리고 인생각본은 밀접하게 관련되어 순환적인 영향을 미친다.

변화를 위해 인간의 욕구와 순환적인 관계에서 삶에 영향을 주는 자아상태, 교류, 게임 및 각본을 이해하는 것이 필요하다. 특히 문제를 가진 사람은 자신의 악순환의 고리를 끊기 위해 자신이 하는 행동이나 삶에 대한 입장을 철저히 이해하여야 한다. 이런 점에서 교류분석 상담자는 다음과 같은 네 가지 분석, 즉 구조분석, 교류분석, 게임분석 및 각본분석을 통해 내담자를 조력한다.

구조분석

우리가 대인관계에서 나타내는 언어적이거나 비언어적 메시지는 우리의 성격을 구성하는 자아상태에서 비롯된다. 구조분석은 상담자가 세 가지 자아상태인 부모 · 성인 · 아동 자아상태를 통해 내담자가 자신을 이해하도록 조력하는 것이다. 세 가지 자아상태가 우리의 사고, 감정, 행동에 미치는 영향을 파악하는 것이다. 만약 당신이 형성한 세 가지 자아상태가 독립적이면서도 상호 협조적인 전체로서 기능하지 못한다면, 다른 사람에게 부적절한 자극이나 반응을 주고받게 된다. 당신은 지나치게 목에 힘을 주어 권위적인 태도로 남을 무시하지 않는가? 당신은 어린아이처럼 항상 보호를 받으려고만 하지 않는가? 당신은 주변 사람들로부터 지나치게 현실적이다는 지적을 받지 않는가? 당신의 성격을 구성하고 있는 자아상태를 형성하는데 부모님의 영향은 어떠했는가? 상담자는 이러한 질문을 통해 내담자의 자아상태가 갖는 문제가 무엇인가를 정확히 파악한다.

상황에 대한 객관적이고 현실적인 판단을 할 수 있는 성인자아상태를 중심으로 부모나 아동자아상태가 우리의 성장을 위해 적절히 기능해야 한다. 만약 어떤 자아상태가 다른 것을 배제(exclusion)하고 독단적으로 자극과 반응을 주고받는다면 문제다.

배제는 당신을 구성하고 있는 세 가지 자아 중 어느 하나에 에너지가 집중되어 에너지의 흐름이 차단되는 것을 의미한다. 배제에는 세 가지의 경우가 있는데, 부모가 성인과 아동을 배제하는 경우, 성인이 부모와 아동을 배제하는 경우, 그리고 아동이 부모와 성인을 배제하는 경우다. 예를 들면, 부부관계에서 남편이 일관되게 권위를 내세우며 아내를 무시하고, 명령하고, 합리적인 대화를 나누지 않으면 부모자아상태가 성인과 아동을 배제하는 경우다.

역시 성인자아상태 영역이 다른 자아상태의 영향으로 오염(contamination)되어 있다면 문제다. 오염은 부모나 아동 자아상태가 성인자아상태를 침범하여 상황을 객관적으로 판단하는 것을 방해하는 것이다. 객관성이 편견에 의해서 지배되는 경우다. 상담자는 부적절한 자아상태에 영향을 준 사회적 영향 혹은 부모의 영향이 무엇인가를 내담자가 찾아 이해하도록 한다. 듀세이(Dusay) 부부(1989)는 이고그램(egogram)을 통해 다섯 가지 기능적인 자아상태, 즉 '비판적 부모자아' '양육적인 부모자아' '성인자아' '현실적 아동자아' '자유분방한 아동자아' 가 어떻게 나타나는가를 그래프로 보여 주었다.

보다 복잡한 이차적 구조분석은 외부의 영향으로 형성된 부모와 아동자아상태를 구체적으로 분석하는 것이다. 한 가지는 우리의 부모자아상태에 영향을 주어 내재해 있는 아버지와 어머니의 부모, 성인, 아동 자아상태를 파악하는 것이다. 다른 한 가지는 부모가 우리의 아동자아상태에 영향을 주어 내재해 있는 세 가지 자아를 파악하는 것이다. 아동자아상태에 있는 부모자아를 '현실적 아동자아', 아동자아상태에 있는 성인자아를 '영악한 아동자아', 아동자아상태에 있는 아동자아를 '천진한 아동자아' 라고 부른다.

바람직한 부부관계를 세 가지 자아상태를 중심으로 표현하면, 아내는 남편에게 때론 어머니처럼, 때론 친구처럼, 때론 동생처럼 상황에 따라 다르게 교류가 이루어지는 것을 의미한다.

교류분석

인간은 인정받고 싶어 한다. 인간은 긍정적 어루만짐을 받기 위해 노력한다. 서로를 인정하고 보완하는 교류는 계속된다. 교류분석은 우리가 다른 사람에게 관계하는 방식을 설명하는 것이다. 이는 어떤 교류가 효과적인지 비효과적인지를 알아보는 것이다. 어떤 교류가 직접적이고 개방적인지, 방어적이고 폐쇄적인지, 혹은 거짓인지를 설명하는 것이다. 교류분석 상담자는 세 가지 자아상태를 바탕으로 내담자의 다른 사람과의 교류가 어떻게 이루어지는가를 파악하여 부적절한 교차적 교류나 저의적 교류를 중단하도록 촉진시킨다.

보완적 교류는 당신의 어떤 자아상태가 상대방의 어떤 자아상태에 보낸 자극에 따라 원하는 반응을 하는 것이다. 즉, 당신의 세 가지 자아상태와 상대방의 세 가지 자아상태가 서로의 욕구를 충족시키는 평행선을 이루는 교류다. 이러한 교류는 인정이나 어루만짐이 서로에게 보완적이기 때문에 대화가 계속된다.

교차적 교류는 상대방이 원하는 욕구가 무시되거나 잘못 이해되어 나타나는 반응이다. 당신이 원하지 않는 반응을 얻었을 때 당신은 당황할 것이다. 대화는 상대방의 욕구가 무엇인가를 파악하여 이루어져야 한다. 상대방의 욕구를 무시하고 엉뚱한 반응을 하면 대화가 중단된다. 상대방이 정보를 원하면 정보를 제공하는 대화를 해야 지속된다. 당신의 직장상사가 권위적인 태도(그의 부모자아)로 당신의 아동자아상태에 대화를 걸어오면 그 상황에 맞게 그의 태도를 파악하여 반응해야 한다. 만약 당신이 그의 욕구를 무시하고 당신의 부모자아상태로 반응하며 당신은 그에게 '건방진 녀석' 으로 전락될 것이다.

저의적 교류는 동시에 이중적인 메시지가 전달되는 것을 말한다. 예를 들면, 당신의 언어적 메시지인 말의 내용과 비언어적 메시지인 음성이나 얼굴표정이 다른 경우다. 사회적으로 수용되는 의사소통의 이면에 심리적인 의도가 깔려 있는 교류로 대화하는 사람이 이중적 메시지를 보내는 경우다. 말하는 내용과 다른 숨은 의도가 깔려 있기 때문에 이러한 교류를 저의적 교류라 한다. 저의적 교류는 동시에 두 가지 자아상태가 관여한다는 점에서 보완적 교류와 교차적 교류와 다르다. 우리 대부분이 숨겨진 의도로 하는 심리적 게임은 대표적인 저의적 교류다.

게임분석

모든 사람은 심리적 게임을 한다. 많은 사람들은 자신이 하는 게임을 잘 인식하지 못한다. 게임은 우리가 인정이나 어루만짐을 보다 잘 이해하도록 도와준다. 게임은 나중에 대가를 치르게 되는 시련감정을 경험하게 하는 저의적 교류에서 비롯되는 시간구조화의 한 가지 방법이다. 상담자는 내담자가 하는 게임이 어떤 종류의 게임인지를 파악하려고 시도한다. 게임은 깊은 수준의 현실적 상호작용의 의미를 감추기 위해 피상적 수준에서 협동적으로 상호작용하는 방법이다.

게임의 당사자는 주로 세 가지 역할, 즉 구조자, 박해자, 희생자의 역할을 수행하면서 악순환적인 게임을 계속한다. 심리적 게임을 중단하고 직접적이며 진솔한 친밀감을 교류할 수 있도록 시간을 구조화하는 것이 필요하다.

각본분석

개인은 자신이 수행하는 많은 게임을 통해 자신의 각본을 나타낸다. 인간이 표현하는 각본에는 항상 중심적 주제가 있다. 이러한 주제는 인간의 삶의 방식과 문제를 밝혀 준다. 의사소통의 중요성을 강조한 교류분석에서도 정신분석과 마찬가지로 인생 초기의 경험이 각 개인의 현재 생활태도나 각본에 매우 중요하게 영향을 준다고 가정한다. 그러나 교류분석에서는 사람들이 갖은 인생에 대한 기본적 태도를 성격발달과 관련해서 파악하기보다는 일생을 통해서 개인이 대인관계를 맺으면서 자신과 타인에 대해서 취하는 기본적인 자세라는 관점에서 보고 있다.

교류분석에서는 네 가지의 인생의 기본적 입장을 가정한다. 이러한 기본적 입장은 대부분의 사람들이 인생 초기에 부모로부터 어떻게 영향을 받았느냐에 따라 결정되는 경향이 높다고 가정한다. 그리고 이러한 자세는 당신 자신의 대인관계 방식과 인생각본의 형성에 지대한 영향을 준다. 여기서는 이러한 네 가지 인생에 대한 기본태도 중에서 '자기긍정-타인긍정' 을 살펴보자.

긍정적 삶의 입장인 '자기긍정-타인긍정' 은 교류에 참여하는 양자가 상대방에 대해 긍정적 태도를 갖는 것을 의미한다. 이러한 입장은 "나도 당신도 이만하면 괜찮다."는 삶의 태도를 갖는 것이다. 이러한 삶의 태도를 가진 사람은 발전적 입장을 가진다. 이러한 자세는 자신의 가치와 타인의 가치를 인정하고 존중하는 건설적인 태도다. 이 자세를 가지고 살아가는 사람을 구조분석해 보면 양육적인 부모와 성인 자아가 인격의 주도권을 장악하고 있다. 문제영역에서 설명한 세 가지 부정적 삶의 입장이 의식 영역 밖에서 주로 감정에 기초해서 형성된 것에 비해, 이러한 삶의 태도는 개인의 결단에 의해서 의식적으로 선택한 것이라고 본다. 이러한 삶의 태도를 가진 사람은 타인과 심리적인 게임을 하지 않고 개방적인 태도에서 의사소통을 하고 있다. 즉, 남과 함께 조화하며 살아가는 태도를 가지며 긍정적인 측면에서 모든 인간관계를 이끌어 간다. 교류분석을 통해 상담자는 부정적인 세 가지 삶의 입장을 '자기긍정-타인긍정' 의 입장으로 변화시킨다.

우리는 지금 다문화 사회에 살고 있다. 다문화적 관점에서 교류분석에 대한 몇 가지 기본원리를 살펴보고자 한다.

교류분석 이론은 문화를 반영한 성격이론이다. 교류분석에서 가장 기본적인 개념은 성격구조로서 부모 · 성인 · 아동 자아상태다. 특히 개개인이 갖는 부모자아상태는 그가 속한 문화 및 가치 영향에 대한 반영이라고 할 수 있다. 교류분석 성격이론이 건강한 자아상태를 정의하는 데에서 개인이 성장함에 따라 적절하게 부모자아상태를 견지하면서 성인 및 아동 자아상태와 조화롭게 발달할 것을 강조한 점에서 다문화적 상담에 적합하다고 할 수 있다. 또한 버언이 제안한 인간이 갖는 심리적 욕구인 자극갈망, 구조갈망 및 입장갈망도 주로 사람과의 관계에 따른 인정, 교류, 태도에 초점이 맞추어져 있다.

교류분석은 다문화사회에서 필요한 상호 존중의 삶의 태도를 강조한다. 교류분석의 이론적 입장을 일반인에게 알리는 데 기여한 사람이 해리스(Thomas Harris)다. 그가 제안한 삶의 바람직한 태도인 "나도 당신도 이만하면 괜찮다."는 상호 긍정적인 태도는 다문화 사회에서 삶을 영위하는 데 우선시되는 교류분석의 중요한 철학이라고 본다. 이러한 교류분석의 인간에 대한 입장은 서구의 수평적 사고를 반영한 것으로, 우리나라의 유교문화의 수직적 사고의 가치변화에 기여할 것이라고 생각한다.

교류분석은 계약 기법을 통해 민주사회에서 자율적 인간으로서 책임감을 갖고 실천하게 한다. 교류분석 상담에서 초기 과업은 상담자와 내담자간 계약을 체결하는 것이다. 계약 확립은 내담자로 하여금 다루고자 하는 주제나 가치를 결정하도록 허용한다. 변화는 상담자와 내담자 간의 상호책임을 강조하는 쌍방적 계약으로 시작한다. 계약적 접근방식은 내담자의 자기결정을 존중하며 계약의 내용이 언제 충족되었는가를 내담자가 알도록 해 준다. 상담자와 내담자는 계약을 통해 전반적 상담과정을 정하고 변화를 위한 책임이 내담자에게 있다는 점을 명확히 한다. 또한 계약을 통해 정한 목표가 언제 끝날 것인가도 결정한다.

상보적(보완적) 교류는 다문화 사회에서 필요한 공감적 대화이다. 우리 모두는 서로가 상대방의 욕구를 이해하면서 대화할 수 있는 관계를 원한다. 다문화사회를 살아가는 데 정말 필요한 대화가 상대방의 욕구에 대한 이해를 바탕으로 한 공감적 대화다. 교류분석 이론에서 바람직한 대화로서 강조하는 상보적 교류는 상대방의 세 가지 자아상태의 요구에 따라 이루어지는 공감적 대화다. 상대방의 욕구를 제대로 파악하지 못해 대화가 중단되는 교차적 교류나 많은 경우에 게임에서 비롯되는 보복의 감정을 초래하는 저의적 교류는 부적절한 관계로 귀결된다. 공감적 대화는 개인의 가치와 인권을 존중하는 자유민주주의를 지향하는 우리 사회에서 상호존중과 이해를 위한 인간관계를 위해 가장 요구되는 사항이다.

인생각본 분석은 문화환경의 영향을 받아 형성된 내담자의 생활양식을 재결단할 수 있는 토대를 제공한다. 버언이 제안한 인생각본이란 개념은 아들러(Adler)의 개인심리학의 주요 개념인 생활양식 개념과 유사하다. 우리 각자는 대부분 어렸을 때 가족환경, 특히 부모와의 관계를 바탕으로 인생각본을 만든다. 이러한 인생 초기의 인생각본은 개인이 장차 자신의 삶을 영위하는 방식을 결정하는 패턴인 생활양식으로 나타난다. 인생각본 분석은 상담자가 내담자의 입장에서 이러한 인생각본을 분석하고 이해해서 그를 파악하는 것이다. 다문화적 상담 관점에서 교류분석 상담자는 우리나라 사람들이 어렸을 때 우리 고유의 문화를 바탕으로 독특하게 형성한 인생각본을 잘 파악하여 바람직한 방향으로 각본이 변화될 수 있도록 조력해야 한다.

교류분석 발달은 다음과 같은 네 단계로 구분한다. 첫 번째 단계(1955~1962)는 버언이 세 가지 자아를 발견하고 명명한 시기다. 두 번째 단계(1962~1966)는 교류분석이 게임에 초점을 둔 시기다. 세 번째 단계(1966~1970)는 각본분석에 초점을 둔 시기다. 교류분석의 네 번째 영향은 고울딩 부부(Goulding & Goulding, 1978, 1979)에 의한 교류분석과 게슈탈트치료의 이종 혼합으로 비롯된 재결단치료에 대한 강조다(James & Gilliland, 2003, pp. 134-135).

재결단은 이미 지적한 것처럼 어린시절에 형성된 부적절한 인생각본, 즉 초기결정을 바꾸는 새로운 결단을 말한다. 고울딩(Goulding, 1987)은 내담자가 초기결정이 현재 역기능적 행동을 야기한다고 느끼면 상담자는 내담자가 재결단하도록 유도한다고 지적하였다. 또한 고울딩 부부(Goulding & Goulding, 1979)는 "사람들이 그를 화나게 하지 않는다. 그가 다른 사람의 자극에 대한 반응으로 화를 선택한다."(p. 6)라는 진술로 감정에 대한 책임에 대한 입장에 대해 기술하였다.

자신을 변화시킬 재결단의 힘은 전적으로 내담자 내부에 있다. 교류분석 이론에 근거한 재결단 치료는 내담자의 역기능적 행동을 이해하는 데 어린 시절에 만든 초기결정을 탐색하여 조력한다. 초기결정을 이해하기 위해 교류분석 상담자는 내담자의 문화환경(특히 가족과 사회)에 대한 이해를 해야 한다. 이런 점에서 교류분석 이론은 다문화적 상담에 부합한 이론이라고 본다.

독자인 당신이 갖는 삶의 입장은 무엇인가? 당신이 자신에 대해 긍정적인가 부정적인가는 지금까지 당신에게 영향을 끼쳐 온 수많은 인정이나 어루만짐을 통한 교류에서 비롯되었다. 버언이 지적한 것처럼, 당신은 왕자 아니면 공주로 태어났다. 세상에 던져져서 당신이 받아 온 시련 혹은 어루만짐 때문에 당신이 왕자가 아니라 개구리라고 생각한다면 서글픈 일이다. 마찬가지로 당신이 대하는 사람들도 왕자나 공주로 태어났다. 우리는 우리의 부모에게 소중한 사람이었다. 불교에서는 옷깃만 스쳐도 인연이 있다 하여 만남의 관계에 의미를 부여하였다. 이런 점에서 교류분석에서는 당신이 지금까지 부정적인 삶의 태도로 살아왔다면 재결단이 필요하다고 본다. "나도 당신도 이만하면 괜찮다."는 자세로 바꾸어 우리에게 주어진 인생이란 시간을 보다 알차고 소중하게 보낼 수 있는 인간관계를 이루어 나아가야 한다.

마지막으로 저자가 만든 게슈탈트 및 재결단 기도문을 소개하면 다음과 같다.

게슈탈트 및 재결단 기도문

우리는 승리하려고 태어났다.
나는 나의 일을 하고 당신은 당신의 일을 한다.
나는 당신의 기대에 부응해서 살기 위해 이 세상에 존재하지 않고, 당신도 나의 기대에 부응해서 살기 위해 이 세상에 존재하지 않는다.
나는 나이고 당신은 당신이다.
나는 당신과의 만남에서 당신의 눈으로 보고,
당신의 귀로 듣고, 당신의 마음으로 느낀다.
만약 우연이라도 우리가 서로를 이해한다면, 그것은 아름다운 일이다.

그러나 만약 우리가 서로를 이해하지 못한다면, 그것은 도움이 될 수 없다.
만약 우리가 정말 변화하기를 원한다면,
우리는 재결단에 의해 다시 태어날 수 있다.
나도 당신도 이만하면 괜찮다.
행복을 위해 우리는 스트로크와 격려가 필요하다.

13 실존주의적 상담

당신의 궁극적 관심사는 무엇인가?

1. 메이의 생애
2. 인간에 대한 이해
3. 문제에 대한 이해
4. 실존주의 상담자의 지혜
5. 문제해결을 위한 상담

인생은 진행 중인 과정이다. 우리 모두는 진행 중인 과정에 있다. 실존은 정적 과정이 아니라 진행 중인 과정을 수반한다. 실존주의적 상담은 존재의 과학과 과정에 관심을 둔다. 상담자는 내담자의 표면적 문제 이면에 있는 그의 실존의 기본적 문제에 직면하도록 한다. 이러한 인간의 기본적 문제는 불안, 절망, 죽음, 무의미성, 고독, 고립 등이다. 이러한 문제는 실존적 고통을 생성할 잠재력을 가진다. 상담자는 역시 자유, 책임감, 사랑, 창의성과 같은 문제에 관심을 가진다.

실존주의적 상담은 우리의 심리적 문제가 실존으로서 인간의 궁극적 관심사에 관련되어 나타난다고 본다. 이 접근은 분리된 하나의 학파도 아니고, 또한 깔끔하게 정의된 기법을 가진 체계적인 모델도 아니다. 실존주의적 상담에 영향을 주거나 발전시킨 사람들은 다음과 같은 세 가지 부류로 나누어 살펴볼 수 있다.

첫째, 실존주의적 상담은 실존주의적 철학에 근거한다. 잘 알려진 실존주의 철학자들인 키르케고르(Kierkegaard, 1813~1855), 니체(Niesche, 1844~1900), 하이데거(Heidegger, 1889~1976), 사르트르(Sartre, 1905~1980) 등이 보는 인간에 대한 이해를 반영한다.

둘째, 실존주의적 상담은 종교철학자들에 의한 영향을 받아 발전해 왔다. 영향을 준 대표적인 종교철학자는 부버(Buber, 1875~1965), 틸리히(Tillich, 1886~1965) 등을 들 수 있다. 부버의 '나-당신의 관계' 나 틸리히의 '존재할 용기' 에서 강조하는 내용이 실존주의 상담에 반영되었다.

셋째, 실제로 상담 및 심리치료에 실존주의적 철학이나 종교철학을 적용하여 실존주의적 상담을 주장한 사람들이다. 여기에는 빈스방거(Binswanger, 1881~1966), 보스(Boss, 1903~1990), 프랭클

(Frankl, 1905~1997), 메이(May, 1909~1994), 얄롬(Yalom, 1931~) 등이 있다. 특히 프랭클은 자신의 실존주의적 접근을 의미치료(제14장 참조)라고 불렀다.

실존주의에서는 인간을 제한된 존재로서 세상에 던져진 존재로 본다. 던져진 존재로서 인간은 존재론적 불안에 직면하면서 성장한다. 불안을 극복하고 성장을 이루기 위해 위엄과 자기존중을 유지하며 자기 인생을 살고자 하는 진실성과 용기를 필요로 한다. 진실성은 인간애로서 개인의 의무를 충분히 인식하고 인간의 자유와 책임을 포용함으로써 얻어진다고 본다. 이 과정은 매우 힘들며, 따라서 용기가 필요하다.

실존주의적 상담은 현상학적 철학에 기초한다. 이 접근은 내담자의 주관적 관점에서 그의 행동을 이해하는 것을 추구한다. 상담자는 환자의 경험을 밝히고 정신현상이 어떻게 의식으로 나타나는가를 규명하여, 그 개인의 자아관의 명료성과 진실성을 획득하는 데 목표를 두고 있다.

실존주의적 상담은 인간에 대한 다음과 같은 기본적 신조에 근거한다.

첫째, 실존은 본질에 선행한다. 즉, 우리가 하고 있는 것이 우리가 누구인가를 결정한다. 둘째, 우리는 선택할 자유가 있으며 선택한 결과에 책임이 있다. 셋째, 인간의 삶은 항상 죽음에 대한 견해를 가지고 영위된다. 우리의 진실성은 이것을 자각하고 용감하게 우리의 실존에 직면할 능력에서 비롯된다. 넷째, 우리의 실존은 결코 다른 사람과 세계의 실존으로부터 완전히 분리되어 있지 않다. 역시 세계의 실존도 우리의 실존에서 완전히 분리되어 있지 않다. 다섯째, 우리가 다른 사람의 주관적 관점에서 그를 이해하려고 노력할 때 우리의 지각이 보다 타당하다(Belkin, 1988, p. 205).

1. 메이의 생애

실존주의 치료자인 메이(Rollo May, 1909~1994)는 1909년 미국 오하이오에서 일곱 자녀 중 막내로 태어났으나 곧바로 미시간으로 이사해 그곳에서 어린 시절을 보냈다. 메이는 자신의 어린 시절이 불행했다고 회고했으며, 이러한 환경이 상담과 심리학에 관심을 갖게 한 계기가 되었다고 기술하였다. 메이는 1930년에 오버린 대학교를 졸업하고 나서 그리스로 가서 교사가 되었다. 그리스에 있는 동안 여름 방학 중에 비엔나를 여행했으며, 거기에서 아들러와 함께 공부를 하며 그의 영향을 받았다.

메이는 '유니언 신학대학교(Union Theological Seminary)' 에서 신학학위를 받았다. 신학교에서 공부하는 중에 실존주의 신학자인 틸리히(Paul Tillich)를 만나 그의 영향을 받았다. 메이는 신학보다는 심리학을 통해 사람을 가장 잘 조력할 수 있다고 생각하게 되어 심리학을 공부하게 되었다. 그는 1949년에 컬럼비아 대학교에서 임상심리학으로 박사학위를 받은 후 뉴욕에서 사설임상소를 설립했으며, 뉴욕 '윌리엄 앨런슨 연구소(William Alanson Institute)' 에서 수련감독 및 훈련분석자로 역할을 수행하였다.

메이는 박사 과정 중에 결핵으로 고통받았으며, 요양소에서 2년을 보내면서 실존적 불안을 체험하면서 실존철학을 심도 있게 공부하게 되었다. 특히 결핵 치료를 받은 동안에 키르케고르의 생각이 메이의 불안에 관한 연구에 촉매자가 되었다. 메이는 이러한 연구결과로 1950년에 『불안의 의미(*The Meaning of Anxiety*)』를 출판하였다. 그리고 1958년에 앵겔(Ernest Angel) 및 엘렌버거(Henri Ellenberger)와 함께 『실존(*Existence*)』을 출판하여 미국에 실존적 사고를 소개하였다. 메이는 두 번의 결혼 실패를 경험하였는데, 1969년에 발간된 그의 인기 있는 저서인 『사랑과 의지(*Love and Will*)』에는 사랑과 친밀 관계와 관련한 자신의 개인적 경험이 반영되어 있다. 메이는 1975년에 발간된 다른 인기 있는 저서인 『창조할 용기(*The Courage to Create*)』를 통해 그가 사람들의 삶에 관련된 것으로 보았던 실존적 개념에 대해 일반인에게 자각시켰다. 메이는 생애 동안 생산적인 삶을 영위했으며, 1994년 85세의 나이로 사망하였다.

2. 인간에 대한 이해

실존이란 인간 존재의 특유한 존재방식을 뜻한다. 따라서 그것은 어디까지나 인간의 현재에 관계하는 것이며 인간의 본질이 무엇인가 하는 본질 규정의 문제는 직접적인 관심사가 아니다. 실존은 본질에 선행한다. 실존은 밖에(ex) 나타나(sistere) 있는 것을 의미하므로, 실존철학 역시 인간의 숨겨진 본질보다는 드러나 있는 인간의 존재방식을 묻고 그것을 규명하려는 노력이다. 실존은 현실의 존재, 사실의 존재 그리고 진실의 존재에 대한 새로운 표현이라고 할 수 있다.

실존주의는 인간의 존재에 관심을 둔다. 인간의 가장 직접적인 경험인 그 자신의 존재에 초점이 맞추어져 있다. 다시 말하면, 인간의 존재를 무에서 시작된 자유로운 존재로 본다. 인간은 사전에 그 무엇에 의해서도 규정되어 있지 않기 때문에 자신을 규정할 수 있는 힘은 오로지 자신에게만 있다고 본다. 그러므로 각 개인은 자신의 자유의지에 따라서 선택하고 행동하고 그 결과에 책임지는 가운데 자신의 본질을 만들어 가는 것이다(최경환, 1993).

실존적 접근에서 기본적인 인간조건을 결정하는 범주에 속하는 것은 자각의 능력, 자유와 책임감, 자신의 정체성을 창조하고 다른 사람과 의미 있는 관계를 확립하는 것, 의미, 목적, 가치 그리고 목표의 탐구, 삶의 조건으로서 불안, 죽음의 자각이다(Corey, 1996). 실존의 의미성은 인간이 결코 고정되어 있지 않다는 것이다. 차라리 우리는 이 세상에 던져진 우리를 계속적으로 재창조한다고 본다.

실존주의적 상담에 기여한 주요한 인물들을 중심으로 인간에 대한 이해를 살펴보자.

1 키르케고르

키르케고르는 유럽의 사상계를 휩쓸고 있었던 헤겔의 관념철학에 대항하여 실존하는 개인의 내면세계를 철학적 사색의 근본 문제로 등장시킨 최초의 철학자다. 그는 대학 시절에 한동안 헤겔 사상에 매혹되었고, 사상가로서의 헤겔을 숭배하기도 하였다. 그러나 얼마 되지 않아 헤겔 사상에 환멸을 느끼고 그에 대항하여 자신의 고유한 사상적 입장을 발전시켜 나갔다. 왜냐하면 실존하는 개인의 삶을 붙들어 주고 이끌어 줄 수 있는 진리는 헤겔의 위대한 체계 속에서는 발견할 수 없었기 때문이다(장진성, 1993).

"인간의 주관성은 인간의 진리다." 이 논제가 바로 인간 실존에 관한 키르케고르의 결론이다(이창우 역, 1988). 키르케고르 이전의 철학은 거의 언제나 거시적인 일반문제를 추구하고 있다는 점에서 공통점을 가지고 있었다. 그러나 키르케고르는 진정한 생의 문제들이란 반드시 이른바 '실천적인 개별 문제'의 형태를 띠고 있다고 보았다. 이런 문제가 곧 '실존적'인 문제다(임석진 역, 1980). 일반적으로 키르케고르를 최초의 실존주의자라고 부르는 것도 이 때문이다.

키르케고르는 주저인 『죽음에 이르는 병(*The Sickness unto Death*)』(1849)의 서문에서 다음과 같이 말하였다.

"죽음은 모든 것의 종말을 뜻하는 것이며, 또한 인간적으로 말한다면 사람의 생명이 있는 한에 있어서만 있을 수 있는 것이기 때문이다. 그러나 그리스도적인 의미에서는 죽음은 결코 모든 것의 종말이 아니라, 모든 것을 내포하는 영원한 생명의 범주 안에서의 작은 사건에 불과하다."

그는 "자아는 무한성과 유한성의 의식적인 종합이며, 이 종합은 자기 자신과 관계된다. 종합의 과제는 자아가 되는 것이다. 그것은 오직 신과의 관계에서만 실현될 수 있다. 그러나 자아가 된다는 것은 구체적이 된다는 것을 말한다. 구체적이 된다는 것은 유한적이 된다는 것도 아니고 무한적이 되는 것도 아니다. 왜냐하면 구체적이 된다고 하는 것은 바로 하나의 종합이기 때문이다. 따라서 그 발전은 자아를 무한화함으로써 자아를 자기 자신으로부터 해방시키는 동시에 자아를 유한화함으로써 자기 자신에게 환원하게 하는 데 있지 않으면 안 된다. 자아가 이렇게 자기 자신으로 되돌아오지 않으면 자아는 절망적인 상태에 놓이게 된다. 자기가 그것을 알고 있든 모르고 있든 그것은 절망이다."라고 말하고 있다(손재준 역, 1982, p. 295).

그는 인간을 무한성과 유한성의 종합, 그리고 가능성과 필연성의 종합으로 본다. 그는 인간이 가능성의 존재로 있을 때 필연적으로 불안이 따른다고 하였다.

키르케고르는 자유를 가능성이라고 정의하고, 이 가능성을 인간이 가지고 있는 정신적인 면이라고 지칭하였다. 인간은 끊임없이 가능성에 의하여 유도되며 그 가능성을 생각하며 그리고 창조적인 능력에 의하여 그 가능성을 실현한다. 이 가능성으로 지향하는 자유능력이 동시에 불안을 수반한다. 불안이란 인간이 자기의 자유에 직면했을 때의 상태다. 곧, 자유-가능성으로 표현된다. 그 가능성이 마음에 떠오를 때는 언제나 불안이 잠재적으로 같은 경험 안에 존재하고 있는 것이다(김영만, 1987).

이러한 불안을 역설적으로 '교육적' 이라고 말하고 있다. 가능성과 유한성에서 오는 불안에 대해 그리스도인은 '신앙' 을 가지고 있다고 역설한다.

키르케고르에게서도 실존이란 객관화될 수 없고 대상화될 수 없는 내면성 그리고 주체성을 지니고 있는 존재였다. 그에게 있어 실존한다는 것은 우선 무엇보다도 단독자임을 뜻했으며, 신 앞에서 있는 나와 하나님 사이에는 아무것도 없다는 것이다. 이러한 실존은 진실로 불안의 존재이며 불안 속에서 살아가는 존재요, 언젠가 한 번은 꼭 죽음에 이르러야 할 유한적 존재인 것이다.

니체

니체는 "신은 죽었다." 라는 명제를 통해 그 시대의 모든 그리스도적인 가치를 부정하였다. 그러나 이 부정은 '모든 것을 부정하여 더 이상 부정할 것이 없는 상태' 에서 새로운 가치를 창조하기 위한 건설적인 부정이었다. "지금까지의 가치에 부착되어 온 인간은 이제 극복되지 않으면 안 된다." 이 말을 통해 그는 새로운 인간상으로 초인을 제시하였다. 니체가 이상으로 삼는 초인은 종교적이고 초월적인 도덕을 거부하는 현세 중심적인 인간인 동시에 민주주의적인 이상을 거부하는 엘리트의 상징이다.

니체는 신의 죽음으로부터 나타나는 허무주의를 스스로 극복하라고 하였다. 그는 이 세상을 무한히 회귀하는 것으로 보고 세계를 있는 그 자체로 수용해야 한다고 주장하였다. 의미도 없고 목적도 없으며, 그러나 불가피하게 되돌아오고 무(無)로 종결되지도 않는 바로 그것이 영겁회귀다. 그리하여 니체의 초인은 무한히 계속되는 이 세상을 술에 취한 채 춤을 추는 이교도의 축제에서와 같이 '한번' '또 한번' 하면서 열정적으로 세상을 살아가는 것이다. 이 세상은 영원히 계속 오기 때문에 후회가 없기 때문이다. 결국 니체의 초인은 아무 주저 없이 스스로의 의지에 따라서 가치를 변혁하고 새로운 가치를 만들어 내는 사람이다.

니체는 인간은 고정적이지 않고 어디로인가 생성되어 나아가는 존재로 파악한다. 그는 '인간이란 결코 목표가 아니라 하나의 다리'로 파악하고 '이 다리는 두말할 것도 없이 동물로부터 초인에로의 노정에 있는 다리'라고 하여 인간을 고쳐져야 하고 다듬어져야 할 존재로 보았다(성진기, 1975).

4 하이데거

하이데거는 그의 주저인 『존재와 시간(*Being and Time*)』에서 현상학적인 관점에서 인간에 대한 이해를 시도하였다. 하이데거는 막연하나마 존재를 이해하는 인간을 '현존재(Dasein)'라고 하였다.

이러한 현존재는 단순히 사물이나 도구적 존재자가 아님을 보여준다. 이러한 현존재는 세계 안에서 다른 많은 존재자들과 관계를 맺는 가운데 본래적인 존재양식을 상실하고 비본래적인 존재양식을 취하게 된다. 이와 같이 본래적 자기를 상실한 현존재를 그는 '일상인(Das Man)' 이라고 하였다.

일상인으로서의 현존재는 평균화되고 책임을 지지 않는 몰개성적인 인간으로 전락하여 버린다. 이러한 일상인은 불안에서 헤어날 수 없다. 일상인으로서의 현존재가 불안으로부터 벗어나려면 본래적인 자기를 근원적으로 이해하고 본래적인 자기로서 존재할 것을 결단하지 않으면 안 된다. 이와 같이 본래적인 자기에로 자기 자신을 내어 던지는 것을 '기투(企投)' 라고 하였다. 이러한 기투에 의해 본래적인 존재방식을 찾는 것이 실존이다(홍경자, 1988).

하이데거는 현존재를 죽음에 이르는 존재라고 부르며, 죽음을 실존의 본래성에 도달하는 기반으로 본다. 실존은 죽음에의 존재요, 종말에의 존재다. 인간은 죽음을 통해서 스스로의 실존을 짊어지라는 소명에 응답해야 한다. 죽음으로 일단 우리자신이 내린 결단은 다시 돌이킬 수 없는 필연의 사실이 된다. 더 나아가서 죽음이야말로 우리 모두들에게 '제각기 각자의' 본래적이며 고유한 생을 스스로 책임지고 자유로이 이끌어 나가도록 호소하고 있다(최경환, 1993).

2 메이

메이는 미국에서 가장 널리 알려진 실존주의적 상담자로 현대 사회에서 인간이 직면하는 불안과 고독에 관심을 가졌다. 존재론적 입장에서 인간에 대한 이해를 추구하였다. 메이는 데카르트

(Descartes)의 "나는 생각한다, 그러므로 나는 존재한다."는 말을 바꾸어 "나는 존재한다, 그러므로 나는 생각하고, 느끼고, 행동한다(I am, therefore I think, I feel, and I do.)."라고 표현하였다. 메이는 인간(human being)이란 용어에서 존재(being)는 진행형으로 어떤 것이 되어 가는 과정을 함축하고 있으며 명사로 이해한다면 잠재력의 원천을 의미한다고 지적하였다. 그는 이런 점에서 '되어 가는(becoming)' 이란 말이 더 정확한 의미를 전달하는 것으로 여겼다. 더불어 인간은 다른 생물과 달리 자기에 대한 의식을 하는 존재임을 강조하였다. 즉, 도토리가 가진 잠재력은 자동적으로 도토리나무가 되게 하지만, 인간은 자기 자신이 되려면 자신에 대해 자각해야 하며, 자신에 대해 책임을 져야 하는 특별한 존재다.

메이는 삶이 지속되는 한 실존적 불안을 피할 수 없는 것으로 보았다. 불안은 목적이 있다. 불안은 문제해결을 위한 내적 외침으로 보일 수 있다. 메이는 "불안은 개인이 성격으로서 자신의 실존에 필수적인 어떤 가치에 대한 위협에서 야기된 걱정이다."(1977, p. 180)라고 정의하였다. 우리가 죽음과 같은 신체적 위협이나 자유의 상실, 무의미성과 같은 심리적 위협을 받으면서 살아가듯이 불안은 피할 수 없는 것이다. 인간은 위협에 반응할 잠재력을 가진다. 즉, 불안을 감소시킬 능력이 있는 존재다. 메이는 불안을 정상적 불안과 신경증적 불안으로 구분하였다. 당신이 어떻게 불안을 처리하는가가 중요하다. 당신의 성장과 문제해결을 위해 건설적으로 불안을 처리하는 것은 정상적 수준으로 당신의 불안을 감소시키는 것이다.

메이는 "나는 삶을 다시 되풀이하기를 원하지 않을 것이다. 나의 인생은 한 번으로 족하다. 다시 산다면 내가 다르게 어떤 것을 할지 모르지만, 삶은 역시 지겨울 것 같다."고 지적하였다. 이 말에서 메이가 의도한 것처럼, 우리는 우리에게 주어진 오직 한 번뿐인 삶을 최선을 다해 사는 게 중요하다.

얄롬

얄롬은 현재 미국에서 가장 왕성하게 실존주의적 심리치료를 수행하고 보급하고 있는 사람이다. 그는 최근에 상담 및 심리 치료의 필요성을 주창하고 앞으로 니체의 생각이 실존주의적 치료에 크게 기여하리라고 주장하였다. 얄롬은 네 가지 인간의 궁극적 관심사, 즉 죽음, 자유, 고립, 무의미성을 확인하였다. 그에 따르면, 우리는 이것에 대한 자각에 의해 갈등과 불안을 느낀다.

죽음은 불안의 가장 기본적 원천이다. 삶과 죽음, 존재와 비존재는 상호적이다. 실존적 갈등은 죽음의 불가피성에 대한 자각과 삶을 지속하려는 소망 간의 갈등이다.

인간의 자유는 책임을 가정한다. 우리는 의미를 가지고 세상에 참여하는 책임과 더불어 자신의 삶에 대한 전적인 책임이 있다. 자유를 가지고 태어난 인간은 안정되고 구조화된 세상에 살지 않는다. 그러므로 인간은 갈등한다. 실존적 갈등은 자유 및 근거 없음에 대한 자각과 안정된 근거와 구조에 대한 소망 간의 갈등이다.

얄롬은 세 가지 고립을 가정하였다. 다른 사람들과 차단된 정도에 따라 일반적으로 고독으로 경험되는 대인관계적 고립, 자신에 대한 자각으로부터 봉쇄되거나 자신의 부분과 해리된 개인내적 고립, 그리고 개인이 세상에 홀로 와서 살다가 떠난다는 인간조건에 뿌리를 둔 실존적 고립이 있다고 보았다. 얄롬은 세계로부터 분리인 실존적 고립이 고립의 가장 근본적 형태라고 보았나. 실존적 갈등은 자신의 근본적 고립에 대한 자각과 접촉, 보호 그리고 전체의 부분이 되고자 하는 소망 간의 갈등이다.

마지막 궁극적 관심사는 무의미성이다. 무의미성은 삶의 의미가 무엇인가 하는 질문에 대한 내적 갈등이다. 인간은 일관성, 목적, 의미를 추구한다. 이러한 실존적 의미를 추구하는 인간은 사전에 결정된 의미를 갖지 않은 무관심한 세계에 있는 존재다. 그러므로 실존적 갈등은 전혀 의미가 없는 세계에서 자신의 의미에 대한 욕구를 어떻게 발견할 것인가 하는 내적 갈등이다.

실존적 궁극적 관심사는 당신의 표면적 문제 뒤에서 막강한 영향력을 행사한다. 당신이 갖는 심리적 문제를 해결하기 위해 궁극적 관심에 대한 이해와 수용이 문제해결에 중요하다.

ㄷ 빈스방거

빈스방거의 실존분석은 하이데거의 인간실존의 구조에 대한 연구에서 영감을 얻은 개념적 틀의 도움을 받아 정신과 환자의 내적 경험의 세계를 재구성하는 것이다. 빈스방거는 블로일러(E. Bleuler)의 제자였다. 그는 1920년대 초에 민코프스키(Eugene Minkowski)와 함께 현상학적 정신의학을 처음으로 제안하였다. 그는 「꿈과 실존」(1930)이라는 논문을 쓰고 조증에 대한 연구(1931~1932)를 하면서 실존분석으로 옮겨 갔다.

또한 빈스방거는 부버가 저술한 『나-당신(I and Thou)』에 영향을 받았다. 부버는 명사인 '나'가 어떻게 해서 상이한 두 가지의 의미를 가지는가에 대해 '나'와 '당신' 또는 '그이'와의 관련성에 따라 시적인 문체로 설명하였다. '나-당신'의 영역에서 '나'는 자신의 전체 존재와 상호 기대 속에서 표현된다. 이는 기본적인 인간관계의 '참만남' 영역이다. 나-그이의 영역에서 '나'는 전체존재의 일부분으로 표현된다. 이는 실용주의적 관계의 영역이다. 빈스방거는 이 생각을 발전시켜서 실존의 양식을 '이중적' 과 '복수적' 으로 묘사하고, 또한 '단일적' 과 '익명적' 양식을 추가하였다.

현상학과 실존분석은 다음과 같은 몇 가지 차이점이 있다.

첫째, 실존분석은 의식의 상태를 연구하는 데 '대상 그 자체' 에 한정되지 않고 개인적인 실존의 전체구조를 고려한다.

둘째, 현상학은 개인이 가지고 있는 내적 경험세계의 '통합성' 을 강조해 왔지만, 실존분석은 한 개인이 두 가지나 그 이상의 갈등적 세계에서 살아갈 수도 있다는 것을 강조한다.

셋째, 현상학은 단지 즉시적인 주관적 경험의 세계를 고려하지만, 실존분석은 개인 세계의 변형 또는 갈등적인 세계의 발전을 재구성하려고 노력한다. 빈스방거는 이러한 연구가 정신분석적 방법에 따라서 수행되는 전기적(biographic) 연구를 뜻한다고 강조하였다. 그러므로 실존분석은 보다 큰 참조 틀 속에서 이루어지므로 현상학과는 다르다.

그의 첫 번째 실존분석의 연구에서, 빈스방거는 환자의 주변세계(Umwelt), 공존세계(Mitwelt), 고유세계(Eigenwelt)의 구별에 대해 설명하였다. 그는 나중에 실존양식(existential mode)을 구별하여, 자신의 실존분석을 조직화하였다.

실존양식은 공존세계에 대한 현존재(Dasein)의 차원이다. 주체 내에서의 연속성과 동일성을 가정하는 고전적인 심리학과 대비해서, 실존분석은 자기(self)는 '이중적' '복수적' '단일의' 와 '익명의' 등의 실존양식으로 다양하게 변화한다고 한다.

'이중적' 실존양식은 친밀성의 개념이나 부버의 나-당신의 관계와 유사하다. 이중적 양식에서는 몇 가지 다양성이 있다. 그것은 어머니-자녀 관계, 자매관계, 사랑하는 사람들 사이의 관계 등이다. 빈스방거는 이 관계의 확장된 두 가지 분석을 제시하였다. 그는 사랑의 이중적 양식에서 공간은 무한대로 멀고 동시에 아주 가까운 역설적인 것이라고 말한다. 영원과 시간 간의 관계처럼 특정한 공간에 관계를 가지고 있는 공간양식에 의해 초월되는 거리와 근접성이다. 사랑의 이중적 양식은 영원성의 위급에 의해 명확해진다. 미래뿐만 아니라 반성적인 것, 이 순간은 일시적인 기간을 제외시킴으로써 영원성과 동시에 일어난다. 이러한 공간을 초월하고 순간과 영원히 함께 있는 '사랑의 내적 고향' 이 정상적인 실존경험의 핵심을 형성한다. 많은 문제들이 이중적 실존양식의 관점에서 실존분석에 의해 고려되었다. 보스(Boss)는 정상적인 결혼관계는 이중적 양식을 나타내야 하지만, 붕괴된 형태의 결혼에서는 서로가 복수적 혹은 단일의 실존양식에 살고 있다고 하였다.

복수적 양식은 형식적, 경쟁적, 투쟁적 관계의 영역과 상응한다. 나-당신의 친밀감은 서로의 공존 또는 서로 싸우고 있는 두 존재의 공존을 나타내게 된다. 많은 병리적 문제들은 이런 관점에서 이해될 수 있다.

단일적 양식은 자기 자신과의 관계(자신의 신체를 포함한)를 나타낸다. 빈스방거의 개념은 정신분석의 자기도취적, 자기처벌적, 자기파괴적이라는 개념보다 더 넓은 범위의 정신 내적 관계를 포함한다. 그는 이를 극도의 미묘한 방식으로 분석하였다. 이러한 연구들에서 어떤 문제들에 대한 새로운 관점을 제공한다. 예를 들면, 내적 갈등은 복수적 양식을 모방한 단일 양식의 다양성으로 설명할 수 있다. 또한 자폐증은 오로지 다른 사람과의 관계가 부족한 것뿐만 아니라 자기 자신과의 관계양식 중 특수한 것이다.

익명적 양식은 익명의 집합성에서의 개인의 생과 행동의 양식이다. 어떤 개인은 그들의 동료와 싸우거나 탈출을 위한 수단으로 이런 양식 속에서 피난처를 구한다(Ellenberger, 1958, pp. 120-122).

실존철학의 공통된 경향은 개인 특유의 구체적 상황에 특히 관심을 집중시킨다. 또 불안과 인간의 고독, 극복될 수 없는 인간존재의 비극성도 공통된 경향이다. 실존철학자에게서 나타나는 공통된 몇 가지 특징은 다음과 같다.

첫째, 실존이란 언제나 인간의 실존이다. 인간에게만 특유한 존재양식이다. 이러한 점에서 실존철학은 분명히 인본주의적이며 오직 인간문제가 그 중심에 놓여 있다.

둘째, 실존이란 언제나 개인의 실존이다. 각 인간에게서 고유한 존재양식이다. 이러한 점에서 실존철학은 주관적이며, 다른 어떤 것으로부터 도출될 수 있는 것이 아니다. 그것은 이를테면, 베르그송(Bergson)이 말하는 '초개체적인 생의 분류(奔流)속에 자리 잡은 하나의 매듭과 같은 것' 이 아니다. 여기에 실존철학과 생철학과의 근본적인 차이가 있다.

셋째, 실존철학에서는 어떤 사물을 기준으로 인간문제가 측정될 수 없다. 왜냐하면 그 나름의 실체로서의 사물은 이미 확정된 성질의 존재이지만, 인간의 경우는 이와는 다르기 때문이다. 인간은 지금의 자기 자신을 이룩하기 위하여 그때그때마다 새로운 노력을 기울여야 하는 존재다. 그러므로 인간은 사물에 적용되는 범주에 의해서 파악될 수 없으며, 합당한 해석이 내려질 수 없다.

넷째, 방법 면에서 실존철학은 다분히 현상학적이다. 실존철학에서도 존재자의 직접적인 이해가 주요 관심사로 되어 있다. 그러나 이들의 출발점이나 목표가 후설(Husserl)의 경우와는 상당한 차이가 있다. 왜냐하면 훗설이 직관적으로 포착하려고 한 '본질' 이란 결국 보편적이고 영원한 객관적 실체의 법칙에 지나지 않기 때문이다. 그는 구체적인 존재와 관련되는 부분을 전적으로 배제하려고 하였다.

다섯째, 실존철학은 역동적이다. 실존이란 불변의 존재가 아니라 그 본질에서 시간 내적 존재다. 그러므로 실존철학에서는 시간 문제가 특히 중요한 위치를 차지한다.

여섯째, 실존철학은 개인에 주안점을 두고 있으나, 그러면서도 각 개인을 격리된 상태에서 관찰한다는 의미에서 개인 중심적이라는 뜻은 아니다. 오히려 실존철학에서는 언제나 구체적 상황 속의 인간이 연구의 대상이 된다. 인간은 구체적 상황에서 언제나 세계나 타자와 연관되어 있으므로 유리된 존재로 간주될 수 없다. 인간의 현존재는 세계 내적 존재요 타자와 함께 있는 존재일 수밖에 없다.

일곱째, 이와 같이 실존철학은 구체적인 체험문제를 중시하므로, 일부의 실존철학자들이 특수하고 일회적인 '실존적 체험'을 자신의 철학적 동기로 삼는다고 해서 조금도 놀라운 일이 아니다. 이를테면 야스퍼스(Jaspers)는 죽음, 고뇌, 투쟁, 죄책감과 같은 '한계상황' 속에서 인간이 불가피하게 겪는 궁극적인 파탄을, 사르트르는 어떤 전반적으로 만연되어 있는 혐오감(구토)을, 마르셀(Marcel)은 키르케고르와 상당히 유사한 종교적 근본 체험을 기초로 하고 있다. 그러면서도 그들은 모두가 어떤 궁극적인 것 또는 벗어날 수 없는 한계를 인식하며 이를 초탈하려는 몸부림으로 일관하고 있다(임석진 역, 1980, pp. 426–427).

패터슨과 왓킨스(Patterson & Watkins, 1996)는 실존적 심리치료에 어떤 단일 이론은 없지만 심리치료에 대한 모든 실존적 접근에 다음과 같은 여덟 가지 공통적인 측면이 있음을 지적하였다(pp. 430–432).

- 인간 실존의 구별된 특성은 이 세상에 던져진 존재로 자신이

어디에 있는가를 아는 현존재(Dasein)라는 점이다.

- 실존주의자들은 주체와 세계를 서로 분리된 것으로 생각하는 것이 불가능하다는 신념을 공유하며, 그러한 것을 반영해 주는 용어는 참여, 참만남, 현존 그리고 현존재 등이다.
- 인간은 정적인 실체가 아니라 끊임없이 변천하는 상태에 있다.
- 인간은 언젠가는 죽을 수밖에 없는 존재라는 사실을 알고 있다.
- 비존재의 위협은 '정상적인' 불안과 적개심, 공격성의 원천이다.
- 실존은 사회적 · 윤리적 규범의 내사로 감소될 수 없다.
- 인간은 즉각적인 상황을 초월할, 과거를 떨쳐버리고 일어날, 그리고 자기 자신을 초월할 능력을 가진다.
- 현대인은 그가 정상적이건 신경증적이건 간에 세계와 지역사회로부터 고립되어 있는 것으로 특징된다.

3. 문제에 대한 이해

실존주의적 상담은 실존적 존재로서 인간이 갖는 궁극적 관심사에 대한 자각이 불안을 야기한다고 본다. 이러한 실존적 불안이나 갈등은 인생의 피할 수 없는 부분이다. 사람은 각기 실존의 궁극적 관심사에 따른 불안을 다루는 다른 양식을 발달시킨다. 불안을 다루는 양식이 자신의 성숙을 위해 건설적인가 아닌가는 불안을 어떻게 이해하느냐에 따라 달라진다. 안전을 추구하기 위해 지나친 방어기제를 사용하여 피할 수 없는 불안을 다루려고 하는 것은 다양한 심리적 문제를 야기한다.

실존적 관점에서 불안은 인간존재의 기본 특징 중 하나다. 그러므로 이것은 병리적이지 않고 역으로 성장의 강한 동기적 힘이 될 수 있다. 우리는 성장을 하기 위해서 친근하고 안전한 생활방식을 새롭고 미지의 것으로 변화시켜야 한다는 것 자체가 불안의 원천이다. 따라서 불안은 성장을 위해 치러야 할 대가다. 여기서는 실존적 불안이나 갈등을 야기하는 궁극적 관심사와 관련해서 살펴보고자 한다.

1 자유와 책임

첫째, 자유와 책임이다. 인간은 여러 선택 가운데서 선택할 수 있는 자유를 가진 자기 결정적인 존재다. 인간은 근본적으로 자유롭기 때문에 삶의 방향을 지시하고 운명을 이루어 나가는 데 책임을 져야만 한다. 실존주의적 상담은 자유, 자기결정, 의지, 결단을 인간존재의 중심부에 둔다. 만약 의식과 자유가 인간으로부터 제거된다면 더 이상 인간으로서 존재되지 아니한다. 왜냐하면 이것이 바로 인간에게 인간됨을 부여하는 능력이기 때문이다.

실존적 견해는 개인이 스스로의 결단으로 자신의 운명을 결정하고 자신의 존재를 개척하는 것이다. 개인은 그가 되고자 결심하는 대로 되기 때문에 그의 인생행로에 대해 책임을 져야 한다. 틸리히는 "사람은 결정하는 바로 그 순간에만 참다운 인간이 된다."고 하였으며, 사르트르는 "우리는 우리의 선택이다."라고 하였다. 니체는 자유를 '참다운 존재가 되는 능력'으로 묘사했고, 키르케고르가 말한 '자아를 선택하는 것'은 인간 자신의 인생과 존재에 대하여 책임을 지는 것을 의미한다. 야스퍼스는 '우리는 결정하는 존재'라고 하였다.

자유는 자신의 발전에 관계하고 여러 선택 중에서 선택하는 능력이다. 확실히 자유에는 한계가 있고 선택은 외부 요인들에 의해서 제한된다. 그러나 우리는 선택의 요소들을 가졌으며, 당구공처럼 이리저리 굴러가는 존재는 아니다. 메이(1961)는 "인간을 희생시키는 힘이 아무리 크다 할지라도 인간은 그가 희생물이 되고 있다는 것을 알며, 어떻게 해서든지 자기운명에 관련된 것에 대하여 영향을 미치려고 하는 능력을 갖고 있다."고 하였다. 프랭클은 인간의 자유와 책임을 강조하면서 다음과 같이 표현하였다. "궁극적으로 인생은 자신의 문제에 대한 올바른 해답을 발견하고, 각 개인에게 계속적으로 부여되는 과업을 성취하는 책임을 지는 것을 뜻한다." 사람으로부터 빼앗을 수 없는 것은 그의 자유다. 우리는 어떤 주어진 환경 내에서 적어도 우리의 태도를 선택할 수 있다. 우리는 우리가 이루려고 선택한 것을 이루어 가는 자기 결정적 존재다. 아마도 상담과 심리치료에서 중심이 되는 문제는 자유와 책임의 문제일 것이다. 이 핵심적인 실존적 주제는 우리가 우리 자신을 창조하는 것이다. 선택을 함으로써 우리는 우리 자신의 현재와 미래의 설계자이다. 사실상 우리는 운명적으로 자유와, 스스로 택한 이 자유에 수반되는 불안에 처하게 된다. 실존주의자는 각 개인이 가진 자유와 책임에 대한 인식 없이는 상담과 심리치료의 기초를 발견할 수 없다. 상담자는 내담자들이 비록 그들 인생의 대부분을 선택하는 자유를 피하고 살아왔지만 선택을 행사하기 시작할 수 있다는 것을 가르칠 필요가 있다(한기태 역, 1990).

ㄷ 삶의 의미성

둘째, 삶의 의미성이다. 삶의 중요성과 목적을 향한 노력은 인간의 독특한 특성이다. 우리는 의미와 개인 정체감을 찾는다. 그리고 실존적 질문 등을 할 수 있다. 나는 누구인가, 어디에서 왜 왔는가, 내가 왜 여기에 있는가, 내 삶의 목적과 의미는 무엇인가? 실존주의자에 의하면 삶은 그 자체 내에 긍정적 의미를 가지고 있지 않고, 우리가 의미를 창조하느냐에 달려 있다. 종종 의미 없고 모순되기조차 하게 보이는 세상 속에서 우리가 이전에 도전하지 않았던 가치에 도전하고, 우리 자신의 새로운 국면을 발견하고 갈등과 모순에서 화해하려고 노력한다. 그리고 이런 일을 하는 가운데서, 우리는 세상 속에서 우리의 의미를 창조한다.

결실 있는 생활을 위한 인간의 진정한 노력에 바탕이 되는 동기는 의미를 가지려고 하는 의지다. 생활에서 의미를 발견하려고 하는 강렬한 내부의 욕망은 행동에 불을 당겨 주는 것이다. 이러한 욕망이 없거나 생활에 완전히 무관심한 태도를 가지는 것이 프랭클이 말한 '실존적인 공허' 다. 이러한 내면이 텅 빈 상태의 공허는 정신의학에 중대한 도전으로 나타난다. 자신을 의미 있게 하고 유효한 행동을 하게 하는 내면적인 힘을 얻기 위해서는 이러한 공허를 극복하기 위한 노력을 해야 한다. 수많은 인간의 어려움은 생존의 의미를 발견할 수 없는 것에서 온다. 내면적인 공허는 그의 존재를 가치 없는 것으로 규정짓고 또 가치 없다는 느낌을 갖게 한다. 실존적 공허는 극단적인 권태, 불확실성 그리고 혼돈의 결과로 지속된다. 비록 이러한 것들이 정신적인 고통 중의 하나이긴 하지만, 이런 것들 때문에 반드시 정신적인 질병이 생기는 것은 아니다. 이러한 고통은 자기의 행복과 능력에 대해서 최대의 관심을 갖게 하는 면도 있지만, 행동과 능력에 아주 중대한 방해가 되기도 한다. 공허를 극복하려는 동기가 충분히 생기게 되면 삶의 의미를 찾게 될 것이고 계속 그 의미를 추구하게 될 것이다. 또한 활동성과 생산성의 욕구도 발전하게 될 것이다. 이러한 추구는 긴장을 완화시키기보다는 오히려 증대시켜 줄 것이지만, 정신건강이란 긴장이 적절한 수준으로 유지될 때 가능한 것이기 때문에 오히려 좋은 일이다(이형득 외, 1993).

죽음과 비존재

셋째, 죽음과 비존재다. 실존철학의 가장 중요한 문제는 죽음이다. 인간은 역시 미래 언젠가는 자신이 죽는다는 것을 스스로 자각하는 존재이다. 죽음은 나에게 엄습해 오는 기분 나쁜 무엇이다. 따라서 실존이 불가능하게 되는 가능성이다.

우선, 죽음은 가장 자기적인 것이다. 누구에 의해서도 대신 죽어 주기를 바랄 수 없는 언제나 자기가 맞아야 할 사건이다. 이처럼 죽음은 자기의 궁극적인 가능성이다. 그리고 죽음은 모든 교섭의 단절이다. 죽음은 자기 자신에 관한 것이요, 다른 무엇과도 교섭될 수 없는 것이다. 또한 죽음은 넘어설 수가 없고 또 가장 확실하다. 그러나 죽음은 언제 일어날지 모르는 불안이다. 이런 의미에서 실존은 죽음에의 존재요, 종말에의 존재다. 그러므로 유한한 존재이며 그 밑바닥에는 무(無)가 잠겨 있다. 이 무 때문에 실존은 불안하다. 그러나 실존은 자기를 기만함이 없이 결단을 내리고 이러한 유한적 실존인 실존방식을 엄연히 받아들여야 한다. 사람의 양심이란 일상인(das man)의 일상성 속에 은폐된 미래의 자기가 스스로를 구하고 그것을 결의하기를 강요하는 외침의 소리다. 이 양심의 소리는 자기를 향해 외친다. 이 결의는 죽음에의 불안을 그대로 죽음에의 자유가 되게 한다. 이 결의란 자기가 열리는 일이기 때문에 그는 도리어 자기의 환경과 대결하고 바른 행위를 할 수 있게 된다(성진기, 1980).

실존주의자는 죽음을 부정적으로 보지 않는다. 인간의 현저한 특성 중의 하나는 미래의 개념과 죽음의 불가피성을 터득할 수 있다는 것이다. 점차적인 비존재의 인식 그것이 존재에 의미를 준다. 왜냐하면 그것은 모든 인간의 행위를 중요하게 하기 때문이다.

실존주의자는 삶이 시간의 제한을 받기 때문에 의미를 가지고 있다고 주장한다. 만약 우리가 우리의 능력을 실현화시키는 영원한 시간을 가지고 있다면 조급해할 필요가 없기 때문이다. 그러나 우리의 시간성 때문에 죽음은 우리에게 진지하게 생을 살아가도록 자극한다. 죽음의 불가피성은 생의 가능성을 제한시킨다. 현재는 귀중한 것이다. 왜냐하면 그것이 우리가 실제로 가진 전부이기 때문이다.

죽음에 대한 두려움과 생에 대한 두려움은 상호 관련된다. 죽음에 대한 두려움은 두 팔을 벌려 생을 완전히 받아들이는 것을 두려워하는 우리 중 어떤 이에게 불안하게 다가온다. 그러나 만약 될 수 있는 한 최대로 현재의 생을 긍정하며 살아가도록 시도한다면 생의 종결에 사로잡히지는 않을 것이다. 우리 중 죽음을 두려워하는 사람은 삶도 무서워한다. "결코 참된 삶을 살지 않았기 때문에 죽음을 두려워한다."라고 말할 수 있는 것처럼, 우리 중 어떤 이는 자신의 죽음을 실제로 직면하는 것을 두려워하기 때문에 점차 비존재가 된다는 사실로부터 도피하려고 한다. 그러나 우리가 허무와 직면하는 것으로부터 도피하려고 노력하면 우리는 대가를 치러야만 한다. 메이(1961)는 "죽음을 부정하는 데 치러야 하는 대가는 막연한 불안과 자아격리다. 자신을 완전히 이해하기 위해서 인간은 죽음에 직면해야만 하고 개인적인 죽음에 직면해야만 한다."고 말하였다.

프랭클(1959)은 메이의 견해에 동의하면서 죽음은 "인간실존에 의미를 준다."고 말하였다. 그는 "만약 우리가 불멸한다면 우리는 영원히 행동을 지속할 수 있다. 그러나 우리가 유한하기 때문에 우리가 지금 하는 것들은 특별한 의미를 갖는다."라고 지적하였다.

진실성

넷째, 진실성이다. 뷰젠탈(Bugental)은 그의 저서 『진실성 탐구(*The Serarch for Authenticity*)』(1965)에서 진실성의 세 가지 핵심적 특징을 다음과 같이 기술하였다. 첫째, 사람들은 자기 자신 및 그들이 세계와 맺는 관계를 자각한다. 둘째, 사람들은 결정이 필요불가결하게 책임감을 초래한다는 것을 인식하면서 선택을 한다. 셋째, 사람들은 자신의 자각이 불완전하고 때론 기대하지 않는 결과로 이끈다는 것을 인식하면서 자신의 선택에 대한 책임을 진다. 신학자 틸리히(1952)는 '존재할 용기'라는 말을 사용하여 우리 자신을 긍정하고 내부에서부터 살 수 있도록 하는 용기의 핵심을 전달하였다. 우리 존재 내에 깊은 핵심을 발견, 창조, 유지하는 것은 어렵고 끝이 없는 노력이다.

진실적인 존재로 있는 것은 우리를 정의하고 긍정하는 데 필수적인 어떤 것이든지 한다는 것을 의미한다. 개인은 진실적 실존 속에서 언젠가 일어나게 될 비존재의 가능성에 직접적으로 직면하게 되고, 불확실성에 직면해서 결정하고 그에 대한 책임을 진다.

진실한 사람은 자유, 책임감, 죽음, 고립, 의미 등에 관련된 주제에 대해 실존적 불안을 경험한다. 여기서의 불안은 우리가 옳은 선택을 했는가 또 행위에의 용기를 아직 결정하지 못했는지를 전혀 모르는 불안이다. 이 길이냐 저 길이냐, 인지적 모호성의 조건아래서 한 가치나 다른 가치를 선택하는 것은 자신에 대해 통제를 갖는 것이고, 타당하게 자기 자신을 세우는 것이다.

우리가 진실적 실존에 이를 때, 우리는 계속 우리가 될 수 있는 능력이 있는 개인이 되는 것이다. 진실적으로 사는 것은 우리의 한계를 알고 받아들이는 것을 또한 수반한다. 비진실성에 관련된 개념은 죄책감이다. 실존적 죄책감은 불완전감과 우리의 완전한 잠재력을 쓰지 못하고 있다는 것을 아는 것에서 온다. 궁극적으로 존재의 자각에 대한 상실은 심리적인 병이 된다.

4. 실존주의 상담자의 지혜

실존주의 상담자는 "실존이 본질에 선행한다."는 기본 전제를 바탕으로 실존적 존재로서 각 개인이 갖는 궁극적 관심사에 대한 자각에 따라 삶의 향방이 달라짐을 강조한다. 그들은 삶의 과정 중에 인간으로서 누구나 경험하는 실존적 공허에 현명하게 대처하기 위해 실존으로서 자신이 직면한 현실을 진솔하게 경험할 것을 제안한다. 실존주의 상담자는 모든 개인이 갖는 실존적 불안을 두려움이나 허무에서 비롯된 자기파괴적 태도가 아니라 수용과 직면을 통해 건설적 태도로 그러한 불안에 대처하는 지혜의 필요성을 강조한다. 특히 그들은 개인이 삶의 과정에서 실존의 방식으로 접하는 네 가지 세계인 '주변세계' '공존세계' '고유세계' 그리고 '영적 세계'에 슬기롭게 대처할 수 있도록 조력한다.

현존하는 대표적인 실존주의 상담자인 얄롬은 자신의 실존심리치료 경험을 바탕으로 사람들에게 와 닿은 『사랑의 처형자(*Love's Excutioner*)』(1989), 『카우치에 누워서(*Lying on the Couch*)』(1996),

『니체가 울었을 때(*When Nietzsche Wept*)』(1992) 등 여러 권의 베스트셀러를 출판하였다. 얄롬이 실존주의 상담을 통해 내담자를 조력하기 위해 강조한 그의 지혜를 요약하면 다음과 같다.

내담자의 문제는 삶의 궁극적 관심사인 죽음, 무의미성, 고립 및 자유와 관련되어 있다. 내담자가 이러한 궁극적 관심사에서 비롯된 불안을 어떻게 처리하느냐가 중요하다. 내담자가 실존적 존재로서 자신의 궁극적 관심사를 자각하고 직면하여 삶의 원동력으로 삼는 것이 필요하다.

실존주의 상담의 주요 개념 및 기법

궁극적 관심사(죽음, 무의미성, 자유, 고립), 진솔성, 실존주의 상담에서 보는 네 가지 세계(주변 · 공존 · 고유 · 영적 세계).

5. 문제해결을 위한 상담

메이와 얄롬(May & Yalom, 2005)은 실존주의적 치료와 관련한 핵심 개념으로 개인의 독특성, 의미 탐구, 불안의 역할, 자유와 책임감, 삶과 죽음, 실존의 세 가지 양식(주변세계, 대인관계, 고유세계) 그리고 자기초월 등을 제시하였다.

당신을 번뇌, 고통, 걱정에 빠지게 하는 궁극적 관심사는 무엇인가? 실존주의적 상담에서는 내담자가 갖은 문제가 실존의 궁극적 관심사에 관련되어 나타나는 것이라고 본다. 얄롬(1980)은 "실존적 심리치료는 개인의 실존에 뿌리를 둔 걱정에 초점을 둔 역동적 치료이다."라고 정의하였다. 상담자는 궁극적 관심사에 대한 내담자의 자각이 어떻게 그의 심리적 문제와 관련되어 있는가를 파악하여 내담자를 조력한다.

빈스방거를 비롯한 많은 실존주의 상담자들은 경우에 따라서 정신분석적 기법들을 활용하기도 하지만, 대체로 이들은 치료적인 면보다는 내담자의 문제 사례를 실존적 개념으로 분석하는 데 주안점을 두고 있다. 따라서 이 상담과정에서는 인간의 실존적 · 정신적 본질에 주의를 기울인다. 이것은 실존주의적 접근에 대해서 광범위하고 철학적이며 융통성 있는 상담기술을 시사한다. 다시 말하면, 이 접근의 방법은 어떤 한 가지 기술로 제한되는 것이 아니라, 오히려 인간에 관한 철학적 · 심리학적 · 정신적인 모든 영역에 관련되는 다양한 기술들이 활용될 수 있다는 것이다(이형득 외, 1993).

상담자는 내담자가 충분히 진실한 삶을 영위하지 않은 방식을 인정하고 실존적 존재로서 되고자 하는 것에 이를 수 있는 선택을 하도록 조력한다. 뷰겐탈(Bugental, 1990)이 제시한 세 가지 주요한 상담과제는 다음과 같다.

- 상담자는 내담자가 상담과정 그 자체에 충분히 참여하고 있지 않다는 것을 인식하도록, 그리고 이러한 삶의 패턴이 자신의 생활 속에서 그를 어떻게 제한할 수 있는가를 이해하도록 조력한다.
- 상담자는 내담자가 오랫동안 회피해 왔던 불안에 직면하도록 지지한다.
- 상담자는 내담자가 보다 진솔한 삶의 접촉을 이룰 수 있는 방법으로 자신과 자신의 세계를 새롭게 정의하도록 조력한다.

인간은 자기를 의식할 능력을 갖고 있다. 이것은 당면한 상황을 초월하고 사고하고 선택하는 구별된 인간 활동의 기초를 형성한다. 인간은 자신에 대한 자각을 갖고 있다는 점에서 다른 동물과 구별된다. 인간은 자신의 존재를 객관적으로 재고할 수 있다. 사람이 자각을 확대하는 것은 삶을 충분히 경험하는 능력을 증가시키는 것이다. 상담자는 내담자로 하여금 자각을 통해 자신의 문제를 직시할 수 있도록 돕는다.

우리의 자각이 크면 클수록 자유의 가능성은 커진다. 인간 존재를 희생시키려는 힘이 아무리 강할지라도, 인간은 자신이 희생되고 있다는 것을 알 수 있는 능력을 가지고 있고, 우리의 자각에 의해 선택과 행위에 대한 자유와 연관된 책임을 우리는 인식하게 된다. 그러므로 우리는 자신의 운명에 대해 어떤 방식으로든 영향을 끼칠 능력을 가지고 있다.

실존주의적 상담의 목표는 내담자 쪽에서 자기 존재의 본질에 대하여 각성하고 현재 자기가 경험하고 있는 정서적 장애의 원인이 자기상실 내지 논리의 불합리성에 있다는 것을 각성하게 해 주는 것에 있다. 그리하여 내담자가 비록 제한된 세계 내에서의 존재일망정 이 세상에 던져진 삶을 수동적으로 살아갈 것이 아니라 자기 나름대로의 주관을 가지고 능동적으로 삶의 방향을 선택하도록 도와주는 데 있다.

내담자가 자기의 세계를 수용함으로써 한계상황을 초월하도록 돕기 위해서 상담자는 내담자가 자신의 무한한 잠재능력을 깨닫고, 자기에게 주어진 선택과 책임을 통하여 자유를 향유할 수 있다는 것을 깨닫도록 인도한다. 실존주의적 상담자는 내담자의 자각을 최대화함으로써 내담자가 삶의 의미와 목직을 스스로 발견하도록 돕고 자기 인생에 대한 확고한 방향설정과 결단을 내리도록 도와주는 것에 그 목적을 둔다.

따라서 실존주의적 상담자는 기본적으로 내담자의 주관적인 세계를 이해하는 데 관심을 가져야 한다. 왜냐하면 사람이 새로운 이해와 선택을 하도록 하기 위해서이기 때문이다. 내담자가 가진 과거의 재생을 돕는 것이 아니라 현재의 인생 상황에 초점을 맞춘다. 전형적으로 실존치료자들은 자신들이 사용하는 방법에서 넓은 폭을 보인다.

상담자는 특히 내담자가 회피하는 책임성에 관심을 가져야 한다. 상담자는 개인적 책임성을 수용하도록 내담자를 초대해야 한다. 실존적 접근에 관심이 있는 상담자는 흔히 위축된 실존이라고 부를 수 있는 사람들을 다룬다. 이런 내담자는 자신에 대한 인식에 제한점을 가지고 있다. 상담자의 주된 임무는 위축된 존재로 살아가는 방식을 가진 내담자와 직면하여 그들이 이런 상태를 만들어 내는 데 자신이 공헌하고 있음을 인식하도록 도와야 한다(홍경자, 1988).

인생을 흔히 배에 비유한다. 망망대해에 던져진 배처럼 우리도 이 세상에 던져졌다. 배는 가야 할 목적지인 항구를 찾아간다. 배의 항해는 되풀이될 수 있지만 인생 항해는 일회적이다. 우리는 인생의 종착지가 죽음인 것을 알고 있다. 인생 항해의 책임자로서 우리는 목적지까지 도달하기 전에 일어날 수 있는 모든 가능성에 대해 매번 슬기로운 선택을 해야 한다. 어떤 항로를 택할 것인가도 전적으로 당신에게 달려 있다. 순풍에 돛을 단 것 같을 때도 있지만 거센 파도가 휘몰아치는 역경의 시간도 있다. 가도 가도 바다만 보이는 단조로운 항해에 권태를 느낄 때도 있고 새로운 환경에 경이로움을 느낄 때도 있다.

이미 출발해 인생 항해를 하고 있는 이 순간에 당신의 최대의 관심사는 무엇인가? 내일 아니면 먼 훗날에 닥쳐올 고난을 생각하며 걱정하고 있지는 않는가? 가야 할 목적지를 뻔히 알고 있다고 호언하며 방황하고 있지는 않는가? 아니면 목적지에서 발견할 것이 뻔하기 때문에 항해에 대한 회의에 젖어 있는가? 수많은 위협 속에서 불안을 느꼈던 지나온 과거를 생각하며 닥쳐올 또 다른 위협에 대해 걱정하고 있는가? 거듭된 좌절과 마음의 상처로 인해 무기력한 상태에 빠져있는가? 아니면 위협에 견뎌 온 자신에 대해 대견스러워하며 잠시 휴식을 취하고 있는가?

우리는 유한한 시간 속에 던져졌다. 실존적 존재로서 자신이 가진 궁극적 관심사에 대한 이해와 수용이 요구된다. 궁극적 관심사에 따른 실존적 불안을 수용하고 대처해야 한다. 회피와 도피보다는 충분한 자각을 통해 현명한 선택을 해야 한다. 배는 이미 떠나버렸다. 다시 배를 탈 수도 다른 배로 바꿔 탈 수도 없다. 우리는 배에서 내릴 때까지 일어나는 모든 일에 책임을 져야 한다는 사실을 알고 있다.

14 의미치료

당신이 추구하는 삶의 의미는 무엇인가?

1. 프랭클의 생애
2. 인간에 대한 이해
3. 문제에 대한 이해
4. 프랭클의 지혜
5. 문제해결을 위한 상담

개인은 나름대로 삶의 궁극적 의미를 찾는 존재이다. 인간의 자기초월은 실존의 본질이다(Frankl, 2000, p. 138). 의미치료(Logotherapy)의 창시자인 프랭클(Frankl)은 인간이 프로이트가 제안한 생물학적 균형 혹은 쾌락의 원리나 아들러가 제안한 열등감 극복이나 우월성추구보다 의미추구에 의해 작동한다고 보았다. 프랭클은 "쾌락이나 행복은 실존의 자기초월을 추구하는 삶에서 비롯된 부수 효과다. 행복을 위협하는 것은 단지 행복을 추구하는 것 그 자체다. 누군가가 행복을 어떤 목적으로 만들면 만들수록 그는 그러한 목적을 더 놓치게 된다."(2000, pp. 89-90)라고 하였다.

우리는 각자 삶에 의미를 부여하며 살아간다. 당신의 삶의 의미는 무엇인가? 당신이 삶을 통해 궁극적으로 추구하는 것이 무엇인가? 당신의 삶을 지탱시켜 주는 원동력은 무엇인가? 프랭클은 의미에 대한 의지가 인간의 일차적인 동기적 힘이라고 보았다. 극한 상황에서 인간의 행동을 묘사한 영화 〈쉰들러 리스트(Shindler' s List)〉나 〈딥임팩트(Deep Impact)〉를 보며 당신은 무엇을 느꼈는가? 앞으로 일년 뒤 지구가 멸망한다면 당신은 오늘, 내일 그리고 다음 주를 어떻게 살겠는가? 남은 시간 동안 당신에게 가장 중요한 일은 무엇인가? 극단적인 상황에서 생존하기 위해 인간이 취하는 행동은 다양하다. 우리는 매순간에 선택을 한다. 그리고 그 선택이 의미 있는 선택이기를 바란다.

프랭클은 나치 포로수용소에서 삶과 죽음에 대한 체험을 하였으며, 극한 상황에서 나타나는 인간행동을 관찰할 기회를 가졌다. 역경에도 불구하고, 어떤 죄수들은 자신의 내적 삶과 다른 사람들에 대해 행동하는 방식에서 선택할 사유를 유지하고 자신의 비극을 승리로 바꾸는 것을 관찰하였다. 그는 자신의 체험과 관찰을 통해 인간이 고통 속에서도 의미를 추구하는 실존적 도전을 하는 존재라는 것을 믿게 되었다. 이러한 믿음을 바탕으로 비엔나의 정신과의사인 프랭클은 의미치료라고 부르는 실존주의적 상담접근을 주창하여 발전시켰다. 의미치료의 목적은 내담자가 자신의 삶 속에서 의미를 찾도록 조력하는 것이다.

프랭클은 '실존적' 이라는 용어를 세 가지 방식으로 사용한다. 첫째는 인간의 존재 양식으로서 실존 그 자체를 의미한다. 둘째는 실존의 의미를 나타낸다. 셋째는 개인적 실존으로 의미를 찾으려는 노력이나 의지를 나타낸다. 이런 점에서 프랭클은 다른 실존주의적 접근과 다소 다른 입장을 취하고 있다. 즉, 부버(Buber)의 '나-당신' 이나 빈스반거(Binswanger) '실존분석' 에서는 실존과 실존 간의 대화와 실존적 만남을 강조하였다. 하지만 프랭클은 실존적 대화의 당사자인 우리(나 - 당신)가 우리의 외부에 있는 의미를 찾는 데 우리 자신을 초월해야 한다고 보고 인간의 자기초월 능력과 삶의 의미 추구를 강조하였다(Frankl, 1988, pp. 8-10).

프랭클은 "나는 다른 사람들이 자신의 삶에서 의미를 볼 수 있도록 조력하면서 나의 삶의 의미를 보았다." 고 자신의 인생을 요약하였다.

1. 프랭클의 생애

의미치료의 창시자인 프랭클(Victor Frankl, 1905~1997)은 1905년에 오스트리아 비엔나에서 출생하여 성장하였으며, 1930년에 비엔나 대학교 의학박사 학위를, 1949년에 철학박사 학위를 획득하였다. 그는 비엔나에 1928년에 청소년자문센터를 건립하여 1938년까지 관장하였다. 그는 1942년에서 1945년까지 아우슈비츠와 다추(Dachau)에 있는 나치 포로수용소에서 죄수로 있었다. 포로수용소에서 그의 부모, 동생, 아내 그리고 자녀들 모두 잃었으며, 포로수용소에서 있었던 끔찍한 경험을 생생하게 기억하였다. 그러나 그는 그러한 경험을 건설적인 방식으로 사용할 수 있었고, 그러한 경험이

그의 사랑과 삶의 열정을 침체되게 방관하지 않았다. 그는 비엔나 대학교에서 부교수, 샌디에이고 미국국제대학교에서 저명한 인사, 그리고 하버드 및 스탠퍼드 대학교 등에서 방문교수로 지냈다.

프랭클는 그가 저술한 베스트셀러인 『인간의 의미탐구: 의미치료의 입문(*Man's Search for Meaning: An Introduction to Logotherapy*)』(1963)을 통해 포로수용소에서 자신의 경험, 실존적 역경, 그리고 그러한 경험으로부터 배웠던 내용을 생생하게 묘사하였다. 이 책은 우리나라에는 『죽음의 수용소에서』로 번역되어 많은 사람들에게 삶의 의미를 되새기게 하였다. 프랭클은 이렇게 자신의 경험을 바탕으로 의미치료를 개발하였으며, 그 밖에 잘 알려진 저서로 『의미에 의지(*The Will to Meaning*)』(1969), 『의사와 영혼(*The Doctor and the Soul*)』(1965), 『들려지지 않는 의미를 위한 외침(*The Unheard Cry for Meaning*)』(1978) 등이 있다. 그는 1997년 죽을 때까지 삶의 의미를 강조하는 강의와 저술활동을 계속하였다.

2. 인간에 대한 이해

프랭클은 인간을 세 가지 차원, 즉 신체, 정신 그리고 영성의 통일체로 보고 의미치료를 통해 세 번째 차원인 영성을 강조하였다. 그는 영성이 인간을 다른 동물과 구별되게 하는 실존의 가장 중요한 특성이라고 보았다.

역사적으로 상담 및 심리치료의 온실이라고 하는 비엔나에서 탄생된 세 가지 상담 접근은 다른 관점에서 인간에 대한 이해를 추구하였다. 정신분석을 탄생시킨 프로이트는 '쾌락의 원리' 혹은 '쾌락에 대한 의지' 에 의해서 인간을 설명하였다. 개인심리학을 주창한 아들러는 '힘에 대한 의지' 를 통해 인간을 설명하였다. 마지막으로 프랭클은 인간을 '의미에 대한 의지' 를 원동력으로 살아가는 존재로 보았다.

인간을 설명하는 의미치료 체계의 주춧돌이 되는 세 가지 개념은 '의지의 자유(freedom of will)' '의미에 대한 의지(will to meaning)' '삶의 의미(meaning of life)' 다(Frankl, 1988, p. 16). 여기서는 이러한 개념을 바탕으로 프랭클이 보는 인간에 대한 이해를 살펴보고자 한다.

의지의 자유

의지의 자유는 인간의지의 자유를 의미한다. 인간의지는 유한한 존재의 의지다. 인간의 자유는 조건으로부터의 자유가 아니라 그에게 직면할 수 있는 어떤 조건에 대해 취할 자유다. 이런 점에서 인간이 조건이나 결정적 요인에 의해 지배된다는 입장을 반대한다.

프랭클은 인간은 어떤 환경에서도 자신의 마음으로 자기가 어떻게 될 것인지를 결정할 수 있다고 하였다. 극단적인 한계 상황 속에서도 인간이 인간으로서 존엄을 유지하며 살아남게 되는 방식을 선택할 의지의 자유가 있다. 그는 심지어 포로수용소에서도 자신의 인간적인 위엄을 유지할 수 있었다. 그는 인간은 심지어 최악의 상황으로부터 자신을 분리할 수 있는 독특한 능력을 가지고 있다고 보았다.

프랭클은 인간이 자기분리(self-detachment)의 능력을 가지고 있다고 가정하였다. 자기분리의 능력에 의해서 인간은 상황뿐만 아니라 자기 자신으로부터 분리할 수 있다. 즉, 인간은 자신에 대한 그의 태도를 선택할 수 있다. 자기분리의 능력에 의해 우리는 자신의 신체적 혹은 심리적 조건이나 결정요인에 대한 태도를 취한다. 그리고 조건에 대해 취하는 태도에 대한 능력이 우리를 인간이게 한다는 것을 강조하였다. 그는 이러한 차원을 신체적 차원이나 심리적 차원과 구별해서 '정신적 차원(noological dimension)' 이라고 하였다.

의미에 대한 의지

의미에 대한 의지는 인간에게 기본적인 동기적 힘이다. 인간은 인생 항로의 끝에서 마지막 숨을 거둘 때까지 의미를 탐색할 욕구에 직면한다. 프랭클은 "인간의 의미탐구가 삶의 일차적 힘이다. ……의미는 독특하고 구체적이며 단지 자신에 의해서만 충족될 수 있다. 이러한 의미는 자신의 의미에 대한 의지를 만족시킴으로써 성취된다."(1963, p. 153)고 표현하였다. 그가 포로수용소에서 경험을 통해 관찰했던 것처럼, 인간은 삶을 유지하기 위한 어떤 것을 필요로 한다. 프랭클은 니체가 이야기한 "살려고 하는 이유(why)를 가진 사람은 거의 어떤 방법(how)을 마음에 가질 수 있다."는 말을 인용하였다. 의미는 존재와 일치되는 개념이 아니라 존재를 이끌어 가는 것이다. 우리는 다른 사람을 만나서 자신의 의미를 충족시키려고 노력한다.

프랭클은 프로이트와 아들러가 강조한 쾌락이나 힘은 의미에 대한 의지의 파생물이라고 보았다. 의미에 대한 의지는 본능적 추동을 달성하는 것이 아니며, 평형을 이루기 위해 긴장 감소를 하려는 것도 아니다. 사람이 필요로 하는 것은 긴장 없는 상태가 아니라 그에게 가치가 있는 어떤 의미를 추구하는 긴장이다. 또한 당신의 자기실현은 당신이 추구하는 의미가 충족되는 정도에 따라 결정된다.

다 삶의 의미

프랭클은 실존으로서 인간은 주어진 생활 상황에 내재한 잠재적 의미를 충족하는 데 책임이 있는 존재를 의미한다고 지적하였다. 삶 자체는 항상 우리에게 무엇인가를 묻는다. 우리가 반응하는 방식은 우리의 삶에 책임을 지는 것이다. 프랭클은 삶의 의미를 충만화하고 합목적적으로 만드는 것을 빼앗길 수 없는 영적인 자유정신이라고 하였다. 또한 그는 만약 삶에 의미가 있다면 고통에도 의미가 있을 것이라고 추리하였다. 왜냐하면 고통도 삶을 근절할 수 없는 한 부분이기 때문이다.

삶의 의미탐구는 의미치료의 본질이다. 앞서 지적한 것처럼, 사람은 의미를 찾으려는 욕구, 즉 의미에 대한 의지를 가지고 있다. 삶에 의도, 목적, 의미가 없다면 무엇 하나도 수행할 수가 없다. 프랭클은 수용소에서 동료들이 삶에서 기대할 것이 없다고 탄식하면, 오히려 삶이 우리에게 무엇을 기대하는 것이 아닌가하고 반문했다고 한다. 우리가 삶의 의미를 발견하지 못했거나 자기가 뜻하는 삶을 살지 못했을 때 무의미나 공허감을 느낀다. 프랭클은 이렇게 될 때 우리가 실존적 공허나 실존적 욕구불만의 상태에 빠진다고 하였다. 삶의 의미에 관한 물음은 무엇보다도 인간의 본질적인 것이다.

역시 죽음의 의미도 의미치료에서 중요하다. 삶과 죽음은 동전의 양면이다. 죽음은 삶의 의미를 박탈하지 않는다. 만약 인간이 죽지 않는다면, 우리는 하는 일을 마냥 미룰 것이다. 죽음은 삶에 속해 있고 삶에 의미를 준다. 인간의 책임감은 인간의 유한성에서 비롯된다. 죽음은 삶에 무의미를 주지 않고 오히려 삶에 의미를 부여한다. 삶이 무한하다면 모든 일이 연기될 수 있고 행동이나 선택 혹은 결정의 필요성은 약화되며 책임감도 적어진다. 삶이 유한하기 때문에 우리에게 주어진 일회적 삶은 귀중한 의미를 갖게 된다.

3. 문제에 대한 이해

의미치료에서는 인간의 주된 문제가 삶의 의미를 발견하지 못하거나 상실한 경우에서 비롯된다고 본다. 실존적 공허는 우리가 내적 공허감이라고 불평하는 상태를 말한다. 우리는 때로 삶의 무의미, 무용감, 공허감으로 고통을 느낀다. 프랭클은 실존적 공허의 세 가지 원인을 다음과 같이 제시하였다. 첫째, 인간은 다른 동물들과 달리 자신이 무엇을 할 것인가를 말해 주는 본능이나 추동에 의해서 계획되어 있지 않기 때문이다. 둘째, 인습, 선동, 가치가 더 이상 인간에게 자신이 해야 할 것이 무엇인가를 말해 주지 않기 때문이다. 셋째, 인간이 결정하는 존재라기보다 결정된 존재라는 믿음인 환원주의(reductionism)에 노출되어 있기 때문이다.

의미에 대한 의지가 좌절될 때 결과로 나타나는 것이 실존적 좌절이다. 무감각이나 권태는 실존적 좌절의 주요한 특성이다. 인간성이 메말라 가는 현대 사회에서 실존적 공허와 실존적 좌절을 느끼는 사람들이 증가하고 있다고 볼 수 있다.

실존적 공허는 인간을 신경증으로 이끌 수 있다. 프랭클은 가장 일반적인 세 가지 신경증을 우울, 약물중독, 공격성이라고 지적하였다. 이러한 세 가지 신경증적 현상은 다음과 같다.

요즈음 사회에 충격을 주는 잇따른 청소년들의 자살도 그들이 남긴 글에서 나타난 것처럼 삶의 의미를 찾지 못해 기분이 가라앉은 상태에서 비롯된 것이라고 지적할 수 있다. 이러한 행동은 실존적 좌절에서 비롯된다. 자신의 삶에서 어떤 희망이나 의미를 발견하지 못할 때 갑작스럽게 닥쳐오는 것이 우울이다. 특히 자녀를 다 키워 보내고 텅 빈 아파트에 남아 있는 중년 여성에게 불현듯 찾아오는 것이 우울감이다. 심리학자들은 이렇게 현대인이 텅 빈 집에서 외롭게 실존적 공허감을 느끼거나 삶의 의미에 대한 회의 혹은 상실로 나타나는 현상을 '빈둥지증후군(empty nest syndrome)' 이라고 한다.

약물중독도 대부분 삶의 의미와 관련되어 나타난다. 인생에서 낮은 목적을 가진 사람들이 높은 삶의 목적을 가진 사람들보다 약물을 통해 의미성의 감정을 발견하려고 더 노력한다. 약물을 복용하게 되는 이유로서 자주 언급된 이유는 삶에서 의미를 찾으려는 욕망이다. 역시 많은 알코올중독자들도 자신의 삶에서 의미를 느끼지 못해 고통을 받는다. 그들은 술을 통해 자신의 고통이나 의미없는 삶을 잊어 버리려고 시도한다.

공격성 역시 무의미성과 공허감과 관련되어 나타난다고 본다. 프랭클은 통계적 증거가 사람들이 삶의 의미를 갖지 않고 공허할 때나 좌절감을 느낄 때 가장 공격적으로 된다는 그의 가설을 지지해 준다고 믿었다.

급격한 사회변화와 과학의 발달로 야기된 전통적 가치의 쇠퇴와 환원주의의 경향성은 현대인에게 삶의 의미를 찾는 것을 더욱 어렵게 한다. 더불어 자본주의 사회에서 지배되는 금전만능주의와 개인주의에 따라 삶의 참다운 의미를 추구하는 사람을 발견하기가 힘들다. 이러한 현상들 때문에 젊은이들은 삶의 의미를 실현한 성공모델을 발견하기가 어렵다. 앞에서 지적한 것처럼, 프랭클의 의미치료는 자기의 탐구보다는 의미의 탐구를 강조한다.

우리가 어떻게 삶의 무의미감을 느끼는 실존적 공허를 계속해서 갖게 되는지는 다음과 같다.

첫째, 억압이다. 의미치료는 실존적 좌절에 관심을 가지며 결과로서 일어나는 의미에 대한 의지의 억압에 관심을 가진다. 프랭클은 "억압의 희생자가 사랑(eros)이 아니라 의미(logos)이다."라고 지적하였다. 사람은 자신의 영적 정신과 양심을 억압한다. 그러므로 사람들은 의미감에 대한 가장 깊은 원천인 영적 중심에서 벗어나 있다. 결국 우리의 의미에 대한 의지의 억압은 의미의 존재에 관한 우리의 자각을 차단한다.

둘째, 책임감의 회피다. 우리가 의미의 탐구에 대한 책임감을 회피하기 위한 기제를 사용한다. 프랭클은 순응주의, 전체주의, 그리고 대중적인 세 가지 신경증인 우울, 약물중독, 공격성을 그 예로 들었다.

셋째, 환원주의다. 심리학과 교육의 환원주의적 모델은 사람들이 자신의 운명을 결정하는 존재라기보다 결정된 존재라는 것을 믿고 유지하도록 이끈다.

넷째, 전통과 가치의 쇠퇴다. 전통과 가치의 쇠퇴는 실존적 공허를 창조하고 유지하는 데 영향을 준다.

다섯째, 자기초월에 관한 불충분한 강조다. 대부분의 현대 심리학은 자기실현과 자기표현에 초점을 둔다. 그러므로 사람은 행복과 충만감이 자기에 지나치게 초점을 맞추는 것보다 차라리 자기를 망각하는 자기초월의 부산물이라는 것을 깨닫도록 충분히 도움을 받지 못한 상태에 머무르게 된다.

여섯째, 인간의 신경증화다. 사회에 무의미성의 문제와 증상이 만연되어 있다는 사실은 개인이 의미의 탐구에 대한 조력을 구하는 것을 더욱 어렵게 만든다. 이러한 현상은 우리의 내적 공허를 유지시키는 데 기여한다.

4. 프랭클의 지혜

프랭클은 인간이 실존적 존재로서 죽음을 수용하고 죽음 앞에서도 떳떳함과 인간의 존엄을 유지할 수 있음을 나치 포로수용소에서 실제 그가 겪은 체험을 바탕으로 보여 주었다. 그의 경험을 바탕으로 쓴 『인간의 의미 탐구: 의미치료 입문』은 국내에서 『죽음의 수용소에서』라는 제목으로 번역되어 사람들에게 많은 감명을 주었다. 정말 누군가가 삶의 의미를 잃고 방황하거나 우울한 상태에 빠져 있다면 이 책을 읽어 볼 것을 권장한다. 프랭클은 개인이 진정으로 삶의 의미를 갖게 되는 것은 자기실현을 통해서가 아니라 자기를 뛰어 넘어, 즉 자기초월을 통해 달성할 수 있음을 강조하였다. 그러한 예로서 누군가의 생명을 건지기 위해 자신의 목숨을 던질 수 있는 용기를 가진 사람이나 종교적 신념으로 기꺼이 자신의 목숨을 바친 순교자 등을 들 수 있다.

프랭클이 의미치료를 통해 내담자를 조력하기 위해 강조한 그의 지혜를 요약하면 다음과 같다.

내담자의 문제는 삶의 의미를 추구하는 의지를 상실한 것에서 비롯되었다. 인간은 자기분리와 자기초월을 할 수 있는 능력이 있다. 이러한 능력에 근거한 역설적 의도와 탈숙고를 통해 불안과 공포의 악순환의 고리를 끊으면 심리적 문제를 해결할 수 있다. 그리고 삶의 의미를 추구하는 것이 중요하다.

의미치료의 주요 개념 및 기법

의지의 자유, 의미에 대한 의지, 삶의 의미, 의미의 원천(일, 사랑, 고통, 과거, 최상의 의미), 역설적 의도, 탈숙고 등

5. 문제해결을 위한 상담

의미치료 상담자는 내담자가 실존적 공허 상태를 벗어나 삶의 의미를 발견하도록 조력한다. 내담자가 가진 의미에 대한 의지를 통해 삶에서 무의미가 아니라 의미를 보도록 한다. 의미치료를 통해 내담자는 자신을 보는 기본적 태도를 바꾸는 것이다. 자기분리나 자기초월(self-transcendence)을 할 수 있는 능력은 실존적 존재로서 인간의 본질적 특성이다. 프랭클은 기본적 인간욕구를 '자기탐구(search for self)' 라기 보다 '의미탐구(search for meaning)' 로서 보았다. 인간은 본질적으로 자기 자신을 뛰어넘어 타인과 세계에

서 의미를 찾을 수 있는 존재다. 사람들이 어떤 의미를 충만하거나 다른 사람과 사랑스러운 참만남을 통해서 자기의 경계를 초월할 때 가장 인간적인 존재가 된다고 본다.

먼저 무의미나 공허에 빠진 삶의 태도를 바꾸기 위해서 삶의 의미를 발견할 수 있는 가능한 원천에 대해서 살펴보자. 우리가 의미를 발견할 수 있는 원천은 무엇일까? 프랭클은 자기초월이 세 가지 방식으로, 즉 어떤 행동을 함으로써, 어떤 가치를 경험함으로써, 그리고 고통에 의해, 의미를 발견하고 탐색함으로써 달성될 수 있다고 제안하였다. 역시 그는 사람들이 삶 속에서 의미를 발견할 수 있는 세 가지 주요한 방식에 대해서 언급하였다. 이러한 세 가지 방식은 다음과 같다. 첫째, 사람이 삶에 의미를 부여하는 것으로 창조적 가치다. 둘째, 사람이 삶에서 얻은 것으로 경험적 가치다. 셋째, 사람이 더 이상 변화시킬 수 없는 운명에 대해 취하는 자세로 태도적 가치다. 이러한 분류에 따라 프랭클이 제시한 의미의 원천은 일, 사랑, 고통, 과거 그리고 삶과 고통의 궁극적 의미를 나타내는 '최상의 의미(supra-meaning)' 이다.

첫째 원천은 일의 의미다. 인생에 대한 책임감은 그 인생이 제시하는 사태에 대한 반응으로 나타난다. 그리고 이러한 반응은 말로 나타나는 것이 아니라 행동으로 나타나야 한다. 불고용, 즉 고용되지 않거나 실직을 당해서 일을 하지 않는 것은 창조적 의미의 결여에 의해서 사람들이 어떻게 영향받을 수 있는가에 대한 하나의 예다. 프랭클은 무감각이나 우울이 나타나는 실직이나 불고용에서 비롯된 신경증을 실존적 입장에서 설명하였다.

둘째 원천은 사랑의 의미다. 의미치료에서는 사랑을 성관계의 이차적 현상으로 보지 않는다. 자기초월의 한 형태로서 사랑은 다양한 특성을 가진다. 사랑은 다른 사람의 성격의 내면을 이해하는 것이다. 만족되었을 때, 성적 충동은 재빨리 사라진다. 하지만 사랑은 다른 사람의 영혼이 독특하고 대체할 수 없다는 점에서 항구성을 가진다. 사랑은 자기의 모든 유일성과 독자성 안에서 타인의 경험을 체험하는 것이다. 자아가 타아 속에서 고스란히 받아들여지며 서로 사랑하는 사람에겐 없어서는 안 될 바꿀 수 없는 인격으로 되어야 한다(성진기, 1980).

셋째 원천은 고통의 의미다. 고난이나 고통은 인간이 무감각하거나 권태롭게 되는 것을 막아 준다. 고통은 행동을 초래하고 따라서 성장과 성숙에로 이끄는 요인이 된다. 도피할 수 없는 부정적 상황은 사람에게 최고의 가치를 실현시키거나 가장 깊은 의미인 고통의 의미를 충족시키려는 기회를 준다. 사람이 운명의 무기력한 희생자일 수 있지만, 그들은 자신의 고난을 성취로 바꿀 내적 자유를 여전히 행사할 수 있다.

넷째 원천은 과거로부터의 의미다. 의미탐구가 일차적으로 사람의 미래에 맞추어진 것이지만, 과거는 여전히 의미의 원천일 수 있다.

마지막 원천은 최상의 의미다. 최상의 의미는 삶과 고통의 궁극적 의미를 나타내는 것이다. 인간은 자신이 겪는 고통의 궁극적 의미를 이해하지 않을 수 없다. 이것은 고통이 궁극적 관심사를 갖지 않는다는 것을 의미하지 않는다. 최상의 의미는 지적 수단에 의해서가 아니라 신념에 의해 단지 파악될 수 있다. 최상의 의미는 사람이 자신의 고통과 관련해서 찾는 종교에 의해서 가장 잘 이해될 수 있다.

프랭클은 허무주의의 극복을 위한 정신의학자의 시대적 사명을 다음과 같이 말하고 있다. "각 시대에는 그 시대의 신경증이 있으며, 각 시대는 그 시대의 정신요법을 필요로 한다. 오늘날은 시대의 요청이 달라졌다. 그러므로 오늘날의 정신요법은 인간의 성적 불만이 아니라 인간의 실존적 불충족, 즉 생활목표와 생존 목적, 구체적 사명과 개인적 임무에 대한 동경을 문제삼고 있다." (박운, 1988)

프랭클은 실존주의 철학에 근거하여 인간을 의미를 추구하는 존재로 보았으며, 실존적 공허가 정신질환의 원인이라고 하였다. 그의 의미치료는 개인의 의미와 사랑과 고난의 의미 그리고 가치의 가능성을 충분히 의식하고 존재의 의미에 직면하여 극복하도록 도와주는 것이라 하였다(민성길, 1990).

의미치료 상담자는 내담자를 도와서 그의 존재의 의미, 목표나 목적을 발견하도록 하는 것이며, 그의 삶에서 최상의 가능한 행동을 달성하도록 하는 것이다. 상담자는 개인이 그의 과제를 달성하는 데 대한 책임을 이해하도록 돕는다.

의미치료 상담자는 내담자가 의미를 탐구하도록 조력하는 데 초점을 맞추기 이전에 "나의 삶은 의미가 없어요."라고 말하는 그의 실존적 좌절이나 실존적 공허가 무엇에서 비롯되었는가를 탐색하는 것이 필요하다. 더불어 상담자는 "당신이 두 번째의 인생을 사는 것처럼 살아라. 첫 번째의 삶을 좋지 않게 진행했다면, 이번에는 어떻게 행동하겠는가?"와 같은 질문을 통해 내담자가 삶의 유한성과 책임감의 중요성에 대한 실존적 자각을 향상하도록 노력한다.

의미치료 상담자가 사용하는 주요한 두 가지 기법으로 '역설적 의도(paradoxical intention)'와 '탈숙고(dereflection)'가 있다. 이 두 기법은 의미치료의 핵심 개념인 자기초월과 자기분리를 할 수 있는 인간의 본질적 능력에 근거하고 있다. 역설적 의도를 이해하기 위해 공포증이나 강박증을 가진 사람들의 생각에 대해서 살펴보자. 이러한 증상, 즉 공포나 불안을 가진 내담자는 두려워하는 사건에 대한 재발을 두려워한다. 사건에 대한 두려운 기대는 그에게 기대불안을 야기한다. 이러한 기대불안은 지나친 주의(attention)나 '지나친 의도(hyperintention)'의 원인이 된다. 지나친 주의나 의도는 그로 하여금 자기가 원하는 것을 하지 못하도록 한다. 이러한 과정을 자세히 살펴보면, 내담자 자신의 불안에 대한 잠재적 효과에 대한 걱정이 불안에 대한 불안으로 되어 나타난다. 그러므로 불안이나 공포의 자기 유지적인 악순환이 되풀이된다. 결과적으로 공포에 대한 공포는 공포를 증가시킨다. 불안에 대한 불안은 불안을 증가시킨다. 예를 들어, 당신이 엘리베이터 안에 갇혀 공포에 질린 경험을 가졌다고 가정하자. 당신의 엘리베이터 공포증은 다시 그런 일이 일어나지 않을까 하는 공포(즉, 예기불안)를 갖게 한다. 당신이 엘리베이터를 타려고 할 때마다 그러한 예기불안은 지나친 주의나 의도의 원인이 된다. 결국 당신은 엘리베이터를 타지 못하고 계단을 이용하게 된다.

내담자의 공포에 대한 공포의 가장 일반적인 반응은 공포에 대한 도피다. 즉, 내담자는 자신에게 불안을 야기하곤 했던 상황을 피하려고 한다. 의미치료는 이러한 공포나 기대불안에 초점을 맞추는 방법으로 공포의 공포는 공포로부터 도피를 유도한다는 것을 가르친다. 내담자가 이러한 악순환으로부터 탈피하도록 하기 위해서는 불안이나 공포로부터 도피가 아니라 직면하도록 하는 것이다. 즉, 역설적 의도는 내담자가 두려워하는 그 일 자체를 하도록 하거나 일어나기를 소망하도록 촉진되는 과정이라고 정의될 수 있다. 예를 들면, 당신이 중학교 때 발표를 하다가 너무 불안해하여 말을 더듬어서 창피를 당하였다고 가정하자. 당신이 다시 말을 더듬지 않을까 하는 발표불안(예기불안)은 당신이 발표하는 것을 피하도록 해 왔을 것이다. 이런 경우에 당신의 실수(말더듬)에 대한 지나친 주의는 당신이 발표를 하지 못하도록 해 왔다. 상담자는 당신에게 '실수(말더듬)를 하지 말자가 아니라 실수를 해라.' 라는 것을 요구한다. 이것은 역설적 의도로서 불안을 해결하기 위해서 불안에 직면해서 불안이 무엇인지를 알아야 한다는 것을 함축한다.

상담자는 내담자가 두려워하는 그 일 자체를 하도록 하거나 일어나기를 소망하도록 격려함으로써 의도의 반대를 생성하게 한다. 내담자가 어떤 일이나 상황에 불안이나 공포를 느낀다면, 그의 의도는 무엇인가? 내담자의 의도는 불안을 야기하는 그러한 상황을 피하는 것이다. 피하는 것은 내담자의 불안을 해결하는 데 도움이 되지 않는다. 상담자는 내담자의 의도의 정반대인 불안을 야기하는 상황에 그를 직면하게 함으로써 공포증의 악순환에서 이탈하게 한다. 내담자는 역설적 의도를 통해 당신이 두려워하는 것은 두려움 그 자체라는 것을 배우게 된다. 즉, 역설적 의도를 통해 공포증의 돛에서 바람을 제거함으로써 공포의 악순환을 막는다.

탈숙고는 '지나친 의도' 처럼 '지나친 숙고(hyperreflection)' 로 인한 기대불안의 악순환에서 벗어나게 하는 것이다. 프랭클이 소개한 다음의 이야기는 당신에게 지나친 주의나 숙고가 의미하는 바를 깨닫게 할 것이다. "지네가 있었는데 지네의 적이 지네에게 '너의 다리들이 어떤 순서로 움직이는가?' 라고 물었다. 지네가 그러한 질문에 주의를 기울였을 때, 지네는 전혀 움직일 수가 없었다." (Frankl, 1988, p. 100) 당신이 가진 문제에 지나친 숙고는 당신의 자발성과 활동성에 방해가 된다. 탈숙고는 지나친 숙고를 상쇄시킴으로써 당신의 자발성과 활동성을 회복시켜 준다.

당신의 삶의 의미는 무엇인가? 당신은 삶의 의미를 달성하기 위해 어떤 노력을 하고 있는가. 당신을 초월하여 당신 주변에 있는 사람을 고려하면서 삶의 의미를 추구하고 있는가? 의미치료는 인간에 대한 다음과 같은 세 가지 기본적 신념에 근거한다. 첫째, 인간은 모든 조건에서 의미를 가진다. 둘째, 인간은 의미에 도달할 의지를 가진다. 만약 이러한 의지가 적용되지 않으면 좌절감이나 공허를 느낀다. 셋째, 인간은 자신의 의미를 찾을 자유를 가진다. 이러한 자유에는 명백한 제한이 있다(Fabry, 1968, p. 37).

당신의 삶은 당신에게 책임이 있다. 누구도 당신의 삶을 책임지어 주지 않으며 당신의 삶에 의미를 부여할 수 없다. 의미치료는 당신이 인생의 책임자로서 삶의 의미를 추구하며 사는 것을 가르친다.

당신은 지금 어떤 상황과 조건에 있는가? 당신에게 주어진 환경이나 조건이 당신을 괴롭고 고통스럽게 할 수 있다. 당신이 겪고 있는 경험이나 당신에게 일어나는 일은 짜증나고 역겨움을 줄 수도 있다. 화창한 날씨에 갑자기 소나기가 쏟아지듯이, 때로는 예상하지 않았던 사건으로 마음의 상처나 충격을 입을 수도 있다. 기대의 어긋남이나 거듭되는 실패로 좌절감을 느낄 수도 있다. 열심히 노력한 끝에 얻는 성취와 결과에도 불구하고 공허감에 빠질 수도 있다. 하지만 아무리 어려운 역경일지라도 삶에는 의미가 있다. 그리고 당신은 나름대로 자신의 삶의 의미를 찾을 수 있는 의지가 있다. 삶의 의미를 찾을 책임도 또한 당신에게 달려 있다.

15 인지 · 정서 · 행동치료

변화를 위해 비합리적 사고를 합리적 사고로 바꾸어라.

1. 엘리스의 생애
2. 인간에 대한 이해
3. 문제에 대한 이해
4. 엘리스의 지혜
5. 문제해결을 위한 상담

파스칼은 "인간은 연약한 갈대에 지나지 않지만 인간은 생각하는 갈대다."라고 하였다. 그리고 "인간이 이성적 동물이다."라는 표현은 우리의 사고의 중요성을 강조한 말이다. 생각을 바꾸면 세상이 달라진다는 표현도 우리가 세상을 어떻게 지각하는가의 관점을 강조한 말이다. 많은 사람들은 흔히 자신에게 일어난 크고 작은 사건이 직접적으로 자신의 감정이나 행동에 영향을 미치고 있는 것으로 여긴다. 그러나 사건보다는 우리가 사건을 어떻게 생각하는가의 신념체계(belief system)가 우리의 감정이나 행동에 영향을 미친다는 가정하에 엘리스(Albert Ellis)는 인지 · 정서 · 행동치료(Rational-Emotive Behavior Therapy: REBT)를 발달시켰다. 엘리스는 합리적 이성이 중요하다는 기본 가정에서 1955년에 처음으로 그의 상담 접근 방법을 '인지치료(rational therapy)'라고 불렀으나 1961년에 '인지 · 정서치료(Rational-Emotive therapy)' 로 변경한 후, 1993년에 인지 · 정서 · 행동치료로 바꾸었다. 이런 발달과정 때문에 엘리스는 자신의 상담 접근이 최근의 주요한 상담 및 심리치료의 경향인 인지치료(cognitive therapy)의 원조라고 주장한다.

엘리스는 인지 · 정서 · 행동치료의 최초 주창자의 한 사람으로서 스토아 철학자인 에픽테투스(Epictetus)의 말을 자주 인용한다. 에픽테투스는 "우리를 당황하게 하는 것은 우리에게 일어난 사건이 결코 아니다. 그것은 이러한 사건을 보는 우리의 관점이다."라고 주장하였다. 즉, 우리의 생각 혹은 신념체계를 바탕으로 일어난 사건을 어떻게 해석하는가에 따라 삶이 달라진다는 것이다. 불교에서 강조하는 일체유심조(一切唯心造), 즉 세상사가 마음먹기에 달려 있다는 말도 생각을 강조한 내용이다. 당신이 어떻게 생각하고 마음먹느냐에 따라 세상이 달라진다는 것이다.

엘리스는 신념체계를 합리적인 것과 비합리적인 것으로 분류하였다. 합리적 신념체계를 갖는 사람은 일어난 사건에 대해 합리적 해석을 하여 대처하기 때문에 바람직한 정서적 · 행동적 결과를 초래한다. 그러나 비합리적 신념체계를 가진 사람은 일어난 사건에 대해 비합리적으로 해석하여 바람직하지 않은 정서적 · 행동적 결과를 경험하게 된다. 그러므로 엘리스에 따르면, 정신적으로 건강한 사람은 합리적 신념체계에 따라 행동하는 사람이며 건강하지 않은 사람은 비합리적 신념체계의 지배를 받는 사람이다. 우리의 정서적 · 행동적 결과에 영향을 미치는 원인으로 사건보다는 신념체계의 중요성을 강조한다는 점에서 인지 · 정서 · 행동치료를 ABC 이론이라고도 한다. 여기서 A는 당신에게 의미 있는 '활성화된 사건(Activating events)'을, B는 '신념체계(Belief system)'를, 그리고 C는 정서적 · 행동적 '결과(Consequences)'를 의미한다.

엘리스는 내담자의 심리적 고통이나 문제는 그의 비합리적 신념체계에서 비롯된 것이라고 확고하게 믿는다. 따라서 인지 · 정서 · 행동치료는 내담자가 가진 비합리적 신념체계를 합리적 신념체계로 바꾸게 함으로써 문제해결을 할 수 있다고 본다. 상담자는 문제를 가진 내담자의 신념체계가 비합리적이라는 것을 설득력 있게 논리적으로 반박하기(disputing)를 통해 변화를 유도한다.

1. 엘리스의 생애

인지 · 정서 · 행동치료의 창시자인 엘리스(Albert Ellis, 1913~2007)는 1913년 피츠버그에서 태어나서 '브롱크스의 거리'에서 자랐다. 엘리스는 자신이 거의 '반고아'라고 말했다. 왜냐하면 엘리스의 아버지가 여행을 자주 다니는 탓에 자신과 동생들을 거의 돌보지 않았기 때문이었다. 어머니는 자녀를 키울 준비가 전혀 되지 않았던 사람이었다. 그 결과 엘리스는 "어머니가 나를 돌보는 것만큼 나도 어머니를 돌봐야 했다."라고 말하였다. 부모의 양육태만과 더불어 엘리스는 신장염을 앓았기 때문에 종종 병원에 입원해야 했다. 수줍음을 많이 타고 내향적인 아이였기 때문에, 엘리스는 외향적이며 무모하기까지 한 남동생에게 많이 주눅 들기도 했다. 무능한 어머니에, 무모한 남동생에 푸념쟁이인 여동생 때문에 비참한 아동기를 보냈을 법 했지만, 엘리스는 '비참한 것을 거부' 하였다. 여동생은 우울증과 불안에 시달렸지만, 후에 엘리스는 자신의 인지 · 정서 · 행동치료로 여동생을 치료할 수 있었다.

빨리 백만장자가 되고 싶어서 뉴욕의 상업고등학교로 진학했지만, 졸업할 즈음에 대공황이 덮치는 바람에 엘리스의 백만장자의 꿈은 수포로 돌아가게 되었다. 시립대학에 진학하여 영문학을 전공하여 여섯 편의 소설을 썼지만 아무도 출판해 주지 않았다. 그는 난혼(promiscuity)에 대해 글을 쓰기 위해 연애 소설과 실화 소설 등을 즐겨 읽기도 하였다. 친구들은 자신들의 문제를 엘리스와 상의하기 시작했고, 엘리스 스스로도 사람들을 잘 도와주고 재미있어 한다는 것을 깨달았다. 컬럼비아대학교에서 석사 및 박사학위를 받고, 정신분석가로부터 비공식적인 훈련을 받았다. 그 당시에는 심리학자에 대한 훈련이 인가되지 않을 때였다.

엘리스는 1953년에 정신분석을 포기하고 보다 '효율적인' 방식을 찾으려 했다. 1955년에 인지를 강조하는 새로운 접근법인 인지치료(rational psychotherapy)를 소개하였다. 후에 정서를 무시한다는 비난이 일자, 인지 · 정서치료로 접근법을 수정하였으며, 1991년에는 인지 · 정서 · 행동치료로 이름을 바꾸었다.

엘리스는 평생 동안 당뇨병, 청각 이상, 시각 이상 그리고 다른 신체장애를 경험하였다. 하지만 90대에도 자신의 기본원리들을 적용하고 집필하며 워크숍을 직접 주재하다가 1997년 7월에 사망하였다.

2. 인간에 대한 이해

엘리스는 인지 · 정서 · 행동치료가 인본주의적 심리치료라고 주장하였다. 인간이 합리적 삶을 이끌기 위한 기본적 원리는 자신의 어떤 수행에 의해서 자신을 평가하는 것이 아니라 자신의 실존적 존재를 있는 그대로 수용하는 것이다(Ellis, 1973). 따라서 엘리스는 개인이 가진 문제해결을 위한 가장 인본주의적 접근인 인지 · 정서 · 행동치료를 따른다면, 자신과 타인을 인간으로서 무조건적으로 수용하는 것이라고 주장하였다.

인지 · 정서 · 행동치료는 인간이 합리적 사고와 비합리적 사고의 잠재성을 가지고 태어났다고 가정한다. 즉, 인간은 타고난 합리적 신념에 의해 자신을 성숙하게 하거나 실현시킬 수 있으며, 동시에 타고난 비합리적 신념에 의해 자신의 성숙을 방해하거나 자신을 파괴할 수 있다고 본다. 인간이 생물학적 경향성으로 대립되는 합리적 사고와 비합리적 사고를 타고났다는 엘리스의 주장은 성선

설과 성악설을 동시에 강조하고 있다고 볼 수 있다. 인간은 자신을 파괴할 수 있는 잠재적 경향성인 비합리적 신념을 갖고 태어났기 때문에 이것을 바꾸는 작업이 그렇게 용이하지 않다고 본다. 따라서 상담자가 인간으로서 내담자를 수용한 후 논리적인 칼날로 내담자의 자기 파괴적인 비합리적 신념을 잘라낼 수 있는 예지가 필요하다.

엘리스는 인간은 끊임없이 자기대화와 자기평가를 하면서 자신의 삶을 유지한다고 본다. 합리적 신념에 의한 자기대화와 자기평가는 당신이 선택한 건전한 인생목표를 달성하게 해 줄 것이다. 그러나 비합리적 신념에 의한 자기대화와 자기평가는 당신이 부적절한 정서를 느끼고 역기능적 행동을 수행하도록 하게 할 것이다.

3. 문제에 대한 이해

우리를 파멸로 몰아넣는 근본적인 문제는 우리가 갖고 있는 비합리적 신념이다. 우리가 주어진 상황을 합리적으로 생각하느냐와 비합리적으로 생각하느냐에 따라 엄청나게 다른 정서적 · 행동적 결과를 낳는다는 것을 흔히 경험한다. 마찬가지로 사고, 감정 및 행동은 상호 밀접하게 관련되어 순환적인 관계를 이루고 있다. 비합리적 신념에 의해 야기된 부적절한 감정이나 역기능적 행동은 또 다른 비합리적 생각을 촉발하는 악순환을 되풀이한다.

인간은 근본적으로 불완전한 존재다. 전지전능하지 않기 때문에 인간과 관련하여 당위성을 강조하는 것은 비합리적이다. 대체로 비합리적인 신념의 뿌리를 이루고 있는 것은 나음과 같은 세 가지 당위성과 관련되어 있다.

첫째, 자신에 대한 당위성이다. 우리 자신에 대해 당위성을 강조하는 것이다. 예를 들면, '나는 훌륭한 사람이어야 한다.' '나는 실수해서는 안 된다.' '나는 실패해서는 안 된다.' '나는 실직 당해서는 안 된다.' '나는 항상 적절하게 행동해야 한다.' 등 수없이 많은 당위적 사고에 우리는 매인 경우가 많다. 그리고 그러한 자신에 대한 당위적 사고가 이루어지지 않을 때 자기파멸이라는 생각을 갖게 된다.

둘째, 타인에 대한 당위성이다. 우리와 밀접하게 관련한 사람, 즉 부모, 자식, 아내나 남편, 애인, 친구, 직장 동료에게 당위적인 행동을 기대하는 것이다. 예를 들면, '부모니까 나를 사랑해야 한다.' '자식이니까 내 말을 들어야 한다.' '여자니까 정숙하게 행동해야 한다.' '애인이니까 자나 깨나 나에게 관심을 가져야 한다.' '친구니까 우정을 보여야 한다.' '직장 동료니까 항상 일에 협조해야 한다.' 등 가까운 타인에게 바라는 당위적 기대가 이루어지지 않을 때 인간에 대한 불신감을 갖게 된다. 그리고 이러한 불신감은 인간에 대한 회의를 낳아 결국 자기비관이나 파멸을 가져오게 된다.

셋째, 조건에 대한 당위성이다. 우리에게 주어진 조건에 대해 당위성을 기대하는 것이다. 예를 들면, '나의 가정은 항상 사랑으로 가득 차 있어야 한다.' '나의 방은 항상 깨끗해야 한다.' '나의 교실은 정숙해야 한다.' '나의 사무실은 아늑해야 한다.' '나에게 주어진 일은 3D(dangerous, dirty, difficult)가 아니어야 한다.' 등 자신에게 주어진 조건에 대해 당위적 사고를 갖고 임하는 것이다. 우리가 바라고 원하는 것처럼 지속되는 당위적인 조건은 거의 없다. 그런데 많은 사람들은 흔히 이러한 당위적 조건을 기대하면서 그렇지 않은 경우에 화를 내거나 부적절한 행동을 한다.

엘리스(1962, pp. 60-88)가 제시한 정서장애의 원인이 되고 그것을 계속해서 유지시키는 비합리적인 생각은 다음과 같다.

- 알고 있는 모든 의미 있는 사람들로부터 인정받고 사랑 받은 것이 필연적이라는 생각
- 자신이 가치 있는 사람이려면 모든 측면에서 철저하게 능력이 있고, 적절하고, 성취적이어야 한다는 생각
- 어떤 사람은 나쁘고 사악해서 그러한 사악함 때문에 가혹하게 비난받고 처벌받아야 한다는 생각
- 일이 자기가 원하는 대로 되지 않을 때 이것은 끔찍하고 파국적이라는 생각
- 인간의 불행은 외적인 사건에서 비롯되었고, 사람들은 자신의 슬픔과 장애를 통제할 능력이 없다는 생각
- 위험하거나 두려운 일이 있으면 그 일에 대해 몹시 걱정하고 그 일이 일어날 가능성을 계속해서 가져야 한다는 생각
- 인생의 어려움이나 자기 책임감을 직면하는 것보다 피하는 것이 보다 용이하다는 생각
- 사람은 다른 사람에게 의지해야 하고 의지할 만한 자신보다 강한 누군가가 있어야 한다는 생각
- 자신의 과거사가 현재 행동의 중요한 결정요인이며 일어났던 중요한 일이 자신의 인생에 영향을 미쳤던 것처럼 그것이 또한 유사한 영향을 미치리라는 생각
- 타인의 문제나 장애에 의해 자신이 몹시 당황하거나 속상해야 한다는 생각
- 문제의 완전한 해결책이 항상 있고, 만약 이러한 완전한 해결책을 찾지 못하면 파국이라는 생각

당신이 현재 정서적으로 혼란되어 있거나 부적절한 행동으로 고통받고 있다면 여기에서 제시한 비합리적 사고에 대해 하나하나 검토해 볼 것을 권한다. 정서적 · 행동적 문제는 자기, 타인, 주변 조건에 대한 당신의 비합리적 생각에서 비롯되기 때문이다. 우리가 당연하게 받아들이는 많은 비합리적 생각이 우리의 성숙을 방해한다. 그러한 비합리적 생각은 우리의 정서를 혼란시키고 용기 있는 행동을 하지 못하도록 우리를 붙잡는다.

우리가 흔히 내뱉는 "세상만사가 뜻대로 되지 않는다."는 말을 생각해 보자. 만약 당신이 지나친 요구나 기대 그리고 당위성을 갖고 당신에게 일어나는 일을 생각하며 이 말을 내뱉는다면 당신의 사고는 비합리적이라고 할 수 있다. 왜냐하면 당신이 원하는 대로 일이 되지 않기 때문에 자신을 탓하거나 타인 혹은 주변의 조건을 탓하기 때문이다. 그러나 만약 당신이 어떤 일의 당위성이나 지나친 기대 없이 당신의 노력에도 불구하고 일이 성취되지 않았을 때 이 말을 내뱉었다고 가정해 보자. 당신은 당위적으로 어떤 일이 어떻게 되어야 한다는 생각을 갖지 않았기 때문에 일이 뜻대로 되지 않아서 섭섭하기는 하지만 그것을 수용한다면 당신의 사고는 합리적이라고 할 수 있다.

생각은 생각을 낳는다. 비합리적 생각은 꼬리를 물고 또 다른 비합리적 생각을 낳는다. 비합리적 생각–비합리적 정서–비합리적 행동–또 다른 비합리적 사고 등으로 이어지는 악순환의 고리가 계속된다. 따라서 인지 · 정서 · 행동치료에서는 개인이 비합리적 생각을 바꾸지 않으면 그의 문제는 계속된다고 본다.

4. 엘리스의 지혜

엘리스는 개인의 일어난 사건이나 현상에 대한 사고나 관점이 정서나 행동에 선행함을 강조하였다. 개인의 감정이나 행동은 그의 생각에서 비롯된다고 보는 입장이다. 이런 점에서 엘리스의 지혜는 개인의 부적절한 정서나 행동을 초래하는 비합리적 신념에 대한 발견과 그러한 신념을 합리적 신념으로 바꿀 것을 강조한 점이라고 할 수 있다. 특히 엘리스(2001)는 사람들이 자신 주변에서 일어나는 사건에 대해 강박적 생각을 버리고 수용하면서 살 것을 강조하였다. 다음에 제시하는 수용하기에 대한 삶에 대한 그의 태도 및 가치에 엘리스의 지혜(Ellis, 2001, p. 224)가 스며들어 있다고 생각된다.

- 당신이 많은 실패를 했다 할지라도 무조건적으로 당신 자신을 수용하는 것
- 결함을 가진 다른 사람을 무조건적으로 수용하는 것
- 죄가 아니라 죄지은 사람을 수용하는 것
- 삶의 가혹한 조건이 변화될 수 없을 때 그러한 조건을 수용하는 것
- 당신이 자신의 역기능적인 감정을 바꿀 수 없을 때 그러한 감정을 수용하는 것
- 현재의 제약과 고통이 미래에 도움이 될 때 그러한 제약과 고통을 수용하는 것
- 당신의 과거사가 변할 수 없지만 그것에 대한 당신의 현재 반응은 변할 수 있다는 사실을 수용하는 것

- 당신의 생물학적 · 사회적으로 학습된 한계를 수용하고 그러한 것이 존재하지 않기를 요구하지 않는 것
- 당신이 영원히 살고 싶다 할지라도 당신이 결국 죽는다는 것을 수용하는 것
- 보통 많은 노력과 실천이 요구되지만 당신이 자신의 생각, 감정 그리고 행동을 변화시킬 수 있다는 것을 수용하는 것
- 완전히 선하거나 악한 것은 거의 없다는 것을 수용하는 것
- 당신과 다른 사람들이 흔히 쉽게 혼란에 빠질 수 있고 어떤 문제를 야기함이 없이도 아주 비이성적으로 그리고 당황스럽게 행동할 수 있다는 것을 수용하는 것

엘리스가 인지 · 정서 · 행동치료를 통해 내담자를 조력하기 위해 강조한 그의 지혜를 요약하면 다음과 같다.

내담자의 문제는 일어난 사건이 아니라 그의 비합리적 신념에서 비롯되었다. 인간은 불완전한 존재인데, 자신, 타인, 조건에 대해 당위적으로 기대하고 요구하는 생각이나 신념이 문제다. 내담자가 느끼는 정서적 장애를 해결하기 위해서는 냉철한 이성에 입각한 반박을 통해 이러한 비합리적 신념을 합리적 신념으로 바꾸어야 한다. 우리의 신념은 우리의 감정에 영향을 미친다.

인지 · 정서 · 행동치료의 주요 개념과 기법

비합리적 신념, 성격의 ABC 이론, ABCDEF 치료적 접근, 다양한 인지 · 정서 · 행동기법들

5. 문제해결을 위한 상담

당신이 믿는 것처럼 느낀다. 당신이 자신, 타인 그리고 주어진 조건에 대해 어떻게 생각하느냐가 당신의 감정과 행동에 영향을 준다. 따라서 당신의 정서와 행동에 부적절하게 영향을 주는 비합리적 생각을 바꾸는 것이 필요하다. 인지 · 정서 · 행동치료 상담자는 주로 설득적 방법에 의해 내담자의 비합리적 생각을 바꾸려고 시도한다. 엘리스가 제안한 상담자가 수행하는 몇 가지 역할은 다음과 같다(Corey, 2005, p. 277).

- 내담자로 하여금 자신의 장애행동에 동인이 된 비합리적 신념을 발견하도록 그를 격려한다.
- 내담자의 비합리적 신념이 어떻게 부적절하게 작동하는지 그리고 이러한 신념이 어떻게 미래에도 정서적 · 행동적 장애로 이끌 것인지를 보여 준다.
- 내담자로 하여금 자신의 자기 파괴적인 비합리적 신념을 변화시키도록 그를 도전시킨다.
- 내담자가 직접적으로 자신의 감정을 처리하고 장애에 반하는 행동을 하도록 조력하기 위해 다양한 인지적 · 정서적 · 행동적 기법을 사용한다.

다음의 글은 스토아학파의 에픽테투스(Epictetus)가 우리의 생각을 강조한 내용이다.

> 누군가가 당신을 비방하거나 공격하고 모욕하는 것이 아니라 그

의 행동을 모욕으로서 여기는 것은 당신의 생각이라는 것을 기억하라. 그러므로 어떤 사람이 당신을 화나게 할 때, 당신을 화나게 한 것이 당신 자신의 생각이라는 것을 알아야 한다. 그러므로 특히 외적 사건에 휩쓸리지 않도록 하라. 당신이 일단 시간을 두고 생각하면 당신은 보다 쉽게 당신 자신을 극복할 것이기 때문이다(Leahey, 1997, pp. 69-70에서 재인용).

일어난 사건이 아니라 우리의 생각이 우리를 화나게 한다. 일어난 사건에 대한 비합리적 생각이 우리를 괴롭힌다. 그러므로 합리적인 생각으로 비합리적 생각을 찾아 반박하여 바꾸는 것이 인지·정서·행동치료에서 강조하는 상담이다. 많은 경우에 비합리적인 생각에 중독되어 사로잡혀 있는 사람은 자신의 비합리적 생각을 쉽게 찾지 못한다. 반박해서 바꾸어야 할 비합리적 사고는 눈에 보이지 않기 때문에 찾기가 쉽지 않다.

당신의 비합리적 생각을 찾는 요령은 먼저 당신이 느끼고 볼 수 있는 당신을 지속적으로 괴롭히는 감정과 부적절한 행동에 초점을 두고 찾도록 시도해야 한다. 왜냐하면 비합리적 정서와 행동의 이면에 비합리적 생각이 숨어 있기 때문이다. 지난 IMF 시대에 우리는 실직에 대한 걱정이나 두려움, 경제적 어려움으로 많은 고통을 받았다. 실직을 당한 근로자나 기업의 부도로 경제적 파산을 당한 고용주가 받는 하루하루의 고통을 미루어 짐작할 수 있다. 극단적인 행동으로 자살까지 하는 근로자나 고용주도 있었다. 자본주의 사회에 사는 우리가 경험하는 안타까운 현실이다. 그러나 자신에게 일어난 어려운 여건을 어렵게만 여기고 자기 패배적 생각에 사로잡혀 있다면, 그것은 비합리적 사고가 당신을 파괴시키고 있다고 감히 말할 수 있다. 극단적인 행동을 통해 자기파멸로 이끈 사람들도 비합리적 사고에서 비롯된 것이다.

실직해서 좌절감이나 자기패배감에 사로잡혀 심리적으로 고통을 받거나 부적절한 행동을 한 사람의 이면에는 어떤 비합리적 사고방식이 숨어 있는가? 먼저 생각해 볼 것은, 자신에 대한 당위적 요구다. 우리 대부분은 가정교육이나 학교교육을 통해 실패해서는 안 된다는 강한 성공 지향적 생각을 하고 있다. 그렇기 때문에 많은 사람들이 크고 작은 실패에 쉽게 괴로움이나 좌절감을 경험한다. 만약 실직자가 자신에 대한 당위적 요구가 강하면 강할수록 '나는 실직되어서는 안 된다.' '실직된 사람은 무능력한 사람이다.' 라는 강한 강박관념을 가졌을 가능성이 높다. 그러므로 그에게 실직은 인생의 실패거나 파멸이라는 자기파괴적 생각이 지배하게 된다. 다음으로 생각해 볼 것은 조건에 대한 당위성이다. 실직자가 다른 경험 없이 직장에서 오랫동안 해 온 자신의 일과 관련하여 '나의 업무와 관련한 일자리가 없어져서는 안 된다.' 는 생각이 지배적일 수 있다.

비합리적 생각을 찾는 두 번째 요령은 곧바로 자신의 생각 중에 스며 있는 비합리적 신념의 뿌리인 세 가지 당위성인 자신, 타인, 조건에 대한 당위성을 점검하는 것이다. 앞서 지적한 것처럼, 우리 사회가 단지 성공적 수행만을 높이 평가하는 경향이 강하기 때문에 우리는 자신에 대한 많은 당위적 생각을 갖고 있다. 그리고 그러한 비합리적인 당위적 생각을 합리적이고 당연한 것처럼 여기고 있는 경우가 많다.

인지 · 정서 · 행동치료의 핵심은 찾아낸 비합리적 신념을 합리적 신념으로 바꾸도록 하는 '반박하기' 작업이다. 많은 경우에 내담자가 오랫동안 비합리적 신념을 당연하게 수용하고 살아 왔기 때문에 내담자의 생각을 반박하는 것은 그렇게 쉽지 않다. 상담사는 날카로운 논리와 실증적 요구로 내담자의 비합리적 신념이 그에게 가져온 비합리적 결과를 끈질기게 반박함으로써 합리적 신념을 갖도록 유도해야 한다. 때로는 내담자가 자신의 비합리적 신념을 스스로 반박하게 함으로써 그의 비합리적 신념을 버리고 합리적 신념을 갖도록 한다.

상담자의 반박이나 내담자의 자기반박을 통해 획득된 합리적 신념을 바탕으로 내담자는 그의 성숙을 위해 바람직한 합리적인 정서적 · 행동적 결과를 경험하게 된다. 우리는 들어오는 많은 정보를 바탕으로 자기대화와 자기평가를 통해 일어난 사건을 합리적 혹은 비합리적 신념으로 처리한다. 합리적 신념과 비합리적 신념 중에서 어느 것을 선택하는가는 우리에게 달렸다. 그리고 우리가 선택한 신념에 따라 우리는 느끼고 행동하게 된다.

16 인지치료

변화를 위해 부정적 자동적 사고를 긍정적 자동적 사고로 바꾸어라.

1. 벡의 생애
2. 인간에 대한 이해
3. 문제에 대한 이해
4. 벡의 지혜
5. 문제해결을 위한 상담

자동적 사고는 습관이 되어 버린 생각이다. 개인이 좋거나 나쁜 행동적 습관을 가진 것처럼, 사고도 긍정적이거나 부정적인 자동적 사고를 가진다. 습관처럼 자신도 모르게 작동하는 부정적 · 자동적 사고인 인지왜곡이 우울과 같은 정서장애나 자기 파괴적 행동을 초래한다.

정신과의사인 벡(Aaron T. Beck)은 주로 우울증 환자들을 치료하면서 "정서적 장애는 개인이 자신의 경험을 구조화하는 방식에 의해 결정된다."(1967, p. 287)는 전제에서 인지치료를 개발하였다. 그는 만약 개인이 어떤 상황을 인지적으로 구조화하거나 개념화하면서 불만족한 내용을 포함시키면 그에 상응하는 불만족한 정서적 반응을 경험할 것이라고 보았다. 벡은 자신의 정서적 어려움을 인지적으로 해결하고 왜곡된 신념으로 고통받은 사람을 조력하면서 우리의 생각이 정서와 행동에 결정적인 영향을 미친다고 주장하였다.

인지치료의 주요한 초점은 왜곡된 신념을 이해하고 부적절한 사고를 변화시키는 것이다. 따라서 상담자는 내담자가 겪는 정서적 고통이나 부적절한 행동에 영향을 미치는 그가 인식하지 못하는 생각인 자동적 사고나 비합리적 신념체계를 찾아서 변화시키는 데 관심을 둔다.

벡은 우울을 생성하는 인지를 정교한 생각들이 매우 압축된 표상으로 보고 이러한 압축된 복잡한 생각들이 순간적으로 일어난다고 보았다. 엘리스(1962)는 이러한 사고를 '자기진술' 이나 '내재화된 언어화' 라고 하였으며, '환자가 자신에게 얘기하는 것' 으로 설명하였다. 벡은 이러한 인지 유형을 '자동적 사고' 라고 명명하였다(1967, p. 321). 그는 이러한 자동적 사고가 불쾌한 정서나 우울의 많은 다른 현상에 관계한다고 보았다. 따라서 상담자는 내담자로 하여금 그의 자동적 사고의 내용을 인식하게 함으로써 그것의 영향을 줄이도록 조력한다.

1. 벡의 생애

벡(Aaron T. Beck, 1921~)은 1921년 로드아일랜드 주의 프로비던스에서 러시아계 유태인 미국 이민자의 막내아들로 태어났다. 이 시절 벡의 어머니는 외동딸의 죽음으로 우울증을 경험하고 있었다. 어렸을 때 벡은 팔이 부러져서 감염된 것이 완치되지 않아 평생을 고생하였다. 또한 같은 학년을 두 번 다니게 되는 등의 경험을 통해 자신이 무능하고 바보 같다고 생각하였다. 벡은 어렸을 때부터 자신의 이러한 어려움들을 인지적으로 해결하기 시작하였다. 후에 벡의 이론과 치료기법은 자신이 경험했던 부정적 신념을 지닌 사람들을 조력하는 데 이용되었다. 벡은 1943년에 브라운 대학교를 우등으로 졸업했으며, 1946년에 예일 대학교 의과대학에서 의학박사 학위를 수여했다. 1954년에 펜실베이니아 대학교의 정신과 교수가 되었고, 필라델피아 정신분석학회로부터 정신분석 훈련을 받았다. 벡은 대부분의 여생을 펜실베이니아 대학교에서 보냈으며, 대학 내에 벡 인지치료연구소를 설립하였다. 이 연구소에서 벡은 우울, 자살, 불안 그리고 공황장애, 물질남용,

결혼문제, 성격장애 등에 관하여 연구하였다. 벡은 이러한 우울, 불안, 자살 행동에 관한 광범위한 연구로 수많은 공로상을 수여하였다. 벡은 375편 이상의 논문과 14권의 책을 집필하였으며, 수많은 평가도구들을 개발하였다. 최근 인지이론은 모든 시스템이 양식(mode)으로서 함께 작동하는 것으로 본다. 양식은 성격을 구성하고 진행되는 상황을 해석하는 인지적, 정서적, 동기적 그리고 행동적 도식의 네트워크다(Beck & Weishar, 2005, p. 239).

2. 인간에 대한 이해

인간이 세계에서 어떻게 기능하는가와 관련해서 벡의 인지치료의 네 가지 기본가정은 다음과 같다. 첫째, 개인은 적극적으로 자신의 현실을 구성한다. 둘째, 인지는 정서와 행동을 중재한다. 셋째, 인지는 알 수 있고 접근할 수 있다. 넷째, 인지적 변화는 인간 변화과정에 중심적이다(Clark & Steer, 1996, pp. 76-77). 인지치료는 개인의 생각이 개인의 감정과 행동을 결정한다는 전제에 근거한다. 벡은 인간이 복잡한 인지적 창조물이라고 믿었다. 그는 개인의 성격은 개인이 학습해서 형성한 가치와 지각에 의해 형성되었다고 보았다. 개인의 인지를 포함하고 도식으로 조직화되어 있는 가치와 지각은 자신, 타인, 세계에 대한 견해를 구성한다. 이러한 가치와 지각은 개인이 갖는 심리적 장애에 대한 유전적 취약성에 의해 영향을 받기도 하지만 잘못된 전제와 가정에 근거할 수도 있다. 잘못된 가정에 기초한 인지는 역기능적 도식 발달을 초래한다. 만약 개인이 자신과 미래에 대한 부정적 견해를 갖는 도식을 가지면 그에게 진행되는 경험에 대한 지각은 부정적일 것이다(Okun, 1990, pp. 136-137).

인지는 네 가지 수준인 자동적 사고, 중재적 신념, 핵심 신념, 그리고 스키마로 분류될 수 있다(Seligman, 2001, pp. 333-334).

- 자동적 사고: 우리의 마음속에 계속적으로 진행되는 인지의 흐름이다. 자동적 사고는 상황과 정서를 중재한다.
- 중재적 신념: 사람의 자동적 사고를 형성하는 극단적이며 절대적인 규칙과 태도를 반영한다.
- 핵심 신념: 많은 자동적 인지에 바탕이 되는 자신에 대한 중심적 생각이며, 보통 자신의 중재적 신념에 반영되어 있다. 핵심 신념은 '보편적이며 과일반화된 절대적인' 것으로 기술될 수 있다. 핵심 신념은 자신, 타인, 세계, 그리고 미래에 대한 자신의 견해를 반영한다.
- 스키마: 핵심 신념을 수반하는 '정신 내의 인지 구조'로 정의된다. 벡은 스키마를 정보처리와 행동을 지배하는 구체적 규칙으로 보았다. 스키마는 모스(Moss, 1992)가 명명한 '인지의 세 구성 요소(cognitive triad)'인 자신, 세계, 미래를 보는 개인의 특유하고 습관적인 방식이다. 벡은 스키마 작업을 치료과정의 핵심이라고 보았다.

자동적 사고는 정서적 반응으로 이끄는 특별한 자극에 의해 유발된 개인화된 생각으로 노력 혹은 선택 없이 자발적으로 일어난다. 자동적 사고는 개인들이 자신의 경험으로부터 생성한 신념과 가정을 반영한다. 심리적 장애를 가진 사람의 자동적 사고는 흔히 왜곡되어 있거나 극단적이거나 부정확하다.

자동적 사고의 주요한 특징은 다음과 같다(McKay, Davis, &

Fanning, 1981, pp. 12-13).

- 자동적 사고는 구체적이며 분리된 메시지다.
- 자동적 사고는 흔히 축약해서 언어, 이미지 또는 둘 다의 형태로 나타난다.
- 자동적 사고는 아무리 비합리적이라 할지라도 거의 믿어진다.
- 자동적 사고는 자발적인 것으로서 경험된다.
- 자동적 사고는 흔히 당위성을 가진 말로 표현된다.
- 자동적 사고는 일을 극단적으로 보는 경향성을 내포한다.
- 자동적 사고는 개인에 따라 독특하게 나타난다.
- 자동적 사고는 중단하기가 쉽지 않다.
- 자동적 사고는 학습된다.

벡의 인지치료 이론은 그의 임상적 경험과 다른 상담 및 심리치료이론, 인지심리학, 인지과학에 영향을 받아 개발되었다. 인지치료에 영향을 준 네 가지 이론적 입장은 다음과 같다.

첫째, 벡은 정신분석자로서 그의 훈련을 통해 정신분석에서 인지치료의 기본개념을 끌어내었다. 정신분석과 인지치료는 행동이 개인이 알아차리지 못하는 신념에 의해 영향을 받는다는 견해를 공유한다. 프로이트는 무의식적 사고를 가설화한 반면, 벡은 정서적 장애로 이끌 수 있는 자동적 사고에 초점을 두었다. 둘째, 벡의 신념에 대한 강조는 아들러의 개인심리학에서 보는 개인의 인지적 본질이나 신념의 중요성과 유사하다. 아들러와 벡은 지각의 변화를 위한 많은 전략을 개발하였으며, 내담자를 변화시키는 데 구체적이고 직접적 대화를 사용하는 적극적 접근 방식을 공유한다. 셋째, 엘리스는 자신의 인지 · 정서 · 행동치료가 "인지치료의 할아버지에 해당한다."라고 말할 정도로 벡의 인지치료와 많은 유사점을 가진다. 벡과 엘리스는 내담자와 직접적 상호작용을 통해 그의 비합리적 신념을 변화시킬 것을 강조한다. 넷째, 켈리(George Kelly)의 개인 구성개념 이론은 인지의 역할을 강조한 점에서 벡의 인지치료에 기여하였다. 켈리는 개인은 자신의 세계관을 표현하는 구성개념을 가진다고 믿었다. 켈리의 개인 구성개념과 벡의 스키마는 개인의 신념체계를 특징짓는 방식을 기술한다는 점에서 서로 유사하다고 할 수 있다. 역시 켈리와 벡은 행동을 변화하는데 신념 역할의 중요성을 강조하였다.

3. 문제에 대한 이해

엘리스가 비합리적 신념이 정서적 · 행동적 장애를 초래한다고 주장한 것처럼, 벡도 인지왜곡이 부적절한 정서나 행동을 야기한다고 보았다. 인지왜곡은 그릇된 가정 및 잘못된 개념화로 이끄는 생각에 있어 체계적 오류다. 인지왜곡은 정보처리가 부정확하거나 비효과적일 때 나타나며 대개 비현실적인 세계관을 나타내거나 비논리적인 추론과 관련된다. 인지왜곡은 별다른 노력 없이도 자발적이고 자동적으로 발생하는 것처럼 보인다. 그래서 그것은 또한 부정적 · 자동적 사고라고 불린다. 자동적 사고는 순간 우리에게 떠오르는 생각이나 영상을 말한다. 사람에게 나타나는 다양한 인지왜곡의 유형에는 자의적 추론(arbitrary inference), 선택적 추상(selective abstraction), 과일반화(overgeneralization), 극대화(magnification) 혹은 극소화(minimization), 개인화(personalization), 이분법적 사고(dichotomous thinking), 정서적 추론(emotional reasoning), 긍정

격하(disqualifying the positive), 파국화(catastrophizing), 명명(labeling) 혹은 잘못된 명명(mislabelling) 등이 있다. 이러한 인지왜곡에 대해 좀더 구체적으로 알아보면 다음과 같다.

자의적 추론 충분하고 적절한 증거가 없는데도 결론에 도달하는 것이다. 이러한 왜곡은 상황에 대한 비극적 결말이나 최악의 시나리오를 생각하는 것이다. 자의적 추론의 다른 형태는 독심술과 부정적 예측(negative prediction)이다. 독심술이란 타인이 자기 자신의 마음을 읽을 수 있고 또 자기 자신이 무엇을 좋아하는지를 알아야 할 것이라는 상념에 관련된다. 부정적 예측은 점술이라고 명명되기도 했는데, 이것은 개인이 어떤 나쁜 일이 이제 막 일어날 것이라고 상상하고, 또 실제로 예측하고 그런 다음 이러한 예측을 비록 그것이 현실적이지 못할지라도 사실로서 간주한다.

선택적 추상 때때로 '정신적 여과(mental filtering)' 라고도 불리는데, 이러한 왜곡은 상황의 긍정적인 양상을 여과하는 데 초점이 맞추어져 있고, 극단적으로 부정적인 세부 사항에 머무르는 것을 말한다. 사건의 일부 세부 사항만을 기초로 결론을 내리고, 전체 맥락 중의 중요한 부분을 간과하는 것이다. 관심을 두는 부분이 실패와 부족한점에 관한 것뿐이라는 것이 선택적 추상의 가정이다. 선택적 추상에서 개인은 여타의 가용 자료를 모두 무시한 채 자신의 우울한 생각을 정당화하거나 지지하는 단일의 근거만을 선택적으로 채택한다.

과일반화 단일 사건에 기초하여 극단적인 신념을 가지고 그것들을 유사하지 않은 사건들이나 장면에 부적절하게 적용하는 과정이다. 과일반화에서 성적 피해자는 한 가지 사건에 기초한 결론을 광범위한 상황에 적용시킨다. 이러한 왜곡된 사고의 예는 "나는 한 남자에 의해 학대당했다. 이것은 모든 남자들이 학대한 것이고 그들을 믿을 수 없음을 뜻한다."와 같은 것이다.

극대화 혹은 극소화 이러한 인지왜곡은 개인이 불완전을 최대화하거나 좋은 점을 최소화할 때 생길 수 있다. 대개 사람은 자신의 실수나 결점 또는 개인의 재능을 바라볼 때에는 그것들을 실제보다 좀 더 큰 것처럼 보게 되는 경향이 있고, 반면에 자신의 장점이나 타인의 문제를 대할 때에는 축소하여 사건들이 작고 멀게 보는 경향이 있다. 이처럼 불완전한 점들을 극대화하고 좋은 점들을 극소화하기 때문에, 그는 결국 자신이 부적절하며 타인보다 열등하다고 생각하고 또 우울하다고 느끼게 된다.

개인화 관련지을 만한 일이 아님에도 불구하고 외적 사건들과 자기 자신을 관련짓는 경향이다. 종종 잘못된 귀인이라고도 불리는 개인화는 책임져야 할 사람은 아무도 없었다는 가정을 내포한다.

이분법적 사고 이러한 왜곡의 주요한 특징은 완전한 실패 아니면 대단한 성공과 같이 극단적으로 흑과 백으로 구분하려는 경향이다. 즉, 흑백논리로 사고하고 해석하거나, 경험을 극단으로 범주화하는 것이다. 이러한 이분법적인 사고를 하게 되면, 일들은 '좋은 것'이 되든지 '나쁜 것'이 된다. 이러한 인지는 극단에 초점이 있어서, 둘 사이의 회색 영역을 무시하는 것이다. 이것은 불완전함을 생각하여 자동적으로 부정적인 신념으로 이끌도록 함으로써 낮은 자존감을 불러일으킨다.

정서적 추론 정서적 추론의 잘못된 양상은 정서적 감정이 왜곡으로 보여지지 않고, 현실과 진실의 반영으로 여기는 것이다. 이는 사람이 정서적 경험에 근거해서 그 자신, 세계 혹은 미래에 관해서 추리를 하는 경우를 말한다. 이 왜곡은 자기 자신의 정서를 사실이 실제로 그렇다고 보는 것에 대한 근거로서 취하는 것에 관련된다. 논리는 "나는 느낀다. 고로 나는 존재한다."다. "나는 부적절하다고 느낀다. 고로 나는 쓸모없는 사람이다."고 추론하는 것이다.

긍정 격하 개인이 자신의 긍정적인 경험을 격하시켜 평가하는 것을 말한다. 따라서 내담자는 긍정적인 경험을 감소시키거나 그것을 부정적인 경험으로 전환함으로써 모순되는 증거에도 불구하고 왜곡된 신념을 유지할 수 있도록 한다. 선택적 추론에서는 개인은 상황의 부정적인 측면에 초점을 맞추고 긍정적인 측면을 무시한다. 반면에 긍정 격하에서, 개인은 긍정적인 측면들을 능동적으로 무력화시킨다. 이것은 진실로 승리의 문턱에서 패배를 자초하고 마는 어처구니없는 왜곡이다.

파국화 개인이 걱정하는 한 사건을 취해서 지나치게 과장하여 두려워하는 것을 말한다. 자신을 계속 파국화시키는 사람은 광명천지에서도 먹구름만을 바라보거나 그것을 창조해 낸다. 이처럼 재난에 대한 과장은 세상에 곧 종말이 닥칠 것이라는 두려움 속에서 살아가도록 하는 원인이 된다.

명명과 잘못된 명명 자신에 대한 부정적 견해는 어떤 잘못에 근거한 자기명명(self-labeling)에 의해 창조된다. 잘못된 명명은 과일반화의 극단적인 형태로서 내담자가 어느 하나의 단일 사건, 종종 매우 드문 것에 기초하여 완전히 부정적으로 상상하는 것이다. 이것은 특정한 행동이나 특성을 가진 어떤 사람을 동일화할 수 없다는 점에서 비현실적이다. 이는 개인이 자신의 오류나 불완전함에 근거해서 하나의 부정적 정체성을 창조하여 그것이 마치 진실한 자기인 것처럼 단정 짓는 것이다.

인지치료 상담자는 이러한 인지왜곡에 대한 철저한 이해를 바탕으로 내담자가 보이는 부정적 자동적 사고를 찾아 바꿀 수 있도록 조력해야 한다.

4. 벡의 지혜

벡은 개인이 건강한 삶을 영위하기 위해서는 긍정적 사고를 갖는 것이 필요하다고 주장하였다. 즉, 합리적 정신을 강조한 엘리스처럼, 벡도 건전한 정신인 긍정적 자동적 사고를 강조하였다. 따라서 벡의 지혜는 사람이 우울증에 빠지는 이유로서 부정적인 자동적 사고인 다양한 인지왜곡의 발견이라고 할 수 있다.

벡이 인지치료를 통해 내담자를 조력하기 위해 강조한 그의 지혜를 요약하면 다음과 같다.

내담자의 문제는 그의 부정적인 자동적 사고와 인지왜곡에서 비롯되었다. 개인의 생각이 그의 감정과 행동을 결정한다. 따라서 개인은 자신, 타인, 세계를 올바른 가정에 기초한 견해를 갖는 것이 중요하다. 우리가 우울과 같은 부정적 정서를 효과적으로 다루기 위해서 우리의 편견이나 인지왜곡을 제거하는 것이 필요하다.

인지치료의 주요 개념과 기법

스키마, 중재적 신념, 핵심신념, 자동적 사고, 인지적 왜곡, 특별한 의미 이해하기, 절대성에 도전하기, 재귀인하기, 인지왜곡 명명하기, 흑백논리 도전하기, 파국에서 벗어나기, 장점과 단점 열거하기, 인지적 예행연습 등

5. 문제해결을 위한 상담

인지치료 상담자가 사용하는 모든 전략과 기법은 다음과 같은 열 가지 원리에 근거한 치료적 접근방식에 밀접하게 관련되어 있다(Beck & Emery, 1985, p. 167)

- 인지치료는 정서적 장애의 인지적 모델에 근거한다.
- 인지치료는 단기적이며 시간제한에 따라 이루어진다.
- 건전한 치료적 관계는 효과적 인지치료의 필요조건이다.
- 치료는 치료자와 환자의 협동적 노력이다.
- 인지치료는 일차적으로 소크라테스적 방법을 사용한다.
- 인지치료는 구조적이고 지시적이다.
- 인지치료는 문제 지향적 입장이다.
- 인지치료는 교육적 모델에 근거한다.
- 인지치료의 이론과 기법은 귀납적 방법에 의존한다.
- 숙제주기는 인지치의 중심적 특징이다.

인지치료 상담자는 내담자의 부적절한 정서 및 행동을 초래하는 인지왜곡을 찾아 수정하도록 조력한다. 내담자를 효과적으로 조력하기 위해 상담자는 인지가 작동하는 원리에 대한 철저한 이해가 선행되어야 한다. 인지치료의 기본원리는 인지모델에 근거한다. 벡이 제시한 여덟 가지 원리는 다음과 같다(Beck, 1987, pp. 150-151).

- 개인이 상황을 구조화하는 방식이 그가 행동하고 느끼는 방

식을 결정한다.

- 해석은 외적 상황, 적응 능력, 다른 전략이 갖는 잠재적 이익, 위험, 비용의 평가를 포함하는 적극적이며 지속되는 과정이다.
- 개인은 심리적 고통을 초래하는 독특한 민감성과 취약성을 가진다.
- 개인의 민감성이나 취약성의 다양한 정도는 성격 조직 내에서의 기본적 차이로 돌릴 수 있다.
- 인지 조직의 정상적 활동은 스트레스에 의해 부정적으로 영향을 받는다.
- 우울이나 불안장애와 같은 심리적 증상은 특별한 증상을 나타내는 독특한 내용을 가지고 과다하게 활동하는 도식으로 구성되어 있다.
- 스트레스를 받으면서 다른 사람들과 상호작용하는 것은 상호적으로 강화하는 부적응 인지의 순환을 창조한다.
- 개인은 위협이 신체적이거나 상징적이건 간에 위협에 신체적 반응을 보일 것이다.

인지치료의 목표는 내담자가 보다 효과적으로 기능하도록 사고의 편견이나 인지왜곡을 제거하는 것이다. 상담자의 관심은 부적응 행동이나 감정을 유지시키는 내담자의 정보처리 방식이다. 인지치료 상담자는 내담자가 자신의 정보처리의 오류를 확인하여 수정하도록 조력한다. 상담자는 내담자의 인지왜곡을 도전하고, 검증하고, 논의해서 보다 긍정적인 감정, 행동 사고를 갖도록 한다.

인지치료 상담자는 구체적이고 우선적인 목표에 초점을 두며 내담자와 협동하여 상담목표를 설정한다. 목표가 보다 명료하고 구체적일수록 상담자가 내담자를 조력해서 신념체계를 변화시키는 데 사용하는 방법을 선택하는 것이 보다 쉽다. 상담목표를 달성하기 위해 상담자는 내담자의 자동적 사고 및 핵심 신념과 그것과 관련된 정서와 행동을 확인하고, 이러한 사고의 타당성을 평가하고, 필요에 따라 부적절한 사고를 수정하도록 조력한다(Sharf, 2004, p. 306; Seligman, 2001, pp. 335-336).

인지치료는 역기능적 사고 패턴을 발견해서 도전하여 변화시키는 것을 추구한다. 벡은 상담자와 내담자의 협동적 경험주의를 강조한다. 상담자와 내담자는 협동적 경험주의를 통해 자동적 사고를 행동적 실험을 통해 검증할 수 있고 논리적으로 철저하게 조사할 수 있는 가설로서 다루었다. 상담자는 내담자와 협동적 대화를 하는 소크라테스적 대화라는 질문기법을 사용한다. 이러한 대화에서 상담자가 물은 일련의 질문은 자기, 경험, 미래에 대한 내담자의 주장을 도전하게 한다. 소크라테스적 대화는 '유도된 발견' 이라고도 한다. 즉, 상담자는 내담자가 신념에 도전하도록 가지고 있는 정보를 사용하는 일련의 질문을 함으로써 새로운 사고와 행동 방식을 발견하도록 그를 지도한다. 따라서 인지치료를 받는 내담자는 직접적으로 철학적 체계가 주입되지 않고 그가 스스로 진리 탐구자가 되도록 이끌어진다(Day, 1999, pp. 310-311; Sharf, 2004, pp. 371-373).

인지치료의 과정은 비교적 직접적인 문제를 다루는 데에 보통 시간제한을 두며, 4~14회기로 진행된다(Beck, 1995). 각 회기는 영향과 효과를 극대화하기 위해 주의깊게 계획되고 구조화된다. 내담자는 보통 치료가 시작되기 전에 검사 질문지와 최초 면접 질문지가 실시된다. 상담자는 첫 회기를 시작하기 전에 이러한 질문지의 결과를 검토한다.

각 회기는 명확한 목표와 다룰 주제를 가진다. 주디스 벡(Judith Beck, 1995, pp. 26-27)이 추천한 초기회기를 위한 열 가지 절차는 다음과 같다.

- 내담자에게 의미가 있는 주제를 설정하라.
- 내담자의 기분을 확인하고 그것의 강도를 측정하라.
- 호소하는 문제를 확인하고 검토하라.
- 치료에 대한 내담자의 기대를 확인하라.
- 내담자에게 인지치료에 대해서 그리고 내담자의 역할에 대해서 가르쳐라.
- 내담자의 어려움과 진단에 대한 정보를 제공하라.
- 목표를 설정하라.
- 회기 간에 할 과제와 숙제를 제공하라.
- 회기를 요약하라.
- 내담자로부터 회기에 대한 피드백을 들어라.

이러한 초기 회기를 통해 상담자는 치료적 동맹의 발달을 증진하고 현실적 희망과 낙관주의를 격려하면서 신뢰와 협동적 태도를 형성한다. 뒤따르는 회기들도 유사한 구조로 진행된다. 회기는 전형적으로 변화에 초점을 둔 내담자의 기분에 대한 평가로 시작된다.

인지치료 상담자는 내담자에게 회기 구조의 본질과 목적을 확실하게 설명한다. 내담자는 그러한 회기 구조가 확실하다는 것을 발견하게 된다. 내담자는 기대되는 것을 알며 이러한 계획이 그에게 도움이 되리라는 것을 믿는다(Seligman, 2001, pp.334-335).

17 내담자의 상담경험 후기

삶은 끊임없는 도전과 응전의 과정이다.
삶의 과정에서 참아내지 못하고 포기한 사람은 환자가 된다.

1. 상담경험 1: 자아를 찾은 내담자

2. 상담경험 2: 비합리적 사고에서 벗어난 내담자

상담자는 상담을 통해 내담자의 문제해결뿐만 아니라 그의 삶의 질을 향상시키기 위해 노력한다. 그리고 내담자는 상담을 통해 상담자로부터 자신의 문제해결을 위한 삶의 지혜를 터득하게 된다. 개인은 누구나 때론 타인의 도움을 필요로 하는 잠재적 내담자다. 이 장에서 제시하는 '내담자의 상담경험 후기'는 상담관계에 참여한 내담자들이 자신의 상담자가 자신에게 하는 일거수일투족을 면밀히 관찰하고 체험함으로써 자신이 돌봄을 받고 있는가에 대한 예리한 평가를 하고 있음을 알 수 있다.

1. 상담경험 1: 자아를 찾은 내담자

다음의 자료는 내담자가 상담을 끝마치고 나서 느꼈던 변화의 내용을 그대로 실은 것이다. 그 전에 먼저 내용의 이해를 위해 상담이 어떻게 시작됐는가와 상담의 목표 및 변화된 내용들에 대해 상담자의 글로써 간략히 언급하고자 한다.

상담자의 글

처음 내담자를 만났을 때(1980년 10월)는 검사를 신청했기 때문에 대학 1학년생들이 흔히 겪는 생활변화에서 오는 대인관계문제와 동계 진학에 의한 고민들을 주로 이야기하고 성격검사(MMPI)를 해석하는 것으로 끝마쳤다. 후에 다시 내담자를 만난 것은 이듬해 학기말 고사를 치르기 몇일 전(1981년 6월말)이었는데, 이때 내담자의 호소는 기말고사보다 더 중요한 것이 자기의 불안을 해결하는 것이라고 하였다. 자기의 문제를 해결하기 위해 다방면으로 노력했으며, 심지어 심리학 강의까지 수강했으나 해결이 안 되었다면서 문제해결을 위한 강한 의지와 노력의 자세를 나타내었다. 즉, 내담자는 견디지 못할 정도로 심한 고통을 받고 있다는 것을 표현하였다. 그래서 내담자를 격려하여 기말고사를 치르게 하고 나서 상담을 재개하여 1982년 4월에 종결하였다.

처음에 상담목표는 대인관계에서 느끼는 불안의 해결로 정하고 이에 대한 하나의 원인으로서 동계 진학으로 느끼는 열등감이 지적되었다. 학점 평균이 3.5나 되면서도 강하게 느끼는 열등감에 대해 내담자 자신의 강한 자존심(self-esteem)이 지적되었다. 또한 자신을 부정적인 측면 즉, 동일계열 진학이나 경제적인 어려움 등에서만 보고 있다는 것을 발견하게 되었다. 상담이 진행되면서 이러한 열등감의 시작에 가정의 문제가 중요하게 영향을 주고 있다는 것을 발견하였다. 특히 아버지의 무능력과 술주정에 대한 무시와 공격적인 태도가 실질적인 가장 역할을 하는 내담자에게 부모에 대한 효도의 문제와 미묘하게 결합되어 나타났다. 처음에는 아버지에 대한 감정 및 태도 변화가 도저히 불가능한 것으로 완강한 저항을 나타내었다. 내담자의 아버지에 대한 태도가 역할연습을 통해 이해되고, 날마다 접하는 현실을 억지로 망각하고 살아가려는 노력이 허사라는 것을 인식하고부터 상담은 급진전을 이루었다.

상담이 끝났을 때 내담자의 변화된 내용들을 종합해 보면, 눈과 목에 힘이 들어가 경련이 일어나는 것이 없어지고 대인관계에서 느끼는 불안 제거, 아버지에 대한 태도 개선, 자신을 부정적인 측면에서만 봄으로써 생긴 강한 열등감이 긍정적인 측면에서 보게 됨으로써 해소되었다.

사용된 상담기법으로는 잘 형성된 관계를 기본으로 게슈탈트치료의 기본 원리와 자기표현 훈련, ABC 분석 등의 행동 및 인지 치료가 주로 사용되었다.

내담자의 글*

처음 상담실을 찾게 된 계기는 우연이라고 말할 수밖에 없을 것 같다. 1학년 2학기 초에 친구를 따라 우연히 들러 보게 되었다. 그 친구는 적성검사를 하기 위해서 신청을 해 놓고 있었다. 나는 고등학교 때 적성검사와 지능검사는 해 보았으므로, 또 평소에 내성적이고 소극적인 내 성격에 싫증을 느껴 왔을 뿐 아니라 때에 따라 마음이 혼란하고 대인관계에 나 스스로 부담을 느끼고 있어서 성격검사를 해 보기로 했다. 설문지를 써서 제출했다. 며칠 후 결과가 나왔는데, 상담자를 만나서 이야기를 들어보란다. 다소 거부감을 느끼면서 상담자와 마주보고 앉았다. 결과만 알아보고 가려던 나에게 결과는 직접 보여 주지 않고 요즘 생활하는 데 문제점이 없느냐며 이것저것 물었다. 처음에는 대답을 회피하다가 마음을 돌려 요즘 강하게 느끼는 대인관계에서의 불안감과 대학 내에서의 위축감 등을 털어놓았다. 상담자는 내 말에 신입생들이 대학 생활 초기에 겪는 공통적 문제라며 곧 이 사회에 적응할 수 있을 것이라고 했다. 그리고 검사 결과는 다소 불안한 심리상태라며 괜찮다고 했다. 또 문제가 생기면 다시 찾아오라는 상담자의 말로 우리의 첫 대면은 끝났다. 그 당시는 확실히 별 문제가 없던 것처럼 보였다. 아니, 문제는 입학할 때부터 벌어졌다. 훨씬 그 전이었는지도 모르

* 이 글은 내담자의 허락하에 게재됨.

고…….

나는 공고를 나왔다. 3학년 1학기말 학교의 추천 대상자 중에 끼어 생각하지도 않았던 대학진학을 위한 예비고사 준비를 하게 되었다. 그 여름은 참 열심히 살았다. 덕분에 26명의 추천된 사람 중 유일한 대학진학자, 그것도 S대학 공대에 갈 수 있게 되었다. 친구와 선생님의 부러움과 축복의 눈길 속에서 고등학교를 졸업하고 대학에 들어왔다. 대학 내에서, 고등학교 입학 때부터 대학을 목적으로 공부한 인문계 고등학교 출신 학생과 어떤 차이와 의식의 괴리감을 느껴야 했다. 순박했지만 자포자기적이고 우울했던 나의 고교 때와는 달리 그들은 한 치의 양보도 없이 경쟁적이고 자기중심적이며 활기에 차 있었다. 이런 급격한 환경 변화 속에서 나는 제대로 적응하지 못하고 대학이라는 거대한 사회가 주는 위압감과 소외감을 톡톡히 맛보아야 했다. 그러나 보다 큰 문제는 내 마음속에 있었다. 승리의 기쁨에 차 있던 그들과 달리 나는 동일계 진학이라는 떳떳하지 못한—적어도 내 생각에는—기회로 들어왔다는 수치심과 자책감으로 큰 쓰라림을 맛보아야 했다. 어려운 환경 속에서 많은 고비를 넘기며 살아온 나의 마음은 온갖 상처로 만신창이가 되다시피 하였고, 자존심은 강할 때로 강해져 있었다. 이 강한 자존심에 동일계 진학이라는 사건은 큰 상처를 주었고, 나는 이 때문에 대인관계에서 심한 갈등을 겪게 되었을 뿐 아니라 조그만 일에도 자제하지 못하고 쉽게 분노하거나 당황하게 되었다. S대학교 학생이 되었다는 자랑스러움과 동일계 진학이라는 열등감 사이에서 올라갔다 떨어졌다 하며 무수히 방황했다. S대학생이 이상이라면 동일계 진학은 현실이었다. 현실과 이상의 간격은 너무도 컸다. 모든 일상생활에서의 사건은 왜곡된 형태로 내게 다가왔다. 다른 사람이 어떤 일을 못하는 것은 인정해도 내가 못하면 동일계 진학으로 들어와서 그렇다는 자책감이 항상 뒤따랐다. 이와 같은 내면적인 상황은 그때만 하더라도 비의식적이었고 일상생활에서 불안의 형태로 나타났다.

1학년 1학기 대학에 적응하기에 학내는 너무 혼란했다. 큰 모임과 데모가 연이어 발생해서 학교가 조용한 날이 없었다. 입학 때부터 나는 혼자였고, 소란한 분위기 속에서 내가 설 땅을 찾기는 더욱 힘들었다. 더구나 5.17조치로 휴교령이 떨어져 3개월 동안을 혼자 보내야 했으며, 이 기간은 나의 대학 적응을 더욱 방해하고 나만의 불필요한 생각에 집착하게 만들었다. 휴교 기간에는 적극적 문제해결 수단을 찾지 못하고 여행을 하거나 고등학교 동창들과 모여 술이나 마시며 보냈다. 그 방법조차 조금도 갈등 해소에 도움을 주지 못했다. 선배의 전도로 성경 공부를 시작하고, 여름 수양회도 참가했다. 처음엔 부드러운 분위기에 좀 동화되는 듯하였으나, 그들의 사고는 나와 너무 동떨어져 있었다. 아마 내가 그 당시는 사고범위가 협소했기 때문인 것 같다.

모든 것은 행위의 변환으로 연결되지 못하고 가식의 껍데기 역할만 하는 단순한 지식이 정보가 되었다. 개교로 2학기를 맞았다. 그럭저럭 자신을 억제하면서 학업에 힘썼고 어느 정도의 학점을 얻을 수 있었다. 그리고 새학기를 맞기까지 못난 자신에 대한 분노를 억제하고 또는 애써 잊어버리려고 했다.

2학년이 되어 전공과정에 진입하면서 그동안 겨우 억제하고 있던 온갖 감정이 고개를 들기 시작했고, 나의 눈초리는 불안과 열등감으로 날카로워져 갔다. 우수한 아이들 중에서 모인 좀 더 우수한 아이들과 싸워야 했다. 그들 위에 확고한 자리를 보장받을 수 없는 상황 속에서 나는 또다시 강한 두려움과 적대감을 느껴야 했다. 속된 말로 잔뜩 쫄아 살았고 내 자존심을 보상하기 위해서라도 공부나 열심히 해야겠다고 마음먹었다. 그들 위로 올라서야만 내 구겨진 자존심이 보상될 거라 생각했다. 그런데 오히려 나의 자존심을 상하게 하는 것보다 더 심각한 일이 터졌다. 그동안 좀 편찮으셨던 어머니께서 암 3기라는 청천벽력 같은 선고를 받았다. 딸 없는 우리 집에서 내가 일을 도맡아 처리해야만 했다. 좀 더 확실한 결정을 위해 원자력 병원으로, 서울대 병원으로 뛰어다녔다. 또 가난한 살림에 돈 마련도 큰 문제여서 고모 댁으로 외가로 뛰어다녀야만 했다. 아버지는 그만한 일을 소화할 능력이 없었다. 좋게 말해서 순박하기만 한 아버지였다. 오히려 이 일로 주벽이 더욱 심해졌고, 그 전부터 가지고 있던 아버지의 무능에 대한 나의 감정은 분노와 멸시로 변했다. 어렵게 마련한 돈으로 입원을 하고, 방사선 치료로 몇 해를 더 사느냐와 반반의 확률을 놓고 위험한 수술을 하느냐로 고심 끝에 수술하기로 결정을 바꿨다. 3월말의 어느 날 새벽 4시, 어머니는 수술실로 옮겨졌다. 나는 수술실 앞 나무 의자에서 초조하게 반은 울먹이는 심정으로 기다렸다. 당시 나는 나 자신을 강하다고 생각했다. 꽤 컸다고 생각했다. 그러나 나는 굉장히 약했다. 12시가 가까워서야 겨우 수술이 끝나고 응급실로 옮겨졌다. 세상이 모두 비극적으로 보였다. 만 하루가 지나서 어머니는 의식을 회복했다. 이젠 괜찮을 거라고 간호원이 말했다. 그리고 입원실로 옮겨졌고 일어나 앉게 될 때까지 꼬박 1달을 입원실에서 버텼다. 산부인과 병동은 남자가 있기에 거북한 것이 하나 둘이 아니었다. 남자로서는 못 볼 것도 보고 자존심 상하는 일도 많았다. 그 어려운 상황 속에서도 자존심을 찾는 나라는 인간은 얼마나 가증스러운 것인가 하는 자책감이 일었고, 이것은 나 자신에 대한 분노로 발전됐다. 자신을 사랑하지 않는 사람이 남을 좋게 본다는 것은 불가능했다. 사실 그 상황에서 친척과 친구들은 굉장히 무관심했다. 아무리 각자

먹고 살기에 바쁜 세상이라고 스스로 위로해도 인간성에 대한 근본적 회의를 버릴 수 없었다. 왜 하필 내가 이런 고통을 당해야 하는가 하는 운명에 대한 반항과 의문도 생겼고, 1학기에 수강 신청한 심리학 개론을 들으면서 인간 의식에 대한 의문도 더해 갔다. 심리학을 듣게 된 것은 내면적인 고통을 해결해 보자는 무의식적 발로였던 것 같다. 또 병원에 있으면서 나름대로의 물음에 답해 보고자 크리슈나 무르티의 『아는 것으로부터의 자유』와 프롬의 『소유나 삶이냐』 등의 주로 내면의 문제들에 관해 언급한 책을 사다가 탐독해 보았다. 그리고 그 책들을 읽으면서 반성도 해 보고 다른 사람들의 생각을 접함으로써 큰 도움을 얻는 것처럼 보였다. 최소한 그 당시만큼은 그랬다.

그러나 그 과정을 통해서 나의 문제는 좀 더 확실해졌다. 해결되기보다는 더 정확하고 분명한 모습으로 다가왔다. 그전의 나의 의식구조의 불합리한 모습까지 더불어 매우 거대하게 내가 감당할 수 없을 만큼 강하게 몰려왔다. 학교에 가는 것이 부담스럽고 두려웠다. 교문을 들어서면 심한 압박감과 형언할 수 없는 불안감으로 정신적인 혼란이 극에 달했다. 쉽사리 조그만 일에도 당황하게 되고 항상 도피적이고 방어적이었다. 누가 나의 자존심을 상하게 하는 눈치만 조금 보여도 강하게 반발했다. 가뜩이나 내성적이던 나에게 사람을 마주 대하는 일은 더욱 두려운 일이 되어 버렸다. 점심 식사하러 식당에 가도 수많은 사람들이 다 나를 바라보고 비웃는 것 같았다. 사람들이 웃으면 다 나를 비웃는 것으로 생각되었다. 행동은 자꾸만 어색하게 느껴졌고 부자연스러웠다. 모든 행동은 딱딱하게 굳어 있었고 말할 때 목에 힘주는 버릇이 생겼다. 남의 얼굴을 마주 대하면 숨이 막히도록 답답했다. 학업에도 완전히 흥미를 잃고 정신적인 도피처를 찾는 것이 내 유일한 할 일이었다. 그러던 것이 2학년 초에 들었던 서클에 다시 나가면서 마음의 안정을 좀 찾을 수 있었다. 서클 활동은 나를 시험하고 솔직해질 수 있는 기회를 제공해 주었다. 그러나 또 한편 나를 가장할 수 있는 기회도 되었음을 인정하지 않을 수 없다.

분노와 절망감으로 다시 상담을 위해 상담실을 찾은 것은 2학년 기말시험을 목전에 둔 때였다. 어려운 결실이었고 값진 결정이었다. 혼자 싸우는 것은 너무도 힘들었다. 상담실을 찾는 것도 기분 상하는 일이었지만 남에게 나의 나약함을 보이고 모순됨을 털어놓는다는 것은 더욱 감정 폭발하는 일이었다. 당시는 거의 시험을 포기하다시피 자제력을 잃고 있었다. 1학년 때 처음 본 상담자에게 인계되었다. 내 생각이 불필요하고 잘못된 것임을 알고 있지만 그 생각의 굴레에서 벗어 나오지 못하는 나의 안타까움과 절망감을 이야기했다. 내 문제는 단번에 해결될 수 없음을 그분은 물론 나도 잘 알고 있었다. 상담자는 나의 마음을 진정시켜 주고 시험에 차분히 임하도록 격려해 주었다. 시험 후 방학 전까지 두세 번 만났다. 그 기간은 상담자가 나를 파악할 수 있는 시간적 여유가 되었던 것 같다. 상황 속에서 자주 부딪혀 행동하면서 해결점을 찾아보라는 충고를 끝으로 방학 초기에는 상담을 쉬었다.

방학 기간 중에는 새로운 환경을 접함으로써 새로운 전환점을 찾고자 애썼다. 서클 수련회에 참가해서 새로운 사람들과 사귀어 보려고 노력했다. 처음에는 잘 사귀다가 만나는 시간과 횟수가 많아지면서 내가 어떤 마음의 벽을 가지고 있으며 가식적이라는 것을 상대가 빤히 알게 되는 것 같아 속이 상했다. 진지하게 서로의 고민을 이야기할 수 없었으며 다른 사람도 또한 마찬가지였다. 그러나 며칠을 같이 생활하면서 서로 꽤 친해졌고 고민을 잊을 수 있는 즐거운 시간도 있었다. 한 선배와 부산을 거쳐 서울로 왔다. 며칠 후 다시 친구 몇이서 동해안으로 떠나는 기회가 생겼다. 이곳저곳 남들이 즐거워하는 곳을 돌아다니면서도 별로 즐거운 줄을 몰랐다. 어디를 가나 자존심을 상하게 하지 않기 위해 감정을 억제했다. 즐거워하고 싶으면서도 자신을 지키기에 급급하고 소리치고, 뛰고 싶어도 씁쓸한 냉소로 대신해야 하는 이 모순성과 가식에 분노만이 들끓었다. 어느 날 저녁 친구와 다투다가 너는 너무 독선적이라는 말을 듣고 깊은 생각에 빠졌다. 친구의 눈은 정확했던 것 같다. 두려움 속에 살던 나의 행동이 타인에 대해서는 나 자신도 모르게 강압적이고 오만불손하게 나타났나 보다. 항상 선하게, 겸손하게 살자고 입버릇처럼 떠들던 내가 우월감으로 남의 마음을 상하게 하고 살고 있다니 이것은 또한 얼마나 가혹한 운명의 장난인가. 그렇다. 나는 나 이외의 다른 사람을 거들떠보지도 않고 나 자신의 생각에만 집착해 왔던 것이다. 친구를 친구로 보지 않고 우월감이나 열등감의 대상으로만 파악했던 것이다. 생각은 생각을 낳았고 그 생각의 굴레 속에서 나의 마음은 안식처를 찾을 수 없었다. 즐겁고 새로운 일이 많았던 여행이었건만 두꺼운 마음의 벽만을 절감하며 서울로 돌아왔다. 구름 잡는 듯한 기분이었다. 어디서 시작해야 할지 막막했다. 나는 계속 두려움의 꼭두각시로 즐거움을 못 느끼는 이 무미건조한 생활을 이대로 계속해야만 하는가, 정녕 진정한 나의 삶, 나의 자유의지대로 영위되는 삶을 얻을 수는 없는가 하고 반문해 보았다. 해답은 밖에서 구해질 수 없었다.

여름 방학 말기부터 다시 상담을 시작했다. 한두 번 정도의 시간 약속이 나나 상담자의 실수로 안 지켜질 때도 있었다. 내가 약속을 못 지키면 상담자의 시간을 뺏는 입장인데 약속을 어겼다는 자책감으로 대단히 송구스러웠고, 상담자의 사정으로 약속이 연기되면 다 그런 거지 하고 돌아서면서도 서운한 마음을 금할 수 가 없었다. 어쨌든 그때는 상담자의 자연스럽고 성의 있는 태도로 초기의 부담스러운 마음도 사라지고 스스럼없이 아무 말이던 하고 싶은 말들을 꺼낼 수 있었다. 그 무렵에 비로소 집 이야기가 본격적으로 화제에 올랐다. 집안에 별문제가 없느냐는 질문에 나는 생각하지도 않고 부정했다. 아니 솔직히 숨기고 싶었는지도 모르겠다. 이미 그 문제는 포기 상태였는지도 모르고…….

그러나 나는 인정해야만 했다. 동일계 진학 이상으로 훨씬 그전부터 나에게 열등감을 주어온 또 다른 사실이 있다는 것을. 그것은 경제적 빈곤과 이로 인한 아버지에 대한 감정이었다. 앞에서 잠시 언급했듯이, 아버지의 무능에 대한 분노는 잠재의식적일만큼 내 성격에 큰 영향을 주었다. 십여 년 전에는 집이나마 두 채가 있었으나 할아버지의 병으로 집을 팔아야 했고, 이사를 잘못해서 철거를 2번이나 당하는 불운을 맛보아야 했다. 이때마다 보여 준 아버지의 자포자기적인 무능한 태도는 나의 분노를 자아냈다. 아버지는 술로 정신적인 고통을 모면하려고 했다. 저러다 미치시는 것이 아닌가 할 정도로 아버지의 주벽은 광적이었다. 이런 아버지의 태도는 주위에 대한 나의 수치심의 근원이 되었고, 나의 성격은 의지만을 지나치게 강조하는 독단적인 모습으로 변해 왔던 것 같다. 내게 가난은 수치였다. 외가의 도움으로 중학교를 겨우 갈 수 있었고 큰일이 있을 때마다 손을 벌려야 했다. 나에게 굉장히 수치스러운 일이었다. 아버지와 나 사이에는 대화가 거의 없었다. 아니 대화가 이루어질 수 없었다는 표현이 적절하리라. 나는 아버지에게 어려움을 지혜롭게 해결하는 현명함과 자신을 자제할 수 있는 강인함을 요구했다. 아버지의 그렇지 못한 행동에는 멸시의 태도를 취하기도 하였다. 그러나 나는 50평생을 그렇게 살아온 아버지가 내가 바라는 대로 변화하는 것은 불가능하다는 것을 알고 있었고 거의 포기의 상태로 외면하고 살았다. 근본적으로 아버지에 대한 분노를 억제하면서……. 대학에 와서 나의 욕구불만은 아버지에 대한 분노를 더욱 가중시켰다. 모든 것은 아버지의 무능 탓이라고 나 자신도 모르게 여기게 되었던 것 같다. 아버지와의 마찰도 심해져서 폭력 행사 직전에 이르렀다. 때로는 상황이 악화되는 것을 피하여 밖으로 나가기도 하였다. 아버지에 대한 분노는 어머니가 병원에 입원했던 시기 전후에 더욱 커졌다.

상담자는 나의 행동이 부적절했다는 것을 지적하고 나 자신이 변형되도록 요구했다. 나도 그 이야기를 하면서 스스로 나 자신이 굉장히 모순적이었다는 것을 아버지는 내 정신적 폭력의 대상이었다는 것을 깊이 느끼고 반성할 수 있었다. 그렇다. 상담은 내게 많은 반성할 자료를, 회개할 시간을 제공했다. 그 이후부터 아버지에 대한 내 태도는 조금씩 변화될 수 있었다. 나의 이런 감정과 학교생활에서의 동일계 진학에 따른 불안의 요소는 불필요하다는 것을, 모순성이 있다는 것을 상담자는 하나씩 지적해 주었다. 나도 역시 이야기를 하면서 스스로 잘못된 관점을 가지고 있다는 것을 알 수 있었다. 그러나 이미 굳어져 버린 내 생각과 습관을 하루아침에 고치는 것은 불가능했다. 정말 새로 만드는 것보다 고치는 일은 더욱 어려운 작업이었다. 나의 마음은 여전히 부정적이었고 비교로 인한 나의 열등감은 가실 줄 몰랐다.

현실적인 치료의 단계가 시작되었다. 학교생활에서 점진적인 대인관계의 갈등 해소를 위해 행동을 통해 자기의 문제의 허구로 깨닫고 두려움을 일으키는 상황의 요인을 추출하여 다음 상담 시간에 그 요인에 대해 분석하였다. 그러나 나의 하소연으로 메워지는 시간도 많았다. 그때는 1수일 농안에 억제되었던 감정을 쏟아놓았다. 어떤 때는 상담이 어떻게 되가는 지도 모를 정도로 분노로 정신이 혼란해 있었다. 굉장히 고통스러운 날의 연속이었다. 고등학교 때 학교에 잘 적응하지 못해서 상담실을 찾았던 적이 있었다는 이야기도 했다. 먼저 아는 사람 만나면 인사하기부터 시작했다. 대면하기 싫더라도 부딪혀 보고 그때의 감정을 적어보고 그것에 관해 이야기해 보았다. 사실 그 당시도 상담실을 드나드는 것은 부담스러운 일이었다. 상담을 통해 가슴이 후련해지는 것은 좋았지만 상담실이라는 장소가 주는 묘한 느낌을 지워 버릴 수는 없었다.

상담은 좀 더 진척되었다. 사실은 문제라고 생각하는 점이 더 큰 문제라는 것도 알게 되었다. 나만이 그런 문제를 가지고 있는 것이 아니라 이와 비슷한 문제를 가지고 있지 않은 사람은 없다고 말하셨다. 그것은 다만 정도의 문제일 따름이며 내가 좀 더 현실 생활에 제약을 받고 있을 뿐이라고 했다. 10월을 고비로 조금 나아지는 듯했다. 외적 상황 변화보다는 현실을 좀 더 마음 편하게 볼 수 있게 되고 위기를 모면하는 요령을 조금 터득하게 되었다. 사실 조금 마음의 여유가 생기면서 내 주위에 나와 비슷한 문제로 어려움을 겪는 사람들이 꽤 많다는 것을 대화와 태도로 알 수 있었다. 애써 고민을 잊으려 하고, 또 다른 일에 정신을 쏟으면서 나름대로의 방법을 찾는 친구도 있었다.

상담을 하면서 상담자는 내가 항상 3인칭으로 불분명하게 이야기한다는 것을 지적하곤 했다. 그것은 상황 속에서 나의 이상적인 인간상에 집착하고 나약한 나 자신을 부정하고픈 욕망에서였는지 모른다. 나의 삶은 내가 바라는 강한 의지와 삶을 달관하는 여유 있는 모습과는 달리 나약하고 수치심으로 몸 둘 바를 몰라 하고 부조리한 모습을 하고 있었다. 그것은 항상 나 자신에 대한 분노를 일으켰다. 상담할 때면 생각이 꼬리를 물고 일어날 생각만 하다 끝나는 시간도 있었다.

어쨌든 비교적 양호한 형태로 겨울방학을 맞았다. 겨울방학 때는 불경 공부를 했다. 나의 마음의 벽을 허무는 데 큰 도움이 되었다. 그러나 행동의 변화로 연결시키지 못해 좀 아쉬웠다. 겨울방학을 통해 나의 고민들도 대강 정리가 되고 현실에 어떻게 대응하여 나를 계속 좀 더 양호한 상태로 변화시킬 것인가에 대해 마음의 준비도 할 수 있었다. 개학을 맞아 내 할 일에 전념하고자 상담을 마치게 되었다. 상담자는 안심이 안 되는 표정을 지으면서도 나의 청을 허락했다. 그리고 하루 날을 잡아서 그동안의 정리를 했다. 참으로 꿈같이 보낸 2년이었다. 모든 것은 나의 잘못된 부정적인 관점에서 시작됐다. 그것은 마음의 병이었다.

의지와 인내가 삶의 전부라고 믿고 살아 온 내 가치관도 문제의 원인 중의 하나였던 것 같다. 무엇이든지 할 수 있다고 믿었다. 타인도 내가 원하는 대로 만들 수 있다고 믿었다. 하물며 나 자신을 내 마음대로 바꾸는 것쯤이야. 대학 진학 전후까지만 해도 그렇게 되어 왔다. 아니 그렇게 되는 것처럼 보였는지도 모르겠다. 남들이 불가능하다고 생각했던 것을 이룬 뒤부터 나의 의지는 쉴 줄 모르고 불타올랐다. 마음은 사고의 굴레에서 지칠 대로 지쳤다.

그리고 부족함 많은 내 환경 속에서 나의 사고는 완전주의로 기울었다. 만사에 100이 아니면 0이었다. 마음먹은 대로 안 되면 나의 마음은 나 자신과 세상에 대해 분노를 일으켰다.

이제는 힘을 얻은 것 같다. 나의 어리석은 푸념을 관심을 가지고 지도해 주신 상담자께 감사한다. 남의 골치 아픈 이야기를 깊은 관심을 갖고 들어주는 것은 웬만한 정성이 아니면 힘들 것 같다. 상담을 통하여 많은 것을 얻었지만 아직도 상담실이 나에게 주는 이미지는 거리감이 있다. 그렇다고 상담이 부담스러운 것은 아니고 상담실의 본래의 이미지가 아직도 바뀌지 않는 것 같다. 상담실이 정신 질환자들만 드나드는 곳이라는 통념은 빨리 깨져야 하겠다. 머지않아 서구처럼 상담이 일반화되어서 고민 많은 현대인에게 큰 도움이 될 것이며 이에 앞서 교내 상담 활동도 활발해지는 계기가 되었으면 좋겠다. 지금까지 애써 주신 상담자께 거듭 감사한다.

2. 상담경험 2: 비합리적 사고에서 벗어난 내담자

다음에서 소개하는 내담자의 글은 저자가 오래전에 상담을 했던 내담자가 그 당시의 상담경험을 토대로 자신이 어떻게 변화되었는가를 보여 주는 글이다. 그 전에 앞서 상담자 입장의 글을 간단히 살펴보도록 하자.

상담자의 글

내담자는 학생생활연구소에 상담을 받으러 오기 전에 나름대로 문제해결을 위해 노력했다는 것을 말하였다. 이러한 노력은 그의 근본적인 불안의 악순환 고리를 해결하지 못했으며 심리적 문제가 신체적 증상으로 나타났다. 내담자가 상담실을 찾았을 때는 상태가 많이 악화되었으며, 내담자는 당위적인 사고에서 비롯된 신체적 증상을 호소하고 있었다. 특히 이러한 사고는 그의 종교에 대한 태도와 관련되어 있었다. 그의 당위적 사고는 실수에 대한 불안과 죄의식을 야기하고 그가 행동으로 옮기지 못하게 하였다. 이러한 강박적 사고는 악순환되어 불안을 회피하려는 그의 노력은 계속되었다.

상담자는 내담자를 조력하기 위해 엘리스의 인지 · 정서 · 행동치료를 주로 사용하여 내담자의 비합리적 사고를 고치는 데 주안점을 두었다. 더불어 프랭클이 제안한 역설적 의도를 통해 내담자가 자신의 불안에 직면하여 불안과 공포의 악순환을 끊도록 하는 데 주력하였다.

내담자의 글*

고등학교를 졸업할 때까지 오직 종교와 학교의 울타리 안에서 자신을 엄격한 규율로 억압하며 생활해 왔던 나의 자아는 준 사회라고 할 수 있는 개방적인 대학사회에 적응하기에는 처음부터 갈등이 많았다. 특히 다른 사람들에게는 아무렇지도 않은 일로도 나는 굉장한 죄책감으로 스스로를 괴롭히지 않을 수 없었으며, 따라서 자연히 매사에 불안해지기 시작하였다. 그때까지 나의 최대의 관심사는 행여 말이나 행동에 실수함으로써 신에게 죄를 얻고 처벌을 받으면 어쩌나 하는 것이었다. 이러한 강박적인 불안의식은 더 발달하여 혹시 태도나 표정에 있어서도 실수가 있을까 염려하였고, 다른 사람이 나의 모습을 이상하게 보지 않을까 하는 불안에 시달리게 되었다. 이로 인한 근심 때문인지 실제로 나의 태도나 표정이 딱딱하고 부자연스러워지기 시작한 것 같아 더욱 대인관계에서 자신을 잃었고 사람을 대하기가 두려워졌다.

여기에 조그마한 실수도 용납 못하는 나의 자존심은 상할 대로 상하여서 꿈과 포부를 그리고 잠재된 능력을 마음껏 펴지 못하고 자꾸만 집단생활에서 소외감을 느낄 때 그 괴로움은 말할 수 없이

* 이 글은 내담자의 허락하에 게재됨.

켰다. 이제는 다른 사람들도 나의 부자연스러운 태도나 표정을 이상하게 생각하는 것 같아 무엇인가 잘못되었음을 깨닫고 그와 같은 상황에서 벗어나고자 부단히 노력하기 시작했다. 하지만 표정이나 태도를 자연스럽게 하려고 노력해도 마음먹은 대로 쉽게 되지 않았다. 더욱 나를 불안하게 만들었고, 마침내 혼자 가만히 있어도 불안으로 몸이 경직되는가 하면 두중감(頭重感)도 유발되었고, 그런 상황에서 피하려고 노력하면 할수록 오히려 그런 증세가 심화되는 것 같았다.

이제는 어찌할 바를 모르고 불안에 쫓기면서 하루하루를 남모르는 고통에 시달리면서 보내던 중, 우연히 강의실 바닥에서 주어 읽어 본 생활연구소의 뉴스레터에 실린 '대학생활과 정신건강' 에 관한 글을 읽어 보고 비로소 나의 상태를 올바로 깨달을 수 있게 되었다. 그리고 해결의 실마리를 잡을 수 있었다. 바로 심리학을 앎으로써 나의 상태를 개선해 나가기로 마음먹었다. 그 후, 교양과목으로 배우는 심리학개론을 수강하면서 여타 다른 심리학 서적도 읽게 되었다. 그러는 가운데 인간심리에 관한 지식을 하나 둘 알아가기 시작했고, 나의 과거 생활사를 반성하고 분석하기 시작했다. 하지만 이것도 그리 쉬운 작업은 아니었다. 그때까지 굳어 온 비합리적인 사고방식과 신념 때문에 저항이 작용하여 책에서 읽은 바를 그대로 실행하기가 힘들었고, 심지어 그 뜻조차도 제대로 이해하기가 힘들어서 오히려 심적인 괴로움과 갈등 속에 휩싸일 때가 많았다. 그렇다 하더라도 나의 상태는 확실히 전보다 조금씩은 나아져 가는 것처럼 보였다. 자유연상에 의한 정신분석법, 자기 무의식 속의 신념을 자극하는 자기 암시법, 그리고 기타 행동요법 등, 나나름대로 할 수 있는 모든 방법을 동원하여 고통스러운 상황에서 벗어나려고 몸부림쳤다.

어느덧 1학기가 지나고 2학기가 시작되었다. 방학 중에도 집에서 심리학 서적을 탐독하면서 여러모로 2학기 생활을 대비했다. 2학기부터는 좀더 다른 인간으로 급우들을 대해 보자는 결심으로 무던히도 애를 쓰고 노력했다. 물론 노력한 만큼 좋아진 점도 있었지만 막상 급우들을 대하고 보니 시작부터가 뜻대로 되지 않았고 불안의식에 휩싸이기 시작했다. 그리고 팔다리는 여전히 부자연스러웠고, 표정도 남과 대면하면 굳어지면서 가슴이 답답해지기 시작했다. 난 서서히 내 혼자의 힘으로는 이 어려운 상황을 빨리 벗어나기란 힘들다는 사실을 깨달았다.

이전에 읽었던 뉴스레터를 통해 생활연구소에서 심리상담을 해준다는 사실을 알고 있었던 터라 생활연구소에다 상담을 의뢰해볼까 하는 마음이 생겼지만 대뜸 실행되지는 않았다. 왠지 내 자신이 문제아나 정신병자가 된 듯한 패배의식이 내 발길을 가로 막았다. 어쩌면 전부터 생활연구소에서 상담을 받는 것을 생각하지 않았던 것은 이런 의식 때문에 기피했는지도 모른다.

그렇지만 나는 현실에서 겪는 괴로움을 참지 못해 마침내 9월에 생활연구소를 찾았다. 생활연구소의 분위기는 조용했다. 하지만 그 조용한 분위기 자체부터가 난 싫었다. 내가 마치 병원에나 온 것 같은 기분도 들었다. 나의 첫 상담은 여선생님께서 맡으셨다. 먼저 첫날에 내가 겪는 생활상의 심리적 고통부터 얘기했다. 그리고 선생님은 나의 어렸을 때의 가정 분위기와 지나간 생활사에 대해 물어 보셨다. 나는 어린시절부터 지금까지의 성장해 온 지나간 생활을 기억나는 대로 더듬어 가며 얘기하기 시작했다. 어렸을 때 아버지는 무척 엄하시고 어머니는 다정다감하고 신앙심이 무척 깊으셨던 것이 기억났다. 나는 그래서 아버지보다 어머니를 너 좋아했고, 어머니를 따라 어렸을 때부터 교회에 다니기 시작했다. 난 간혹 어머니와 떨어져 있게 되면 굉장히 불안해 하였고 막 울면서 어머니를 찾아 다녔었다.

이런 마음이 교회에 다니면서 전지전능하고 자비롭다는 하나님을 알고 나서부터 그 하나님을 의존하기 시작했다. 난 어머니로부터 떨어지길 싫어하는 마음으로 하나님을 따르고 매달리기 시작했다. 그래서 조금이라도 잘못하면 하나님으로부터 외면당하거나 처벌받을 것을 굉장히 두려워한 나머지 조금만 죄악된 생각을 하더라도 즉시 회개하곤 했다. 따라서 나는 주위 사람들로부터 어른스럽다느니 하는 칭찬 아닌 칭찬을 받으면서 어렸을 적부터 어린애답지 않게 성장하기 시작했다. 그러나 이때부터 나의 신앙심은 광적인 상태로 발전하기 시작했다. 간혹 몸이 아플 때면 오직 신에게 의존하여 기도로 고치겠다는 생각으로 약을 거부하기도 했다. 그러므로 더욱 신을 의존하지 않을 수 없었고, 신 앞에 조그마한 실수라도 없기 위하여 온갖 노력을 다 하였다. 이에 따라 나의 양심은 누구보다도 민감해져서 남들에게는 대수롭지 않은 것도 내게는 무척 어려움을 주었고, 별 잘못도 아닌 일에 죄책감을 느꼈다. 하지만 그때까지는 표면상으로 이렇다 할 부적응적인 증세는 나타나지 않았고, 학교에서나 교회에서나 누구보다 모범된 학생으로서 남들의 칭송을 받는 가운데 얌전하고 공부 잘하는 학생으로 자라 왔다.

학급의 반장도 해 보았고, 백일장에 나가 장원도 한 적이 있었다. 공부도 항상 상위권이었고, 교회에서의 상은 항상 독점하다시피 했다. 그러던 중 나의 자존심은 굉장히 비대해져 갔고, 어느덧 나는 절대적인 신으로부터 특별히 쓰임받으려고 선택된 자라는 신념이 마음속에 자리 잡기 시작했다. 매사에 능통하며 실수가 없이 완벽하려고 노력하는 마음에 대해 혹시나 남 앞에서 실수하거나 잘못할 일이 있으면 무척 자존심이 상했고 괴로웠다. 그리고 그만큼 열등감도 깊었다. 그런데 시골에서 중학교를 마치고 도시로 고등학교에 진학하고부터는 상황이 달랐다. 우선 학교에서의 성적이 시골에서처럼 남보다 앞서기에 힘이 들었고, 학업성적의 부진에 의한 열등감은 점점 커 갔다. 그래서 공부 잘하는 급우를 선호하게 되었는데, 그의 행동이라면 무비판적으로 멋있게 보였고 나도 그를 따라 같이 행동하고 싶었다. 그들은 좀 반항적이었고 공격적인 성격이었다. 어찌 보면 선생님들께 오만불손하게 보이는 때도 있었지만, 나는 그의 그런 태도가 좋아보였고 어느덧 내 마음 속에 있는 공격적이고 반항적인 성향이 눈을 뜨게 되었다. 말하자면 종교적 규율과 억압 속에 짓눌린 나의 본성이 반항하기 시작한 것이다. 그것은 신에 대한 반항으로도 나타났고, 또한 기성 권위에 대한 반항 심리로도 나타났다. 그러면서도 한편으로는 죄책감으로 스스로 책망하고 신의 처벌을 피하고자 하는 마음으로 내 마음은 분열되었다. 그렇지만 고등학교 때까지는 별 탈 없이 무사히 졸업하고 마침내 개방적 풍토인 대학에 들어왔다.

여기에서부터 나의 갈등은 본격적으로 시작되었다. 즉, 절대적인 신의 보호를 받을 수 있는 이제까지 열심히 섬겨 온 신의 세계와 대학에서 맛볼 수 있는 자유로운 사상과 생활태도에서 나는 심한 갈등을 느꼈다. 이제껏 마음속에서 짓눌려 지내 왔던 나의 본성이 이제는 신에게 반항하면서 까지도 자유롭고 싶었고, 한편으로는 막상 신의 처벌이 두려워 나의 자아는 분열되었으며, 마침내 양편을 다 취하고자 하는 비합리적인 타협점에 다다른 데서부터 불안과 갈등은 심화되어 갔다. 이러한 나의 과거 생활사를 얘기하면서 몇 차례 상담을 가졌으나 난 스스로 그만두고 말았다. 그 당시의 나의 비합리적 사고와 신념으로는 도저히 상담을 지속하기가 힘들었다. 어쩌면 비록 잘못된 심리이지만 그래도 이제까지 내가 지녀 온 신념이나 사고가 돌연 파괴당하여 더 어려운 지경에 빠지지 않을까 하는 두려움 때문인지도 모른다. 결국 상담을 그만둔 채 다시 혼자서 책을 통하여 스스로 독서상담을 하기 시작했다. 별다른 진전이 없는 채 겨울방학을 넘기고 2학년에 진급하였다. 그리고 4월에 다시 상담실을 찾아갔다.

이번에는 새로 오신 선생님께 상담을 받게 되었다. 선생님의 첫인상은 부드러워 보이면서도 약간 차갑다고 느껴지기도 했다. 하지만 전번과는 달리 같은 남자끼리여서인지 상담에 임하는 마음이 더 가벼웠고 좀 더 많은 이야기를 나눌 수 있었다. 그리고 그간 읽었던 책을 통한 지식 때문에 전에 처음으로 상담을 가졌던 때보다 저항의 작용이 덜 하였다. 첫 상담 때 선생님은 나의 불안의 증상과 과거 생활사를 들어 보시고는 '해야 한다'는 당위성과 '그럴 수도 있다'는 비당위성의 사고방식에 관해 말씀해 주셨다. 당위적 사고는 완벽함을 맛보려고 하는 강박관념인 데 비해 비당위적 생각은 말 뜻 그대로 융통성이 있는 사고방식을 의미한다. 돌이켜 볼 때, 나의 사고방식과 신념은 바로 당위적인 강박의식을 조장해 왔었음을 알 수 있었다. 인간적인 상황은 사실 불완전하고 불안하지 않을 수가 없는데, 나는 조그마한 실수에도 크게 자존심이 상했고 죄도 아닌 것에 대하여 죄의식을 갖고 대하면서 불안해 왔던 것이었다. 그리고 대인관계에서 한 번이라도 실수가 있으면 다시 만날 때는 그 실수가 생각나서 그 사람을 대하기가 불안하고 어려움을 느끼게 했다.

사실 당위적 사고방식과 비당위적 사고방식에 대한 선생님의 말씀은 지금껏 나의 마음과 생각을 수정하고 고쳐서 합리적인 사고의 수준에 도달하게 하는 데 가장 큰 도움을 주고 있다. 인간은 완벽할 수 없으며 그러기에 신이 아닌 인간인 것을 망각하고 무모하게 완벽해지려고 노력했던, 최소하나마 다른 사람에게 완벽한 사람으로 보이려고 노력해 왔던 과거생활을 생각할 때 인간이면서도 인간이기를 거부하는 바보짓을 했구나 하는 생각이 들었다. 하지만 처음에는 '그럴 수도 있다.' 는 사고방식으로 생활하기에 곤란과 혼란을 느끼지 않을 수 없었다. 그때까지 쌓아 온 나의 자아의 당위적인 성벽을 하루아침에 무너뜨리기란 힘들었다. 그래서 오히려 역효과로 빚어진 실수도 있었다. 그러나 몇 차례 계속 상담을 받는 동안 이런 부작용은 점점 가시게 되었고, 점차 비당위적 사고방식으로 조명해 본 인간의 참모습과 나 자신의 진실한 모습을 깨달을 수 있었다. 비로소 통찰을 바로 얻게 된 기분이 되어 나의 마음은 한결 가벼웠고 불안의식이나 강박관념 따위는 약간씩 누그러져 갔다.

불안이란 것도 사실 적이 아니라 나에게 도움을 줄 수 있는 친구라는 것도 알았다. 불안을 느끼지 않으려고 노력함으로써 더욱 불안에 빠진다는 역설적인 사실을 알게 되었고, 인간은 누구나 어느 수준 정도의 불안의식이 있다는 것을 새삼스럽게나마 다시 음미하게 되었다. 과거에 신으로부터 보호받고 축복받고자 하는 마음으로 열성을 다해 섬겼던 신앙심이 의식의 각성과 함께 그릇된 종교관과 신앙심에 반항하면서부터 혹시 신으로부터 처벌받지 않을까 하는 불안의식은 이제는 비당위적 사고방식에 비추어 볼 때 나도 인간이므로 신 앞에 잘못될 수도 있고 신으로부터 강력한 처벌을 받을 수도 있다는 생각과 더불어 많이 해소되어 갔다. 그리고 대인관계에서도 사람은 누구나 실수할 수 있으며 따라서 나도 실수할 수 있다는 생각에 실수가 두려우면 차라리 실수를 해 보자는 마음으로 임하게 되었을 때 예전처럼 불안하거나 몸이 경직되지 않음을 느낄 수 있었다. 따라서 대인관계의 횟수도 많아졌고 남들 대하기가 훨씬 부드러워졌다.

그런데 이러다간 내가 내 마음대로 나를 주장하여 신으로부터 처벌받지 않겠느냐는 불안의식은 쉽사리 누그러지지 않고 그것 때문인지 비합리적 사고에서 빠져 나오는 데에 상당히 저항을 느끼면서 현실을 직시한 합리적인 생활을 하기에 힘들었고 상담받은 대로 생활하기에 스스로 나태해지기도 했다. 그러나 이런 저항에도 불구하고 계속되는 상담을 통하여 점점 비합리적인 생각을 깨달아 반박해 가면서 내 자신에 대한 올바른 통찰을 얻기 시작했다. 그리고 점차 불안의 정도가 정상화되기 시작했고 생활에서 자신감도 싹트기 시작했다. 이처럼 상태가 급진적으로 호전되던 중에 여름방학을 맞았다. 여름방학 중에도 계속 상담을 하기로 하였지만 나의 개인 사정과 선생님의 출타로 약속한 날에 만나 뵙기가 힘들었다. 선생님을 못 만나 뵙게 되어 허전하고 약간 불안하기도 했지만, 선생님의 출타를 탓하지는 않았다. 대신에 선생님이 예전에 내게 한 번 읽어 보라고 권하신 책이 생활연구소에 비치된 것이 눈에 띄었다. 너무 논리적으로만 생각하고 따지는 나의 사고방식을 지적하시고 읽어보라고 권하셨던 책이다.

처음에는 그 책에 별로 관심이 없었으나 선생님을 만나 뵙지 못한 동안 조금이라도 도움을 얻을 수 있겠다는 마음으로 책을 빌려갔다. 그런데 처음에는 이해가 잘 가지 않았고 오히려 그 책을 읽을수록 더 혼란에 빠지는 기분이 들어 책에 대한 거부감이 들었다. 그러나 참고 꾸준히 정독하여 나갔다. 그러면서 논리적이고 분석적으로 매사를 따지고 계산적으로 파고드는 나의 사고방식에 깊이 뿌리내린 강박적인 사고방식을 제거하는 데 큰 도움이 되는 것을 깨달았다. 결국 그 전까지만도 비당위적 사고방식을 완전히 수용하기가 힘들었지만 그 책을 통하여 내가 불안을 느끼는 것은 나로서는 너무도 당연한 결과이며 인간이 실수하거나 불안을 느끼는 것은 너무도 당연하고 자연스러운 결과라는 사고방식을 마음속에 수용하게 됨으로써 한걸음 더 합리적인 사고에 다다를 수 있는 문이 열렸다. 따라서 결과적으로 나타나는 불안 그 자체가 문제가 아니라, 문제가 된다면 왜 내가 불안해하는지의 동기가 더 중요하다는 것을 깨달았다.

물론 선생님께서도 불안을 억압할 것이 아니라 왜 내가 불안해하는지 불안을 느껴 보고 생각해 보라고 말씀하셨다. 하지만 "불안을 느껴보라."는 그 말씀은 상담 당시에는 이해하기가 힘이 들었고, 따라서 실생활에서 그렇게 해 본다는 것은 굉장히 내게 위험하게 느껴졌다. 오히려 그 말씀을 이해 못해 더 불안에 빠지기도 했었지만, 이제는 책을 통하여 비로소 그 말뜻을 이해하고 나아가서 생활가운데서도 실행할 수 있는 마음의 여유를 갖게 되었다.

불안을 억압하면 할수록 신경을 쓰면 쓸수록 실수가 나타나고 바라는 결과를 얻지 못해 갈등에 빠지는 것은, 우리가 어떤 생각을 하지 않고 잊어버리려고 의식적으로 노력하면 할수록 그 생각에 의해 시달림을 받는 것과 마찬가지 원리임을 깨달았다. 따라서 이제는 점차 남들에 대한 실수나 실패 또는 불안 같은 것 따위의 부정적이고 어찌 보면 인간적으로는 너무도 당연한 사실들을 더욱 넓게 수용할 수 있게 되었다. 그리고 왜 내가 불안해하며 내가 진정으로 두려워하는 것은 무엇인가에 대해서 침착하게 생각할 수 있게 되었다. 결과적으로 책을 통하여 가장 깊이 깨달은 바는 감정의 억압보다는 수용과 이해의 태도가 더 차원 높은 사람의 자세라는 귀중한 생활의 지혜를 깨닫게 되었다.

그 후부터 나는 어떤 감정이라도 자연스러운 것으로 받아들이고 억압하지 않는 가운데 그 원인과 동기를 깨달으려고 노력하기 시작했다. 그래서 비합리적인 사고를 합리적인 사고로 고침에 따라 누그러지기 시작했고 보다 현실에 적응하여 사는 데에서 마음의 부담이 덜 하였다. 여름방학이 끝나갈 무렵 나는 많이 달라졌다. 우선 나 자신의 말과 행동에 대해서 관용과 이해의 자세를 취함으로 타인을 대하는 것도 전보다 훨씬 부드럽고 자연스러웠다. 설령 기대와는 달리 실수를 하고 예전과 같은 불안스러운 일이 생기더라도 지금의 상태에서 당연한 것으로 받아들이고 침착한 태도로 그 원인과 동기가 무엇인지 생각해 봄으로써 비로소 나의 자아의 행방을 찾을 수 있었다. 그리고 선생님의 말씀처럼 인간생활에 있어서 가장 아름다운 것은 '노력' 이라는 것을 생각하며 완전무결한 당위적인 의식에서 탈피하여 우선 현실적으로 가능한 것부터 조금씩 개선점을 찾아가기 시작하였다.

2학기 개강이 되자 비로소 선생님을 만나 뵙게 되었다. 그간 책을 통해서 많이 호전된 나의 모습을 선생님께서 기뻐하셨고, 나도 선생님을 다시 뵙게 되어 기뻤다. 사실 아무도 나의 진정한 벗이 되어 주지 못하지만 유일하게 선생님만은 나의 깊은 마음의 고통을 아시고 이해해 주시며 해결의 방법을 일러 주신 것에 대해 기쁘고 감사하지 않을 수 없었다. 나는 그간에 쌓였던 얘기를 털어 놓으면서 아직도 대인관계에서 해결되지 않는 문제들을 놓고 얘기하였다. 2학기부터는 방학 전에도 선생님께서 일러 주셨지만 비합리적 사고의 반박을 구체적으로 생활 가운데 적용함으로써 비합리적인 태도를 고치는 데 주력하였다. 선생님께서 때로 비합리적 사고의 반박에 대한 과제를 내 주시기도 했지만 왠지 과제를 제대로 해 본 적은 없었다. 괜히 번거롭게 느껴졌고 숙제라는 의무감 때문인지 하고 싶지가 않았다. 아니 그보다 더 깊은 원인은 아직도 마음속에서 가시지 않은 합리적 생활태도에 대한 저항심리가 작용함에서인지도 모른다.

나는 아직 기독교적인 신앙을 버리지 않고 있다. 그리고 구원에 대한 열망도 대단히 높아서 만약 나의 영혼이 신의 뜻에 어긋나서 장차 구원받지 못한다면 현실에의 내 삶은 다 쓸모가 없다는 생각에 그 구원을 위해서라면 현실의 내 삶 전체를 부정하고라도 얻고자 하는 신념과 욕구가 항상 내 가슴을 지배하고 있었다. 즉, 혹시나 잘못하여 신을 망각하고 살게 되어 신으로부터 보호받지 못하고 구원의 뜻을 얻지 못하면 어쩌나 하는 불안의식이 그림자처럼 따라다녔다. 바로 그 불안의식으로 인한 양심의 가책 때문에 스스로 비합리적인 사고와 감정 속에서 빠져 나오지 못하고 현실에서 괴로움을 당하게 하여 스스로를 자기처벌함으로써 속죄와 구원의 길을 그리고 신의 처벌을 피하는 길을 찾고 있는 것 같았다. 이러한 저항을 극복하여 보다 빨리 합리적인 생활태도에 이르는 점이 나에게는 중요하다고 느껴져서 선생님이 가르쳐주신 비합리적 사고를 반박하는 방법으로 스스로를 비판하거나 반박해 보기도 하였다. 그리고 선생님의 권유로 학생생활연구소에서 실시한 '불안관리를 위한 워크숍' 에도 참석하여 나의 자아를 찾는 여정을 계속 하였다.

이제 상담을 처음 시작했던 몇 달 전과 비교하면 새로운 인격체로서 내 자신의 모습이 확립됨을 느낄 수 있었지만 아직 완전히 탈피 못한 상태에서 약간씩이나마 정도에 지나는 불안이나 강박관념에 그리고 두중감에 어려움을 겪고 있던 중 최근에 선생님께서 재차 말씀해 주신 "불안을 피하려고 하지 말고 불안이 닥치면 불안을 느껴 보라." 하신 말씀에 힘입어 생활에 적극적으로 적용해 봤을 때 예전과는 달리 전에는 내게 그토록 부담이 되고 두려웠던 일이 이제는 막상 별 것이 아님을 느낄 수 있었다. 어쩌면 비로소 선생님이 일러 주신 '역설적 의도' 가 지금까지 의식 속의 저항 때문에 쉽사리 실행하지 못하다가 이제야 합리적인 사고에 가까워짐에 따라 그 효과를 보게 된 것인지도 모른다.

최근의 나는 내 자신의 느낌에도 그렇지만 남들 보기에도 무척 쾌활해졌으며 새 사람이 된 듯한 기분이 든다. 마치 지금까지 교도소에 갇혀서 억류된 생활을 하다가 갓 출소한 기분이 든다. 매사에 자신과 의욕이 생기면서 이제는 현실에 적응하여 나의 자아를 마음껏 실현시킬 수 있는 틀이 형성되었음을 느낄 수 있다. 난 처음에 이 글을 써보겠느냐는 선생님의 권고를 받았을 때 선뜻 내키지는 않았다. 하지만 먼저 그동안 자아를 잃고 방황하던 나를 새로운 삶의 길로 인도하여 주신 선생님께 대한 고마움과 또한 같은 심적 고통으로 어려움을 겪고 있는 용봉인이 있다면 처음부터 비싼 돈 주고 병원에 찾아 갈게 아니라 먼저 생활연구소를 애용해 주길 바라는 마음으로 이 글을 쓰게 되었다.

정작 현대와 같이 복잡한 사회를 살아가는 사람치고 스트레스를 느끼지 않는 사람이 없을 것이고 정도의 차이는 있지만 자신의 심리상태를 제대로 관리하지 못하여 딜레마에 빠져 어려움을 겪지 않는 사람은 드물 것이다. 대학인들이 마음의 고통을 과도한 음주나 담배 또는 향락적인 니나노식으로 달래는 모습을 볼 때 안타까운 마음이 든다. 나 자신도 그랬지만 선진국들처럼 아직 우리 사회에서는 심리상담이 널리 인식되어 있지 않기 때문인지 상담 받는 것을 무척 꺼려하고 외면하는 편이 더 많은 것 같다. 이런 심정이 우리네 풍토이겠지만 이제라도 용봉인들 중에서 문제가 있으면 단 1회 상담이라도 좋으니까 생활연구소를 찾아와서 많은 도움을 얻기를 바라는 심정이다. 그리고 끝으로 상담을 도와주신 선생님과 생활연구소에 거듭 감사드린다.

참·고·문·헌

김영만(1987). Kierkegaard의 불안에 관한 연구. 경북대학교 대학원 석사학위 청구논문.

김용정 역(1992). 선과 정신분석. 서울: 원음사.

김정희, 이장호 역(1992). 현대심리치료. 서울: 중앙적성출판사.

노안영(1994). 상담심리학의 최근동향. 전남대학교학생생활연구소, 학생생활연구, 제26집, 99-113.

노안영(1996). 게슈탈트 상담 프로그램의 개발과 효과검증. 대학상담연구, 제7권, 제1호, 79-106.

노안영 역(1996). 펄스의 게슈탈트적 자기치료: 쓰레기통의 안과 밖. 서울: 학지사.

노안영(1998). 상담자와 함께하는 삶의 여행. 서울: 중앙적성출판사.

노안영, 강영신(2003). 인간 이해 및 성장을 위한 성격심리학. 서울: 학지사.

노안영(2005). 상담심리학의 이론과 실제. 서울: 학지사.

노양진 역(2000) . 마음 속의 몸: 의미, 상상력, 이성의 신체적 근거. 서울: 철학과 현실사.

노양진(2009). 몸 언어 철학. 서울: 서광사.

민성길(1990). 최신정신의학(증보판). 서울: 일조각.
박 운(1988). Nietzsche 철학의 허무주의에 관한 연구. 전남대학교 대학원 석사학위 청구논문.
박창호 외(1990). 현대 심리학 입문. 서울: 정민사.
법정스님(1997). 새들이 떠나간 숲은 적막하다. 서울: 샘터사.
성륜불서간행회 편(1995). 청화선사 법어집 I: 정통선의 향훈. 전남: 성륜각.
성진기(1975). Nietzsche의 인간관. 전남대학교 교양과정부.
성진기(1980). Counsiling에 대한 실존철학적 조명. 전남대학교학생생활연구소, 학생생활연구, 제12집, 55-64.
손재준 역(1982). 죽음에 이르는 병. 서울: 삼성출판사.
양기봉 역(1992). 禪, 현대를 살아가는 길. 서울: 대원정사.
이성철 스님(1993). 산은 산 물은 물. 서울: 도서출판 밀알.
이영만, 유병관 역(1991). 심리학과 인간이해: 프로이드 · 스키너 · 로저스. 서울: 중앙적성출판사.
이창우 역, 1988). 니체, 사르트르, 프로이트, 키르케고르. 서울: 종로서적.
이현수 역(1993). 정신세계의 병리와 해부. 서울: 양영각.
이형득 외(1993). 상담의 이론적 접근. 서울: 형설출판사.
이희익(1972). 선종사부록. 서울: 보연각.
일 지(1996). 선 이야기. 서울: 운주사.
임석진 역(1980). 세계철학사(하권). 서울: 분도출판사.
장진성(1993). 키르케고르의 인간관. 한남대학교 대학원 석사학위 청구논문.
최경환(1993). 실존주의 상담이 중년기 여성의 삶의 목적의식수준 향상에 미치는 효과. 계명대학교 대학원 석사학위 청구논문.
최헌진(2003). 사이코드라마: 이론과 실제. 서울: 학지사.
한기태 역(1990). 상담과 심리요법의 이론과 실제. 서울: 성광문화사.
홍경자(1988). 실존주의적 상담사례보고. 전남대학교학생생활연구소, 학생생활연구, 제20집, 175-191.
황성기(1978). 불교학개론. 서울: 법문사.

Adler, A. (1930). *The education of children.* Indiana: Gatewat Editions.

Adler, A. (1937). *What life should mean to you.* Boston: Little, Brown, and Company.

Adler, A. (1946). *Understanding human nature.* New York: Greenberg.

Adler, A. (1979). *Superiority and social interest.* New York: Norton & Company.

American Psychiatric Association. (1994). *Diagnostic and statistical manual of mental disorders (DSM-IV).* (4th ed.). Washington, DC: American Psychiatric Association.

Ansbacher, H. L., & Ansbacher, R. R. (Eds.). (1956). *The individual psychology of Alfred Adler.* New York: Harper & Row.

Archer Jr. J., & McCarthy, C. J. (2007). *Theories of counseling and psychotherapy: Contemporary applications.* Upper Saddle River, NJ: Pearson Education.

Arndt, W. (Trans.) (1976). *Faust: A tragedy.* By Johann Wolfgang von Goethe. New York: W. W. Norton & Company.

Atkinson, R. L., Atkinson, R. C., Smith, E. E., Bem, D. J., & Nolen-Hoeksema, S. (1996). *Hilgard's introduction to psychology* (12th ed.). New York: Harcourt Brace College Publishers.

Auvenshine, C. D., & Noffsinger, A. L. (1984). *Counseling: An introduction for the health and human services.* Baltimore: University Park Press.

Bandura, A. (1989). Human agency in social cognitive theory. *American Psychologist, 44*, 1175-1184.

Bandura, A. (1997). *Self-efficacy: The exercise of control.* New York: W.H. Freeman and Company.

Barnes J. (Ed.) (1984). *The complete works of Aristotle* (Volume one). Princeton, NY: Princeton University Press.

Barrs, B. J. (1986). *The cognitive revolution in psychology.* New York: The

Guilford Press.

Barton, A. (1974). *Three worlds of therapy: Freud, Jung & Rogers.* Palo Alto: National Press Books.

Beck, A. T. (1976). *Cognitive therapy and emotional disorders.* New York: International University Press.

Beck, A., & Weishar, M. (2005). Cognitive therapy. In R Corsini & D. Wedding (Eds.), Current psychotherapies (7th ed.). Belmont, CA: Brooks/Cole.

Beisser, A. R. (1970). The paradoxical theory of change. In J. Fagan & I. L. Shepherd (Eds.), *Gestalt therapy now* (pp. 77-80). Palo Alto, CA: Science and Behavior Books.

Belkin, G. S. (1988). *Introduction to counseling* (3rd ed.). Dubuque: Wm. C. Brown.

Bernard, M. E. (1991). *Staying rational in an irrational world.* New York: Carol Publishing Group.

Berne, E. (1961). *Transactional analysis in psychotherapy.* New York: Grove Press.

Berne, E. (1964). Games people play. New York: Grove Press.

Berne, E. (1972). What do you say after you say help? New York: Grove Press.

Borgen, F. H. (1992). Expanding scientific paradigms in counseling psychology. In S. D. Brown, & R. W. Rent (Eds.). *Handbook of counseling psychology* (2nd ed.). New York: Wiley, 111-139.

Buber, M. (1965). *Between man and man.* New York: Macmllan Publishing.

Burber, M. (1987). *I and thou* (2nd ed.). New York: Collier Books.

Carkhuff, R. R. (1987). *The art of helping VI* (6th ed.). Amherst: Human Resource Development Press

Catania, A. C., & Harnad, S. (Eds.). (1988). *The election of behavior: The operant behaviorism of B. S. Skinner.* New York: Cambridge University Press.

Chance, P. (1994). *Learnign & Behavior* (3rd ed.). CA: Brooks/Cole Publishing Co.

Clark, D. A., & Steer, R. A. (1996). Empirical status of the cognitive model of anxiety and depression. In P. M. Salkovskis (Ed.), *Frontiers of cognitive therapy* (pp. 75-96). New York: Guilford Press.

Clarkson, P. (1992). *Transactional analysis psychotherapy: An integrated approach.* London: Routledge.

Clarkson, P., & Mackewn, J. (1993). *Fritz Perls.* Newbury, CA: Sage Publications.

Copleston, F. (1985). *A history of philosophy* (book two). Garden City, NY: Image Books.

Corey, G. (1996). *Theory and practice of counseling and psychotherapy* (5th ed.). Pacific Grove: Brooks/Cole Publishing Company.

Corey, G. (2005). *Theory and practice of counseling and psychotherapy* (7th ed.). Belmont, CA: Brooks/Cole.

Coward, H. (1985). *Jung and eastern thought.* State University of New York Press. Corsini, R. J. (Ed.). (1984). *Current psychotherapies* (3rd ed.). Itasca, IL: F.E. Peacock.

Clarkson, P., & Mackewn, J. (1993). *Fritz Perls.* London: SAGE Publications.

Day, S. X. (2004). *Theory and design in counseling and psychotherapy.* New York: Houghton Mifflin Company.

de Castillejo, I. C. (1973). *Knowing woman.* New York: Harper Colophon Books.

Dinkmeyer, D. C., Dinkmeyer, D. C. JR., & Sperry, L. (1987). *Adlerian counseling and psychotherapy* (2nd ed.). Columbus, OH: Charles E. Merrill.

Dinkmeyer, D. C., & Sperry, L. (2000). *Counseling and psychotherapy: An integrated, individual psychology approach* (3rd ed.). New Jersey: Perentice Hall.

Douglas, C. (2005). Analytical psychotherapy. In R. J. Corsini & D. Wedding (Eds.). *Current psychotherapies* (7th ed.). Belmont, CA: Brooks/Cole.

Dreikurs, R. (1967). *Psychodynamics, psychotherapy, and counseling. Collected papers.* Chicago: Alfred Adler Institute.

Dusay, J. (1977). Four phases of TA. In G Barnes (Ed.), Transactional analysis after Eric Berne. New York: Harper' s College Press.

Ellenberger, H. (1958). A clinical introduction to psychiatric phenomenology and existential analysis. In R. May, E. Angel, & H. F. Ellenberger (Eds.), *Existence: A new dimension in psychiatry and psychology* (pp. 92-124). New York: Basic Books.

Ellis, A. (1962). *Reason and emotion in psychotherapy.* Secaucus: The Citadel Press.

Ellis, A. (1974). *Humanistic psychotherapy: The rational-emotive approach.* New York: McGraw-Hill.

Ellis, A. (1975). *How to live with a neurotic.* Hollywood: Wilshire Book Company.

Ellis, A., & Harper, R. A. (1977). *A new guide to rational living.* Hollywood: Wilshire Book Company.

Ellis, A. (2001). *Overcoming destructive beliefs, feelings, and behaviors.* Amherst, NY: Prometheus Books.

Evans, D. R., Hearn, M. T., Uhleman, M. R., & Ivey, A. E. (1989). *Essential interviewing: A programmed approach to effective communication* (3rd ed.). Pacific Grove: Brooks/Cole Publishing.

Eysenck, M. W. (2000). *Psychology: A student's handbook.* East Sussex: Psychology Press.

Fabry, J. B. (1968). *The pursuit of meaning: Logotherapy applied to life.* Boston: Beacon Press.

Fagan, J., & Shepherd, I. L. (Eds.). (1971). *Gestalt therapy now: Theory, technique, applications.* New York: Harper & Row.

Feist, J., & Feist, G. (2006). *Theories of personality* (6th ed.). New York: McGraw-Hill.

Frankl, V. E. (1963). *Man's search for meaning: An introduction to logotherapy.* New York: Washington Square Press.

Frankl, V. E. (1975). *The unconcious god.* New York: Simon and Schuster.

Frankl, V. E. (1978). *The unheard cry for meaning.* New York: Washington Square Press.

Frankl, V. E. (1988). *The will to meaning: Foundations and applications of logotherapy.* New York: Meridian Printing.

Frankl, V. E. (2000). *Man's search for ultimate meaning.* New York: Basic Books.

Freud, S. (1949). *An outline of psychoanalysis.* New York: Norton & Company.

Fromm, E., Suzuki, D. T., & de Martino, R. (1970). *Zen Buddhism and psychoanalysis.* New York: Harper Colophon.

Gadban, P. P. (1990). *Understanding group psychotherapy.* Belmont: Wadsworth.

Gary, P. (2002). *Psychology* (4th ed.). New York: Worth Publishers.

Gay, P. (1989). *Freud: A life for our time.* New York: Doubleday.

Gay, P. (Ed.). (1989). *The Freud reader.* New York: Norton & Company.

Gerrig, R. J., Zimbardo, P. G. (2008). *Psychology and life* (8th ed.). New York: Pearson Education.

Gibson, R. L., & Mitchell, M. H. (1986). *Introduction to counseling and guidance* (2nd ed.). New York: Macmillan Publishing.

Glasser, W. (1965). *Reality therapy: A new approach to psychiatry*. New York: Harper & Row.

Glasser, W. (1976). *Positive addiction*. New York: Harper & Row.

Glasser, W. (1981). *Stations of the mind: New directions for reality therapy*. New York: Harper & Row.

Glasser, W. (1998). Choice theory: A new pyschology of personal freedom. New York: HarperCollins.

Goldstein, A. P., Krasner, L., & Garfield, S. L. (1989). *Gestalt therapy* (2nd ed.). New York: Pergamon Press.

Goleman, D. (1995). *Emotional intelligence*. New York: Bantam Books.

Good, E. P. (1996). *In pursuit of happiness: Knowing what you want getting what you need*. Chapel Hill: New View Publications.

Goodwin, C. J. (1999). *A history of modern psychology*. New York: John Wiley & Sons.

Goulding, R. L., & Goulding, M. M. (1978). *The power is in the patient: A TA/Gestalt approach to psychotherapy*. San Francisco, CA: TA Press.

Goulding, M. M., & Goulding, R. L. (1979). *Changing lives through redecision therapy*. New York: Brunner/Mazel, Publishers.

Goulding, M. M. (1987). Transactional analysis and redecision therapy. In J. K. Zeig (Ed.), *The evolution of psychotherapy*. New York: Brunner/Mazel.

Hann, M. E. (1955). Counseling psychology. *American Psychologist*, 7, 279-282.

Hansen, J. C., Stevic, R. R., Warner, R. W. (1986). *Counseling theory and process* (4th ed.). Boston: Allyn and Bacon.

Hershberger, W. A. (Ed.). (1979). *Volitional action: Conation and control*. Amsterdam: North-Holland.

Hjelle, L. A., & Ziegler, D. J. (1992). *Personality theories: Basic assump-*

tions, research, and applications (3rd ed.). New York: McGraw-Hill.

Hundert, E. M. (1990). *Philosophy, psychiatry, and neuroscience: Three approaches to the mind.* Oxford: Clarendon Press.

James, W. (2007). *The principles of psychology, Vol. 1.* New York: Cosimo.

James, R. K., & Gilliland, B. E. (2003). *Theories and strategies in counseling and psychotherapy* (5th ed.). Boston, MA: Allyn and Bacon.

James, M., & Jongeward, D. (1971). *Born to win: Transactional analysis with gestalt experiments.* New York: New American Library.

James, M., & Jongeward, D. (1975). *The people book: transactional analysis for students.* Massachusetts: Addison-Wesley

Joslyn, M. (1975). Figure/ground: Gestalt/zen. In J. O. Stevens (Ed.), *Gestalt is* (pp. 238-257). New York: Bantam Books

Jung, C. G. (1961). *Memories, dreams, and reflections.* New York: Vintage Books.

Kelly, G. (1955). *The psychology of personal constructs: A theory of personality.* New York: Norton.

Kimble, G. A. (1992). Psychology from the standpoint of generalist. In A. E. Kazadin (Ed.), *Methodological issues & strategies in clinical research* (pp. 5-22). Washington: American Psychological association.

Kirschenbaum, H., & Henderson, V. L. (Eds.). (1989). *The Carl Rogers reader.* Boston: Houghton Mifflin Company.

Kirschenbaum, H., & Henderson, V. L. (Eds.). (1989). *The Carl Rogers: dialigues.* Boston: Houghton Mifflin Company.

Krumboltz, J. D. (1966). Behavioral goals for counseling. *Journal of Counseling Psychology,* 13, 153-159.

Kuhn, T. S. (1970). *The structure of scientific revolutions* (2nd ed.).

Chicago: The University of Chicago Press.

Krumboltz, J. D. (1966). Behavioral goals for counseling. *Journal of Counseling Psychology, 13,* 153-159.

Lazarus, A. A. (1989). *The practice of multimodal therapy* (2nd ed.). Baltimore: Johns Hopkins University Press.

Leahey, T. H. (1997). *A history of psychology: Main currents in psychological thought.* (4th ed.). Upper Saddle River, NJ: Prentice Hall.

Leahey, T. H. (2000). *A history of psychology: main currents in psychological thought* (5th ed.). Upper Saddle River, NJ: Prentice Hall.

Lewis, E. C. (1970). *The psychology of counseling.* New York: Holt, Rinehart and Winston.

Mackewn, J. (1997). *Developing gestalt counseling.* London: Sage.

Mahoney, M. J., & Patterson, K. M. (1992). Changing theories of change: Recent developments in counseling. In S. D. Brown, & R. W. Rent (Eds.). *Handbook of counseling psychology* (2nd ed.). New York: Wiley, 665-689.

Manduro, R. J., & Wheelwright, J. B. (1977). Analytical psychology. In R. J. Corsini (Ed.), *Current personality theories* (pp. 83-123). Itasca, IL: F.E. Peacock.

Manaster, G., & Corsini, R. J. (1982). *Individual psychology.* Itasca, IL: F. E. Peacock.

Martin, G., & Pear, J. (1992). *Behavior modification* (4th ed.). Englewood Cliffs: Prentice Hall.

Maultsy, M. C. (1986). *Coping better... anytime, anywhere: The handbook of rational self-counseling.* New York: Prentice Hall Press.

May, R. (1958). Contributions of existential psychotherapy. In R. May, E. Angel, & H. F. Ellenberger (Eds.), *Existence: A new dimension in psychiatry and psychology* (pp. 37-91). New York: Basic Books.

May, R. (1975). *The courage to create*. New York: W. W. Norton & Company.

May, R. (1979). *The meaning of anxiety*. New York: Washington Square Press.

May, R. (1980). *Psychology and the human dilemma*. New York: W. W. Norton & Company.

May, R., Angel, E., & Ellenberger, H. F. (1958). Existence. In Binswanger, L. & Angel, E. (Eds.), *The existential analysis school of thought* (pp. 191-213). New York: Basic Books.

May, R., & Yalom, I. (2005). Existential psychotherapy. In R. J. Corsini & D. Wedding (Eds.). *Current psychotherapies*. (7th ed.), Itasca, IL: F. E. Peacock.

Mayeroff, M. (1990). *On caring*. New York: HarperPerennial.

Meichenbaum, D. (1979). *Cognitive behavior modification: An integrative approach* (2nd ed.). New York: Plenum Press.

Morran, D. K., Stockton, R., & Bond. L. (1991). Delivery of positive and corrective feedback in counseling groups. *Journal of Counseling Psychology, Vol. 38,* No. 4, 410-414.

Nagy, M. (1991). *Philosophical issues in the psychology of C. G. Jung*. State University of New York Press.

Nelson-Jones, R. (1996). *The theory and practice of counseling*. New York: Cassell.

No, A. Y. (1993). *Wisdom as defined and perceived by counseling psychologists*. University of Kentucky, Unpublished doctoral dissertation.

No, A. Y. (2011). *Becoming a wise counselor*. Seoul: Hakjisa.

Nugent, F. A. (1981). *Professional counseling: An overview*. Monterey,

CA: Brooks/Cole Company.

Okun, B. F. (1990). *Seeking connections in psychotherapy*. San Francisco, CA: Jossey-Bass Inc.

Okun, B. F. (2002). *Effective helping: Interviewing and counseling techniques*(6th ed.). Pacific Grove, CA: Brooks/Cole.

Orgler, H. (1965). *Alfred Adler: The man and his work*. New York: Capricorn Books.

Osipow, S. H., Cohen, W., Jenkins, J., & Dostal, J. (1979). Clinical versus counseling psychology: Is there a difference? *Professional psychology*, 148-152.

Oxford University Press. (1978). *The oxford English dictionary: Being a corrected re-issue with an introduction, supplement, and bibliography of a new English dictionary on historical principles, Vol. I, VIII, X*. New York: Oxford University Press.

Oxford University Press. (2005). *Oxford advanced learner's dictionary of current English* (7th ed.). New york: Oxford University Press.

Palmer, D. (1988). *Looking at philosophy: The unbearable heaviness of philosophy made lighter*. Mountain View, CA: Mayfield Publishing Company.

Palmer, D. (1991). *Does the center hold?: An introduction to Western philosophy*. Mountain View, CA: Mayfield Publishing Company.

Passons, W. R. (1975). *Gestalt approaches in counseling*. New York: Holt, Rinehart, and Winston.

Patterson, C. H., & Watkins Jr, C. E. (1996). Theories of psychotherapy (5th ed.). New York: HarperCollins.

Patterson, L. E., & Welfel, E. R. (2000). *The counseling process*(5th ed.). Belmont, CA: Thomson Brooks/Cole.

Pearson Education. (2006). *Longman dictionary of contemporary English*

(4th ed.). Harlow: Pearson Education Limited.

Pederson, P. B. (1991) Multicultruralism as a generic approach to counseling. *Journal of Counseling & Development, Vol. 70,* 6-19.

Perls, F. S. (1947). *Ego, hunger and aggression.* New York: Vintage Books.

Perls, F. S. (1969a). *Gestalt therapy verbatim.* Lafayette: Real People Press.

Perls, F. S. (1969b). *In and out the garbage pail.* New York: Bantam Books.

Perls, F. S. (1970). Four lectures. In J. Fagan & I. L. Shepherd (Eds.), *Gestalt therapy now: theory/techniques/applications.* NY: Harper Colophon Books.

Perls, F. S. (1973). *The gestalt approach and eye witness to therapy.* Science and Behavior Books.

Perls, F. S., Hefferline, R. F., & Goodman, P. (1977). *Gestalt therapy.* New York: Bantam Books.

Peterson, C. (2006). *A primer in positive psychology.* New York: Oxford University Press.

Polster, E. (1987). *Every person's life is worth a novel.* New York: W. W. Norton & Company.

Random House, Inc. (1987). *The Random House of dictionary of the English language: The unabridged edition* (2nd ed.). New York: Random House.

Rogers, C. R. (1951). *Client-centered therapy: Its current practice, implications, and theory.* Boston: Houghton Mifflin Company.

Rogers, C. R. (1970), *Carl Rogers on encounter groups.* New York: Harper & Row

Rogers, C. R., & Stevens, B. (1971). *Person to person: The problem of being human.* New York: Pocket Books.

Rogers, C. R. (1977). *Carl Rogers on personal power.* New York: Dell Publishing.

Rogers, C. R. (1981). *A way of being.* Boston: Houghton Mifflin Company.

Rosenblatt, D. (1975). *The gestalt therapy primer.* New York: Harper & Row.

Schultz, D. (1981). *Theories of personality* (2nd ed.). Monterey: Brooks/Cole.

Schutz, W. (1967). *Joy: Expanding human awareness.* New York: Grove Press.

Seligman, L. (2006). *Theories of counseling and psychotherapy* (2nd ed.). Upper Saddle River, NJ: Pearson Education.

Seligman, L., & Reichenberg, L. W. (2006). *Theories of counseling and psychotherapy: Systems, strategies, and skills* (3rd ed.). Upper Saddle River, NJ: Pearson Education.

Sharf, R. S. (1996). *Theories of psychotherapy and counseling: Concepts and cases.* Pacific Grove: Brooks/Cole Publishing Company.

Sharf, R. S. (2008). *Theories of psychotherapy and counseling: Concepts and cases* (4th ed.). Pacific Grove: Brooks/Cole Publishing Company.

Skinner, B. F. (1953). *Science and human behavior.* New York: Free Press.

Skinner, B. F. (1967). B. F. Skinner. In E. G. Boring & G. Lindzey (Eds.), *A history of psychology in autobiography* (Vol. 5, pp. 387-413). New York: Appleton-Century Crofts.

Snyder, C. R., & Lopez, S. (Eds.). (2005). *Handbook of positive psychology.* New York: Oxford University Press.

Stoller, F. H. (1972). Marathon groups: Toward a conceptual model. In L. N. Solomon & B. Berzon (Eds.), *New perspectives on encounter groups.* San Francisco: Jossey-Bass.

Storr, A. (1983). *The essential Jung.* Princeton University Press.

Strong, S. R. (1968). Counseling: An interpersonal influence. *Journal of Counseling Psychology, 15,* 215-224.

Sweeny, T. J. (1998). *Adlerian counseling: A practitioner's approach* (4th ed.). Philadelphia, PA: Accelerated Development.

Tauvon, K. B. (1998). Principles of psychodrama. In M. Karp, P. Holmes, & K. B. Tauvon, *The handbook of psychodrama (pp. 29-45).* New York: Routledge.

Taylor, J. F. (1979). "Encouragement vs. Praise." Unpublished manuscript presented at a workshop in Portland, Oreg., January.

Tyler, L. E. (1980). The next twenty years. *The Counseling Psychologist, 8*(4), 19-21.

Watkins, C. E., Lopez, F. G., Campbell, V. L., & Himmell, C. D. (1986). Counseling psychology and clinical psychology: some preliminary comparative data. *American Psychologist*, pp. 581-592.

Watts, A. W. (1957). *The way of Zen.* New York: Vintage Books.

Welfel, E. R., & Patterson, L. E. (2005). *The counseling process*(6th ed.). Belmont, CA: Thomson Brooks/Cole.

Welwood, J.(Ed.). (1979). *The meeting of the ways: Explorations in east/west psychology.* New York: Schocken Books.

Whitely, J. M. (1984). Counseling psychology in the year 2000 A. D. *The Counseling Psychologist, 8*(4), 2-8.

Whiteley, J. M., Kagan, N., Harmon, L. W., Fretz, B. R., & Tanney, F. (Eds.). (1984). *The coming decade in counseling psychology.* Schenectady, NY: Character Research Press.

Wilmer, H. A. (1987). *Practical Jung: Nuts and bolts of Jungian psychotherapy.* Wilmette: Chiron Publications.

Woolfe. R., & Dryden, W. (Ed.). (1996). *Handbook of counseling psychology.* London: Sage Publications.

Wubbolding, R. E. (1988). *Using reality therapy.* New York: Harper & Row.

Wubbolding, R. E. (1991). *Understanding reality therapy: A metaphoricl approach*. New York: Harper Perennial.

Yalom, I. D. (1980). *Existential psychotherapy*. New York: Basic Books.

Zinker, J. (1977). *Creative process in gestalt therapy*. New York: Vintage Books.

찾 · 아 · 보 · 기

인명

내 용

저자 소개

■ 노안영

〈학력〉

전남대학교 사범대학 교육학과 졸업(1978)

서울대학교 대학원 심리학 석사(상담심리학 전공, 1983)

미국 켄터키 대학교(University of Kentucky) 대학원 철학박사(상담심리학 전공, 1993)

〈경력〉

서울대학교, 서강대학교, 전남대학교 학생생활연구소 카운슬러

미국 LA 주립 정신병원(Coastal Pacific-Asian Mental Health Center)에서 인턴십

미국 LA 한국청소년센터(Korean Youth Center) 카운슬러

흥사단 광주지부 청소년연구원 원장

전남대학교 카운슬링센터 소장

광주 · 전남상담학회 회장

전남대학교 입학관리본부장

〈현재〉

전남대학교 사회과학대학 심리학과 교수

한국상담심리학회 상담심리전문가

한국상담학회 수련감독 전문상담사

적극적 부모역할 훈련 트레이너

한국상담심리학회, 한국상담학회 편집위원

한국상담심리학회 이사

한국아들러연구회 회장

〈저서 및 역서〉

저서: 청소년 상담 수퍼비전(청소년대화광장, 1996)

상담자와 함께하는 삶의 여행: 상담이론의 개관(중앙적성출판사, 1998)

성상담의 원리와 실제: 성상담 가이드(한국성문화연구소, 1999)

청소년 성상담(한국청소년상담원, 1999)

101가지 주제로 알아보는 상담심리(학지사, 2002)

인간이해를 위한 성격심리학(학지사, 2003)

상담심리학의 이론과 실제(학지사, 2005)

상담실습자를 위한 상담의 원리와 기술(학지사, 2006)

Becoming A Wise Counselor(Hakjisa, 2011)

집단상담의 이론과 실제(학지사, 2011)

개인심리학 상담 원리와 적용(학지사, 2011)

역서: 펄스의 게슈탈트적 자기치료(학지사, 1996)

상담의 기본요소(중앙적성출판사, 1997)

학교상담(학지사, 2000)

애들러 상담이론(학지사, 2001)

아들러 상담이론과 실제(학지사, 2005)

상담자의 지혜

2011년 6월 30일 1판 1쇄 발행
2015년 4월 20일 1판 3쇄 발행

지은이 • 노 안 영
펴낸이 • 김 진 환
펴낸곳 • (주) 학 지 사
121-838 서울특별시 마포구 양화로 15길 20 마인드월드빌딩 5층
대표전화 • 02) 330-5114 팩스 • 02) 324-2345
등록번호 • 제313-2006-000265호
홈페이지 • http://www.hakjisa.co.kr
커뮤니티 • http://cafe.naver.com/hakjisa

ISBN 978-89-6330-698-8 93180

정가 **14,000**원